KB269354

김진균 평전

민중을 위한 학문과 실천의 삶

홍성태 지음

진인진

일러두기

1. 글의 인용은 글이 처음 발표된 때와 책으로 출간된 때를 구분해서 표시했다.
   예컨대 (김진균, 2002, 「내가 장남이 된 사유」, 『불나비처럼』, 문화과학사, 2005, 97~98)은 2002년에 발표된 글을 2005년에 출간된 책에 실은 것이며, 97~98은 책의 면 수를 가리킨다.

2. 내용의 이해를 돕기 위해 일부 사람들의 생몰 연도나 출생 연도를 표기했다.
   예 : 황성모 교수(1926~92), 이효재(1924).

김진균 평전 –민중을 위한 학문과 실천의 삶–

초판 1쇄 발행 2014년 2월 14일

지은이 · 홍성태
발행인 · 김영진
발행처 · 진인진
등록 · 제25100-2005-000003호
책임편집 · 온현정
본문 편집 · 배원일
표지 · 정하연
주소 · 경기도 과천시 별양동 1-14 과천오피스텔 614호
전화 · 02-507-3077~8
팩스 · 02-507-3079
홈페이지 · http://www.zininzin.co.kr
이메일 · pub@zininzin.co.kr

ⓒ 진인진 2014
ISBN 978-89-6347-092-4   93300

머리말

1.

2014년 2월 14일 김진균 선생의 '10주기'를 맞아서 『김진균 평전』을 세상에 펴냅니다. 민중을 위한 학문과 실천에 매진하셨던 삶을 기려서 김진균 선생의 장례는 '민중의 스승장'으로 치러졌습니다. 김진균 선생은 평생 민주, 진보, 통일을 성실하게 추구하셨지만 궁극적으로 그것은 모두 민중의 더 나은 삶을 위한 것이었습니다. 김진균 선생의 학문과 실천은 민중이 시련과 고난을 겪는 한 언제까지나 깊은 현재적 의미를 가집니다. 민중의 삶이 혹독한 시련과 고난을 겪게 될수록 김진균 선생의 학문과 실천은 더욱 깊은 의미를 갖게 될 것입니다.

김진균 선생은 1937년 11월 20일에 태어나서 2004년 2월 14일에 돌아가셨습니다. 김진균 선생은 일제의 식민 지배 말기에 태어나서 40년의 독재 시대를 사시고 민주화의 발전에 대한 기대가 커지는 때에 세상을 떠나셨습니다. 김진균 선생은 당신의 일생을 '격동의 시기'로 요약했고, 말년에는 '아주 새로운 차원의 시대로 진입'하고 있는 것으로 생각했습니다.

> 한 생애에서 격동의 세기 전환을 겪어 보기는 드문 일일 것이다. 1945년 종전과 해방, 중학교 입학과 6·25전쟁, 대학생 시절이던 1960년의 4·19혁명, 박정희 장군의 쿠데타와 군부집권, 그리고 경제개발계획들… 1968년 전임강사로 교수 생활의 시작, 삼선개헌과 72년 남북공동성명 및 유신체제, 79년의 대통령 저격 사망, 80년 민주항쟁과 5·18광주사태, 신군부의 집권, 4년 1개월간의 교수직 해직, 87년 6월 항쟁과 노동자대투쟁, 동구권 사회주의 국가들의 해체, 92년 군부독재의 퇴거와 문민정권의 등장, IMF사태와 2차 문민정권, 비정규직의 확대와 남북정상의 만남 그리고 새로운 남북한시대의 전개, 2003년 2월 정년퇴임. 내가 태어나기 100여 년 전도 격동의 시기였지만, 그로부터 이어진 나의 생애에도 격동의 시기가 연속되고 있었고, 이제는 아주 새로운 차원의 시대로 진입하고 있다(김진균, 「서문」, 『21세기 진보운동의 기획』, 문화과학사, 2003, 5).

김진균 선생은 1957년 서울대 사회학과에 입학했고, 1968년 서울대 상대 교수가 되었으며, 1975년 서울대 사회학과 교수가 됐습니다. 그로부터 5년여 뒤인 1980년 7월 선생은 전두환 정권에 의해 강제해직되어 1984년 8월까지 해직 교수로서 고통을 겪으셨습니다. 그러나 이 시간 동안 김진균 선생은 세상을 밝히고 개혁할 학문을 더욱 열심히 닦았고, 해직교수협의회를 조직해서 본격적인 민주·진보운동을 펼치기 시작했습니다. 1970년대 말과 1980년대 초는 김진균 선생의 학문과 실천에서 전환기가 된 가장 중요한 시기입니다.

2.

김진균 선생의 학문과 실천은 크게 세 시기로 나누어 볼 수 있습니다. 첫째, 1960~70년대 말의 시기입니다. 이 시기에 선생은 미국의 사회학을 비판적으로 연구하는 동시에 한국의 전통 학문에 대해서도 적극 연구해서 '한국 사회학'의 정립을 위해 애썼으며, 박정희 군사독재를 적극 비판하는 논문들을 발표하고 학생들을 지키기 위해 애썼습니다. 이 시기까지 선생은 직접 실천의 주체로 나서지 않았으며 스승(황성모 교수), 제자들, 동생(김세균 교수) 등을 보호하고 지원하는 활동을 하며 큰 인식의 전환을 겪었습니다. 둘째, 1970년대 말~1980년대 말의 시기입니다. 이 시기에 선생은 '크리스찬 아카데미 사건'(1979), '광주 학살과 광주 항쟁'(1980), 해직(1980~84), 6월 항쟁과 노동자 대투쟁(1987) 등을 겪으며, 자본주의, 사회주의, 사회민주주의, 민중민주주의 등에 관한 서구의 진보적인 연구들을 공부했고, 해직교수협의회(1983)에 이어 민주화를 위한 전국교수협의회(1987)에 참여해서 반독재 민주화와 민중의 복리를 위한 실천에 나섰습니다. 셋째, 1990년대 이후의 시기입니다. 이 시기에 선생은 교수 민주화운동의 성과를 바탕으로 전교조(1989), 전노협(1990), 민주노총(1995) 등 노동운동의 성장과 발전에 참여했으며, 1960년대 후반 이후 서구의 탈구조주의, 탈맑스주의 등에 관해 폭넓게 공부해서 민주주의의 확대와 소수자운동의 중요성에 관한 인식을 심화했고, 시대의 변화를 선도하는 정보운동과 문화운동에 참여했습니다.

김진균 선생의 삶은 민족, 민중, 민주의 세 낱말로 요약될 수 있을 뿐 아니라 양심, 비판, 진보의 세 낱말로도 요약될 수 있습니다. 선생은 통일을 반드시 이루어야 할 과제로 생각했으나, 그것은 어디까지나 민중을 위한 민주의 실현으로 이루어져야 한다고 생각했습니다. 선생은 민주주의의 확대와 심화를 그 요체라고 생각했으며, 그 핵심을 인권의 확대와 심화라고 생각했습니다. 선생은 우리가 추구해야 할 목표로 어떤 고정된 사회상을 제시한 것이 아니라 민주와 인권을 위해 투쟁하고 협의하면서 생성되는 결과에 초점을 맞췄던 것입니다. 실로 열린 생성 과정을 무엇보다 중요하게 생각했습니다.

> 새로운 차원의 시대를 맞아, 범인들인 우리는 이 엄청난 상황들을 일상생활에서 겪어내야 한다. 더욱이 전지구적 인류의 일부이면서 남다르게 반세기 이상 분리되어 살아온 우리는 식민지 유산과 냉전의 유산을 씻고 통일을 이루어 새로운 전망을 형성해야 한다. 그러나 남북교류가 기층민중이 일상생활에서 생계를 꾸리는 데 정말 도움을 줄 것인지, 북한사람들에게도 그러할 것인지, 정보화되는 기술적·제도적 바탕이 지상에서 이루어온 민주화 효과를 인터넷 세상 안에서도 이루어낼 것인지, 아니면 인터넷 안에서의 통제가 바깥세상에까지 역효과를 가져올 것인지 가늠하기 어려운 지경이다.
> 이제 우리는 새로운 시대를 가늠하고 대비하기 위해, 민주주의를 넓고 깊게 검토하고 실현하는 데서 실마리를 찾아가야 한다. 민주주의는 단지 정치적 차원의 지평에 머물러 있는 것이 아니다. 전지구적 통합자본주의가 지역적으로 전지구를 포섭하는 동시에 인간 사회를 사회생활 구성에서도 미시적 차원에 이르기까지 혹은 인간의 동기와 욕망의 구성의 모든 구석까지 포괄해가고 있다면 민주주의 기본가치도 그와 마찬가지의 범위로 따지고 확보해야 할 일이다. 인권의 범위가 넓고 깊어져야 한다는 뜻이다(김진균, 「서문」, 『21세기 진보운동의 기획』, 문화과학사, 2003, 6).

3.

김진균 선생에 대해 많은 사람들이 실천가나 운동가의 인상을 갖고 있습니다. 그러나 가장 근원적이고 중요한 선생의 정체성은 바로 학자입니다. 선생은 평생 성실한 학자로서 살았고, 그 연장에서 민중의 복리를 위한 활동을 적극 실천했습니다. 선생은 다산을 가장 중요한 선학으로 여겼고, 다산처럼 현실과 밀착된 학문을, 인식과 실천이 동전의 양면처럼 결합된 학문을 추구했습니다.

김진균 선생의 10주기를 맞아 민족과 민중을 위한 민주주의의 확대와 심화에 헌신한 김진균 선생의 학문과 실천에 대해 많은 사람들이 큰 관심을 기울이게 되기를 바랍니다. 지난 1주기 때 이종오 교수는 "이제 객관화된 '김진균론'이 80·90년대의 학문과 운동 속에서 제기되어져야 할 때다. 이는 김 선생 추모사업의 일환으로 이루어질 것이라고 여겨지는데, 매우 중요하고 풍부한 학술적·역사적 내용을 담고 있으니 후학들의 큰 욕심을 기대해 본다"(이종오, 2005, 「김진균 선생의 추억」, 『벗으로 스승으로』, 문화과학사, 161~162)는 뜻을 밝혔습니다.

'김진균론'은 무엇보다 김진균 선생이 남긴 글을 읽는 것으로 시작되어야 할 것입니다. 김진균 선생은 1962년부터 2003년까지 41년에 걸쳐 논문, 평론, 칼럼 등 여러 형태의 많은 글을 남겼습니다. 이 평전에는 이 글들을 추려서 담았습니다. 사람은 가도 글은 남습니다. 사상가는 두루 깊이 탐구해서 학문을 세우고 그것을 실현하기 위해 적극 실천하는 사람입니다. 이런 점에서 김진균 선생은 민족과 민중을 위한 민주주의를 추구한 한국의 대표적인 사상가였습니다. 이 평전은 김진균 선생의 학문과 실천을 사회 변화의 맥락에서 제시하는 데 초점을 맞추었습니다. 부디 이 평전이 민족, 민중, 민주의 사상가로서 김진균 선생의 면모를 이해하는 데 도움이 되기를 바랍니다.

김진균기념사업회는 오래전부터 이 평전을 준비해왔습니다. 2005년 1차 기획안을 준비했고, 2006년 수정된 기획안이 확정됐습니다. 실제 집필은 2013년 봄부터 시작해서 2014년 1월 초에 마쳤고, 그 과정에서 사모님 정혜영 여사, 자녀들, 김세균, 서관모, 유초하 교수 등과 함께 검토하고 수정했습니다. 이를 위해 2012년 3월에 김진균 선생의 제자인 이건범 대표에게 평전을 위한 자료 정리를 부탁했습니다. 이건범 대표의 노고에 감사드립니다. 또한 김진균 선생의 자녀들(태진, 영진, 지인)이 경영하고 있는 '진인진'에서 이 평전을 출판하게 됐습니다. 모두 고생하셨습니다.

2014년 1월 20일
북한산 비봉 아래에서

홍성태 삼가 씁니다.

감사의 말씀

2004년 2월 14일 김진균 선생이 세상을 떠났습니다. 그로부터 어느덧 10년의 세월이 지났습니다. 선생은 평생 민중의 복리와 민족의 통일을 위한 학문과 실천의 삶을 살았습니다. 이런 선생의 삶을 기려 우리는 선생을 '민중의 스승'으로 모시고 장례를 치렀습니다. 선생의 육신은 눈길을 헤치고 경기도 마석의 모란공원 묘지로 옮겨져서 많은 이들의 애도 속에 전태일 열사, 문익환 목사, 박종철 열사 등의 곁에 묻혔습니다. 비록 선생의 육신은 우리 곁을 떠났으나 그 정신은 언제나 우리 곁에 머물러 있습니다.

김진균 선생의 1주기를 맞아 선생이 추구했던 상자이생의 대동사회(민중이 서로 돕고 사는 사회)를 만드는 데 이바지하고자 김진균기념사업회가 발족했습니다. '사업회'가 시행하는 가장 중요한 활동은 '김진균상'을 제정해서 수여하는 것입니다. '김진균상'은 학문상과 운동상의 두 가지이며, 어느덧 열 번째 수상자를 배출하게 됐습니다. 진보적인 학문과 운동을 펼친 이들에게 수여하는 이 상이 김진균 선생의 삶을 기리고 이 세상의 진정한 발전에 이바지하기를 언제나 바라마지 않습니다.

김진균기념사업회는 김진균 선생의 10주기를 맞이해서 선생의 평전을 출간하기 위해 오래 전부터 준비해 왔습니다. 이제 홍성태 교수와 사모님 정혜영 여사를 비롯한 가족들의 노력으로 『김진균 평전』을 출간하게 됐습니다. 여기에는 지난 1주기 때 '사업회'가 출간한 추모문집인 『벗으로 스승으로 – 김진균 선생을 기리며』(문화과학사)도 크게 도움이 됐습니다. 선생의 평전이 출간되기까지 도움을 주신 모든 분들에게 깊은 감사의 인사를 드립니다. 특히 김진균 선생의 집안 동생으로서 지난 10년 동안 한결같이 김진균기념사업회를 후원해 주신 김정균 원장께 깊은 감사의 말씀을 드립니다. 이 평전으로 선생의 삶이 더욱 널리 알려지기를 바랍니다.

『김진균 평전』은 '사업회'의 '공식 평전'으로서 학자로서 김진균 선생의 업적을 정리하는 데 초점을 맞추었습니다. 선생은 양심적인 학자로 시작해서 진보적인 학자로 나아갔으며, 그 과정에서 다산 정약용 선생을 본받아 민족과 민중을 위한 학문의 실천에 힘을 다하게 됐습니다. 또한 선생은 언제나 사람들을 따뜻하게 대하기 위해 애썼으며 작은 것도 결코 소홀히 하지 않았습니다. 이 평전이 선생의 학문과 실천에 대한 관심을 키우고, 나아가 선생의 삶이 우리의 삶에 가까이 있기를 기대합니다.

2014년 2월

김진균기념사업회 이사장 장임원

감사의 말씀

『김진균 평전』 발간에 부쳐

『김진균 평전』이 마침내 출간되었습니다. 아버님이 우리 곁을 떠나신 지 10년 만이고, 추모문집 『벗으로 스승으로』가 나온 지 9년만입니다. 평전을 내기 위해 고생한 제자 여러분들, 그리고 김진균기념사업회 여러분들에게 감사의 뜻을 전합니다.

　'김진균 선생님'에 대한 기억은 사람에 따라 다양한 모습일 것입니다. 젊은 시간강사이셨던 시절 '수강생'으로 만났던 분들과 말년 박사학위 지도교수로 뵈었던 제자 분들이 기억하는 모습도 다를 것이고, 초등학교 시절 친구분들과 장년 시절 다산연구회를 함께 하셨던 친구분들이 기억하시는 모습 역시 다를 것입니다. 가족들이 기억하는 모습, 민교협 선생님들이 기억하시는 모습, 전노협이나 민주노총에서 활약하던 분들이 기억하시는 모습 등 아버님은 여러 사람들의 마음 속에 여전히 생전의 모습으로 기억되고 있을 것입니다. 이런 추억들 속의 개별적이고 다채로운 모습들은 각각 참으로 소중하고 아름다운 것들이 아닐 수 없습니다.

　그런데 이번 평전 발간을 계기로 해서, 진보적인 사회과학자로서의 아버님의 진면목이 일목요연하게 드러난 것은 반갑고 고마운 일이 아닐 수 없습니다. 80년대 중반 이후 활동가로서의 행적이 워낙 두드러지시기도 하고, 일생을 통해서 저작을 많이 내지 않으신 이유로, 학자로서의 김진균 선생이 제대로 이해되지 못하는 아쉬움은 늘 있었습니다. 가까이에서 뵈어 온 아버님은 집에 계실 때 늘 서재에서 책을 읽거나 혹은 원고를 쓰시고 계신 모습이었는데, 학문의 길을 걷지 않는 자식의 입장에서 무슨 책들을 그리 많이도 읽으시는지, 무슨 글들을 그리 열심히 쓰시는지 짐작하기도 어려웠습니다. 아마도 학자로서의 김진균 선생을 잘 아는 분들은 다산연구회 활동을 함께 하셨던 선생님들이나 상도연구실, 산업사회연구회 등의 활동을 함께 하셨던 제자들 정도일 것입니다. 『김진균 평전』은 학자로서의 김진균을 한국 사회과학 연구사의 맥락에서 통일적이고 총체적인 관점에서 정리한 첫번째 성과입니다.

　이번 평전을 내는 과정에서 많은 사람들이 수고를 아끼지 않으셨으며, 아들로서 감사의 뜻을 충분히 전하기 어려울 지경이나 인사의 말씀을 전하는 기회를 빌려 몇 자 남기는 것이 마땅한 도리일 것입니다.

　장임원 이사장님을 비롯한 김진균 기념사업회의 이사님들은 『김진균 평전』이 충실하게 마무리되도록 큰 관심과 애정을 갖고 10년의 세월 동안 꾸준히 지원해 주셨습니다. 서관모 운영위원장은 『김진균 평전』의 집필과 출판이 원만하게 진행될 수 있도록 모든 실무를 꼼꼼히 챙겨 주셨습니다. 서울대 사회학과 83학번 제자인 이건범 한글문화연대 대표는 여러 어려움에도 자료조사와 정리에 크게 애써 주셨습니다. 85학번 제자인 홍성태 상지대 교수는 2013년 7월부터 『김진균 평전』의 집필에 전념해서 큰 고생 끝에 2013년 1월 중순에 집필을 마쳤습니다. 김세균, 서관모, 유초하 교수님들은 원고를 꼼꼼히 살피고 수정해 주셨습니다. 이밖에도 많은 분들이 『김진균 평전』의 집필과 출판에 도움을 주셨습니다. 모든 분들께 깊은 감사의 말씀을 드립니다.

　마지막으로, 김진균 선생이 직접 남기신 일지 기록에 대해 언급하고자 합니다. 아버님은 2003년 2월 말의 정년퇴임 이후 개인 연구실인 청정서실에서 평생 작성하신 글들의 목록을 작성하고 여러 짧은 기록들을 일지 형식으로 입력하는 데 많은 시간을 보내셨는데, 그 목록과 일지가 평전의 집필에서 여러 사실들을 확인하는 기초 자료가 되었습니다. 젊은 시절부터 사소한 일들까지 성실히 기록하신 아버님의 노고가 당신의 평전을 집필하는 데 큰 도움이 된 셈입니다.

　이번에 발간된 평전은 지난 10년간 지속되어 온 김진균 기념사업회 사업의 결실이기도 하지만, 일찍이 2005년에 제기되었던 '김진균론'의 새로운 지평을 여는 계기가 될 것입니다. 말년에 아버님이 '인식론적 단절' 개념을 차용해 왔던 프랑스의 철학자 루이 알뛰세르의 책인 『자본을 읽자Lire le Capital』를 따라서 말하자면, '김진균을 읽자'라는 제안이 한국의 진보적 사회과학 연구사의 맥락에서 본격적으로 반향을 일으키기를 기대합니다.

　감사합니다.

2014년 1월 27일
가족을 대표해서

장남 태진이 삼가 올립니다.

목차

I

유소년기

1937~56년

①

유소년 시절

1937~49년

장남 진출晉出

김진균은 부친 김문희(1915~73), 모친 안판환(1913)의 2남 4녀[*]의 장남으로 1937년 11월 20일 경남 진주시 봉래동에서 태어나 자랐다. 그의 아명은 '진출晉出'이었는데, 바로 '진주에서 태어났다'는 뜻이다. 김진균의 집안은 창원시 동면 석산리에 집성촌을 이루어 살고 있었는데, 사업에 뜻을 둔 그의 부친이 한학자였던 조부를 설득하여 이사한 곳이 진주였다. 애초 그의 부친은 사업의 터전으로 부산을 생각하고 있었는데, 조부가 고향을 떠나는 마당에 너무 번잡한 상업도시로 가는 것을 반대하여 유서 깊은 전통 도시인 진주로 타협했던 것이다. 가족들이 처음 정착한 봉래동은 진주시의 북쪽 외곽 동네이며, 근처에 진주중학교와 진주고등학교가 자리잡고 있다.

사실 김진균은 원래 장남이 아니라 셋째였으나 먼저 태어난 형 둘이 어려서 세상을 떠나는 바람에 장남이 되었다. 그는 2002년 4월 발표한 「내가 장남이 된 사유」라는 글에

---

[*] 김진균은 6남매의 첫째였다. 여동생 순자(1940), 행자(1942), 을자(1944), 남동생 세균(1947), 여동생 귀균(1954) 등이 있다. 순자는 김진균과 고등학교 동창인 박용문과 혼인했다. 남동생 세균은 1966년 서울대학교 정치학과에 입학했고, 1979년에 크리스찬 아카데미 사건으로 옥고를 치렀으며, 1987년 2학기 서울대학교 정치학과 교수로 부임해서 2013년 2월 정년퇴임했다. 여동생 귀균은 이화여대 사학과를 졸업한 뒤 노동운동에 참여했으며, 크리스찬 아카데미 사건으로 옥고를 치른 장상환과 결혼했다. 장상환은 뒤에 경상대 경제학과 교수가 되었다.

서 그 아픈 사연을 다음과 같이 밝혔다.

어머니는 약 이십년에 걸쳐서 여덟 아이를 낳으셨는데 첫째 아이는 출산하자마자 세상을 떠났고 둘째 아이가 자라다가 소아마비에 걸려서 다리가 불편하였는데 어려서 세상을 떠난 것이다. 어머니는 사내 애 둘을 어릴 적에 잃은 것이다. 아들을 중시하던 사람들의 세상에서 사내 애 둘을 먼저 잃었으니 집안 분위기가 좋지 않았을 것이다. 어머니는 가끔 말하신다. 그 둘째 아이를 좀 적극적으로 치료했으면 죽지 않았을 것이라고.
하기야 일제 강점시기 말엽이니 총독부가 혈안이 되어서 집안을 뒤져서 웬만한 것은 공출로 빼앗아 갔으니 집안 살림이 넉넉할 리 없었고 당시에 의료 서비스가 누구에게나 접근하기 어려운 상황이었다.[*] 나는 셋째 아이로 태어나서 다행히 홍역도 잘 치러내어 자라서 장남이 된 것이다(김진균, 2002, 「내가 장남이 된 사유」, 『불나비처럼』, 문화과학사, 2005, 97~98).

아마도 이런 사연 때문에 김진균의 부모는 그가 건강하게 자라는 것을 다행으로 여기고 그를 더욱더 아끼게 되었을 것이다.

김진균의 부친 김문희는 사람을 좋아해서 널리 많은 사람들과 교류했다. 김문희가 친하게 교류한 사람들 중에는 화가 장우성, 박생광, 시인 김상옥 등도 있었다. 김문희는 그들이 진주에 오면 자신의 형편이 어렵더라도 내색하지 않고 그들을 즐겁게 환대했으며, 자신이 서울에 가면 늘 인사동에 들러 그들을 만나 얘기를 나누며 즐거운 시간을 가졌다. 김진균은 1979년 가을에 '크리스찬 아카데미 사건'으로 '창작과 비평사'에 백낙청 교수를 만나러 갔다가 우연히 만나서 길게 옛날 얘기를 나눴던 시조시인 초정艸汀 김상옥(1920~2004)에 대한 기억을 글로 남겼다.

선친이 생전에 서울에 오시면 인사동 골동품 가게를 하시던 초정 선생한테 가시곤 했었는데, 그 날 저를 참으로 반갑게 대해 주셨습니다. 그 분과 함께 진주에 관한 여러 이야기를 하던 중에 그 어른이 친히 지내시는 아천 선생의 이야기가 나오고, 그러면서 삼현여고의 교가를 만들던 이야기를 해 주셨습니다(김진균, 1993, 「최형에게」, 『나의 선생님』, 인간과 자연사, 1997, 169).

---

[*] 〈참고〉 1. 1937년의 조선 주변 정세

김진균의 조부 초려草廬 김상수 선생은 평생 유가의 책을 읽은 선비로서 세상과는 절연을 하시다시피 하고 살았다. 김진균은 어려서 조부에게서 한문을 배워서 『효경』을 외우기도 했는데, 『효경』은 잊게 되었지만 전통 학문에 대해서는 계속 큰 관심을 갖게 되었다.

국민학교 시절

김진균은 1944년 3월 '진주사범 부속 국민학교*에 입학했으며, 이듬해 2학년이 되어 해방을 맞았다. 그러나 해방은 커다란 혼란으로 이어졌다. 미국과 소련에 의해 나라가 분단되었고, 민족 내부의 분열과 대립이 극단화되었기 때문이었다. 그 어려운 시기를 김진균의 국민학교 친구 전희준은 다음과 같이 회고했다.

> "이 땅에 태어나 한평생 살자면 난리 두 번 흉년 세 번은 겪는다"고 박경리는 『토지』에 썼지만, 해방 전후 정국에 세 나라 군복을 입었던 기구한 젊음을 산 이도 있었다. 우리 또래도 소년기에 짧으나마 세 나라 국기 아래 살았었다.
> 해방이 되고 교사校舍는 진주군進駐軍의 병영이 되어 우리는 남의 학교, 임란 때 진주성을 지키다 장렬하게 순사한 선열의 넋을 모신 창의사, 노천 등을 전전하며 초등 3, 4학년 공부를 했다. 정부 수립 후 교사를 되찾아 들었으나 해병 1개 대대가 주둔해 있던 진주사범 기숙사가 지리산 파르티잔들의 야간 기습으로 불타버리자 우리는 또 남의 학교를 전전하며 6학년 수업을 했다(전희준, 「소년 김진균에 대한 추억」, 『벗으로 스승으로』, 문화과학사, 2005, 61~62).

아주 어려운 시기였어도 아이들은 즐겁게 놀 수 있었다. 김진균 역시 친구들과 어울려서 즐겁게 국민학교 시절을 보냈다. 당시는 집과 학교 주변이 벌판이어서 집으로 돌아가는 길에 어디서나 마음대로 뛰어다니며 놀 수 있었다.

나는 어릴 적 진주에서 자랄 때 여름이면 진주 시내를 가로질러 서쪽에서 동쪽으로 흘러

---

* 〈참고〉 2. 진주사범학교

가는 남강 하류쪽 백사장에 나가 잘 놀았다. 지금은 온통 북적거리는 시가지로 변했지만 50년 한국전쟁 전에는 백사장이 있고 그 주변은 밭이어서 여름이면 수박과 참외를 사 먹으며 한가하게 지내노라면 키 큰 버드나무 속에서 매미들이 노래를 부르곤 하였다. 어릴 적 기억에 매미는 낮에만 노래하는 줄 여겼다(김진균, 2003, 「밤에도 소리치는 매미」, 『불나비처럼』, 문화과학사, 2005, 232~233).

그리고 김진균은 자동차 바퀴에서 꺼낸 고무 튜브로 만든 어설픈 공으로도 신나게 놀곤 했다.

자동차 바퀴 안에 들어 있는 튜브를 가지고 축구공을 만들어 신나게 차던 시절이 있었다. 해방되고 난 뒤 아마도 1946년, 47년쯤일 것이다. 한반도에 남아 있던 일본군 트럭 바퀴나 진주한 미군 트럭의 펑크난 바퀴에서 꺼낸 튜브로 축구공을 만들었다. 크기는 여러 가지. 어린이의 가슴만큼 큰 공에 바람을 팽팽히 넣어서 차면 공은 하늘 높이 치솟다가 운동장에 떨어지면 그 튕겨지는 높이가 키보다 높게 몇 길이나 솟아오른다. 그 시원하게 튕기는 맛에 운동장에 모인 어린이들은 함성을 지르며 공을 쫓아 몰린다. … 그 시절 그 고무공 하나 가지고 나온 어린이는 영웅이고 '부자'였으니 얼마나 으스댈 수 있었는지(김진균, 2002, 「뭉칫돈과 튜브고무 축구공」, 『불나비처럼』, 문화과학사, 2005, 109).

어려운 시대 상황 속에서 함께 놀고 자란 국민학교 친구들에 대한 김진균의 애정은 각별했다. 그러나 어린 시절의 친구들도 시간이 흐르면서 대체로 변하게 마련이다. 김진균은 평생 어린 시절의 친구들을 좋아했으며, 그래서 나이가 들면서 서로 분화되는 것을 안타까워하기도 했다(김진균, 2002, 「수제비」, 『불나비처럼』, 문화과학사, 2005, 147).

2

중고교 시절
1950~56년

중학교 시절

김진균은 1950년 4월에 '진주사범 병설 중학교'에 입학했다. 진주사범 병설 중학교는 당시의 다른 중학교에 비해 예체능 교육을 중시하는 교육과정을 가지고 있었다. '창가'와 악기 연주가 필수여서 김진균은 수업을 따라가기 어려웠지만, 평생에 걸쳐 음악을 좋아하게 된 기초를 중학교에서 확립할 수 있었다. 김진균은 건강했고 공놀이를 좋아했는데, 중학교 때는 축구와 연식 정구의 선수로 활동할 만큼 심취했다. 이런 배경으로 김진균은 1970년대 중반에 등산을 시작하기 전까지 매주 테니스를 즐겼다.

　중학교에 입학한 지 얼마 지나지 않은 1950년 6월 25일 북한군의 침략으로 한국전쟁이 터졌다. 친구 전희준은 이에 대해 김진균을 추모하는 글에서 다음과 같이 회고했다.

1950년 6월 25일에 한국전쟁이 터졌다. 7월 한 달은 서울에서 내려온 대학생 대표들의 "전선으로 가자!"는 절규를 듣느라 강당에 자주 모였고, 하순에는 병영으로 떠나는 선배들을 배웅하느라 역으로 가는 일이 많았다. 그러는 와중에 방학이 어떻게 시작되었는지도 모른 채 시내에는 인민군이 진주했고 낯선 국기가 펄럭이고 있었다. …
학교는 다시 병영이 되었고 우리는 넓은 공지에 칠판을 세우고 그 앞에 돌멩이를 놓고 앉아 중 1 · 2학년 수업을 했다(전희준, 「소년 김진균에 대한 추억」, 『벗으로 스승으로』, 문화과학사, 2005, 64).

김진균의 국민학교 생활은 일제 말과 해방 뒤의 혼란 속에서 지나갔고, 중학교 생활은 참혹한 한국전쟁의 소용돌이 속에서 지나갔다. 진주도 한국전쟁의 참화를 피할 수 없었고, 김진균도 힘들게 전쟁을 겪어야 했다. 그는 한국전쟁의 와중에 보낸 중학교 생활에 대해 다음과 같이 회고했다.

> 진주에서 피난갔다가 진주가 완전히 수복되고 난 뒤 학생들을 모아 다시 학교를 여는데, 진주사범 병설중학교는 사범학교와 마찬가지로 처음에 진양성 안 안산 일대에서 공부를 하게 되었습니다(저는 당시 병설중학 1학년이었습니다). 학교 건물은 군대가 주둔하고 있었습니다. 사범학교 교장 사택이 진양성 안에 있었고 거기서 학생등록을 받았습니다. 병설중학은 한 학년에 남학생 두 반, 여학생 한 반, 모두 합쳐서 150명 정도였겠지요. 진양성 안 양지바른 언덕 밑에 한 학년이 모두 모여서 수업을 받았습니다(병설중학은 그 뒤에 진주여고, 비봉루 일대에서 공부하고 난 뒤 한참 있다가 본교로 돌아갔습니다) (김진균, 1993, 「최형에게」, 『나의 선생님』, 인간과 자연사, 1997, 173).

일제의 강점이 민족의 분단으로, 다시 참혹한 민족의 전쟁으로 이어진 것은 세계사에서도 유례를 찾아볼 수 없는 비극이 아닐 수 없다. 김진균은 한창 성장하던 소년기에 혹독한 민족의 비극과 고통을 겪었다. 몇 해 뒤 그가 사회학을 선택했던 것의 바탕에는 이 아픈 경험도 놓여 있었으며, 그는 사회학자로서 민족의 비극을 해명하고 그 해결을 추구하는 것에 평생 힘을 쏟았다. 1980년대 말부터 김진균은 군사경쟁과 군수산업을 현대 사회의 핵

중학교 2학년 때의 김진균(1951)

심 문제로서 파악하고 관련 연구를 본격적으로 시작했는데, 그 바탕에는 소년기에 겪은 참혹한 한국전쟁의 경험이 놓여 있었다.

한국전쟁의 경험에 관해서 김진균은 1995년 연말에 부친상을 당한 옛 친구에게 보내

는 편지에서 상당히 소상한 기록을 남겨두었으며, 2003년 이 기록을 당시 '참세상'에 연재하고 있던 칼럼을 통해 공개했다. 그는 다음 세대에게 전하기 위한 역사로서 이 기록을 남긴다고 밝혔다. 찰나의 순간에 목숨이 오가던 그 위중한 시기에 김진균의 가족을 적극 도운 부친의 친구 분에 관한 회고와 깊은 감사가 이 기록의 직접적인 목적이었다. 여기에 그 주요 내용을 정리해서 옮긴다.

1950년 여름에는 6·25전쟁이라는 참혹한 역사가 있었습니다. 우리 나이 이제 열네살쯤, 국민학교를 졸업하고 4월에 개강하는 신학기에 나는 진주사범 병설 중학교에 입학을 하였지요. … 우리 선친께서는 전선만 피하면 곧 이 전쟁이 끝나리라고 판단을 하셨던가 봅니다. 전쟁이 나니 남에게 진 빚이 있으면, 그것을 빨리 청산해 주는 것이 도리라고 생각하시고, 그렇게 청산하고 나니 손 안에 넉넉한 돈도 지니지 못하셨다고 합니다. 그때 선친은 할아버지, 할머니, 그리고 지금 살아 계시는 어머니, 아들 둘, 딸 셋 식구를 거느리고 피난길을 나서셨습니다. 할아버지는 옛 유학자로 갓 쓰고 누루마기 입으시고, 말기로 타락한 이 세상의 생활과는 거의 절연을 하고, 자기만의 독서와 철저한 건강관리를 하고 있었을 뿐이었습니다. 할머니는 건강이 좋지 않았습니다. 천식에 시달리고, 자주 학질에 걸리곤 하셨습니다. 혼자서 걸어다닐 수 없으셨고 남의 부축을 받아야 했습니다. 아버지는 우선 시내를 떠나서 시 외곽에 자리잡고 있다가 전선이 지나가면 곧 집으로 돌아올 계획을 하였습니다. 우선 도동으로 가기로 했습니다. … 간단히 먹을 음식과 이부자리를 장만해서 온 가족이 그곳으로 나가게 되었습니다. … 진주 시내에서 도동으로 나가자면 남강과 맞붙어 나가는 '뒤비리*' 길이 있습니다. '뒤비리'는 강 따라 지나가는 산 벼랑이 곧장 바위를 굴러 내릴 듯한 형상을 하고 있습니다. 겨우 마차 하나 지나갈 듯한 길 폭인데, 우리 가족이 그곳을 지나갈 때 시내에서 피난 나가는 사람들로 길이 꽉 메워져 있었습니다. … 그때 참으로 딱한 것은 아버지가 건강치 않으신 할머니를 자전거에 태워 끌고가야 하는 것이었습니다. 나는 어린 동생들을 보살펴야 했습니다. … 그 다음 날인지 한낮에 미군 비행기 하나가 그곳을 힝힝 날더니 기총소사를 했습니다. 특히 도동 국민학교를 향해 기총소사를 했지요. 그곳에는 진주 시내에서 피난 나온 많은 사람들이 임시로 거처를 정하고 있었습니다. 전투기를 본 것도, 기총소사를 하는 소리도 처음 보고 듣고 하는 것인데, 너무 놀라고 기겁을 하게 되었습니다. 결국 아버지는 그 도동에 머물 수 없다고 판단하시고 동쪽을 향해 정처없이 떠나게 되었습니

---

* 진주 8경의 하나인 뒤벼리

다. … 삼십여 리 어느 동네에 가서 또 국민학교 교사에 임시 거처를 하게 되었습니다. …
우리가 거처를 정한 곳에서도 미군기의 기총소사를 받아 사람들이 상한 일이 생겼습니
다. … 우리는 또 다시 떠났습니다. 이제는 마산을 향하는 방향이 아니라 뒤돌아서 진주
의 북부, 진양군 미천면이라는 곳으로 그냥 흘러 들어갔습니다. 수소문해 본 결과 진주
에 출입이 있던 어魚씨 분을 만나 그곳 사랑방을 얻어 들어가서 할머니를 조리할 수 있
게 되었습니다. 나중에는 그 동네에서 한 산등성이를 넘어서 몇 달 동안 피난하였습니
다. … 전선이 다시 올라가고 우리는 추석 전후해서 진주로 돌아왔습니다. 먹을 것도,
생계를 꾸려갈 아무 근거도 없었지요. 진주 시내는 완전히 폭격으로 잿더미로 변해 있
었습니다. 다행히 봉래동 집은 파괴를 면할 수 있어서 거처를 쉽게 정하였습니다(김진
균, 1995, 「어릴 적 친구에게 보낸 옛 편지」, 『불나비처럼』, 문화과학사, 2005, 178~182).

김진균의 부모는 조부모를 모시고 5남매를 데리고 피난을 가야 했다. 조모는 많이 편
찮으셨고, 큰아이인 김진균이 14살이었고 다섯째인 김세균은 4살이었다. 넉 달 정도 계
속된 어려운 피난살이에서 봉래동 집으로 돌아왔을 때 살던 집이 파괴되지 않았던 것은
참으로 다행이었으나 생활은 대단히 어려웠다. 이에 대해서도 김진균은 약간의 기록을
남겼는데, 특히 밥과 물에 관한 기록이 눈에 띈다.

1945년으로부터 약 10년간 수제비를 많이 먹었다. 특히 1950년 6·25전쟁이 있을 때 전
선이 지나고 간 뒤, 진주는 중심 시가지가 미군의 폭격기에 의해 폭격을 당해 폐허가 되
었다. 피난 갔다가 돌아오고 난 후 하루하루 먹이도 힘들게 구하게 되었다. 비봉산 줄기
산등성이로 올라가서 밭에서 고구마를 사다가 쪄서 먹기도 하였다. 밀가루를 구하면 손
국수보다도 수제비를 해서 먹었다. 수제비가 국수보다 식구 많은 집에는 국물이라도 해
서 두루 먹기에 좋았기 때문이었다. 어머니가 부엌 솥에서 밀가루 반죽을 떼어서 끓는
물에 던져 넣을 때 열네살이나 된 사내애조차 어머니 옆에서 간절하게 이야기한다. 반죽
큼직하게 몇 개 던져 넣어서 나중에 나에게 주기를 살살 주문하는 것이다. 어머니가 가
끔 큼직하게 뚝 떼어 던져 넣으면 신이 나는 것이다. … 이렇게 해서 6·25 후반을 견뎌내
고 있었다. 그 후 세월이 가고 난 뒤 가끔 어릴 적에 먹던 수제비 맛이 생각나면 어머니께
수제비 장만해 주기를 간청하곤 하였다(김진균, 2002, '수제비', 『불나비처럼』, 문화과학
사, 2005, 145).

진주 봉래동 살 때(우리가 봉래동에서 중앙동으로 52년쯤 이사를 했지요), 내가 국민학

교 다닐 때, 수도 사정이 좋지 않아서 봉래동 일대는 아직 집집에 수도가 들어가 있지 않고 공동 수도가 한 두 개 있었지만 수요를 채울 수가 없었습니다. 서형이 살던 곳, 진주중학 앞에는 수돗물이 아침과 오후 콸콸 잘 나오는 공동 수도가 하나 있었습니다. 그 수도를 박씨네가 맡아 있었습니다. 그 수도에서 몇 발자국 지나면 서형 집이 있었고, 수돗물이 나오지 않으면 그 골목으로 더 내려가서 깊은 우물에서 물을 길어야 했습니다. 하루에 내가 한 두 번 물지게 지고 물을 길었습니다(김진균, 1995, 「어릴 적 친구에게 보낸 옛 편지」, 『불나비처럼』, 문화과학사, 2005, 183~184).

1952년 부친이 중안동에 연료상회를 차리면서 거기에 딸린 집으로 이사한 뒤에야 집의 형편이 나아졌다. 가게와 창고, 넓은 마당에 두 채의 살림집으로 구성된 큰 집이었다. 한국전쟁도 소강상태로 접어들어 사회 전체의 여건도 나아지기 시작했다.

고등학교 시절

1953년 3월 김진균은 진주고등학교에 입학했다. 원래 김진균은 부산고등학교에 진학하려고 했지만, 전쟁도 끝나지 않은 상황에서 장손을 객지에 보낼 수 없다는 할아버지의 반대로 뜻을 접을 수밖에 없었다. 열 살 아래 동생 김세균은 부모님의 허락을 받아 부산고등학교에 진학할 수 있었다.

고등학교 때 김진균은 집안 사정이 어려운 친구들을 적극 돕곤 했다. 1954년 고등학교 2학년 때 수학여행의 일이 전해진다. 기차를 타고 진주를 떠나 삼랑진, 부산, 울산을 거쳐 경주의 고적을 답사하는 일정이었다. 국민학교 때 아버지를 여의고 어머니와 함께 어렵게 살던 한 친구가 있었다. 이 친구는 집안 사정이 어려워서 수학여행을 포기하고 있었는데, 김진균이 친구들에게 이 친구를 돕자고 제안해서 수학여행을 함께 갔고, 경주를 구경할 때는 김진균이 자신의 용돈을 나눠 쓰며 함께 다녔다고 한다. 김진균은 평생 친구들을 좋아했고, 어려운 처지의 사람들을 적극 도왔다. 김진균의 따뜻한 성품은 어려서부터 두드러졌다.

또한 김진균은 어릴 때부터 말수가 적고 인내심이 남달랐다. 김진균과 뒤에 그의 매

고등학교 정구반 때의 김진균과 박용문

부가 된 박용문 등 진주고등학교 1학년생 네 명이 연식정구 경기에 출전하기 위해 부산 경남고등학교로 간 적이 있었다. 당시에는 진주에서 부산까지 기차로 6시간 이상이 걸렸다. 네 명의 학생들은 부산역에 내리자마자 대신동 길목의 한 초밥집에 들어가 초밥을 주문했다. 사실 그들은 그날 초밥을 처음 보았다. 배가 고파 서둘러 초밥을 입에 넣었던 친구들은 매워서 뱉어 버리는 소동을 벌였다. 그때 김진균은 꾹 참고 눈물을 흘리며 생초밥을 다 먹었다. 진주고등학교의 연식정구반은 김진균이 침착하게 인내심을 발휘하며 활약해서 전국체전에 출전할 수 있는 자격을 얻었다.

1956년 2월 김진균은 서울대 공대에 떨어져서 서울에서 1년 동안 재수 생활을 했다. 그의 남다른 인내심은 서울에서 재수 생활을 할 때에도 사람들의 눈에 띄었다. 당시 김진균은 진주고등학교 동기인 김영찬의 집에서 하숙하고 있었다. 김영찬의 집은 공덕동의 산자락에 있던 일본식 집이었는데, 방바닥은 모두 다다미로 되어 있었다. 다다미 방에는 빈대가 많아서 지내기 어려웠다. 그러나 김진균은 이런 어려운 여건에서도 한번도 불평하지 않고 학업에 열중했다(고영근, 「청소년 시절의 김진균 교수」, 『벗으로 스승으로』, 문화과학사, 2005, 70~72).

김진균이 많은 사람들의 존경을 받게 된 가장 큰 이유는 언제 어떤 상황에서도 어려운 처지의 사람들을 적극 도왔기 때문이다. 나아가 김진균은 언제 어떤 상황에서도 흔들리지 않고 인내하며 모든 사람들을 진심으로 대했다. 사람들이 흔히 김진균을 느티나무나 너럭바위에 비유해서 말하는 것은 이 때문이다. 그런데 김진균의 어린 시절을 살펴보면, 말수가 적고, 깊이 인내하며, 사람들을 존중하고, 어려운 사람들을 적극 돕는 그의 성품과 행태가 이미 나타났던 것을 알 수 있다.

II

청년기

1957~78년

3

대학교 시절
1957~60년

대학교 시절

1957년 3월 김진균은 서울대 문리대 사회학과에 입학했다. 30명의 동기 중에는 김금수, 김영모, 신용하, 안계춘, 유재천 등이 있었다. 김진균은 원래 공대를 지망했으나 낙방한 뒤 서울에서 재수하는 동안 이과에서 문과로 바꿔서 사회학과로 진학했다. 안정적인 가정환경에서 성장했고, 조용한 지방도시에서 생활했던 김진균은 열악한 빈민 주거지역인 서울의 달동네에서 커다란 문화적 충격을 겪었다. 그 결과 공학도가 되어 산업 부흥에 이바지하고자 했던 청소년기의 소박한 꿈이 눈앞에 닥친 아수라장과 같은 생존투쟁의 광경 앞에서 잘못된 사회를 바로잡아야 한다는 생각으로 바뀌게 되었다. 이렇게 해서 김진균은 사회 전반에 대해 공부하는 사회학을 선택했던 것으로 보인다.

김진균은 당시 서울 종로의 '대학로'에 있던 서울대 문리대 주변과 서울대생의 생활에 대해 추억의 글을 남기기도 했다.

50년대 말에 서울 동숭동 대학거리에서 대학을 다닌 사람이라면, 으레히 중국집 '진아춘'에 가서 짜장면을 한번쯤 먹었을 것이며, '쌍과부집'에 가서 볶음밥이나 막걸리 한잔쯤은 마셨을 것이다. 지금도 남아 있어 젊은 대학생의 낭만이 샘물처럼 솟아나는 곳이 학림다방이며, 그 옆에 있던 대학다방은 동숭동 거리가 한창 지하철 공사를 하고 난 뒤 '에꼴'로 바뀌더니 지금은 레스토랑으로 바뀌고 말았지만, 그 두 다방은 사월혁명이 일어났던 60년쯤 문을 열었는데, 그보다 먼저 있다가 5·16군사쿠데타가 나고 난 뒤 문을 닫게 된 다방이 지금 학림다방 입구 안쪽 골목에 있던 '별장다방'이다.

… 당시로 보면 대학생들은 괜히 독일 하이델베르크 대학생의 낭만 같은 — 제대로 전달된 것인지 아닌지는 모르지만 — 그러한 기분을 내고 싶어했고, 6·25를 지난 50년대 초반에 중고등학교를 지낸 사람들은 학교에서 옳게 노래 한 곡 배우지도 못했을 것이기에 '음악'에 대한 갈증이 있어서 별장다방의 시원치 않았던 전축에서나마 삐용삐용 걸음거리의 김씨가 몇 장 되지 않는 판으로 틀어주는 고전음악에 심취하는 듯하였고, 당시 장안에서 오디오 시스템이 거의 유일하고 제일 좋았던 르네상스 음악감상실에 드나들곤 했었다(김진균, 「해직교수협의회 이야기」, 『발자욱』, 녹두, 1990, 106~107).

김진균의 대학 생활에 대해 동기인 안계춘은 여러 추억들을 글로 남겼다. 안계춘에게 김진균은 그냥 좋은 친구를 넘어서 여러 모로 부러운 친구였다. 안계츄우 특히 김진균의 '경제적 여유'를 부러워했다.

나는 친구 김진균을 여러 면에서 부러워했다. 그를 처음 보았을 때 우선 그의 훤칠한 키와 잘생긴 용모가 부러웠다. …
또 한 가지 내가 그를 부러워한 것은 그의 주량과 주도였다. … 그가 친구들과 어울려 술자리를 할 때면 술을 많이 마시면서도 술에 취해 흐트러진 모습을 보이는 일이 없었다는 것을 잘 알 수 있었다. 우리 동기 중에 술을 좋아하고 잘하는 한 사람을 또 꼽는다면 단연

혜화동 로터리(1954년)
서울대 학생들이 '세느 강'으로 부르던 '대학천'이 보인다. 조선시대에 동숭동의 낙산은 본래 잣나무가 무성한 곳이었으나, 1924년 일제가 낙산 아래에 경성제대를 세운 뒤로 이 동네는 대학촌, 이 도로는 대학로, 이 개천은 '대학천'으로 불렸다.

서울대 문리대의 동숭동 캠퍼스
학림다방 쪽에서 서울대 문리대 정면을 바라보고 찍은 사진. 뒤로 낙산이 보이고, 아래로 서울대 문리대의 정문과 다리가 보인다.

유재천 친구이다. 그래서 나는 그들을 주선酒仙이라 불렀고, 술 잘하는 우리 1년 선배 김
현조 형을 포함해서 삼선교 근처에서 사는 삼선三仙이라고 농담을 하곤 했다. …
아마도 내가 그 당시 김진균을 가장 부러워했던 것은 그의 경제적 여유가 아니었나 싶다
(안계춘, 「우리들의 학창시절」, 『벗으로 스승으로』, 문화과학사, 2005, 76~77).

김진균은 당시의 어려운 시대 상황 속에서 다른 친구들과 비교해서 가정 형편이 비
교적 넉넉한 편이었다. 부친이 진주에서 연료상회를 운영해서 서울에서 공부하는 그에
게 학비와 생활비를 보내줄 수 있었다. 그는 대학 시절에도 고등학교 시절처럼 형편이
어려운 친구를 돕곤 했다. 부친이 자신의 형편을 밝히지 않고 언제나 친구들을 환대하
기 좋아했던 것처럼 그도 자기 집안의 형편을 밝히지 않고 언제나 형편이 어려운 친구
를 도왔다. 이런 이유로 그가 '진주 갑부의 아들인가 보다 하는 생각'을 한 친구도 있었
다(안계춘, 「우리들의 학창시절」, 『벗으로 스승으로』, 문화과학사, 2005, 77). 그러나 그
의 집은 부친이 연료상회를 운영하는 수준으로 사실 부자와는 거리가 있었다. 그는 평
생 검소하게 생활하고 어려운 처지의 사람들을 적극 도왔다(고영근, 「청소년 시절의 김
진균 교수」, 『벗으로 스승으로』, 문화과학사, 2005, 73).

김진균은 학구적인 학생이었다. 이화여대의 이효재 교수(1924)는 1980년대 김진균과
함께 해직교수 운동을 했지만 사실 서울대 사회학과의 3학년 또는 4학년이었던 김진균
에게 사회심리학을 가르친 스승이기도 했다. 2005년 김진균의 1주기를 맞아서 이효재
교수는 김진균의 대학 시절부터 세상을 떠날 때까지를 회고한 글을 썼다. 그 글에서 이
효재 교수는 대학생 때의 김진균을 다음과 같이 회고했다.

1950년대 중반 부친이 운영하던 '진주연료상회'

김선생! 김선생과의 첫 만남은 1960년 전후로 기억되는군요. 40여년의 긴 세월동안 사제 지간이기보다 사회학계 동료로서 민주화운동의 동지로서 인연을 맺어 함께 연대하여 일을 하면서 만남을 유지했지요. 내가 유학하고 돌아온 직후, 1957년 가을학기부터 서울대학에서 시간강사로 사회심리학을 가르치기 시작했을 때, 첫 클래스에서 만난 학생들이 강신표, 김경동, 한완상, 임희섭 등이었고, 이들보다 약간 후배로 짐작되는 김선생은 이동원, 김재온 등과 함께 사회심리학을 수강하면서 만나게 되었지요. 김선생의 키 크고 훤칠한 모습이 인상적이었지만, 과묵한 성격이었기에 그것 이외에는 별달리 기억나는 일은 없었습니다. 그 시기 나의 사회학 강의는 미국 주류 사회학의 직수입으로 미드의 사회화 이론을 위시하여 Talcott Parsons와 William Merton의 구조기능론에 입각한 사회 구조 및 사회체제의 설명을 소개하는 것이었지요. … 어느 날 김선생은 개별적으로 나를 찾아와 파슨스의 *Social System* 책을 빌려보고 싶다고 해서 빌려간 일이 있지요.[*] 그 당시 김선생의 과묵함이 사회이론에 대한 학구적 관심을 지닌 것으로 생각되어 학문적 연구 자로서의 인상을 받았었는데, 역시 일생을 교직과 연구에 매여 사셨지요(이효재, '앞서 떠나신 김선생께 보내는 편지', 『벗으로 스승으로』, 문화과학사, 2005, 138~139).

두 분의 '우정'은 대단히 깊었다. 한참 뒤의 얘기이지만, 1997년 이효재 교수가 은퇴하고 고향인 진해로 귀향했을 때 김진균은 이 교수를 과천의 집으로 모셔서 함께 식사를 하고 즐거운 시간을 보냈으며, 그 '환송식'과 이 교수에 관한 글을 칼럼으로 써서 남기기도 했다(김진균, 2001, 「게장 그리고 이이○○ 선생」, 『불나비처럼』, 문화과학사, 2005, 38).

---

[*] 탈코트 파슨스는 1950~60년대 미국의 주류 사회학을 주도한 인물로서 이른바 '구조기능주의'라는 극히 보수적인 이론을 정립했다. 김진균은 이에 대해 공부했지만 1968년 발표한 「공업화과정의 사회에 있어서의 전통과 합리성」에서 볼 수 있듯이 일찍부터 비판적인 견해를 갖고 있었고, 나아가 그는 1966년 발표한 「소아마비 못 면한 사회학」이라는 논문에서 잘 볼 수 있듯이 서구 이론을 그대로 수용하고 적용하는 것의 문제를 일찍부터 지적하고 비판했다. 두 논문은 모두 김진균, 『비판과 변동의 사회학』, 한울, 1983에 실려 있다. 이 책은 김진균의 첫 저서로서 1966년부터 1982년까지 발표한 19편의 논문들을 모은 것인데, 한 편은 박정희 독재 정권에 의해 학술지에서 삭제되었던 것이다(「카리스마, 엘리트와 근대화」, 『경제론집』, 1972. 6).

4 · 19 혁명의 경험

김진균이 이효재에게 사회심리학을 배우던 때쯤에 그의 대학교 시절에 일어난 가장 큰 사건이자 그의 일생에 가장 큰 영향을 미친 사건인 '4 · 19 혁명'이 일어났다.[*] 이 때 그는 서울대 사회학과 4학년이었다. 김진균의 동기인 신용하의 증언에 따르면, 김진균과 신용하는 문리대 2진 시위대에 속해 있었는데, 문리대 1진 시위대는 경무대까지 진출했고, 문리대 2진 시위대는 광화문으로 진출했다. 경무대에서 경찰들이 시위대에 발포해서 많은 사상자들이 발생했고, 이 때문에 학생들은 학교로 돌아가야 했다(정근식, 「청정 김진균의 삶과 학문」, 『벗으로 스승으로』, 문화과학사, 2005, 14).

안계춘은 김진균을 추모하는 글에서 동기인 김진균과 안병규를 대비해서 김진균의 4 · 19 혁명 참여에 대해 평가했다.

> 우리 동기들은 거의 모두 4 · 19 학생의거에 참여하였다. 그 중에서도 안병규 친구는 시위대의 선봉에서 시위활동을 주도하였고, 그것을 계기로 4 · 19 이후 서울대 총학생회 회장으로 활약하였다. 그는 나중에 4 · 19 세대를 대표하는 국회의원의 한 사람으로 활동하였지만, 그 후의 우리 역사는 4 · 19 세대가 크게 환영을 받지 못하는 방향으로 흘러갔다. 김진균 친구는 안병규와 동향 친구이면서도 그와는 좀 대조적이었다. 안병규가 활동적이고 학생회 활동에 적극 참여한 데 반해서, 김진균은 매일 일기를 쓰면서 사색하고 고

경무대 앞에서 시민들에게 실탄의 발포를 준비하고 있는 경찰들

---

[*] 〈참고〉 3. 4 · 19 혁명

민하는 지식인의 모습으로 학생회 활동에 직접 참여하기보다는 뒤에 조언을 해주는 편이었다. 그러나 김진균도 4·19 이후 활발했던 학생들의 농촌계몽운동에는 참여한 일이 있다(안계춘, 「우리들의 학창시절」, 『벗으로 스승으로』, 문화과학사, 2005, 78~79).

김진균은 평생 학자로서 성실히 살고자 했다. 그의 실천은 언제나 그의 연구를 바탕으로 하는 것이었다. 그의 이런 학자로서의 면모는 이미 학부 시절부터 잘 나타나고 있다.

1960년 5월의 서울대 문리대 학생회는 전국에서 '4·19 정신'을 널리 알리는 국민계몽활동을 활발히 펼칠 '국민계몽대'를 발족시켰다.[*] 김진균은 국민계몽대에 참여했다. '다산연구회'를 통해 평생의 벗이 된 성대경은 이와 관련된 사연을 글로 남겼다.

> 내가 청정을 처음 만난 것은 1960년이었다. 4·19 이후 새로운 국회를 구성하기 위한 7·29 총선거가 진행되고 있을 때였다. 내 재종이 고향 창녕에서 출마해 나도 선거에 뛰어들어 정신없이 설치고 있었다. 이때 일단의 서울대생이 이곳에 나타난 것이다. …
> 그러던 차에 이 학생들이 석동 우리 집을 찾아왔다. 감청색 교복을 단정하게 차려입은 이 5~6명의 학생들에게서는 4·19의 주역다운 당당한 패기가 넘쳤다. 나는 그 중 두세 명의 학생을 주목했다. 김진균과 신용하였다. 나는 그들이 사회학과 학생이라는 것을 확인하고 긴장을 풀었다. 4·19로 이승만을 하야시킨 학생들은 국민신생활운동을 전개한다고 국민계몽대를 조직하여 전국 농촌에 퍼져나갔던 것인데, 이들이 창녕을 찾은 것은 필시 최문환 교수와 관계가 있을 것이라고 짐작했던 것이다(성대경, 「만나서 헤어진 이야기」, 『벗으로 스승으로』, 문화과학사, 2005, 92~93).

1961년의 5·16 군사반란은 김진균의 삶에 어떤 막막함을 가져왔다. 그의 마음속에서 4·19 혁명 뒤에 발표된 김수영의 「푸른 하늘을」이 5·16 반란으로 더욱 깊이 새겨졌을지도 모른다. 그리고 그는 신동엽의 「껍데기는 가라」(1967)와 김수영의 「풀」(1968)에서 큰 힘을 얻었을지도 모른다. 아무튼 그는 역사의 과제를 마음속 깊이 품었다. 4·19 혁명을 어떻게 이해해야 하며, 그 과제를 어떻게 이루어야 하는가? 김진균은 학자로서 평생 이 문제를 추구했다.

---

[*] 〈참고〉 4. 국민계몽대

젊은 시절 우리 사회가 발전해야 한다는 강박감에 사로잡혀 있었는데 하나는 민주화이고 하나는 자립경제의 발전 문제였다. 이것이 어느 정도 이루어지면 남북통일도 가능할 것이라고 믿었다. 60년의 4·19혁명은 이러한 생각에 강한 충동을 주었다고 생각한다(김진균, 2002, 「마지막 강의」, 『불나비처럼』, 문화과학사, 2005, 170).

김진균은 시민을 학살하고 권력을 찬탈한 전두환 군사독재에 맞서서 싸우면서 한국 사회에 대한 구조적 인식이 크게 심화되고 있던 1980년대 중반에 4·19 혁명에 대한 새로운 종합적 인식을 제시하기 위해 노력했다. 그리고 그는 이런 노력의 연장에서 1988년 4월 발족한 '사월혁명연구소'의 초대 회장을 맡아 활동했다.

여기서 단재 신채호 선생의 말을 상기해 보자. 일제의 가혹한 식민지배에 몸과 마음을 바쳐 항거했다. 그는 한국의 독립운동을 오로지 민족독립혁명이라고 불렀고, 그 혁명에는 민중이 역사의 주체로 참여한다고 하였다. … 이러한 주장의 논리에 따르면 우리는 1894년의 동학농민운동으로부터 분단된 남북이 통일되어 정치적으로 경제적으로 사회적으로 자주적이고 자립적이며 자율적인 민주사회가 이룩될 때까지를 '한국혁명'이라고 해도 될 것이다. 이러한 전망에서 보면 민중이 주도하고 그 완성이 추구되어야 하는 1960년의 4·19민주혁명은 한국에 있어서 총체적으로 요구되는 혁명의 계기적인 국면에 불과할 것이다. 우리는 종결되지 않은 '한국혁명'의 시대에 살고 있고 그 완수를 요구받고 있는 시대에 살고 있는 셈이다. 이 '한국혁명'이 완수될 때까지는 4·19민주혁명과 같은 역사적 고비가 몇 번이나 일어날는지 모른다. 그것은 순전히 우리들의 선택능력에 달려 있다(김진균, 1986, 「더 크게 보여지는 4·19민주혁명」, 1988, 『사회과학과 민족현실』, 한길사, 344).

4

대학원 시절

1961~66년

서사과정

1961년 4월 김진균은 서울대 사회학과 대학원 석사과정에 진학했다. 동기 중에서 그와 김영모, 안계춘 등 세 명이 사회학과에 진학했고, 신용하는 경제학과로 진학했다. 김진균은 대학원에 진학해서 학자의 길을 택하게 된 경위를 별세하기 얼마 전에 쓴 글에서 간단히 밝혔다.[*]

1960년 봄 학기가 시작되자마자, 그리고 내가 대학 4학년이 되자마자, 4·19라는 전국 차원의 '데모'가 일어났다. 이를 두고 나중에 사월혁명이라고 이름짓게 되지만, 당시로선 전국에서 고등학생과 대학생이 이승만 독재 정권을 무너뜨린 '데모'가 일어난 것이었다. 신기하게도 극우 세력과 친일 세력이 '국부'로 치켜세운 이승만 대통령이 하야하고, 강고해 보이던 자유당 정권이 허무하게 무너졌다.

그때 어느 선배가 "한국은 사회학 하기 좋은 곳이야. 혁명이 일어나는 곳이니까"하고 불쑥 말하는 것을 듣고, 나는 그제서야 사회(과)학이 역사적 변동과 어떤 비밀스러운 관계가 있을 수 있구나 생각하고, 연구 대상으로서 '격변하는 한국 사회'를 갑자기 인식하기

---

[*] 이 글이 실린 『끝나지 않은 강의』는 김진균이 세상을 떠나고 6일 뒤인 2004년 2월 20일 출간됐다.

시작했다. 이런 자극을 받은 것은 최문환 교수[*]의 저서에서 말미암기도 했다.

1960년 신학기 초 사회학과 최문환 선생이 『민족주의 전개과정』이라는 책을 출판했는데, 여기서 혁명의 한 형태로서 '옆으로부터의 혁명'을 지적한 바 있다. … 4·19를 학생 위주의 혁명으로 보았던 당시, 후진국에서 지식인이 주도하는 혁명 개념은 대학생들을 흥분하게 했다. 물론 이 '옆으로부터의 혁명'은 아주 짧은 시기의 사례를 설명한 것이었고, 80년대 이후 4·19를 '민중혁명'으로 해석하는 것과는 거리가 멀다. 그렇지만 이 '옆으로부터의 혁명'은 대학생들에게 4·19와 같은 역사적 계기에서 역사적인 변혁을 이끌어내야 한다는 의식을 일깨워 사명감을 느끼게 하기에 충분했다(김진균, 「살아 숨쉬는 학문을 일구기 위해」, 『끝나지 않은 강의』, 서울대출판부, 2004, 247).

석사과정에서 김진균은 여러 사회조사에 참여해서 현장 연구 경험을 쌓기 시작했다. 먼저 석사과정 1학기를 막 마친 뒤인 1961년 여름 김진균은 전라남도 구례에서 행해진 '지리산 지구 사회조사'에 참여했다. 또한 김진균은 황성모 교수(1926~92)[**]가 1962년 8월 1일부터 9월 30일까지 진행한 강원도 삼척의 장성탄광에 대한 조사에 신용하(당시

1961년 여름 구례의 '지리산 지구 사회조사'에서
오른쪽 첫번째 김진균

장성탄광 사회조사를 가는 길에
왼쪽부터 김진균, 신용하, 정홍진, 황성모

---

[*] 최문환 교수(1916~75)는 1942년 일본의 와세다대 경제학과 대학원을 수료했고, 1946년 고려대학교 경제학과 교수가 되었고, 1950년 서울대 사회학과 교수가 되었다. 1960년 서울대 상대 교수로 옮겼으며, 1962년 서울대 경제학과에서 박사학위를 받았고, 1966년 11월~1970년 11월 서울대 총장으로 재직했다. 서울대 총장 재직 중이던 1970년 7월 격무로 졸도해서 5년 동안 투병 끝에 별세했다.

[**] 황성모 교수는 1949년 서울대 사회학과를 졸업했고, 1954년 서울대 대학원 사회학과 석사과정을 졸업했고, 1957년에 독일로 가서 뮌스터 대학에서 사회학으로 박사학위를 받았고, 1962~69년 서울대 사회학과 교수로 재직했다. 그는 박정희 군사독재 정권이 조작한 이른바 '동베를린 사건'(1967. 7)으로 윤이상, 이응로 등과 함께 옥고를 치렀다. 그의 주된 연구 분야는 민족주의, 계급문제, 근대화 등이었다.

경제학과 대학원 석사과정), 정홍진(당시 사회학과 조교)과 함께 면접원으로 참여했다. 이 조사는 당시 빠르게 진행되고 있던 공업화에 대한 기초조사의 부분으로서 전체 조사는 제일모직, 낙희화학, 대한중공업, 장성탄광 등 네 곳에 대해 실시되었다. 이 조사의 결과는 『한국공업노동의 사회학적 고찰: 제일모직·락희화학·대한중공업 및 대한석공 장성탄광 — 실태조사보고서』, 1963로 발표되었는데, 이 보고서의 1편은 앞의 세 공장에 대한 보고이고, 2편은 장성탄광에 대한 보고이다.

김진균은 석사과정에서 '한국사회학연구회'의 창립을 주도하기도 했다. 그의 노력으로 1962년 12월 15일 서울대 사회학과의 대학원생 중심으로 '한국사회학연구회'가 결성되었던 것이다. 이화여대의 이근수 교수가 회장을 맡았고, 김진균이 총무를 맡았다. 김진균이 주도해서 만든 이 연구회는 한국 사회학의 발전에서 큰 의미를 갖는 것으로, 김진균은 말년에 이 연구회의 창립에 대해 다음과 같은 기록을 남겼다.

1961년 5월 군부는 쿠데타를 감행했다. 그리고 장장 30년간 군부독재가 진행되었다. 4·19 이후에 생긴 모든 학생 단체나 서클은 군부에 의해 서리를 맞았다. 서울대학교의 분위기는 이제 미래를 향한 열정이 활발히 나타날 수가 없었다. 세계 각 지역에 대한 역사적 사회과학적인 연구의 절실함이나 한국 사회의 변혁적 발전을 위한 장기적인 연구 기반을 구축할 필요성은 어떻게 해야 하는가 하는 암울한 생각만 생기고 있었다.
내가 석사과정에 진학하고 나니 이런 난제에 부닥치게 된 것이다. 그래서 생각해 낸 것이 사회학 영역에서 연구 모임을 만들자는 것이다. 한국 사회학의 축성을 위해 아주 작지만 기초적인 토목공사라도 해 보자는 마음이 생겼다.
1957년 설립한 한국사회학회는 가을 대회 개최 외에는 아무런 활동도 추진하지 못했다. 5년이 지나도록 기관지조차 출간하지 못했으며, 월례발표회는 엄두도 내지 못했다. 학과 학생들이 학과 회지를 내는 정도였다. 그래서 석사과정 2년차인 동창 신용하와 상의해서 연구회를 만들어 보자고 했다(신용하는 당시 경제학과 석사과정에 진학했기 때문에 이 일을 적극적으로 맡아 할 수 없었다).
내가 선배들을 만나기 시작했다. 모두 찬동했다. 우선 서울대학교 사회학과 출신으로 한정하기로 했다. 본과 출신이 사회학계의 주축이었다. 이 주축의 결속이 필요하다고 보았다. 그리고 대학원에 진학해 연구 활동에 종사하는 연구자로 한정했다. 그리하여 드디어 1962년 12월 15일 모임을 결성하니, 그 이름이 '한국사회학연구회'라 했다. 이듬해인

1963년 총 14회 모였으니, 한국 사회학계에서
처음으로 월례발표회를 시작한 것이었다.

이 월례모임에서 발표한 문건을 기초로 1964
년 5월, 드디어 한국사회학계에서 처음으로 전
문 연구지인 『사회학논총』 1집을 세상에 내놓
았다. … 이렇게 논총 1집을 간행하니 몹시도
기뻤다. 전국의 사회학 연구자, 그리고 대학의
학과와 도서관에 우송해야 하는데, 1964년 5월
에 결혼한 나는 아내와 논총을 봉투에 넣고 주
소를 쓰고 우체국에 나르는 일을 하면서 함께
즐거워했다(김진균, 2003, 「살아 숨쉬는 학문
을 일구기 위해」, 『끝나지 않은 강의』, 서울대
출판부, 2004, 249~250).

社會學論叢

1964　　　　第 1 輯

創刊辭…………………………………會長 李 橓 洙

〈論　文〉

後進社會 社會學 序說 (試論)………………………………5
　　　　　　　　　　　　　　　　　　　黃　性　模

社會階級의 概念圖式………………………………………23
　　　　　　　　　　　　　　　　　　　金　彩　潤

韓國農村集團의 機能的 分析序論…………………………30
　　　　　　　　　　　　　　　　　　　金　一　鐵

農業勞動層의 社會的 性格…………………………………35
　　　　　　　　　　　　　　　　　　　崔　潤　穆

都市人의 社會的 態度研究…………………………………59
　　　　　　　　　　　　　　　　　　　高　永　復

韓國의 人口와 勞動에 關한 人口學的 接近………………83
　　　　　　　　　　　　　　　　　　　金　晉　均

韓國 山間村落의 研究………………………………………133
　　　　　　　　　　　　　　　　　　　韓　相　福

〈書　評〉

Car Wright Mills, Power Elite………………………………173
　　　　　　　　　　　　　　　　　　　朱　樂　元

〈彙　報〉……………………………………………………175

〈會員名單〉…………………………………………………177

社會學研究會

『사회학논총』 1집

　김진균은 1962년 8월 발간된 서울대 사회학
과의 학생 학술지 『사회학보』 5집에 「입과 손발
간의 경쟁 ― 인구, 노동과 연령구조」라는 제목의 논문을 발표했다. 이 논문은 1963년 2학
기에 심사를 받은 석사학위논문을 준비하며 쓴 것으로 인구학의 제문제, 근대 서구 인구변
동에의 접근, 인구의 연령구조 등의 목차로 되어 있다. 그는 인구 변화를 노동력의 공급, 근
대화의 전개라는 사회적 맥락에서 검토하고자 했다. 이 논문은 지금 서울대도서관에서 제
공받을 수 있는 김진균의 첫 번째 논문이다.

　또한 김진균은 1963년 7월 '지리산 지역 개발 조사연구위원회'에 참여하여 김경동, 임
희섭, 오갑환 등의 선배들과 함께 『지리산 개발지역에 관한 조사 연구보고서』의 '사회'
부문의 조사와 집필에 참여했다. 707쪽에 이르는 이 방대한 보고서는 14개 분야 61명
의 전문가들이 참여해서 1963년 7~8월의 두 달 동안 지역조사를 하고 집필을 해서 같은
해 12월 28일에 발간되었으며, 지리산 지역에 관한 최초이자 최고의 보고서로서 지리산
지역의 개발과 지리산 국립공원의 지정(1967)에서 대단히 중요하게 쓰였다. 김진균이
1961년 여름에 전남 구례에서 시행된 '지리산 지구 사회조사'에 참여했던 경험이 이 위원
회에 참여하는 계기가 됐던 것으로 보인다.

김진균은 1963년 2학기에 이해영 교수를 지도교수로 해서 「한국의 인구와 노동력에 관한 인구학적 접근」이라는 제목의 석사학위 논문을 써서 1964년 2월에 석사학위를 받았다. 권태환에 따르면, 김진균은 인구학자가 되지는 않았지만 '서울대 사회학과에서 인구에 대해 관심을 가진 최초의 인물 가운데 하나'이며, 그의 석사학위 논문은 한국의 인구와 노동력에 관한 사회학적 연구의 효시로 꼽히는 논문이다(권태환, 「1964~65년의 이야기」, 『벗으로 스승으로』, 문화과학사, 2005, 83). 그런데 사실 그의 인구에 관한 관심은 인구구조나 인구변동 자체에 관한 관심이 아니라 근대화의 전개와 노동력의 공급이라는 사회적 맥락 속에 있었다.

근래에 와서 한국에서 근대화 문제가 각 방면에서 취급되고 있다. 구미에서의 근대화는 합리성이라는 정신적 강조점과 공업화라는 실질적 변동을 기반하여 도시공업사회를 이룩하여 온 과정이다. 근대도시사회를 특징지우는 기술발전, 분업, 도시화는 역사적으로 판이한 근대적 노동력의 형성을 병행하였나. 즉 근대적 노동력이라 하면 공업화에 유용하고 효능적이며 또한 공업화를 추진시키는 인적 요소라고 이해될 수 있다. 한국에서 근대화를 논함에 있어서 구미의 근대화의 피상적 특징을 준거개념으로 성급히 적용하거나, 성급히 적용함으로써 야기하는 문화적 차이의 오해를 갖기 전에 한국에서의 철저한 문제의 분석이 필요하다. 근대도시공업사회를 형성시켜 온 공업화의 문제는, 한국에서 적어도 기술발전, 분업, 도시화를 사회적 수준에서 분석하고 그들의 상호관계를 찾아냄으로써 파악될 수 있고, 이와 함께 이 상호관계에서 한국의 근대적 노동력 형성의 문제점이 이해되고 제기될 수 있다(김진균, 「한국의 인구와 노동력에 관한 인구학적 접근」, 서울대학교 대학원 사회학과 석사학위논문, 1963, 2~3).

한편 김진균이 석사과정 2학년이 되어 학위논문을 준비하며 공부하던 1962년 5월에 열 살 아래 동생인 김세균이 진주중학교 3학년이 되어 서울로 수학여행을 왔다. 김진균은 인솔 교사들의 부탁을 받고 2박3일 동안 서울대 문리대, 창경원 등 서울 시내의 여러 곳을 안내해주었다.

1962년 5월 1일 서울의 '창경원' 에서 김진균과 김세균

박사과정

1964년[*] 3월 김진균은 박사과정에 진학했다. 서울대 사회학과는 1947년에 개설되었고, 박사과정은 16년 뒤인 1963년에 개설되었으며, 김진균은 두 번째 박사과정 입학생이었다. 김진균은 같은 해 5월 '한국사회학연구회'에서 발간한 『사회학논총』 창간호에 자신의 석사논문을 실었다. 1964년부터 김진균은 덕성여대, 이화여대 등에 강의를 나갔다. 특히 그의 주전공이 된 산업사회학 강의는 그 해 이화여대에서 처음 시작했다. 12월 이해영 교수(1925~79)[**]가 가족계획 연구를 위하여 인구연구소를 설치하자 김진균은 서울대 문리대 조교로 임명되어 1966년 5월까지 무급으로 일했다(정근식, 「청정 김진균의

---

[*] 〈참고〉 5. 박정희 정권의 '한일협정' 추진과 6·3운동

[**] 이해영 교수는 1949년 서울대 사회학과를 졸업했고, 미국의 노스캐롤라이나 대학과 펜실베니아 대학에서 각각 1년씩 공부했고, 1958년 서울대 사회학과 교수로 부임한 미국 유학 1세대 사회학자이다. 그의 주된 연구 분야는 인구와 가족이었다.

삶과 학문」, 『벗으로 스승으로』, 문화과학사, 2005, 16).

당시 서울대 사회학과 인구연구소의 1기 조교로서 2년 동안 함께 연구하며 생활한 권태환은 김진균의 인구연구소 조교 시절을 다음과 같이 회고했다.

> 김진균 선생이 인구연구에 직접 관여하게 된 것은 현재 서울대 사회학과의 연구소인 사회발전연구소의 전신인 인구연구소의 출범과 때를 같이한다. 인구연구소는 1964년 이해영 교수가 미국 인구협회의 연구비 지원으로 세운 연구소다. 인구조절이 국가적 과제로 떠오르던 1964년 초 이해영 선생은 미국 인구협회에 한국 최초의 출산력조사를 제의하였고, 이것이 받아들여지면서 인구연구소가 세워졌다. 이해영 선생은 연구조교로 세 사람을 선정하였는데, 그 중 한 사람이 김진균 선생이었다. 나도 조교로 조사에 가담하게 되었다. 나머지 한 사람은 … 이동원 선생이었다. … 이것이 이천조사이다. 나는 그만큼 성실한 조사를 아직까지 보지 못했다. 나중 종합보고서 분실로 단편적인 업적밖에 발표되지 못했지만, 이 소사는 나중 1974년 세계출산력조사의 일환으로 수행된 한국출산력조사의 모형이 되었다. …
>
> 이해영 선생은 제자들을 매우 아끼고 사랑하는 분으로 알려져 있다. 그러나 그는 제자들 앞에서는 늘 근엄하였고, 따뜻한 말 한마디 하는 법이 없었다. 칭찬을 하기보다는 야단을 치는 것이 그의 특기에 속한다. … 여성인 이동원 선생에게는 거의 야단을 치지 않았다. 김진균 선생과 내가 주로 야단맞는 대상이었는데, 나는 당시 몸도 허약하고 제일 막내라 가끔은 야단을 면제받았다. 김 선생은 야단을 맞아도 아무런 불쾌한 기색도 하지 않았고, 그 결과 남의 야단을 덤으로 받기까지 하였다. … 그러나 그는 평생 이해영 선생을 스승으로 존경하였고, 어떻게 보면 선생의 면모를 많이 이어받았다. 제자 사랑, 단호함, 근엄한 인상이 그랬고 고집이 센 것도 그랬다. 박사학위 취득을 끝내 '거부'한 것이 그 한 예다. 이해영 선생이 김 선생에게 박사학위논문 제출을 독촉할 때마다 그는 "학자 생활 하는 데 박사학위가 꼭 필요합니까? 선생님이 안 받으셨는데 제가 왜 꼭 받아야 합니까?'라는 말로 이해영 선생의 입을 막고는 했다(권태환, 「1964~65년의 이야기」, 『벗으로 스승으로』, 문화과학사, 2005, 84~85).

김진균은 이해영 교수처럼 박사학위 없이 연구와 강의에 매진하고자 했다. 사실 당시 서울대에는 박사학위를 받지 않고 석사학위만으로 교수가 된 이들이 많았다. 서울대를 비롯한 국내 대학의 박사과정 개설이 늦게 시작되었고, 외국에서 박사학위를 받아온 학자들도 극히 소수였다.

1964~66년 동안 김진균은 박사과정에서 공부를 하며 시간강사로 강의를 시작했고 결혼을 했고 첫아들(1965)과 둘째아들(1966)을 잇따라 낳았다. 1964~66년의 3년 동안 김진균은 개인적으로 큰 신상의 변화를 겪었던 것이다. 이렇게 김진균은 연구와 강의에 힘을 쓰는 동시에 생계에도 크게 애써야 하는 한 사람의 '생활인'이 되었다.

연구의 면에서 이 시기에 김진균이 겪은 가장 중요한 변화는 바로 이해영 교수가 개설한 인구연구소의 조교로 일한 것이다. 그는 이해영 교수를 지도교수로 해서 인구와 노동력을 주제로 석사논문을 쓴 인연으로 인구연구소의 조교로 일하게 되었다.[*] 이 활동에서 가장 중요한 경험은 권태환이 밝힌 것처럼 '한국 최초의 출산력 조사'를 수행했던 것이다. 경기도 이천 지역에서 수행한 이 조사의 결과[**]는 1966년에 발간된『한국사회학』2집에 이해영, 권태환, 김진균 공저로「한국 중간도시에서의 가족의 크기에 관한 가치·태도」라는 논문으로 발표되었다(정근식,「청정 김진균의 삶과 학문」,『벗으로 스승으로』, 문화과학사, 2005, 16).

또한 박사과정의 시기에 김진균은 미국 주류 사회학의 문제, 그것을 이식하는 것의 문제, 한국 사회학의 정립을 위한 과제, 박정희 군사독재의 문제 등을 깊이 인식하게 됐으며, 전공을 산업사회학으로 정해서 열심히 공부하고 강의하게 되었다. 그가 평생 성실하게 추구했던 인식과 실천의 기틀이 박사과정의 시기에 형성되었던 것이다.

---

[*] 1965년 김진균은 동기인 유재천과「신문독자에 관한 사회조사보고」를『신문평론』13호에 발표하기도 했다. 이후 유재천은 미국으로 유학가서 신문방송학을 공부했다(정근식,「청정 김진균의 삶과 학문」,『벗으로 스승으로』, 문화과학사, 2005, 16).

[**] "이해영 교수는 한국에서 최초로 인구학 강좌를 개설해서 강의한 교수로서 현재 활발하게 활동하고 있는 중견 인구학자들은 대부분 그의 제자들이다. … 이 교수는 이미 1965년 한국의 중간 도시인 이천읍을 대상으로 차별출산력 조사 연구를 수행하였으며 그 결과를『한국사회학』제2집에「한국 중간도시에 있어서의 가족 크기에 관한 가치·태도」라는 논문으로 발표하였다. 뿐만 아니라 이천읍의 조사 연구는 1968년에 국제적으로 인정받는 권위있는 학술지인 *Journal of Marriage and the Family*에도 "Family Size Value in a Korean Middle Town, Ichon Eup"의 제목으로 발표되기도 하였다. 이 밖에도 이천읍에서 행한 조사 자료는 1966년에 "Family Planning Status in a Korean Middle Town, Ichon Eup", 또 "Different Fertility in a Korean Middle Town, Ichon Eup"이라는 제목으로 두 차례의 국제 학술회의에서 발표되었다"(최진호, 2000,「한국 인구학 연구의 지평을 연 농석 이해영 교수」,『대학교육』115호).

⑤

결혼을 하다
1964년

결혼

김진균은 1964년 3월 초 서울대 사회학과 박사과정을 시작했다. 그리고 그로부터 두 달여 뒤인 1964년 5월 13일 정혜영과 결혼했다. 정혜영은 부친 정병호(1916~88)와 모친 김숙현(1917~52)의 2남 5녀 중 차녀였다. 정혜영은 조선시대 유학자로 이름높은 경상남도 함양의 일두 정여창 선생—蠹 鄭汝昌(1450[세종 32])~1504[연산군 10])*의 직계 후손이다. 정혜영은 경남 함양이 본가였으나, 1939년 서울 가회동에서 태어나서 혜화동에서 자랐다. 그녀는 숙명여대 교육학과에서 수학했지만 여성의 사회생활을 마뜩치 않게 여기던 집안 어른들 때문에 직업을 갖지 않고 있었다.

＊ "김굉필金宏弼·김일손金馹孫 등과 함께 김종직金宗直에게서 배웠다. 1490년(성종 21) 과거에 급제하여 관직에 나간 후 예문관검열·세자시강원설서·안음현감 등을 역임했다. 1498년(연산군 4)에 무오사화(연산군 때 성종실록의 편찬 과정에서 김일손이 스승 김종직의 '조의제문'을 실은 것이 발각되자 훈구대신들이 사림을 몰아내기 위해 연산군에게 밀고해서 만든 사건)에 연루되어 함경도 경성으로 유배되어 죽었다. 1504년(연산군 10)에 죽은 뒤 갑자사화(연산군의 생모 폐비 윤씨의 사건을 임사홍이 연산군에게 밀고해서 만든 사건)가 일어나자 부관참시剖棺斬屍되었다. 그의 성리학은 정몽주鄭夢周·김숙자金叔滋·김종직으로 이어지는 조선 전기 사림파의 주자학적 학문을 계승한 것이었다. 저서는 무오사화 때 부인이 소각해서 대부분 없어졌고, 정구鄭逑가 엮은 『문헌공실기文獻公實記』에 일부가 전하며, 1920년 후손이 유문을 엮어 만든 『일두유집』이 있다. 중종 대에 우의정에 추증되었으며, 1610년(광해군 10) 김굉필·조광조趙光祖·이언적李彦迪·이황李滉 등과 함께 조선 사림 5현五賢의 한 사람으로 문묘文廟에 배향되었다. 시호는 문헌文獻이다"(브리태니커, '정여창' 참고).

두 사람의 결혼은 중매로 이루어졌다. 1964년 3월 김진균의 선배인 서울대 사회학과 김채윤 교수(1931~2008)와 정혜영의 둘째 작은아버지인 성균관대 영문학과 정병조 교수(1922~97)*가 추천하여 두 사람은 덕수궁에서 처음으로 선을 보았다. 김진균은 첫눈에 정혜영에게 반했다. 그런데 정혜영의 눈에 비친 김진균은 키는 큰 데 많이 말랐고 구두도 닦지 않은 다소 초라한 모습이었다. 정혜영은 김진균과 얘기를 나누며 그의 진지하고 부드러운 성품을 알게 되어 그와 결혼하게 되었다. 결혼식은 창덕궁의 정문인 돈화문 건너편에 있던 서울예식장에서 올렸고, 주례는 서울대 사회학과의 최문환 교수가 맡았다. 김진균의 부친은 정혜영의 가문이 유서 깊은 선비 집안인 것에 크게 만족했으며, 결혼 이후 일체의 집안 일을 며느리인 정혜영과 상의했다. 아들인 김진균은 선비로서 학문에 집중해야 한다는 생각 때문이었다.

결혼생활

김진균과 정혜영은 평생 서로를 깊이 존중하고 사랑하며 살았다. 돌봐야 했던 가족들도 많았고 겪어야 했던 고난들도 많았으나 두 사람은 언제나 부드럽고 따뜻하게 살아갔다. 두 사람의 결혼생활은 그 자체로 후학들에게 하나의 모범이었다. 김진균이 연구와 강의에 매진하고 여러 사회활동을 적극 펼칠 수 있었던 데에는 정혜영의 도움이 아주 컸다.

---

* 정병조 교수는 이승만 하야의 직접적인 동인이었던 '4·25 교수 시국선언'에 참여했다. 이승만은 이 선언이 발표된 다음 날인 1960년 4월 26일에 결국 하야했다. 정병조 교수는 1983년에 '심산사상연구회'의 회장에 선출되었고, 1988년 정년퇴임했으며, 1997년에 별세했다. 2010년 정병조 교수는 4·19혁명 참여 교수로 건국포장을 받았으며, 이에 따라 묘소를 '국립 4·19 민주묘지'로 옮겼다. "1960년 '4·19 혁명' 직후 이승만 대통령의 하야에 결정적 계기가 된 것으로 평가받는 '4·25 교수 시국선언' 참가자 40여명의 명단이 발굴됐다. 그동안 이 선언에 참여한 교수들이 258명이라는 사실은 알려져 있었지만, 이희승 서울대 교수 등 극히 일부를 제외하곤 이름이 지금껏 확인되지 않았다. 국가보훈처는 16일 4·19혁명 50돌을 맞아 주도적 구실을 한 공로자 272명에게 건국포장을 수여한다고 밝혔다. … 이들은 1960년 4월 25일 오후 3시 서울대 교수회관(현 서울시 대학로 서울대 간호대학 앞 잔디밭)에서 교수회의를 열고 △이승만 대통령 하야 △3·15 부정선거 재실시 등의 요구안을 담은 시국선언을 발표했다. 교수들은 이후 '학생들의 피에 보답하자'는 펼침막 등을 들고 국회의사당(현 서울시 태평로 서울시의회)까지 행진(사진)을 벌였다"(『한겨레』, 2010년 4월 16일).

결혼식

정혜영은 김진균의 활동에 대한 가장 중요한 지지자였고, 김진균의 글에 대한 일차적인 교정자이고 편집자였다. 김진균은 늘 정혜영을 깊이 존중했고 가사를 나누어 하기 위해 애썼다. 두 사람은 삶을 통해 아름다운 '부부 일심동체'의 모습을 보여주었다.

결혼할 무렵에 김진균은 1956년 3월 대입 재수 생활을 할 때부터 시작한 오랜 하숙 생활을 정리하고 두 여동생인 행자, 을자와 함께 성북동 꼭대기에 집을 얻어 자취를 하고 있었는데, 바로 이 집에서 김진균과 정혜영은 신혼살림을 시작했다. 삼선교에서 한참 산비탈 흙길을 올라가야 이르게 되는 당시 동구여상 근처 성북동 산꼭대기의 무허가 집이었다. 6~7개의 방들이 있는 엉성한 집이었는데, 두 개의 방을 김진균과 그의 여동생들이 세내어 살고 있었다. 정혜영은 작은 신혼집에 불만은 없었다. 사실 방에 도배도 되어 있지 않았는데, 정혜영이 직접 도배를 했고 창문에 이불보로 커튼도 만들어 달았다. 이 작고 누추한 집에서 김진균 부부는 11개월을 살았다. 상수도가 없는 곳이라 김진균이 물지게를 지고 공동수도에서 물을 길어왔고, 빨래는 정혜영이 제기동에서 살고 있던 언니의 집에 가서 해 와야 했다. 정혜영은 집안 살림을 직접 해본 경험은 없었으나, 타고난 감각과 부지런함으로 아기자기하고 웃음이 끊이지 않는 행복한 신혼살림을 꾸려 나갔다.

김진균은 사람들과 어울리는 것을 좋아했고, 그의 신혼집에도 많은 친구들이 찾아왔다. 사람들은 성북동 산꼭대기 김진균·정혜영의 작은 신혼집을 '일미식당'이라고 부르기도 했다. 가사에 서툰 새댁치고는 정혜영의 음식 솜씨가 좋은 편이기도 했지만, 연탄불 하나로 밥과 찌개를 해야 해서 한참 기다리는 동안 허기가 더해져서 음식을 맛있게 먹을 수밖에 없었기 때문이었다. 이와 관련해서 김진균은 세상을 떠나기 한 해 전에 짧은 기록을 남겼다.

> 1964년 가을쯤이었다. 나는 봄에 결혼을 하여 동선동 산등성이 달동네에 살았다. 높은 곳인데도 친구들이 몰려 왔었다. 어느 날 대학로의 '낭만적 자유주의자' 두 사람이 찾아와서 아래쪽 삼선교 시장 주막에 가서 술을 마셨다. 한 친구가 학교에 교사로 취직해서 월급을 받았다고 친구를 찾아 온 것이다. 한 친구가 그 날따라 유난히 동백아가씨를 거듭 부르는 것이다 (김진균, 2003, 「새우젓과 동백아가씨」, 『불나비처럼』, 문화과학사, 2005, 196).

김진균의 부친은 임신한 며느리가 산꼭대기 집에서 고생하는 것을 안타깝게 여겨 현재의 한성대 쪽에 방을 구해주었고, 그로부터 얼마 뒤 장남 김태진에 이어 차남 김영진을 임신하자 장남 김태진의 돌 무렵에 전세 살던 곳 근처에 방 세 개가 있는 한옥집을 장만해주었다. 사실 김진균의 부친은 쉽게 서울에 집을 살 만한 여유가 있는 것은 아니었지만, 아이들이 잇따라 태어나게 되자 무리를 했던 것이다. 그러나 주변에서는 집안이 대단히 부유해서 김진균이 학생인데도 집을 갖고 산다고 생각했다.

한편 김진균이 서울대 사회학과의 박사과정을 수료한 직후인 1966년 3월 열 살 아래의 동생 김세균이 부산고를 졸업하고 서울대 정치학과에 입학해서 삼선교 집에서 함께 살게 되었다. 김세균은 학생운동을 열심히 해서 형사들의 추적을 받기도 했다. 김세균은 대학에 입학한 1966년 5월 열린 박정희 정권 성토대회에서 학생회장이었던 진주 선배의 심부름을 했다는 이유로 1년 정학 처분을 당했다. 이런 까닭에 김세균은 많은 운동권 선배들과 인연을 맺게 되었다. 김진균은 학생운동에 전혀 관여하지 않았지만 김세균이 운동권 친구들을 가끔 집에 데려와서 밥도 먹고 놀다가곤했다. 당시 서울대 총장이었던 최문환 교수와 교무처장이었던 이해영 교수 등 사회학과의 교수들은 김진균에게 동생 지도를 잘 하라고 여러 번 꾸짖기도 했다(안계춘, 「우리들의 학창시절」, 『벗으로 스승으로』, 문화과학사, 2005, 81).

⑥

한국 사회학에 대한 관심
1966~68년

한국사회론을 위해

1966년 4월 14일 서울대 사회학과를 개설한 이상백 선생(1904~66)이 갑자기 별세했다.[*]
김진균은 말년에 쓴 자신의 학문을 돌아보는 글을 '한국사회론'에 관한 얘기로 맺었다.
그는 평생 한국 사회에 대한 연구와 이론을 추구했다. 그것은 이상백 선생이 시도했던
것을 완수하는 과제이기도 했다.

> 이상백 선생은 정년을 맞지 못한 채 1966년 4월 14일 별세하셨다. 이상백 선생은 한국 사
> 회 전반에 대한 이해를 돕기 위해 이 강좌(한국사회론)를 설치했는데, 주별로 인구, 가
> 족, 계층 등등과 같이 주제를 정하고, 이를 전공하는 분에게 강의를 의뢰하는 방법을 도
> 입했다. 나는 1966년 이 강좌의 조수 일을 맡아서 강의를 주선하고 참관하고 정리하고
> 했다. 첫 시간이 '인구'였는데, 아침 일찍 강의 전에 이상백 선생님 연구실로 갔더니, 마침
> 출근하셨는데 가슴이 답답하다고 하셨다. 그래서 조교에게 연락해 병원으로 모셔가게
> 하고 나는 강의실에 들어갔다. 그리고 며칠 후, 결혼한 뒤에 학과 선생님들을 대접하지
> 못해서 첫 아들 돌을 맞아 선생님들을 삼선교 집으로 초대했는데, 시간이 되어도 아무도

---

[*] 이상백 선생은 일본의 와세다 대학에서 사회학을 공부했으며, 1946년에 경성대학 교수가 되었고, 1947년
에 서울대 사회학과를 개설했으며, 1957년 창립된 한국사회학회의 1·2대 회장을 맡았다.

오시질 않았다. 나중에 전갈이 오기를 이상백 선생님이 아침에 별세하셨다는 것이다. 선생님의 넓은 견문을 이제 막 들으려던 참에 별세하시니 아쉽기도 했지만, '한국사회론'에 대한 생각은 강하게 남아서 내가 교수가 되면 이 강좌를 기필코 해 보리라 마음먹었다(김진균, 2003, 「살아 숨쉬는 학문을 일구기 위해」, 『끝나지 않은 강의』, 서울대출판부, 2004, 259~260).

이상백 선생이 별세하고 얼마 뒤인 1966년 8월 김진균은 「소아마비 못 면한 사회학」이라는 제목의 논문을 『청맥』[*] 20호에 발표했다. 이 논문에서 그는 서구의 연구 성과를 한국에 무조건적으로 적용하는 것의 문제를 명확히 지적했다. 이미 대학원 시절부터 그는 미국의 주류 사회학의 이론적 문제를 직시하고 있었으며, 외국의 연구를 무조건 수용하는 것의 학문적 문제를 잘 알고 있었다.

사회학계에서 주로 외국의 사회학이론과 방법론을 이해하는 단계를 지나서, 사회학 지식을 동원하여 한국 사회를 파악하려는 경향을 보이기 시작한 것은 대체로 1960년을 전후해서이다. 1957년에 한국사회학회가 조직된 뒤 현재까지 11회의 발표대회를 갖는 동안 발표주제가 한국 사회의 연구에 많이 쏠리고 있으며, 특히 1964년을 기점으로 하여 사회적 전문지로서 한국사회학회의 『한국사회학』과 사회학연구회의 『사회학논총』이 발간되고, 또한 『이상백 박사 회갑 기념논총』이 같은 해에 출판됨으로써 그러한 추세에 박차를 가하게 되었다(김진균, 1966, 「소아마비 못 면한 사회학」, 『비판과 변동의 사회학』, 한울, 1983, 149~150).

사회조사연구의 여러 척도와 기술은, 특히 그것이 외래의 것일 때는, 한국 사회의 상황적 특질 속에서 어떠한 의미를 갖고 있는가에 대하여 충분한 검토가 있어야 하는 것이다. 그러므로 우리에게는 역사적 지식과 안목있는 통찰력이 보다 절실히 요구되는 것이고, 개개인의 문제의식이 역사적 상황의식에 항상 반성되어져야 하는 것이다. 또한 이론적 지식이 조사연구의 선도적 기능을 충분히 하는 데 대해 방심할 수 없으며 질적 이해 방법에 의한 문제제기는 초창기적 방법론의 소아병을 치료하는 데에 양약이 될 수 있을

---

[*] 1964년 8월 창간된 종합월간지로서 젊은 지식인들 사이에서 인기가 높았으나 발행인과 주간 등이 '통혁당 사건'에 연루되어 1967년 6월 폐간되었다. 중앙정보부는 1968년 8월 24일 '통일혁명당 간첩단 사건'을 발표했다. 박태순·김동춘, 「통혁당 사건과 청맥」, 『1960년대의 사회운동』, 까치, 1991, 215~240을 참고.

것이다(김진균, 1966, 「소아마비 못 면한 사회학」, 『비판과 변동의 사회학』, 한울, 1983, 159).

동백림-민비련 사건

김진균은 박사과정에 진학한 1964년 초부터 서울대 교수가 되기 직전인 1967년 말까지 덕성여대, 이화여대, 숭실대, 경기대, 외국어대, 고려대 등 여러 대학에서 시간강사로서 강의했다. 그런데 1967년 7월 사회학계에 큰 영향을 미친 간첩 조작 사건들이 발표됐다. 7월 8일 박정희 군사독재 정권은 '동베를린(동백림) 간첩단 사건'을 발표했고, 사흘 뒤인 7월 11일에는 '민족주의비교연구회 사건'을 발표했다.[*] 중앙정보부는 서울대 사회학과 교수이사 '한국사회학연구회'의 2대 회장이었던 황성모 교수가 '동베를린 간첩단'의 일원으로 '민족주의비교연구회'를 지도해서 간첩활동을 했다고 발표했다.

황성모 교수는 민족주의를 주요 연구분야로 연구하고 있었으며, 학교의 요청으로 서울대 문리대의 학생 공부모임인 '민족주의비교연구회'의 지도교수를 맡았다. 그런데 박정희 군사독재 정권은 이 모임을 '간첩단'의 일부분으로 조작했던 것이다. 황성모 교수는 무기징역을 구형받고 대법원에서 징역 2년형이 확정되어 옥고를 치렀다. 김진균은 스승인 황성모 교수가 재판에 잘 대응할 수 있도록 황성모 교수를 도왔다.[**] 김진균은 이 무참한 사건이 한국의 사회학계에 미친 영향과 '한국사회학연구회'의 의의에 대해 다음과 같은 글을 남겼다.

> 1964년은 한국 사회학계가 한 단계 도약한 해이기도 했다. … 그리고 1965년에는 여러 학자가 다양한 주제로 조사연구한 결과물을 출간했다. … 그러나 군부독재는 그 무렵 어두운 그림자를 드리웠다. 1964년과 65년에는 한일회담 반대운동과 협정 무효운동이 일

[*] 〈참고〉 6. 동베를린 간첩단 사건과 민족주의비교연구회
[**] 12년 뒤인 1979년 동생 김세균이 박정희 정권의 또 다른 조작 사건인 '크리스찬 아카데미 사건'으로 구속되어 고초를 겪었을 때 김진균은 다른 구속자들의 가족들을 도우며 구속된 피해자들을 지키기 위해 애썼다. 아마도 황성모 교수 사건의 경험이 그에게 큰 '도움'이 됐을 것이다.

고, 64년에는 1차 인혁당 사건이 났으며, 66년에는 동베를린 간첩단 사건과 서울대 '민족
주의비교연구회' 사건이 터졌다. 사회학과 교수이면서 사회학연구회 회장이었던 황성모
교수가 처음에는 동베를린 간첩단 사건에 연루되어 언론지상에 보도되더니, 나중에는
그가 지도교수를 맡았던 민족주의비교연구회 사건으로 구속되고 말았다. …
도약의 길을 들어서던 사회학계를 얼어붙게 만든 사건이었다. 이 사건으로 말미암아 한국
과 유럽의 문화적 학문적 교류는 차단되고, 한국 학생들은 주로 미국으로 공부하러 가는 성향
을 띠게 되었으며, 국내에서는 근현대사 연구가 편향되는 결과가 생겨났다. 이들 사건은 군
부독재가 반지성주의 경향을 노골적으로 나타낸 것이기도 했다. 6·3 한일회담 반대 시위에
대해 학교 당국은 교수들로 하여금 교문에 나서서 이를 막도록 하는 참담한 꼴을 연출했다.
학계의 분위기는 참담했다. 사회학연구회는 당분간 활동을 중지하기로 했다. 황 회장의 구
속도 문제였거니와 많은 회원이 미국으로 떠나고 한국사회학회가 본 궤도에 올라 기능을
발휘한 이유도 있었다.* 사회학연구회는 논집 2권을 내고 27회에 걸친 월례 모임을 열었으
며, 회원들이 자발적으로 협동해 연구회 활동을 할 수 있다는 사례를 남겼다(김진균, 2003,
「살아 숨쉬는 학문을 일구기 위해」, 『끝나지 않은 강의』, 서울대 출판부, 2004, 252).

김진균은 황성모 교수가 박정희 군사독재 정권에 의해 부당하게 구속되어 큰 곤욕을
치른 것을 보고 박정희 군사독재 정권의 문제를 크게 실감했다. 사실 그는 4·19 민주혁
명 세대***로서 4·19 민주혁명을 짓밟은 박정희의 5·16 군사반란에 큰 문제를 느끼고 있
었다. 김진균은 황성모 교수가 구속되고 반년이 지났을 무렵인 1968년 1월 서울대 상대
교수(직책은 전임강사)로 부임했다. 그리고 그로부터 얼마 뒤에 박정희 군사독재를 비
판하는 중요한 논문을 당시 사회적으로 큰 영향이 있던 잡지인 『사상계』에 발표했다.

---

* 이에 대해 안계춘은 "한국 사회학회의 구성원이 다양해지고 있는 상황에서 서울대 사회학과 출신만의 모
임을 따로 갖는다는 것이 학회의 발전을 위해서 좋지 않다는 이해영 선생님의 만류도 있었고, 우리 세대
가 학회의 정식회원으로 편입되면서 그 필요성을 별로 느끼지 않게 되었기 때문이다"라고 설명했다(안
계춘, 「우리들의 학창시절」, 『벗으로 스승으로』, 문화과학사, 2005, 81).

** 사실 김진균은 '변절'한 사람들이 많아서 '4·19 세대'라는 용어를 적절하지 않은 것으로 봤다. "4·19를 하
나의 성장배경으로 이해할 수는 있지만, 세대라는 말은 적절하지 않다. 4·19의 진정한 주역은 군사 쿠
데타로 피해를 보고 평생을 감시당하면서도 대의를 지킨 사람들이다. 정·관계나 재계에 진출해 체제
에 편승하거나 언론인이나 대학 교수로 박정희 정권의 나팔수를 자임한 이들이 4·19를 운운할 수는 없
다(임주환, 「정년맞은 서울대 김진균 교수」, 『한겨레』, 2003년 2월 3일)."

7

서울대 상대 교수 시절

1968~74년

서울대 상대 교수 임용

김진균은 1968년 1월 1일 서울대 상대 교수가 되었다. 1964년 3월 박사과정을 시작하고 채 4년이 되지 않았을 때였다. 이로부터 2003년 2월 28일까지 그는 만 35년 2개월을 서울대 교수로 재직했다. 그런데 그는 사회학을 공부했으나 상대의 교수로 서울대 교수를 시작했다. 여기에는 그 스스로 '행운'이라고 말한 사연이 있다.

1967년 2학기 서울대 상대에서는 인접 사회과학 전공 교수를 초빙하는 안을 세우고 사람을 찾고 있었다. 당시 서울대 상대 박희범 학장은 경제학도나 경영학도들이 정치학, 사회학 및 국제법의 폭 넓은 지식을 가져야 한다고 생각하고 이 분야의 교수를 전임으로 채용할 계획이었다. 사회학 분야는 산업사회학으로 정해졌다. 이에 박 학장은 상대에 출강하고 있던 서울대 사회학과의 김채윤 교수를 비롯해서 여러 학자들에게 추천을 의뢰했다. 지도교수인 이해영 교수를 비롯한 서울대 사회학과의 교수들은 김진균을 추천했고, 그는 1968년 1월 1일 서울대 상대의 전임강사로 발령받아 서울대 교수를 시작했다.[*]

---

* 김진균은 서울대 상대 교수 임용에 대해 "처음에는 상과대 전임으로 강의를 시작했다. 당시 상과대 학장은 박희범 교수였는데, 다소 보수적이라고 알려진 사람이었다. 박 교수가 경영학과에 정치·경제·심리·국제법 과정을 가르쳐야겠다고 당시로서는 파격적인 교과과정을 만들고, 그 과정에서 운좋게 내가 임용이 됐다"라고 회고했다(이지영, 「신년 연속 인터뷰 ─ 그가 남긴 자리: '토착사회학' 일군 김진균 서울대 교수」, 『교수신문』, 2003년 1월 11일).

산업사회학의 터전을 일구기 위해 노력하던 참에 마침 서울대학교 상과대학에서 산업사회학 전공 교수를 채용한다는 통지가 와서 적극 응모했더니, 하늘에서 별을 따듯이 1968년 정월 초하루에 전임강사 발령을 받게 되었다. 이때부터 나는 오랜 정규직 교수 생활을 시작한 셈이다. 당시 상과대학장은 박희범 교수였다. 그분은 후진국 발전 문제에 관심이 많아서 사회학과에서 그 과목을 강의하기도 했다. 박 선생은 5·16 후에 통화 개혁을 중심으로 하는 경제 정책 수립에 관여했는데, 처음엔 경제학 지식이면 모든 문제가 풀리리라고 생각했던 모양이다. 그러나 현실은 그렇지 않아서 결국 박 선생은 경제학도들이 인접 사회과학 지식을, 특히 사회학 지식을 갖추어 사물을 종합적으로 인식 판단해야 한다고 보고는 상과대학에 사회학, 정치학, 민법 전공 교수를 두자고 강력히 주장했다. 이에 나는 사회학과 교수님들의 전체 의견에 의해 추천을 받고 이해영 선생과 김채윤 선생의 적극적인 도움을 받아서 행운을 잡게 된 것이다. 그리하여 상과대학에서 본격적으로 산업사회학 강의를 하게 되었다. 산업사회학이 상과대학에서 경영학과 위주로 배치되었기 때문에 경제학과 학도를 위해서 1970년에는 '경제사회학' 강좌를 설치해 강의했다(김진균, 「살아 숨쉬는 학문을 일구기 위해」, 『끝나지 않은 강의』, 서울대출판부, 2004, 256).

김진균은 서울대 상대 교수가 되고 얼마 지나지 않아서 『사상계』 1968년 6월호에 「민주군대의 이상과 현실」이라는 논문을 발표해서 박정희 군사독재를 비판했다. 사실 1968년은 박정희 군사독재와 현대 한국 사회에서 대단히 중요한 해이다.[*] 그 해 1월 21일 저 유명한 '1·21사태' 또는 '김신조 사건'이 일어났다. 이 사건은 김신조를 비롯한 북한의 특수부대원들이 박정희를 암살하기 위해 잠입했다가 청와대 뒷산에서 경찰에 발각되어 김신조만 생포되고 모두 사살된 큰 사건이었다. 이 사건을 계기로 박정희 군사독재 정권은 '예비군제'와 '주민등록증제'를 실시하는 등 독재를 더욱더 강화했다.[**] 이런

---

[*] 서구는 1968년 5월 프랑스의 파리에서 일어난 '5월 혁명'을 계기로 새로운 거대한 자유화와 민주화를 경험했지만, 한국은 1968년 1월의 '1·21 사태'를 계기로 강력한 독재의 강화를 경험했다. 한반도의 1960~70년대는 북한의 김일성 독재와 남한의 박정희 독재가 서로의 기반이 되어 독재를 강화한 시기였다. 김진균은 한참 뒤인 1999년 2월 독일의 브레멘 대학에서 열린 학술토론회에 참여했다가 1968년의 5월 혁명에 적극 참여했던 독일의 홀거 하이데 교수를 만나 그에 대해 얘기를 나누었다. 3년 뒤에 쓴 이 경험에 관한 글에서 김진균은 자유와 자율을 위한 계속적인 노력의 중요성을 강조했다(김진균, 2002, 「1968년의 한 자락」, 『불나비처럼』, 문화과학사, 2005, 138~143).

[**] 1968년 2월 1일에 경부고속도로가 착공됐다. 이런 점에서 1968년은 박정희 개발독재가 본격적으로 시작된 해이기도 하다. 경부고속도로는 1970년 7월 7일에 완공됐으며, 국토를 서울과 부산의 양 극으로 이원화했다.

상황에서 김진균은 박정희 군사독재를 가장 강력히 비판하고 있던 『사상계』에 박정희 군사독재를 엄정히 비판하는 논문을 발표했던 것이다.

아마도 김진균은 이 논문을 발표한 뒤부터 박정희 군사독재 정권의 요시찰 대상이 됐을 것이다. 1980년 1학기에 전두환 군사독재 정권이 김진균을 해임했던 것은 갑작스러운 것이 아니라 오래전부터 준비했던 것으로 보인다. 「민주 군대의 이상과 현실」을 읽어 보면, 이런 생각을 자연히 하게 된다. 김진균은 5·16을 '혁명'이 아니라 '군사쿠데타'로 규정했고, 박정희 군사독재가 '반공'과 '전문적 군사도'를 내세워서 민주주의를 억압하는 것을 강력히 비판했다.

> 민주주의 가치체계의 확립에 있어서 반공은 소극적인 측면이다. 이 측면에서는 민주주의 확립과 실천에 대한 지향적 노력보다도 오히려 대립되는 외적 이데올로기의 부정과 배제에의 노력이 강한 그만큼 획일적인 이데올로기적 동조를 강요하게 되는 것이며, 민주주의 가치를 위한 적극적인 행위체계가 제시되지 않는 한 획일적인 동조는 기존 정치 지배세력에의 무조건적 복종을 강요하는 극단적인 역기능 현상을 노출시키기 쉽다. '반공'이라는 이름하에 많은 자유주의적인 건설적 발언이 국시위반으로 탄압되고 몰살될 수 있게 만드는 것이다. 이러한 상황하에서는 군대가 '군대의 정치적 개입은 불가하다'는 전문적 군인도軍人道라는 구실로 민주적 정치신념과 실천력이 결여된 집권세력에 기술적인 봉사를 하기 쉽고 사병화私兵化되기 쉬운 것이다. … 이것은 신생국들의 일반적 현상이기도 하지만, 한국에 있어서도 역사적 불가피성이라는 논리에 의하여 '전문적 군인도'의 한계성을 넘어서 군대의 정치적 개입이 5·16 군사쿠데타로 나타났다. 혁명공약에서처럼 자립경제와 민주사회의 건설은 군대의 정치개입에 대한 현실적 요청처럼 명목화되는 것이다. … 민족적 민주주의는 국민사회에 생소한 새로운 군부출신의 정치세력을 국민들에게 '신화'적으로 동조·지지해 줄 것을 강요하는 것밖에 되지 않는 것이고, 경제자립을 위한 노력은 한갖 헐리우드식 기술문명을 과시하는 결과밖에 되지 않기 때문이다. 불우하였던 한 군인이 눈물을 글썽거릴 때, 눈물 방울을 통해 보는 현실의 판단은 어안 카메라의 그것과 같게 되는 것이다. 8년간(1968년 당시)의 군부출신의 집권은 차라리 고립되어 있던 '왕국'의 지배형을 민간사회에 확대재생산하는 과정이었던 것 같다(김진균, 1968, 「민주군대의 이상과 현실」, 『비판과 변동의 사회학』, 한울, 1983, 364~366).

서울대 상대의 교수로 재직하면서 김진균은 1970~80년대의 민주화운동에서 중요한 역할을 했던 변형윤 교수(1927)와 잘 알게 되었다. 변형윤 교수는 1955년에 서울대 상대 교수로 부임해서 1970~75년에는 학장을 맡았다. 1980년 7월 두 사람은 전두환 정권에 의해 함께 강제해직되었으며, 이로써 민주화운동의 일환으로 '해직교수협의회' 활동을 펼치게 되었다.

산업사회학 강의

김진균은 1964년 이화여대에서 산업사회학 강의를 시작하는 것으로 산업사회학을 주전 공으로 삼게 되었다. 1960년대를 지나면서 공업화가 강력히 추진되어 산업사회[*]로서 한 국 사회의 문제들이 본격적으로 불거지게 되었으며, 1970년 11월 13일에는 이런 시대의 상황을 알리고자 당시 23살의 청년 노동자 전태일(1948~70)이 분신하는 사건이 발생했 다.[**] 김진균의 산업사회학 강의는 이런 변화를 정면에서 다루는 강의였다. 그는 자신이 산업사회학을 박사과정의 주전공으로 택하게 된 경위를 다음과 같이 밝혔다.

> 박사과정을 이수하던 중 두 가지 문제가 제기되었다. 하나는 미래지향적 학문 영역에 뛰 어들고 싶은 마음과 '근대화' 문제였다. … 그래서 관심을 갖게 된 것이 '산업사회학'이었 다. 나는 박사과정 이수 때인 1966년 2학기에 겨우 황성모 교수가 개설한 산업사회학 강 좌를 수강했다. 그리고 황 선생을 따라 강원도 장성 탄광 지대 현지 조사에 나가서 산업 사회학의 실제 대상을 보기도 했다. 이리하여 전공 영역을 산업사회학으로 정하게 되었 다. 1964년부터 서울 시내 몇 개 대학에 나가 사회학개론 강의를 해 왔지만 산업사회학 강의는 전임이 되기 전 64년에 이화여자대학교 사회학과에서 처음으로 하게 되었다. … 대학원에서 공부하던 시절, 내 문제의식은 생산성·창의성·자율성을 기반으로 하는 근

---

[*] 산업은 농업, 공업, 서비스업을 망라해서 사용되는 개념이다. 이런 점에서 '산업사회'는 혼란을 야기할 수 있다. 대체로 '산업사회'는 공업이 전체 산업의 주를 이루고 있는 사회, 즉 '공업사회'를 뜻한다. 공업은 기 계를 이용해서 자연을 대규모로 가공해서 인간이 필요로 하는 물자를 생산하는 산업이다. 이런 점에서 공업은 근대 사회의 물적 기초이다.

[**] 이 사건은 박정희 군사독재 정권이 강행한 폭력적 공업화의 문제를 착취되는 노동자의 관점에서 가장 치 열한 방식으로 고발한 역사적 사건이었다. 〈참고〉 7. 노동자 전태일 분신

대화 사회에 몰렸고, 그것이 산업사회학 분야와 '근대화' 분야로 차츰 정리되기 시작했던 것이다(김진균, 「살아 숨쉬는 학문을 일구기 위해」, 『끝나지 않은 강의』, 서울대출판부, 2004, 254).

이렇게 해서 김진균은 산업사회학 전공으로 1968년 1월 1일 서울대학교 상대의 교수가 되었다. 그리고 1975년 3월 서울대 사회학과의 교수로 옮기면서 더욱 본격적인 산업사회학 연구와 강의를 하게 되었다.

1975년 서울대학교의 각 단과대학이 관악 캠퍼스로 모이고, 대학과 학과가 재편됨에 따라 나는 사회과학대학 사회학과에 배치되었다. 문리대 사회학과, 신문대학원, 교양학부와 상과대학에 있던 사회학 전공 교수들이 모여 새롭게 사회학과 교과 과정을 작성했는데, 새롭게 설치하는 교과 과정과 전공 교수가 반드시 일치하진 않았다. 교수들은 전공이 아니더라도 관심있는 인접 과목을 맡아 새롭게 개발하면서 강의하자는 원칙에 합의했고, 이에 따라 나는 산업사회학을 그대로 하면서 새롭게 사회변동론을 맡았다. … 산업사회학 분야는 곧 '인간관계론'과 연계되었지만 인간관계론은 중복되고 미시적인 분야라 해서 나중에 정돈 폐기되었다. 그 대신 1978년 '사회조직론' 강좌가 새롭게 설치되었다. 처음에는 내가 맡았으나 담당 과목이 과중해, 산업사회학과 사회조직론을 다른 교수와 돌아가며 맡기도 했다. 이리하여 산업사회학은 70년대 후반 이후 국내 사회학과에서 확고한 자리를 잡았으며, 인접 사회과학 영역과 교량 구실을 하기도 했다(김진균, 「살아 숨쉬는 학문을 일구기 위해」, 『끝나지 않은 강의』, 서울대출판부, 2004, 257).

김진균은 박사과정을 마칠 무렵 당시 미래지향적인 학문으로 보였던 산업사회학을 전공했다. 그러나 그는 박사과정을 시작하며 실학자들을 비롯한 우리 선학들의 연구에 큰 관심을 갖고 있었다. 결국 그는 선학들의 연구를 바탕으로 서구의 연구를 받아들여 우리의 현실을 구체적으로 연구하고 개혁하는 것을 평생의 과제로 추구했다.

나는 1964년 박사 과정에 들어가서 공부하는 동안 전공 영역을 무엇으로 정할지 고민하게 되었다. 4·19는 우리나라 역사와 문화에 대한 관심을 높여 주었다. 이 맥락에서 하고 싶은 영역은 한국 '근현대 사회사상'이었다. … 1970년대 중반 벽사 이우성 선생을 중심으로 정약용의 『목민심서』를 강독하는 모임을 만들었는데, 여기서 열심히 역주 작업을 하면서 상당히 공부가 되었다. … 이 공부는 나로 하여금 조선 시대 후기를 이해하게 하는 길잡이가 되었고, 이를 연유로 해서 실학자, 특히 연암 박지원과 홍대용의 저서도 읽고 연이어 단재 신채호와 박은식의 글도 읽게 되었다. 내 글에는 특히 다산 정약용의 사유가 많이 스며들어 있을 것이다. 1990년대에는 다산이 조선조 성리학에 대해 '인식론적 단절'을 감행하고 '근대적 기획'을 고민했다고 판단하게 되었다(김진균, 「살아 숨쉬는 학문을 일구기 위해」, 『끝나지 않은 강의』, 서울대출판부, 2004, 253~254).

주류 사회학 비판

1950~60년대는 한국 사회학의 형성기였다. 또한 이 시기는 미국의 주도로 독재 정권에 의한 한국 사회의 미국화가 강행되던 시기였다. 이러한 사회적 변화는 학문에서도 여실히 나타났다. 사회학의 경우도 미국의 주류 사회학이 가장 큰 영향력을 행사하고 있었다. 당시 그것은 '구조기능주의'라는 것으로 주도되고 있었는데, 이것은 균형과 안정을 내세워서 현실의 변화를 거부하고, 합리성을 내세워서 전통과 근대의 이분법을 만들어 서구(특히 미국)을 모범으로 제시한, 극히 미국 중심적이고 보수적인 주장으로 이루어져 있었다.

김진균의 학문은 무엇보다 이러한 미국의 주류 사회학에 대한 비판으로 시작되었다. 그는 미국의 주류 사회학에 대해 대학원 때부터 깊은 의문을 품고 있었으며, 외국의 연구들과 선학들의 지적 유산을 비판적으로 전승해서 우리의 현실을 설명하는 이론을 정립해야 한다고 생각했다. 그의 석사 논문에서도 잘 볼 수 있듯이, 이미 1960년대 초부터 그는 합리화의 구조적 한계성 또는 규정성에 대해, 전통을 동태적으로 파악하지 않는 것의 문제를 강력히 인식하고 비판했다.

한국에서도 공업화에 의한 경제발전과정에서 합리화과정(경제적 합리성의 규범화)이 진전되고 있으며, 한편으로 경제발전의 전통적 요소를 계획적으로 이용할 수 있는 사회적 조건도 있다. 그러나 경제발전의 목적이 족벌주의적 이해관계에서 실질적으로 부정될 때, 벌써 그것은 공업체계의 합리화하는 차원을 넘어서는 것이며, 그것은 정치질서와 경제정책의 차원에서 사회체제를 규정하는 것이 된다. 따라서 경제발전의 목적은 발전의 성과분배의 차원에서 항상 문제시되고 명확화되어야 하는 것이며, 민주적 자유와 평등의 차원에서 경제발전을 수행하는 정치적 질서와 경제적 질서가 검토되어야 하는 것이다. 전통적 가치가 공업화에 유용하게 이용되더라도 일부 집단의 이기적 개인지향에 이용될 수 없고, 또한 명목적 가치의 획일주의에서 올 수 있는 전체주의적 지배에 봉사할 수도 없는 것이다. 따라서 국가(정부)는 가치를 계획하고 가치 갈등을 조정 극복하는 긴장관리의 기능을 담당하는 역할이 더욱 커지는 것이다(김진균, 1968, 「공업화과정의 사회에 있어서의 전통과 합리성」, 『비판과 변동의 사회학』, 한울, 1983, 49).

전통 자체는 사회문화적으로 유형화된 행위유형을 말하는 것이므로 본질상 동태적이며, 과거 속에 정태적으로 고정된 것이 아니라 새로운 상황에서는 수정될 수 있는 것이다. 그러므로 단지 한 문화사회의 역사성을 강조한 의미가 내포되어 있을 뿐이다. 전통을 정태적 의미로 인식하게 되면, 근대화나 공업화의 사회학적 조건을 규명하려는 기도가 때로는 한 사회문화의 시간적 과정이나 변동과정에 있어서의 한 요소의 시차적 중요성과 그 작용을 무시하기 쉽고, 따라서 어떤 선진발전상태를 가상한 편견적 기준에 의하여 이데올로기적 판단을 가해 버리는 오류를 범하기 쉬우며, 이것은 변동과정의 분석에 아무런 도움을 주지 못한다(김진균, 1971, 「한국의 생산조직체에 있어서 전통적 관계」, 『비판과 변동의 사회학』, 한울, 1983, 232).

김진균은 무엇보다 한국의 현실을 깊이 연구하고 개혁하려 했다. 이를 위해 그는 국내외의 여러 연구들을 비판적으로 수용하려 했다. 그는 개인을 넘어서 사회의 변화, 제도를 넘어서 구조의 변화가 중요하다는 것을 잘 알고 있었다. 이 때문에 김진균의 강의는 학생들에게 현실을 이해하는 지평을 열어주는 구실을 했다. 나아가 그는 언제나 학생들의 자유로운 공부와 실천을 지지했다. 여기에는 사람들을 존중하는 그의 타고난 넓은 인품뿐만 아니라 그 자신이 대학교 4학년 때 4·19 혁명을 맞아 참여했던 4·19 혁명 세대라는 사실이 크게 작용했을 것이다.

'유신'으로 가는 길목

1972년 9월 김진균은 상대 조교수가 됐다. 그런데 이 무렵 그가 쓴 한 논문이 학술지에서 삭제되는 '필화 사건'이 일어났다.[*] 「카리스마, 엘리트와 근대화」라는 제목의 그 논문은 사실 1972년 6월에 발행될 예정이었던 『경제논집』11권 2호에 실렸다. 그런데 박정희 군사독재 정권의 검열에서 김진균의 논문이 '삭제' 지시를 받았고, 이 때문에 『경제논집』11권 2호는 표지를 다시 인쇄해서 발행했다. 그 시대적 배경은 박정희 군사독재의 강화였다.

1969년 10월 17일 박정희 군사독재 정권은 국민투표를 통해 3선 개헌을 확정했다.[**] 이에 따라 1971년 4월 27일 제7대 대통령 선거가 치러졌다. 이 선거에서 공식적으로는 야당의 김대중 후보가 박정희에게 졌으나 실제는 그 반대였다. 결국 박정희 군사독재 정권은 1년 반 뒤인 1972년 10월 17일 '유신'이라는 이름의 정변을 강행하고 이른바 '유신 헌법'을 제정해서 '영구집권'을 추구했다.

사실 1971년부터 박정희 군사독재 정권은 대학생들의 저항을 막기 위해 다양한 억압책을 강력히 펼치고 있었다. 1971년 1학기부터 대학생들은 교련 수업과 병영 훈련에 반대하며 박정희 군사독재 정권에 적극 저항하기 시작했다.[***] 이런 저항을 진압하기 위해 박정희 군사독재 정권은 1971년 10월 15일 위수령을 발동해서 군사력으로 학교를 장악하려 했다. 1971년의 위수령은 1972년의 '유신 반란'을 예고하는 것이었다.

박 대통령은 전국민적인 삼선개헌의 반대를 무릅쓰고 세번째 대통령으로 당선되어

---

[*] 김진균은 평생 세 차례의 '필화'를 겪었다. 첫 번째는 1972년 6월 서울대 상대의 『경제논집』에 실린 논문이 삭제된 것이고, 두 번째는 1979년 말 서울대의 『대학신문』에 쓴 한 해를 정리하는 칼럼이 삭제된 것이고, 세 번째는 1987년 봄 서울대의 『대학신문』에 쓴 박종철을 추모하는 칼럼이 삭제된 것이다. 박정희와 전두환의 군사독재 시대에 모두 서울대에서 벌어진 '필화'였다는 점에 주목할 필요가 있다. 서울대는 독재에 맞서 학문과 표현의 자유를 지키지 못했던 것이다.

[**] 대한민국 헌법은 1948년 7월 17일의 제정 이래 9번 개정됐는데, 그중 3번이 박정희 군사독재 정권에 의한 것이다.

[***] 박정희 군사독재 정권은 1968년의 1·21 사태 이후 군의 능력을 과시하는 것보다 '사회의 병영화' 정책을 훨씬 더 강화했다. '사회의 병영화'는 사회를 군대화해서 국민을 민주주의의 주권자가 아니라 명령에 무조건 복종하는 군인으로 만드는 것이다. 1968년의 예비군제 실시, 1969년의 교련교육 실시 등은 그 대표적인 예였다.

4·19혁명의 정신에 이미 위배되고 있음을 온 국민이 감지하고 있었던 터라, 다음에는 대통령 선거에 나서지 않겠다고 언명함으로써 민주화의 길로 가는 전망을 국민들이 할 수 있었고, 따라서 대학교수들도 대학 자율화를 집단적으로 추구하기 시작하였다. 그 전 년 70년에는 전태일이란 노동자의 분신이 학생들로 하여금 노동문제에 눈을 돌리게 하 였으며, 총선거에 학생들의 감시활동이 운동으로 번져가고 있었던 때에, 교련반대 데모 가 학생들로 하여금 새로운 문제에 눈을 뜨도록 해 주고 있었다. …

박 대통령은 드디어 10월 15일 '학원질서확립 특명 9개항'을 발표하고 서울 일원에 위수 령을 발동하여 무장군인을 학원에 진주시켜 수업 중인 1,889명을 연행하였다. 서울대에 는 문리대, 법대와 상대 그리고 고대 연대 서강대 성균관대 경희대 외대 전남대에 무기 휴업령을 내려 강의실을 문을 닫았다. 그리고 문교부는 서울대에 데모 주동자를 17일까 지 처벌하라고 총학장에게 지시하였다. …

전국에서 제적된 학생은 159명이었고 징계를 받은 학생 수는 부지기수이며 그 중에서 데모 주동자로 지목되어 강제 입영통지를 받은 사람은 47명이었다.[*] 이들은 잡혀가서 두 들겨 맞고 멍이 든 채 경찰관의 호위를 받아 논산훈련소에 가게 되었다. 이리하여 전국 적으로 '위수령 세대'가 탄생한 것이다. 돌이켜 보면 군사쿠데타를 통해 국가권력을 장악 한 박 정권은 72년 유신으로 가는 길목에서 군사독재에 저항하는 가장 큰 세력인 학생들 을 청소하는 작업을 71년 위수령으로 감행한 것이다(김진균, 2001, 「71년의 사람들」, 『불 나비처럼』, 문화과학사, 2005, 64~65).

김진균은 1971년 초부터 경찰의 데모 진압방식이 바뀐 것으로 기억했다. 교문 앞에서 대치하는 것이 아니라 "경찰 사복부대가 대거 학교 안으로 진입하여 강의동으로 들어와 서 데모 학생들을 색출해서 끌고 갔다"는 것이다. 10월 15일의 위수령은 그해 초부터 이 미 예고되고 있었던 것이다. 김진균과 안병직 등 젊은 교수들의 반대에도 불구하고 서 울대 상대에서는 16명이 제적되었다. 교수들도 수난을 겪었다. 당시 변형윤 학장은 김 진균에게 며칠 여행을 다녀오라고 권고해서 그도 '가을여행'을 다녀와야 했다(김진균, 2001, 「71년의 사람들」, 『불나비처럼』, 문화과학사, 2005, 66~67).

박정희 군사독재는 1969년 10월 17일의 3선 개헌, 1971년 10월 15일의 위수령, 그리고

---

[*] 김진균의 동생인 김세균도 당시 체포되어 형사가 동행해서 강제입영됐다(정근식, 「청정 김진균의 삶과 학문」, 『벗으로 스승으로』, 문화과학사, 2005, 21). 당시 중앙정보부는 김세균을 체포하기 위해 김진균의 집과 연구실을 도청했으며 김진균과 부인 정혜영을 미행했다.

1972년 10월 17일의 '유신' 선포로 계속
강화되었다. 박정희 군사독재 정권은
1972년 10월 17일 비상계엄을 선포해서
국회를 해산시키고 헌법을 중단시켜서
영구집권의 '유신' 독재를 강행했다. 이
런 상황에서 김진균의 논문은 계엄군의
검열에 의해 삭제되었다. 아마도 이때
부터 김진균은 더욱 명확히 박정희 군
사독재 정권의 요시찰 대상 학자가 되

1972년 10월 17일 '유신' 선포 직후 서울 광화문 앞에 배치된 탱크

었을 것이다. 그의 논문은 기능주의와 근대화론이라는 보수적인 주류 사회학 이론에 기
초를 두고 있지만 그 실제 내용은 박정희 군사독재에 대한 엄정한 비판이었다. 이런 점
에서 그의 논문은 의거하는 이론보다 현실 인식과 구체적인 분석이 더욱 중요하다는 사
실을 잘 보여주는 중요한 예이다.

5·16 군부 쿠데타에 의한 '전쟁영웅'적 카리스마의 등장은, 민주당 정권 때의 정치적 질
서의 혼란, 경제적 빈곤에 의한 불안 및 '북괴의 전쟁도발' 위협과 당시에 표출되었던 학
생집단의 '남북교류안' 등을 위기로 인식한 데서 연유하였다. 곧 군정과 그 후의 박 정권
의 정책목표에 있어서 어떠한 권력의 수단을 통해서도 또는 심지어 정치적 폭력수단을
사용하면서도, S. P. Huntington이 기막히게 표현한 바와 같이, 정치질서의 안정을 일단
달성한 것이었으며, 이 정치질서의 안정화 지향은 '전쟁영웅'적 카리스마의 위기통제능
력과 함수관계를 이루어 박정희의 삼선을 가능케 한 것이다. 이 위기통제능력 변수는 한
국의 정치과정에 있어서 적어도 남북통일을 이루기까지 하나의 중요한 변수로서 작용할
것이라고 생각될 수 있다(김진균, 1972, 「카리스마, 엘리트와 근대화」, 『비판과 변동의
사회학』, 한울, 1983, 63).

근대화도상국가에 카리스마론과 엘리트기능의 중요성론이 적용될 때, 이것은 지배계급
의 상황에 있는 정치적 엘리트의 지배력을 강화시켜 주는 결과를 초래한다. 특히 1960년
대의 한국의 경우와 같이 전쟁영웅적 카리스마가 위기통제능력의 변수를 운용하고 한편
으로 개발개혁적 카리스마의 성격을 첨가하는 동시에, 인간행위의 근대적인 통제기술을

효율화시켜 개성적 카리스마 지배의 존속을 가능케 하였다. 인간행위의 근대적인 통제 기술 중의 하나인 관료제적 조직은 강력한 개성적 카리스마에 결부되거나 뒷받침해 줌으로써 관료제적 카리스마(군대, 당, 정부)가 발전하는 동시에 중심적 권력에서 카리스마의 거대집중화를 보인 것이다. 이와 동시에 중심적 권력에서 국민적 또는 광범한 집단과 계층의 카리스마는 거부되거나 묵살되었다. 한편 산업사회에서 엘리트 기능의 중요성론은 지배계급적 상황에 있는 정치적 엘리트의 지배를 이 엘리트가 바로 근대화 추진자라는 점에서 합리화시켜 주게 되고, 또한 산업사회에 있어서 엘리트 간의 '탈이데올로기화'와 '산업주의'에 대한 합의성에 의하여 지식인은 개혁적 역할이나 이데올로기적 가치창출의 역할이 배제되고, 오히려 정치적 엘리트의 가치에의 동조성을 강화하여야 한다는 의미에서 공업화를 위한 기능적 참여의 중요성만 강조된다. 이와 같이 중심적 권력에서의 개성적 카리스마와 관료제적 카리스마의 거대집중화 과정은 '근대화'를 공업화에 의한 경제발전과 권위의 정치제도화에 한정하고 있음을 보여주는 것이다. 그리하여 한국에 있어서도 1970년대 초기에는 지배계급적 상황에 있는 정치적 엘리트가 제시하는 가치와 기준, 또는 보상에 의하여 국민이 관료제적 위계구조에 편입되고 있는 현상을 보여주고 있다(김진균, 1983, 『비판과 변동의 사회학』, 한울, 75~76).

김진균이 서울대 상대 교수가 되어 강의와 연구에 열심히 몰두하고 있을 때, 열 살 아래 동생 김세균은 1968년 부정선거 규탄과 1969년 삼선개헌 반대투쟁 등에 적극 나서 중앙정보부에 몇 차례 연행되었다. 김세균은 1970년 3월 서울대 대학원 정치학과에 입학했고, 1971년 10월 15일의 위수령으로 체포되어 강제징집당했다. 김진균은 동생 김세균을 통해 독재의 문제를 더욱 명확히 체감할 수 있었다.

부친의 별세와 독산동으로 이사

1973년 6월 27일 김진균의 부친이 진주 중안동 댁 근처의 진주도립병원에서 쉰아홉의 연세로 별세했다. 1971년 10월 15일의 위수령으로 강제징집된 김세균이 아직 군대에 있을 때였다. 김진균은 부친의 친구 분을 회고하는 두 편의 글에서 그 정황을 간략히 밝혔다.

그리하여 백초白初께서 쉰아홉에 이 세상을 떠나게 되었을 때, 진주도립병원에서 약 보름 동안 혼수상태에 빠져 계실 때 매일 같이 문병 오셨고, 이 사람이 그 때 방을 지키고 아침에 나오면 청동다방에서 차를 사주시면서 위로와 치료의 방안을 놓고 여러 가지 충고도 해 주셨습니다. 그리고 별세하시고 난 뒤, 장례에 있어서도 세심하게 보살펴 주시고, 그 뒤에 비를 세우게 될 때 오림梧林 어른이 글씨는 쓰는데, 아천我川 선생이 글을 짓게 되고, 그래서 지금 고향에 가면 그 자취가 빛나고 있습니다(김진균, 1993, 「최형에게」, 『나의 선생님』, 인간과 자연사, 1997, 168).

1973년 6월 아버지는 고혈압으로 쓰러져서 진주도립병원에 입원하셨고, 그리고 한번도 의식을 차리시지 못하고 보름만에 세상을 떠났습니다. 그 때 아버지 연세 쉰아홉. 병원에 입원해 계실 때 진주와 부산 여러 친지와 친척이 문병하러 오셨습니다. 그리고 창원군 동면 석산리, 저수지를 내려다보는 선영에 장례를 치를 때, 간신히 연락을 받으신 그 어른이 참례하시고, 그 산등어리에 하염없이 앉아 계시던 모습이 지금도 눈에 선하게 들어옵니다(김진균, 1995, 「어릴 적 친구에게 보낸 옛 편지」, 『불나비처럼』, 문화과학사, 2005, 183).

아버지가 별세하고 난 다음 해인 1974년[*] 1월 15일 김진균의 가족은 삼선동에서 독산동으로 이사했다. 아버지가 경영하던 주유소는 큰사위인 박용문이 운영하게 했고, 어머니 안판환 여사는 독산동과 가까운 시흥동 단독주택으로 이사해서 동생 세균, 귀균과 함께 살게 되었다. 안판환 여사는 크리스찬 아카데미 사건으로 옥고를 치르고 석방된 김세균이 독일로 유학을 떠난 1982년부터 김진균과 함께 살았다.

김진균이 독산동으로 이사한 것은 원래 '서울대 종합화'에 맞춘 것이었으나 서울대의 이전이 1년 연기되어 김진균은 독산동에서 동숭동까지 먼 거리를 1년 동안 통근해야 했다. 서울대는 1975년 초에 관악 캠퍼스로 이전했다. 시흥대로에서 한참 올라가야 하는 독산동의 언덕 꼭대기에 장만한 새 집은 단층 주택이었다. 김진균은 지방도시 출신으로 자연과 가까운 전원생활을 원했으며, 정원에서 나무와 화초를 가꿀 수 있었던 독산동 집을 무척 좋아했다.

1994년 12월 초 과천의 아파트로 이사할 때까지 만 20년 넘게 그가 살았던 독산동의 마당 넓은 집은 많은 제자들을 맞이하기에 제격이어서 숱한 추억의 무대가 되었다. 아

---

[*] 〈참고〉 8. 1974년의 정세—민청학련, 인혁당 재건위, 언론자유수호선언

간통행금지 제도*가 있던 시절에는 밤새도록 술판이 이어지기 일쑤였으며, 사회학과의 주요 행사 뒤풀이 마지막 코스가 되곤 했다. 매년 1월 2일의 신년하례 때는 하루종일 다른 사회학과 교수님들의 댁을 순례한 많은 제자들의 마지막 방문지가 되어, 저녁부터 삼삼오오 모여든 제자들이 새벽까지 술을 마시며, 온갖 얘기를 나누고, 노래를 부르며, 회포를 풀고, 우의를 다졌다.

---

* 야간통행금지 제도는 국민의 기본권을 제약하는 제도로서 1948년 9월에 시행되기 시작해서 1982년 1월 5일에 해제되었다.

8

서울대 사회학과 교수가 되다
1975~78년

사회학과 교수로 옮기고

1975년 3월 서울대가 종합화하여 관악 캠퍼스로 옮기면서[*] 교수들이 전공과 희망에 따라 소속을 다시 결정할 수 있게 되었다. 이에 따라 김진균은 서울대 상대에 함께 재직하고 있던 사회학과 동기인 신용하와 함께 사회과학대학 사회학과로 소속을 옮겼다. 이렇게 해서 사회학과 교수는 김진균을 포함해 이만갑(1921~2010), 이해영(1925~79), 고영복(1928~2011), 최홍기(1927), 김채윤(1931~2008), 한완상(1936), 김일철(1934), 오갑환(1937~75), 신용하(1937), 권태환(1941) 등 11명이 되었는데, 캠퍼스를 이전할 무렵에 오갑환 교수가 별세했다.[**] 김진균은 산업사회학, 사회변동론, 사회조직론, 사회발전론 등을 맡아 강의했다.

'산업사회학'은 황성모 교수가 1962년에 서울대 사회학과 교수로 부임하면서 도입했으며, 김진균이 1968년에 서울대 상대 교수로 부임해서 맡아 널리 퍼트렸고,[***] 1975년 이후에는 서울대 사회학과에서 매년 개설되는 전공과목이 되었다. '사회변동론'은 오갑환 교수가 담당하던 과목이었는데 그가 별세해서 상대에서 근대화론을 중심으로 사회

---

[*] 〈참고〉 9. 국립서울종합대학안과 서울대학교 이전
[**] 1977년 55학번인 김경동 교수(1936)가 부임했다.
[***] 당시 황성모 교수는 1967년 7월에 발표된 박정희 군사독재 정권의 간첩 조작사건인 '동백림' 사건으로 구속된 상태였다.

발전론을 강의했던 김진균이 맡았다. 사회변동에 관한 학계의 관심은 사실 (후진)사회
발전론으로 시작되었으며, 1965년경 학부와 대학원(박사과정)에 관련 과목이 개설되었
다. 사회변동론은 이론적인 차원에서 근대화를 포괄하는 사회변동 일반을 이해하고자
하는 요구에 따라 개설되었다(정근식, 「청정 김진균의 삶과 학문」, 『벗으로 스승으로』,
문화과학사, 2005, 24).

1975년 3월의 서울대 종합화에 따라 서울대 사회학과는 교수진을 보강하고 발전의
기반을 다졌다. 그해는 이상백 교수가 1947년에 서울대 사회학과를 설립하고 30년이 임
박한 해이기도 했다. 김진균은 상대에서 사회학과로 옮기고 새로운 강의들을 맡아 열심
히 연구하고 강의했다. 그러나 1975년[*]은 대단히 암울한 해였다.[**] 1974년 봄에는 '민청학
련' 사건이 일어나더니, 1975년 봄에는 학교가 휴교되고 말았다.[***] 그런데 민청학련은 명
백히 조작 사건이었기에 대부분이 1975년 2월에 석방되었다. 김진균은 1975년 가을전
북 위도로 학생들과 사회조사를 갔는데 여기에 민청학련으로 사형을 선고받았던 이철
(68학번)과 징역 10년형을 선고받았
던 이해찬(72학번)이 참가했다. 김진
균은 그 사진을 남겨 두었다.

그리고 1976년 2월에는 박정희 군
사독재에 강력히 맞섰던 한완상 교수
가 해직되었다. 김진균은 서울대 사
회학과 교수로 부임하고 어두운 날들
을 보내야 했으며, 이 과정에서 점차
명확한 비판적 학자, 실천적 학자로
변모하게 되었다. 이에 대해 김진균
은 다음과 같이 회고했다.

1975년 가을 학생들과 위도 사회조사
아래 왼쪽 두번째 이철, 위 왼쪽 네번째 이해찬

---

[*] 1975년 4월 30일 독재와 부패에 시달리던 남베트남이 결국 망하고 말았다. 그러나 박정희 군사독재 정권
은 이 사건을 악용해서 더욱더 강력히 독재와 부패를 지키고자 했다. 베트남을 통일한 북베트남은 사회
주의를 추구했으나 1991년의 소련 몰락과 함께 사회주의를 포기했다.

[**] 〈참고〉 10. 장준하

[***] 〈참고〉 11. 박정희 군사독재 정권에 맞선 서울대학교 학생들의 저항

만약 계속 상대에 있었으면 지금과 같은 역할을 하지 못했을 것이다. 상대에서는 비전공 교수였으니까 무관심할 수도 있었고, 또 그때는 좋아하는 테니스나 치고 술이나 마시면서 세상과 떨어져 살까 하는 생각도 있었다(웃음)[*]. 그런데 1975년에 사회학과로 자리를 옮기고 나서, 한 다리 건너면 알 만한 사람들이 각종 사건에 휘말려 대학을 떠나는 과정을 보니 가만히 있을 수가 없었다. 이후의 활동들도 마찬가지였다. … 서울대 캠퍼스가 관악산으로 옮기면서, 학내 시위가 많아졌다. 어느 날 연구실에서 테니스 라켓을 들고 나오는데, 학생들의 시위로 최루탄 냄새가 가득했다. 순간 이건 아니다 싶은 생각이 들었다. 그래서 라켓과 공을 다 치워버렸다. 그리고 그 뒤로는 테니스를 치지 않았다(이지영, 「신년 연속 인터뷰 ― 그가 남긴 자리: '토착사회학' 일군 김진균 서울대 교수」, 『교수신문』, 2003년 1월 11일).

김진균은 항상 겸손한 자세와 조용한 말투로 학생들과 적극 소통하며 강의하는 것을 좋아했다. 그는 잘 모르는 것을 아는 것처럼 꾸미지 않고 언제나 학생들과 토론하며 함께 배우고자 했고, 이런 그의 겸손하고 개방적인 자세로 인해 학생들은 더욱 그를 존경하고 따르게 되었다. 그는 평생 이렇게 제자들과 함께 공부하고 연구하는 태도를 지켰다. 김진균은 교수가 학생들에게 교시하는 식의 강의가 아니라 학생들이 토론하며 스스로 과제를 해결하는 강의를 추구했다. 그 과정에서 그는 자신의 미흡한 점은 언제나 기꺼이 인정하고 적극적으로 배우려고 했다.

궁극적으로 김진균이 가장 중요한 목표로 추구했던 것은 우리의 연구에 기초를 두고 우리의 학문을 발전시키는 것이었다. 그는 학생들이 외국의 연구를 수입하는 데 몰두하는 것이 아니라 선학들의 연구도 적극 공부하고 우리의 현실에 적극 관심을 기울여 국내의 학문을 발전시킬 수 있기를 원했다. 이를 위해 그는 '한국사회론'의 정립을 평생의 학문적 과제로 추구했다.

이런 생각은 결국 우리 나름대로 한국 사회를 연구해 이론화해야 한다는 문제의식과 결부되어 있다. 이러한 자세는 외국 이론에만 의존하지 말고, 우리 선배들이 한국 사회를 대상으로 연구한 성과를 살피고 비판하며, 내가 그 주제를 연구한다면 어떻게 진전시킬

---

[*] 김진균이 이렇게 말하기는 했으나 이것은 사실이 아니었다. 그는 상대에 재직하고 있을 때도 박정희 정권의 폭압에 적극 맞서지는 않았으나 그에 대해 명확히 비판하고 있었으며 학생들을 지키기 위해 늘 애썼다(김진균, 「71년의 사람들」, 『불나비처럼』, 문화과학사, 2005, 65~67).

것인가를 토론하는 과정에서 성숙해질 수 있다고 생각했다.

서울대가 관악으로 옮기고 난 뒤 대학원 과정을 발전시키기 위해 무척 노력했다. 한 국가의 학문 수준은 대학원 박사 과정의 수준에서 판가름난다고 생각해서였다. 한 학기 강좌에서 읽어야 할 책과 독서량을 정해 독려하기도 했다. 70년대 후반에는 대학원생을 중심으로 '독서회'를 만들어 선배들의 연구들을 대학원생들이 맡아서 발제하고 토론하는 장을 만들었다. 나는 이 모임을 참관하고, 토론에 개입하지 않으면서 단지 토론 진행을 위한 기술적 문제만 조언했다. 참으로 유익한 토론장이었다. 비판 정신을 살리는 데 대단히 유효했다. 그런데 학생들은 밀려드는 외국 이론과 지식에 관심을 쏟았다.[*] 그리고 그들 나름대로 연구모임을 만들기 시작했다(김진균, 「살아 숨쉬는 학문을 일구기 위해」, 『끝나지 않은 강의』, 서울대 출판부, 2004, 261).

박정희 유신독재의 종말이 가까워오면서 김진균도 더욱더 현실에 가까이 다가가야 했다. 1978년 6월 27일 송기숙 교수를 비롯한 전남대 교수 11명이 「우리의 교육지표」를 발표했다. 이것은 국민교육헌장과 유신독재를 강력히 비판한 것으로 본래 전국의 대학 교수들에게 서명을 받은 후 발표할 계획이었다. 김진균도 여기에 참여하기로 했다(정근식, 「청정 김진균의 삶과 학문」, 『벗으로 스승으로』, 문화과학사, 2005, 24). 그런데 성내운 교수가 전남대 교수 11명의 서명만 확보된 상태로 「우리의 교육지표」를 언론에 공표했다.[**] 그렇기는 해도 이로써 유신독재의 문제는 더욱더 널리 알려지게 되었다.

학생들을 지키기 위해 애쓰다

김진균은 학생들과의 관계를 전통적인 사제관계와는 다른 방식으로 설정했다. 그 하나는 민주적이고 수평적인 인간관계를 맺는 것이었고, 다른 하나는 교수의 신분을 이용해서 학생들의 자유로운 활동을 보호하는 것이었다. 1975년 5월 13일 긴급조치 9호가 발

[*] 김진균의 목표와 방식은 대단히 중요한 것이었으며 지금도 여전히 유효한 것이다. 대학원들에서는 국내의 연구를 주교재로 하고, 외국의 연구를 부교재로 해야 한다. 그러나 현실은 전혀 그렇지 않으니 한국의 대학들에서 학문의 전수 방식에 심각한 문제가 있는 것이다.

[**] 〈참고〉 12. 긴급조치 9호 선포 후 비판적 교수들의 해직

동된 이후 대학의 서클은 반드시 지도교수를 위촉하고 전체 회원의 명부를 학교에 제출해야 했다. 서클 회원에게 문제가 생기면 지도교수도 책임을 져야 했기 때문에 지도교수를 위촉하는 일은 어려웠다. 이런 상황에서 김진균은 1976~79년 동안 서울대 학생운동을 이끌던 서클의 하나였던 흥사단 아카데미의 지도교수를 맡았다. 박정희 유신독재 정권은 학생들을 적극 존중하고 보호하는 김진균을 요시찰 대상으로 여겼던 것으로 보인다.

김진균이 1975년 3월 서울대 사회학과에 부임한 뒤 1970년대 후반에 서울대 사회학과에서 발생한 가장 큰 사건은 1977년 10월 7일의 '서울대 사회학과 심포지엄 사건'이었다. 이것은 경찰이 서울대 사회대 26동 대형 강의실에서 1920년대 민족운동을 주제로 열릴 예정이었던 사회학과 3학년 학생들(75학번)의 학술 심포지엄을 막은 것에 항의해서 청중으로 왔던 수백 명의 학생들이 26동 대형 강의실의 문을 안에서 잠그고 박정희 유신독재 정권을 비판하며 농성을 벌인 사건이었다. 이 사건으로 무려 400여 명의 학생들이 연행됐다. 연행된 학생들은 A, B, C, D의 네 등급으로 나뉘었는데 A등급은 구속됐다. A등급은 심포지엄을 준비한 사회학과 75학번 심상완과 박홍렬, 청중으로 참석했다가 발언했던 철학과 75학번 홍윤기 등 모두 8명이었다(신동호, 「긴조9호세대 비화 ─ 반란은 연습되고 있었다」, 『뉴스메이커』 590호, 2004년 9월 9일).

'서울대 사회학과 심포지엄 사건'은 박정희 유신독재의 저열함과 이에 대한 학생들의 분노를 잘 보여준 사건이었다. 그런데 이 사건은 김진균과 학생들이 깊은 인연을 맺는 계기가 되기도 했다. 당시 발제자의 한 명이었으나 다행히 체포되지 않았던 사회학과 75학번 김석준(부산대 사회교육과 교수)은 2004년 2월 14일 김진균의 별세 직후에 써서 인터넷에 올린 추도문에서 이 사건과 관련된 일을 다음과 같이 밝혔다.

3학년 2학기 때에는 유명한 '사회학과 심포지엄 사건'이 터졌습니다. 이 사건으로 심상완과 박홍렬이 감옥으로 끌려가고 많은 학생들이 제적 또는 정학을 당하였습니다. 저는 발제자의 한 사람으로 경찰의 추적을 받아 여러 날을 피해 다녔습니다. 이 사건 때문에 시작된 휴교 상태가 마무리되기 직전, 학교 주변에서는 개학을 하면 심포지엄 발표자들 중 일부가 다시 데모를 주동한다는 소문이 나돌았습니다. 학교에서는 학과장이신 최홍기 교수님과 선생님께 문제아들(?)을 집중 지도하도록 지시했던 것 같습니다. 그래서 두 분

선생님께서는 3학년이던 저와 정대조, 2학년이던 신상덕과 김종채에게 계룡산 일대로 여행을 갈 것을 제안하셨습니다. 저와 친구들은 교수님들의 제안을 거절할 수도 없고 해서 마지못해 따라 나서기로 했습니다. 개학일에 맞춰서 고속버스 터미널에 모인 우리 일행의 모습은 지금 기억해도 우스꽝스러웠습니다. 교수님들은 등산을 할 수 있는 만반의 준비를 갖추고 나오신 데 반해서, 학생들은 하나 같이 빈 몸에 구두를 질질 끌고 나왔지요. 실제로 갑사에서 동학사로 넘어갈 때에도 저희들은 교수님들의 발걸음을 도저히 쫓아가지 못했습니다. 저희들의 더딘 발걸음 때문에 해가 떨어져도 동학사로 넘어오지 못하였습니다. 깜깜한 산 속에 주저앉아 어렵사리 구해온 돌판 위에서 구워먹던 고기 맛은 지금도 기억이 생생합니다. 두 번째 날 수안보의 어느 여관에서 함께 벌거벗고 욕조에 들어앉아서 격의 없이 나누었던 여러 가지 이야기들은, 마치 모든 것을 다 아는 것처럼 행동해 오던 저희들의 오만과 무지를 깨우치는 소중한 가르침이 되었습니다. 교수님과 함께 한 2박3일간의 여행은 교수님들을 학생운동에 대한 감시자 내지 유신 독재에 굴종하는 무기력한 지식인 정도로만 인식해 오던 저의 잘못된 생각을 바로잡는 계기가 되었습니다(김석준, 「고 김진균 선생님께 드립니다」, 2004년 2월 16일).

김진균은 이 여행을 보여주는 사진을 잘 간직하고 있었다. 그는 이 사진의 뒷면에 '1977년 10월 27일 특별학생지도여행 - 계룡산'이라고 적어두었다. 말기로 치닫는 박정희 유신독재의 강압에 의한 여행이라 그와 학생들의 표정이 모두 무겁고 어둡다.

최홍기 교수도 김진균의 1주기를 맞아 쓴 추모의 글에서 이 산행에 대해 썼다. 사실 최홍기 교수는 1976년 여름 김진균을 등산에 입문시킨 '등산 선배'였다. 김진균은 1975년 여름 중학생 시절부터 즐기던 테니스를 그만두고 독산동 집 근처의 관악산을 오르는 것으로 등산을 시작해서 평생의 취미로 삼았다.

70년대부터 학원을 둘러싼 상황이 점차 어려워짐에 따라서 교수로서의 스트레스가 점점 더해갔다. 그 스트레스를 해소하는 방법의 하나로 내가 택했던 일요 등산을 어느 날 청정이 함께 하기를 제의해왔다. 당시엔 남대문시장밖에 없던 등산구점에 가서 필요한 장비를 함께 구입하는 것부터 시작하여 산행을 거듭하면서 서로에 대한 이해를 더 깊이 할 수 있게 되었다. …
한번은 학원사태로 휴업기간 중 학교당국으로부터 여행을 겸한 학생지도(?)를 권유받은 적이 있었다. 그 학생지도를 위하여 청정에게 등산여행을 함께 할 것을 제의하였다.

1977년 10월 27일 특별학생지도여행

뒷쪽 오른쪽부터 75학번 김석준과 정대조, 76학번 신상덕, 아랫쪽 오른쪽부터 76학번 김종채와 김진균 교수. 사진을 찍은 사람은 함께 여행을 간 최홍기 교수. 이 사진에 대해 76학번 김종채는 2013년 8월 2일 페이스 북에 올린 글에서 다음과 같이 증언했다. "이 사진의 '특별학생지도 여행'이란 말을 좀 더 정확히 설명하는 게 좋겠군요. 1977년 9월 말(인용 주: 실은 10월 7일)에 사회학과 26동 심포지엄 사건으로 많은 학생이 잡혀가고 학교에는 휴교령이 떨어집니다. 10월 말에 다시 학교 문을 열어야 하는데 정보부에서는 '10월 말까지 1주일이 가장 위험하다'는 판단을 합니다. 그리고 사회학과 3학년에 김석준, 정대조, 2학년에 김종채, 신상덕이 가장 위험하니 교수 두 사람이 책임지고 이 학생들을 격리시키라는 명령이 떨어집니다. 돈 걱정은 말고. 그래서 최홍기 교수님과 김진균 교수님이 학생 4명을 데리고 계룡산, 수안보 온천을 거쳐 1주일간 특별 지도여행을 합니다."

1977년 10월 말 경이었는데 학생 4명과 함께 잡은 여정이 계룡산 행이었다(최홍기, 「청정과 함께 한 산행」, 『벗으로 스승으로』, 문화과학사, 2005, 132~133).

김진균은 사회학과 교수로 부임한 이래 평생 학생들과 어울려 친밀히 지내기 위해 애썼다. 학생들의 졸업여행 지도교수로 적극 나섰던 것은 그 좋은 예이다. 1978년 4월 사회학과 74~75학번 학생들이 처음으로 지리산으로 수학여행을 갔다. 이때 지도교수였던 김진균도 처음으로 지리산에 올랐다. 1980년대 말까지 사회학과 학생들은 졸업여행으로 매년 4월 초에 지리산 산행을 했는데 지도교수는 매번 김진균이었다. 그는 첫 지리산 산행의 감흥을 다음과 같이 글로 남겼다.

1978년 4월 처음으로 지리산 등반을 하였다. 학과 3년생이 수학여행을 처음으로 지리산

1978년 4월 12일 지리산 천왕봉

74학번 박명규, 75학번 송호근, 조희연, 허석렬, 김석준, 김필동, 김일, 조병구, 김병철 등의 모습이 보인다. 당시 지리산 천왕봉 표지석은 아주 작았다.

으로 가게 되어 따라 나선 것이다. 마천에서 자고 백무동을 거쳐 장터목산장에 올랐다. 다음날 아침 천왕봉에 올라 일출을 보았다. 처음 보는 운해의 움직임은 장관이었다(김진균, 2003, 「똥파리, 천도제」, 『불나비처럼』, 문화과학사, 2005, 241~242).

김진균이 학생들을 어떻게 돌봤는가에 대해 사회학과 76학번 김종채(상지대 외래교수)는 2013년 8월에 다음과 같이 증언했다. 이 증언은 박정희 유신독재 때의 서클 활동, 지도교수, 기습시위 등에 관해 잘 보여준다.

저는 사회학과 2학년부터 '지도교수'가 김진균 교수님이었습니다. 학부 학생 지도교수는 학생들에 대한 학업과 인성 지도를 위해 일대일로 교수와 학생이 자주 만나도록 하는 취지로 만들어진 제도인데, 당시 유신시절에 실제로는 '학생들이 데모하지 못하도록 지도'하는 것이 주요 임무였지요. 과 사무실에서 조교로부터 '지도교수님이 찾는다'는 연락을 받으면 연구실에 가서 '면담'을 하고, 또 학교가 문을 닫을 위험이 있으니 '한 장 써야겠다' 하면 저는 '뭐라고 씁니까?'하고 물었고, '지난 번처럼 그냥 뭔가 써냈다는 표시만 하자'고

하시면 백지에다가 '학업에 충실하겠습니다'라는 취지로 몇 줄 적고 사인해내면, 교수님은 사회대 행정실의 학생주임이나, 본부 상담실에 자리잡고 있는 정보기관에게 자신의 '임무'를 일단 마쳤다는 증거를 남겼으므로 다른 얘기, 실제로는 사회과학 공부하는 학생들은 비판의식이 중요하다는 취지의 '진짜 학생지도'를 받고 방을 나오는 식이었지요. 그런데 제가 3학년인 1978년 3월, 학교에서는 사회과학 서클 등록이라는 걸 해야 했지요. 학생들 대표와 몇몇 학생 이름을 적고, 서클 지도교수의 도장을 받아 내어야 대학에서 인가하고 여름방학 때에 농촌활동 비용을 주고 지도교수가 현지 방문하여 또 '건전한' 활동을 하도록 지도 내지 감시를 하는 제도였지요. 그런데 그 해에는 지금까지 해 주던 서클 등록을 받아주지 못하도록 지침이 내려왔나 봐요. 서울대 11개 사회과학 서클 지도교수들이 모두 도장을 못 찍어 주겠다고 하시는 거예요. 실제로 학생활동은 지하에서 하고, 중요한 후배는 감추더라도, 등록용 회장과 회원은 몇 명 알려주어야 농촌활동비를 지원받고 후배모집도 공개적으로 하기 때문에 당시에 등록은 필요하다고 생각됐지요. 그런데 등록기간 일주일인가 열흘 동안 아무도 도장을 못 받아 애를 태우고 있었는데, 2~3일 지나 경제학과 77학번 김성식(전 한나라당 국회의원)이 지도교수 도장을 받았다는 소식이 들리는 거예요. '흥사단 아카데미'라는 이름의 서클 지도교수가 김진균 교수님이었는데 '2~3일 후 다시 한번 와 보라'는 말이 생각나 찾아뵈었더니 도장을 떡하게 찍어주시더라는 거예요. 당시 대학본부의 지침은 사실상 학교에 상주하는 기관원들의 지시사항이었는데 그것을 어기는 교수가 나온 거예요. 그래서 다른 서클 회장들도 자기네 지도교수를 찾아가 '누가 도장 찍었답니다' 하니까 '어~ 그래, 그럼 등록들 시키는 건가?' 하며 또 도장들 찍어 주시는 거예요. 다들 학교 당국의 눈치를 살피다가 누군가 제일 먼저 총대 메는 사람이 나오자 그 지시가 무너져버린 거예요. 그래서 다음 해인 1979년, 동생인 김세균 선생이 크리스찬 아카데미 사건으로 구속된 것도 이 분이 '해직'교수가 되는 이유의 일부였겠지만, 이 때 문교부와 학교 당국에 '밉게 보인 것'이 더 먼저였을 것으로 저는 봅니다. 이렇게 시작된 지도교수와의 인연 때문에 저는 4학년인 1979년 9월 11일에 데모를 결심하고 친구들과 약속을 해 놓고, 11시 50분에 시작하기로 했는데 그 20분 전에 김진균 교수님을 찾아갑니다. '오늘 졸업합니다' 했더니 얼마동안 아무 말씀도 안 하시다가 '소신껏 잘 해 봐라' 하시더군요. 물론 이것은 저와 그 분 두 사람만의 비밀이었습니다. 이제 그 분이 돌아가신 지 10년, 또 긴급조치가 헌법재판소에서 위헌으로 판결난 뒤이기에 할 수 있는 얘기 같군요(김종채, 「페이스북에 올린 글」, 2013년 8월 2일).

비판사회학을 향하여

1970년대 말에 김진균의 학문은 비판성과 실천성의 면에서 더욱 깊어졌다. 1980년대 중반을 지나며 조직적 형태를 취하게 되는 비판사회학의 학문적 기반은 이미 1970년대 말에 나타나고 있었다.

김진균은 공업화와 근대화를 내세우고 강행되는 박정희 독재와 그에 따른 불평등 심화, 분단 심화 등의 문제를 산업사회에 대한 이론적 비판의 방식을 취해 비판했다. 우리는 그의 논문들에서 산업사회 자체가 합리성을 구현하는 유토피아가 아니라 심각한 문제를 안고 있으며, 독재는 그 문제를 더욱더 악화시키게 된다는 생각을 잘 읽을 수 있다. 이와 관련해서 그는 공업화의 핵심인 기술의 문제를 깊이 고찰하는 논문을 썼다. 이 논문은 얼핏 베버식의 기술 비판으로 보이지만 그 바탕에는 기술의 문제를 사회 속에서 파악하는 관점에 확고히 놓여 있다.

> 서구에서 발전하기 시작한 공업생산체계는 이미 그때부터 세계를 두개의 범주, 즉 문명국과 야만국, 선진국과 후진국으로 나누어 하나의 질서로 개편하기 시작하였으며, 그 질서의 개편은 지금도 범세계적으로 철저하게 계속되고 있다고 볼 수 있을 것이다. … 이제 세계의 모든 국가는 산업사회로 채색되어 하나의 체계로서 완결되어 가는 듯한 상황에 도달한 것이다. 모든 국가들이 공업체계에서 적자생존의 거점을 확보하려는 데서 세계적 구조체계의 한 차원이 부각되고 있는 것이다. … 공업화를 추진하는 공업화과정국가에 있어서, 보일 듯 잡힐 듯하는 선진공업사회는 발달된 우주공학과 핵무기의 장비를 가진 초공업사회로 더 멀리 달아나버리고 있는 것이다. 그리하여 국가들 간의 계층은 카스트적인 신분조직의 벽을 두껍게 세우면서 구조화되며, 우주공학과 핵무기가 그 계층구조의 상향적 또는 하향적 이동의 지렛대가 되는 것처럼 작용하는 것이다. 그리고 이 지렛대가 갖는 정치적 군사적 힘의 의미와 작용에 관련된 문제점은 실로 기술적으로 해결할 수 없는 성질의 것이다. 이것이 우리가 산업사회를 논의해야 할 경우 전제해야 하는 전제조건이다(김진균, 1978, 「테크놀로지적 사회구조론」, 『비판과 변동의 사회학』, 한울, 1983, 221).

기술이나 테크놀로지의 발전은 능률의 원리에서 항상 그 타당성을 찾아왔으며, 근본적으로 인간의 행복이라는 차원에서는 오히려 테크놀로지가 갖는 사회적 의미나 영향이 비판을 받아왔다. … 현재 지배적으로 발전하고 있는 테크놀로지는 자동정보결정체계, 사회적 엔지니어링과 생물학적 엔지니어링이다. 테크놀로지가 인간을 종속시킨다는 단순하고도 거창한 의미 이상으로 이 세가지 종류의 테크놀로지가 어떤 인간으로 하여금 어떤 인간을 지배하게 한다는 점에 산업사회와 테크놀로지에 대한 비판의 쟁점이 놓여져 있다(김진균, 1978, 「테크놀로지적 사회구조론」, 『비판과 변동의 사회학』, 한울, 1983, 221~222).

자동정보결정체계는 일반적 또는 전문적인 정보를 중앙에 축적하는 능력을 증대시키면서 그 성과가 생산과정에 피드백되어 능률을 제고시켜 준다. … 이러한 편의의 발전은 컴퓨터화한 미래사회의 유토피아를 갖게 하였지만, 그 유토피아는 항상 능률에 의하여 추구되는 것이고 인간주의적 가치에 의하여 추구되는 것은 아니었다. 조직체 수준에서 중앙집권적 구조가 강화되는 동시에 사회 전체에서도 그러한 경향은 특히 스파이체계의 발전에 의하여 강화될 가능성이 커진다. … 발달한 산업사회일수록 이러한 스파이체계는 오웰의 『1984년』이 오기 전*에도 그 이상으로 실감할 수 있는 것이다. 이 스파이체계에서는 수집된 자료를 통제하는 사람이 엘리트로 등장하며 자료로 수록된 수많은 대중은 숨길 수 없는 자기의 정체를 노출시킨 채 그 엘리트의 지배 아래에 놓이게 되는 것이다. 이런 의미에서 정보와 지식은 자본과 마찬가지로 더욱더 하나의 주요한 권력자원으로 되는 것이다(김진균, 1978, 「테크놀로지적 사회구조론」, 『비판과 변동의 사회학』, 한울, 1983, 223~224).

김진균은 기술의 발달에 따라 형성된 새로운 사회기술체계에 항상 주의했지만, 가장 중요하게 생각한 것은 결국 그것이 대다수 사람들의 삶을 실제로 향상하는가였다. 기술의 위험성을 무시하고 제대로 관리하지 않는다면 큰 문제가 생기게 되며, 그 결과도 사회적으로 널리 공유되지 않는다면 결국 큰 문제가 생기게 된다. 김진균의 기술 비판, 공업화 비판은 그것을 내세워서 독재와 착취를 정당화하는 당시 박정희 정권에 대한 강력한 학문적 비판의 의미를 담고 있는 것이었다. 그러나 기술은 생산성을 향상시키지만 인간의 행복을 보장해주지는 않는다는 김진균은 지적은 어쩌면 오늘날의 고도 공업·

---

* 이 글은 1978년 가을 『현상과 인식』 제2권 제3호에 발표되었다. 그래서 '오웰의 『1984년』이 오기 전'이라고 쓴 것이다.

기술 사회에서 더욱더 중요한 의미를 갖는 것일 수 있다. 모든 사람의 인권이 보장되는 사회를 만들고, 그 사회가 기술을 관리하도록 해야 하는 것이다. 그가 실학자들을 따라서 중요시한 정덕은 지금도 잊어서는 안 되는 가치인 것이다.

> 테크놀로지는 그 자체의 논리에 따라 빨리 변동하므로 그 테크놀로지를 움직이는 사람들의 가치관이나 자질의 준비가 고려되지 않은 채 이용되기도 한다. … 그 효과가 어느 쪽인가 하는 것은 그 테크놀로지를 이용하는 사람들의 지혜에 속하는 문제인 것이다. 그리고 인간에게 편의를 주는 방향에서 이용하더라도 그 테크놀로지를 관리통제하는 능력이 사회조직적으로 발전되지 않는다면 인간에게 피해를 줄 수 있는 위험성도 내포하고 있는 것이다. 그러므로 인간의 합리성도 양면성을 갖고 있는 것이다.[*]
> 공업화는 국민들이 모여서 사람답게 살아가기 위하여 필요한 사회적 조건을 만들어가는 것에 일차적인 목적이 주어지는 것이다. 공업화의 조정관리체계에서 목표나 표준은 단지 경제성장의 지표에 관하여 문제되고 논의될 것이 아니라 사람들이 사람답게 모여 건전하게 살아가는 데 어떤 효과가 있어야 하느냐에 의하여 항상 검토되어야 할 문제인 것이다. 따라서 공업화에서 제기되는 기능적 자율성도 그러한 일차적 목적에 의하여 규정되는 것이어야 한다. 테크놀로지의 변동은 생산성을 향상시켜 주지만 그것 자체가 인간의 행복을 보장해주지 않는다(김진균, 1978, 「산업사회의 구조」, 『비판과 변동의 사회학』, 한울, 1983, 212~213).

조선 후기 실학자들이 오늘날 우리가 근대사회라고 말하는 미래를 내다보면서 이용후생이라는 경제적 발전을 주장하면서도 끝내 정덕正德을 버리지 않은 것은 그들이 유학을 공부하여 유학적 가치관을 가졌다는 한계성 때문만이 아니라, 지금 우리가 공업화를 추진하면서 당면하는 위와 같은 사회학적 역사의식을 갖고 있었기 때문이라고 말할 수 있을 것이다. 산업사회라는 상황에서도 이러한 문제의식은 더욱더 심각하게 제기된다. 왜냐하면 현대 테크놀로지의 발전은 인류에게 더욱 큰 위협일 수 있고 더욱더 지배권력에 봉사할 수 있는 성질의 것이기 때문이다(김진균, 1978, 「산업사회의 구조」, 『비판과 변동

---

[*] 독일의 사회학자 울리히 벡이 제시한 '위험사회'의 개념은 이러한 합리성의 양면성에 대한 인식에 기초하고 있다. 그런데 김진균의 기술 비판에서 잘 볼 수 있듯이, 현대 사회의 위험은 기술의 위험도와 그것을 관리하는 사회의 정비도를 두 기준으로 해서 분류할 수 있다. 한국의 경우는 핵발전에서도 비리와 부패가 만연해 있어서 독일보다 훨씬 심한 '악성 위험사회'로 분류될 수 있다(홍성태, 『대한민국 위험사회』, 당대, 2007).

의 사회학』, 한울, 1983, 214~215).

김진균은 우리의 학문을 정립하고 우리의 현실을 개혁하는 것에 언제나 큰 관심이 있었고, 이를 위해 다양한 국내외 연구들을 적극 공부하고 비판적으로 받아들이기 위해 언제나 크게 애썼다. 그 결과 그는 자유와 평등에 의한 사회 구성원들의 연대를 강조하고, 우리의 경우에는 이것이 분단의 극복으로 나아가야 한다는 것을 강조했다. 그는 한국 사회를 언제나 남북한 전체로 생각했으며, 그 내부의 운영은 구성원의 자유와 평등에 의해야 한다고 주장했다. 김진균이 추구한 비판사회학의 실천적 핵심은 바로 이것이었다.

우리 한국에서 있어서 1960~70년대에 학계뿐만 아니라 정책의 측면에 있어서도 활발하게 논의되거나 그 이름 밑에서 추진되었던 근대화론은 사실 미국의 기능주의 이론에 근거한 신진화론이었다. 신진화론 자체가 이미 역사적 대상물이 없는 순수한 추상적 개념으로 구성되어 무시간적 체계를 제시하고 있으며 분명한 인과적 분석을 제공하고 있지 못하다는 비판을 받고 있을 뿐만 아니라, 근대화론에서 제시되는 개념들이 대체로 애매하다고 비판받고 있다. 사실, 이렇게 애매한 근대화론은 문화결정론이며 서구문화 지상주의적이다. 기능주의에 입각한 신진화론으로서의 근대화론은, 합리적 가치의 성숙성과 그 성숙의 척도가 서구적 경험에 의거할진대, 후진국의 입장에서 보면 후진국 사회의 발전론이라기보다는 서구의 산업자본주의가 세계적 체계로 발전해 가는 데 필요로 하는 이론에 불과하다는 것이다(김진균, 1979, 「발전과 내생적 변동이론의 필요성」, 『비판과 변동의 사회학』, 한울, 1983, 126).

외국에서(특히 미국에서) 새로운 학문을 수입할 때 이것을 도구로서 주체적으로 사용하는 것이 아니라, 그 속에 마치 어떤 권위가 있는 것처럼 생각하여 사실에 대한 객관적 관찰과 판단을 포기하기에 이르는 것이다(김진균, 1979, 「발전과 내생적 변동이론의 필요성」, 『비판과 변동의 사회학』, 한울, 1983, 141).

한 민족의 사회국가는 구성원들의 연대성에 기초한다. 이 연대성은 민족주의라는 상징으로 표현되어 민족성원들의 일체성을 발전시키는 것이며, 이 일체성은 구성원들의 평등하고도 자유로운 관계 속에서 민족공동체에 대한 권리와 의무가 상호 수락되는 데에 기초한다. … 따라서 구성원들의 자율적 의사결정참여가 민족공동체의 공공선에 이바지하도록 제도적으로 또는 사회적 관련의 측면에서 이루어지게 해야 한다. 따라서 민족주의적 연대성을 분열시키는 모든 요소를 엄격히 검증하여 제거시켜 나가는 것이 우선적인 작업일 것이다(김진균, 1979, 「발전과 내생적 변동이론의 필요성」, 『비판과 변동의 사회학』, 한울, 1983, 143).

9

다산연구회에서 공부하다

1975년부터

다산연구회 활동

김진균은 실학에도 깊은 관심을 갖고 공부했다. 여기에는 서울대 상대에서 함께 재직했던 안병직과의 깊은 인연도 연관되어 있다. 안병직은 한국학에 대한 관심, 민주화운동, 등산 등의 세 가지를 꼽았다. 여기서 김진균과 안병직의 한국학 공부가 다산연구회의 한 줄기를 이루게 되었다. 1970년대 초부터 김진균과 안병직은 한약방을 운영하던 조규철 선생에게서 한문을 배우기 시작했다. 여기에 국정효, 신용하도 참여했고, 뒤에 김태영, 이만열, 정창렬, 성대경 등도 참여해서 『사서』, 『좌전』, 『국어』, 『전국책』 등을 읽었다(안병직, 「거인은 가고 — 청정과 나」, 『벗으로 스승으로』, 문화과학사, 2005, 104~107; 이만열, 「긴 만남과 짧은 회고」, 『벗으로 스승으로』, 문화과학사, 2005, 114~115).

다산연구회는 조규철 선생의 한문공부 모임[*]과 역사 연구자 모임인 연사회研史會의 두 흐름이 합쳐져 1975년 10월 구성되었다. 다산연구회의 가장 큰 업적은 『목민심서』를 역주한 것이었다.[**] 다산연구회의 회원은 몇 년 동안 변화가 있었는데, 1979년 말에 이우성(성균관

---

[*] 뒤에 이 모임에 참여한 사람들은 조규철 선생이 서울 동선동에서 살아서 '동선회'를 만들기도 했다.

[**] 『목민심서』의 완역에는 10년이 걸렸으며 '창작과 비평사'에서 모두 여섯 권으로 발간되었다. 각 권의 분량이 300쪽을 넘으며, 1권은 1978년에, 6권은 1985년에 발간됐다.

대 국문학), 강만길(고려대 사학과), 김진균, 안병직(서울대 경제학), 정창렬(1937~2013, 한양대 사학), 김태영(경희대 사학), 성대경(성균관대 사학), 이만열(숙명여대 사학), 임형택(성균관대 한문교육학), 이지형(성균관대 한문교육학), 김경태(이대 사학), 송재소(성균관대 한문학), 이동환(국민대 한문학), 정윤형(1937~99, 홍익대 경제학), 김시업(성균관대 국문학), 박찬일(한국외국어대 경제학), 이효우(낙원표구사 사장) 등 모두 열일곱 명[*]이 되었다(이만열, 「긴 만남과 짧은 회고」, 『벗으로 스승으로』, 문화과학사, 2005, 116).

다산연구회는 벽사 이우성 선생이 좌장을 맡았고, 일주일에 한 번씩 모여 강독을 하는 방식으로 공부했다.[**] 주로 이우성 선생의 연구실이나 대동문화연구원에 모여서 강독했다.

모임은 매주 화요일 오후 2시에 있었다. 각 회원이 분담한 부분의 『목민심서』 번역 원고를 정인보·안재홍이 교열한 『여유당전서』의 본문과 대조하면서 주를 다는 작업으로 진행되었다. 한 대목 한 구절의 해석을 두고 몇 시간의 격론을 벌인 일도 허다했다(성대경, 「만나서 헤어진 이야기」, 『벗으로 스승으로』, 문화과학사, 2005, 94).

그리고 여름방학에는 며칠씩 함께 묵으며 공부하기도 했다. 여름방학 독회는 주로 이름난 정자나 재실을 빌려 숙식하는 방식으로 열었다.[***] 밀양의 금시당今是堂, 도원정桃源亭, 안의의 종담서당鍾潭書堂, 망월정望月亭, 농월정弄月亭, 거창의 수승대搜勝臺, 함양 개평의 정여창 고택 등 여러 곳에서 여름방학 독회 모임을 가졌다. 다산연구회의 유사有司, 간사였던 김진균은 이런 모임을 항상 면밀하게 준비했는데, 이만열은 "그의 섬세함은 그의 통 큰 배짱과는 좋은 대조가 되었지만 청정 안에서는 서로 조화되고 있었다"고 평했다(이만열, 「긴 만남과 짧은 회고」, 『벗으로 스승으로』, 문화과학사, 2005, 117~118).

성대경이 "강독이 끝난 늦은 시간에도 우리들은 헤어지기 싫어서 저녁밥을 먹고 술을 마시며 학문과 세상 얘기로 우정을 쌓아갔다. 저마다 학교 강의와 전공 학문 연구로 바쁜 처지였는데 다연회 모임을 거르는 사람은 한 사람도 없었다"고 술회했듯이(성대경,

---

[*] 교수 회원은 16명이었으며, 이효우 사장은 명예회원이었다.

[**] 김진균의 호인 '청정菁丁'은 벽사가 지어준 것으로 진주의 옛이름인 '청주菁州'에서 따온 것이니 '진주 사내'라는 뜻이다.

[***] 당시는 요즘처럼 숙박 시설이 좋지 않았고 많지도 않았다. 그리고 이름난 정자나 재실에서 지내는 것은 그 자체로 옛 건축과 문화를 살펴보는 공부였다.

「만나서 헤어진 이야기」, 『벗으로 스승으로』, 문화과학사, 2005, 94), 다산연구회의 공부
자리는 박정희 군사독재 치하에서 다산의 학문과 실천에 공감하는 여러 지식인들이 모
여서 자유롭게 토론하고 울분을 풀 수 있는 자리이기도 했다.[*] 다산은 단지 다양한 분야
에서 많은 연구를 하고 많은 저술을 남긴 조선 말의 대학자를 넘어서 극심한 위기 상황
에 있던 조선 사회를 철저히 개혁하고자 애썼던 실천가이기도 했다. 이 때문에 김진균
은 평생 다산을 본받고자 애썼으며, 말년에 "내 글에는 특히 다산의 사유가 많이 스며들
어 있을 것"이라고 밝히기도 했다(김진균, 2003, 「살아 숨쉬는 학문을 일구기 위해」, 『끝
나지 않은 강의』, 서울대출판부, 2004, 253).

다산과 김진균

김진균은 다산의 학문을 받아들여 한국의 사회학을 발전시키기 위해 많은 노력을 기울
였다. 1997년 11월에 환갑을 맞아 자신의 논문들을 모아 펴낸 책의 머리말에서 김진균
은 다음과 같이 썼다.

> 학문한다는 것이 자기가 살아가는 현실과 무관할 수 없다는 것은 당연하다. 소재와 대상
> 이 거기에 있고 문제를 바라보는 인식방법도 있고 현실적인 문제를 풀어가는 방법도 거
> 기서 찾아야 하기 때문일 것이다. 철학자 다산 정약용 선생의 방대한 저서에서도 그가
> 당대에 직면한 문제를 이해하고 풀어가고자 하는 인식의 방향이 깔려 있음을 본다. 학문
> 은 그냥 추상적인 고답의 세계에 독자적으로 존재하지는 않는다. 내가 학문하는 일의 당
> 연한 이치를 마주하고서도, 다산 선생이 학문하는 길로서 말한 바 박학博學, 심문審問, 신
> 사愼思, 명변明辯, 독행篤行의 길에서도 성실하고 충만하게 하는 데 어려웠을 뿐 아니라,
> 우리 역사의 맥락에서 인식의 방법을 체계화시켜 나오는 일에서도 그러하다는 판단에서
> 보면, 뿌리내리기와 줄기올리기가 모두가 힘에 부치는 일임이 명백하고 더구나 독행은
> 학문의 실천적 의미에서 더욱 어려운 일임을 절감한다(김진균, 「머리글」, 『한국의 사회
> 현실과 학문의 과제』, 문화과학사, 1997, 9).

[*] 〈참고〉 13. 박정희 군사독재 정권의 영구집권 책략

김진균의 실학에 대한 관심은 단순히 전통에 대한 관심이 아니라 한국 사회의 특성과 개혁에 대한 구체적인 연구를 위한 관심이었다. 김진균은 다산연구회의 공부를 통해 이런 관심을 깊게 할 수 있었고, 그 결과를 1977년 12월 『진단학보』 54호에 「연암 박지원의 사회학적 안목에 대하여」라는 논문으로 발표했다. 김진균은 이 논문을 통해 박지원의 사상을 사회학적으로 검토하고 그 실천적 가치를 제시하려 했다. 김진균의 박지원에 대한 관심은 일회로 그친 것이 아니라 평생에 걸친 것이었다. 그는 2001년에 발표한 한 논문에서도 박지원이 제시한 '상자이생'의 개념을 적극 해석하고 활용하려 했다.

> 박지원은 사회학적 선사시내에 실았다. 그러나 그가 지녔던 여러 관점이나 관념은 지금의 사회학적 관점에서 보아도 우리 문화를 이해하는데 유용한 의미를 주는 것이 많다고 볼 수 있다. 이미 존재한 사실 속에 문제의식의 단서가 없었더라면 그의 관념이나 개념이 구성될 수 없있을 것이니, 변하여 존재해야 할 현상에 대한 예견적인 있었던 것으로 생각된다. 이것은 박지원을 포함한 실학파들의 역사적 안목에서 나온 특징일는지도 모른다(김진균, 1977, 「박지원의 사회학적 안목에 대하여」, 『비판과 변동의 사회학』, 한울, 1983, 331~332).

> 조선조 18세기 말과 19세기 초 미래를 기획하고자 했던 일군의 실학자들에 의하여 명쾌한 명제가 제시되었다. 오행五行, 즉 화수목금토은 모두 하늘이 부여한 것이고 땅이 비축한 것인데 어느 하나가 다른 것을 낳았다는 의미에서 상생이 아니라 상자相資함으로써 생生한다. 즉 상자이생相資以生이라고 하는 것으로 정식화하였다(『연암집』, 洪範羽翼序). 각 물질을 다른 물질의 자원이 되게 함으로써 상생한다는 것이다(김진균, 2001, 「자본과 근대국가에 내재한 폭력을 넘어 정의를 추구하기 위하여 — 상자이생을 검토함[*]」, 『21세기 진보운동의 기획』, 문화과학사, 2003, 50~51).

김진균은 다산의 『목민심서』에 대해서도 긴 논문을 한 편 남겼다. 그런데 1980년대 초에 쓰여진 이 논문은 발표되지 않았고, 안병무의 '민중신학연구소'에 그 원고 뭉치가

＊ 김진균은 『경제와 사회』 2001년 여름호에 '자본과 근대국가에 내재한 폭력을 인식하기 위하여'라는 제목의 논문을 발표했는데, 2001년 10월 29일에 충북대학교 인문학연구원(당시 원장 유초하 교수)의 주최로 열린 '충북대학교 개교 50주년 기념 국제 학술 심포지움'에서 이 논문을 크게 수정해서 '기조 연설'로 발표했다. 수정된 논문은 『사랑, 평화, 정의 그리고 인류의 미래-충북대학교 개교 50주년 기념 국제학술심포지움 논문집』, 충북대학교 인문학연구원, 2001에 실렸다.

있었는데, 2012년 5월에 안병무 선생(1922~96)[*]의 부인 박영숙 여사(1932~2013)가 연구소를 정리하던 중에 이 원고를 찾아서 김진균기념사업회 장임원 이사장에게 전해줘서 거의 30년 만에 세상에 드러났다.

　조선 왕조 후기의 농민사에 대한 연구는 농민의 생활구조에서 봉건적 수취체제가 어떻게 작동하고 있느냐 하는 문제를 규명하는 데 초점이 놓여져야 한다고 생각한다. 그것은 곧 봉건제 생산양식 자체의 특성이 규명되는 동시에 그것이 제기시키고 있는 구조적 모순도 적나라하게 규명해 주는 것이다. 정약용의 『목민심서』는 목민관인 수령이 실질적으로 지침해야 할 문제를 다룬 한계성 속에서도 실로 봉건적 수탈 메카니즘의 본질과 그것이 작동하여 모순을 야기시키고 있는 모든 사실을 구체적으로 설명해 주고 있는 귀중한 자료라고 생각된다. 물론 이 자료만으로 조선 후기 사회의 농민 분해를 완벽하게 설명해 주고 있는 것은 아니다. 그럼에도 불구하고 『목민심서』는 국가와 지배계급 그리고 농민 사이에 전개되고 있는 수탈의 동태적 과정이 적실하게 묘사되고 있는 것이다(김진균, 1983, 「조선왕조 후기 농민생활 구조-정약용의 『목민심서』를 중심으로」, 미발표 원고의 결론 부분).

---

[*] 안병무는 민중신학자이자 민주화운동가로서 1943년 8월에 일본 다이쇼대 예과 3년을 수료했고 1950년 5월 서울대 사회학과를 졸업했으며 1965년 7월 독일 하이델베르크대에서 신학 박사학위를 받았다. 1980년대 초에 김진균은 한신대 해직교수였던 안병무와 서울대 해직교수였던 변형윤이 이끈 해직교수협의회 활동에 열심히 참여했다. 이에 관해 김진균, 「안병무 박사」, 『갈릴래아의 예수와 안병무 ― 안병무 박사 추모문집』, 한국신학연구소, 1998을 참고.

Ⅲ

장년기 1
1979~89년

10

'크리스찬 아카데미' 사건

1979년

사건의 개요

1979년 3월 9일 한명숙이 중앙정보부[*] 요원에게 연행되는 것으로 시작된 '크리스찬 아카데미 사건'은 김진균의 삶에서 중요한 변화의 계기가 되었다. 6명의 간사들과 1명의 교수가 중앙정보부에서 고문을 받고 구속되었는데,[**] 간사에는 동생인 김세균과 뒤에 막내 매제가 된 장상환이 있었고, 1명의 교수는 다산연구회의 회원으로 함께 공부해온 한양대 정창렬 교수였다. 이들은 모두 중앙정보부에 연행되어 극심한 고문을 당했으며 반공법 위반으로 기소되었다. 7명 가운데 김세균과 신인령은 노동사회, 한명숙은 여성사회, 이우재, 장상환, 황한식 등은 농촌사회 교육을 맡고 있었다. 다산연구회 회원인 한양대 사학과 정창렬 교수는 연구를 위해 갖고 있던 북한 책을 이우재에게 빌려준 것 때문에 연행되었다.

'크리스찬 아카데미'는 기독교 장로회의 강원룡 목사(1917~2006)가 1965년 사회교육

---

[*] 〈참고〉 14. 박정희 군사독재 정권의 정보·공작 정치

[**] 7명의 구속자보다 더 많은 사람들이 불법연행, 구금, 고문의 고통을 겪었다. "구금 및 연행: 하정화(자료실 간사), 강원룡(크리스찬 아카데미 원장) 유병묵(전 중앙대 교수), 박현채, 양정규, 신혜수(교회여성 연합회), 김병태(건국대교수), 이대용, 임낙경, 이건우, 윤일숙(출판사 직원), 김선화(아카데미 전 직원), 최순영(YH 노조지부장), 장현자(반도상사 노조지부장), 이총각(동일방직 노조지부장), 박순희(원풍모방 노조지부장), 이영순(콘트롤데이타 노조지부장)"(NCCK인권위원회, 『1970년대 민주화운동 (IV)』, 1987, 1525~1562).

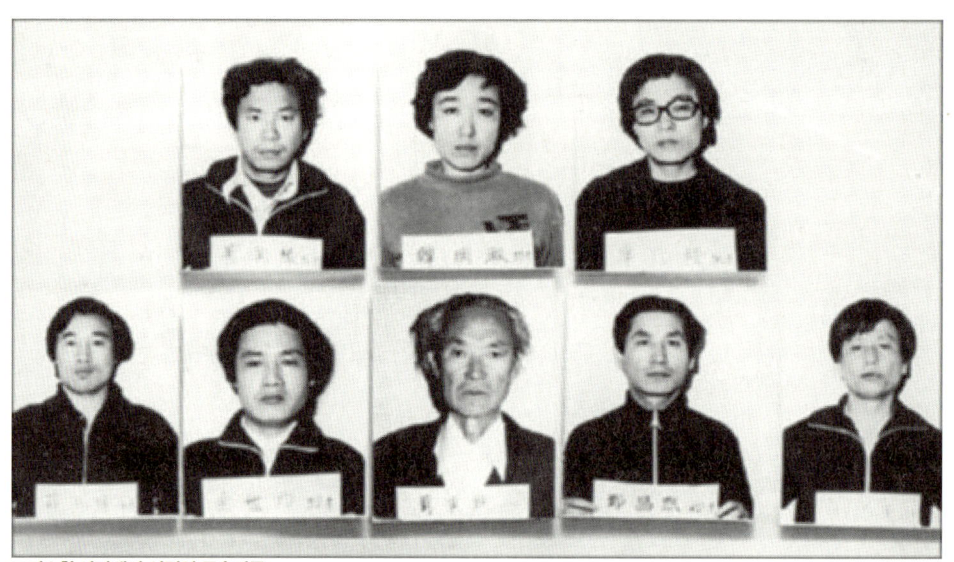

크리스찬 아카데미 사건의 구속자들
윗줄 왼쪽부터 황한식, 한명숙, 신인령, 아랫줄 왼쪽부터 장상환, 김세균, 한 사람 건너, 정창렬, 이우재. 모두 혹독한 고문을 당한 끝에 이렇듯 비참한 피의자 사진을 찍었다.

을 위해 설립한 재단법인이었다.[*] 박정희 유신독재 정권은 여기에서 노동자와 농민에게 인권과 민주주의에 관해 교육하는 것을 커다란 위협으로 느꼈고, 그 활동가들을 '반공법' 위반으로 몰아서 혹독히 고문하고 처벌해서 민주화 요구를 강력히 억압하려고 했다. 이 무참한 사건의 개요는 다음과 같다.

'크리스찬 아카데미'는 한국사회의 위기를 해소하기 위한 방안의 하나로 건강한 중간집단의 육성이 필요하다고 보고, 이를 위한 사회교육 프로젝트를 1972년 그리스 크레타에 모인 세계기독교사회운동단체협의회에 보고한 후, 이를 한국에서 시범적으로 시행할 수 있도록 세계교회협의회(WCC)에 요청한다. WCC의 지원을 받아 74년부터 우선 5개년 계획으로 교육을 실시한다. 독일 본에 소재한 개신교개발원조회의 기금을 끌어낸 박경서(현 인권대사)는 이듬해 아카데미 부원장으로 부임해 이 교육사업에 참여한다. …
이 교육의 각 분야 간사로 헌신적인 활동을 벌인 이는 신인령(현 이화여대 총장), 한명숙(환경부 장관), 이우재(국회의원), 장상환(경상대 교수), 김세균(서울대 교수), 정창렬(한양대 교수), 황한식(부산대 교수) 등으로 대학원을 마치고 막 강단에 선 신진 엘리트그룹

✱ 〈참고〉 15. 크리스찬 아카데미

이었다. … 이들 실무 간사의 열정은 점차 그 효력을 드러내기 시작했다. 역사와 사회를 향한 새로운 의식에 눈을 뜬 수강생들은 각자의 일터로 돌아가 노조를 결성하기 시작했으며 민주화를 요구하는 각종 조직을 건설했다. 중앙정보부는 마침내 이들을 향해 '용공 매도'라는 전가의 보도를 뽑아들었다.

맨 먼저 한명숙이 79년 3월 9일 오전 10시, 중부경찰서 김 형사라고 거짓신분을 말하는 중정 요원에게 영문도 모른 채 끌려갔다. 이후 간사 6명이 차례로 연행되었다. 그뿐 아니라 산업사회 교육 이수생이던 노조 여성지부장 최순영(YH무역), 이총각(동일방직), 박순희(원풍모방), 장현자(반도상사), 이영순(콘트롤데이타) 등이 끌려간 데 이어 마침내 3월 27일 원장 강원룡이 중정으로 연행되었다. 이들이 연행된 후 중정은 압수수색영장도 없이 사무실과 집안의 모든 자료를 훑어갔다. … 4월 16일 중앙일간지들은 일제히 중정의 발표문을 그대로 받아 대서특필했다. '불법 용공서클 일당 검거'라는 제목 아래 소위 불온서적이라는 이상야릇한 증거물과 간사들의 사진을 내보냈다. 해외에서도 관심이 높아 WCC와 독일교회연합회, 유럽에큐메니칼연합, 미국연합장로교회 등에서 한국을 항의 방문하기도 했다.

구속자들의 고문 사실이 정식으로 폭로된 것은 변호인 반대신문이 있던 7회 공판이었다. "야전침대 각목을 무릎 사이에 넣고 양쪽에서 밟는가 하면 '간첩도 이렇게 4시간이면 다 분다'면서 담뱃불로 등을 지지고 벽에 세워놓고 가슴을 쳐 숨을 쉬지 못했다. 18일간을 쉬지 않고 당하니 차라리 죽고 싶었다. 거기다 지하 고문실에 끌고 간다는 협박이 숨을 멎게 했다"(이우재). "따귀를 얻어맞고 구둣발로 차이고 각목으로 얻어맞고 지하실로 옮겨갈 때 자살하고 싶었다. 나는 거기서 완전히 항복했다. 그들이 불러주는 대로 쓰겠다고 빌었다"(한명숙). "발가벗기고 각목으로 패기 시작했다. 불러주는 대로 쓰지 않으면 계속 각목이 날아들었다"(장상환). "'이북과 어떻게 접선했느냐. 난수표와 책자를 내놓아라'며 간첩 대하듯 했다. 발가벗기고 각목으로 치니 넘어질 수밖에 없었다"(김세균).

이런 상태에서 이들에 대한 모든 혐의사실은 중정이 만들었고, 검찰은 이를 그대로 인정하여 법정 최고형을 구형했다. 검찰은 논고를 통하여 어처구니없게도 아카데미의 후원자인 WCC는 소련의 비밀경찰인 KGB(국가보안위원회)의 손아귀에 있다고 단언했다. 법원 역시 검찰과 호흡이 잘 맞아 9월 22일 담당판사는 공소사실을 대부분 인정하여 징역 7년 등으로 형량을 듬뿍 얹어 선고했다. 각국 교회기관들이 정부에 공한을 보내고 학술원 원장 이병도를 비롯한 교수 137명이 용감하게도 용공혐의를 뒤집어쓴 정창렬의 석방진정서를 재판부에 제출했다. 그래서인지 해가 바뀐 80년 1월, 항소심은 정창렬과 황한식에게 무죄를 선고하고 피고인 모두에게 1심에서 가장 큰 범죄였던 지하비밀서클 조직 부분에 대해서 무죄를 인정[*]했다(민주화운동기념사업회, 「실록 민주화운동 ─ 크리스찬 아카데미 사건」, 『경향신문』, 2004년 8월 4일).

1979년은 박정희 유신독재가 말기로 치닫던 해였다.[**] 크리스찬 아카데미 사건은 당시 무너지고 있던 박정희 유신독재가 악랄한 고문을 통해 만들고자 했던 대표적인 '용공' 조작 사건이었다. "이 사건으로 교육생은 물론 친인척까지 50여명이 관련자로 끌려가 조사를 받았고, 7명의 간사들은 반공법 위반 혐의로 모두 구속되었다. 검찰은 학습모임 형식의 서클을 '사회주의혁명 운동', '반국가단체', '이념그룹', '공산계열' 같은 용어를 써 가며 거대한 조직으로 조작해 나갔다. 그 과정에서 7명의 간사들은 엄청난 고문을 당했고, 훗날 한명숙은 그때 차라리 죽고 싶었다고 토로하기도 했다"(박민나, 「반공법 올가미 씌운 크리스찬 아카데미 사건 ─ 이총각」, 『한겨레』, 2013년 8월 28일; 한명숙, 『한명숙』, 행복한 책읽기, 2010). 김진균은 이 사건의 진상을 밝히고 구속자들이 석방되도록 하기 위해 가족들과 함께 애썼다.

김진균의 변화

중앙정보부는 연행된 사람들이 중간집단 교육을 한 것이 아니라 '용공' 교육을 한 것으로 몰아갔다. 강원룡은 크리스찬 아카데미 사건에 대해 "우리 직원 여섯 사람이 금지된 책을 읽었거든요. 그러니까 금서를 읽었다는 걸 가지고 반공법 위반이네, 국가보안법 위반이네 하며 거창하게 만들어서 온 나라를 떠들썩하게 한 겁니다. 저는 국가보안법 위반으로 잡혀갔는데, 들어갔더니 사진도 간첩들 사진 찍는 식으로 찍어서 내놓더군요.

---

[*] 1980년 6월 4일 대법 판결에서 확정된 2심 판결: 이우재 징역 5년(3년 4개월 복역), 한명숙 징역 2년 6개월 (2년 4개월 복역), 장상환 징역 2년(만기 복역), 신인령 집행유예 3년(징역 2), 김세균 선고유예, 황한식과 정창렬 무죄. 박정희가 죽은 뒤에 열린 2심 판결에서 형량이 대폭 낮아졌고 가장 중요한 혐의인 지하비밀 조직 결성이 무죄로 되었다는 것은 이 사건이 박정희 유신독재를 위해 만들어진 반체제 조작사건이라는 사실을 입증하는 것이다.
[**] 〈참고〉 16. YH 사건

나중에는 각계에 침투한 조직적인 혁명기도세력으로 엮었습니다"(강원룡·박태균, 「체험 한국 현대사4」, 『신동아』, 2004년 3월)고 회고했다.

가족들은 즉각 '가족대책위'를 꾸렸다.[*] 김진균은 '가족대책위'의 구심이었다. 가족들의 노력으로 중앙정보부가 연행된 사람들에게 고문을 가한 사실이 알려지면서 변형윤 교수를 비롯한 학계 인사들, 김수환 추기경을 비롯한 종교계 인사들, 윤보선과 김대중을 비롯한 정계 인사들, 여러 사회단체들의 활동가들 등 많은 인사들이 '크리스찬 아카데미' 사건의 부당성을 지적하고 나서게 되었다.[**] 서울대 영문학과의 백낙청 교수도 적극 도왔다.

> 1979년 어느 날 서울 창작과 비평사에 백낙청 교수를 만나려고 간 일이 있었습니다. 최형도 기억하실런지, 그 해 3월부터 저의 동생 세균이가 크리스찬 아카데미 사건에 연루되어 그 해가 저희 집안으로서는 회오리에 휩싸여 있었고, 결국 그 해 10월에 박정희 대통령은 죽게 되었습니다. 크리스찬 아카데미 사건이 일어나고 가족들이 변호사 문제라든지 여러 대응을 하려고 하고 있었던 때에 창작과 비평사(당시 계간지 『창작과 비평』도 폐간되어 어려운 때였음)의 백 교수가 여러 면으로 도움을 주고 있었습니다(김진균, 1993, 「최형에게」, 『나의 선생님』, 인간과 자연사, 1997, 169).

김진균은 '반공법 위반'이라는 엄청난 혐의로 조작된 '크리스찬 아카데미' 사건의 진상을 밝히기 위해 애쓰는 과정에서 민주화운동에 적극 참여하고 있던 교수들, 변호사들, 종교인들, 노동운동가 등 여러 사람들을 만나게 되었다. 이런 만남을 통해 김진균은 박정희 군사독재의 문제에 대해 더욱 깊이 알게 되었으며, 민주화운동의 중요성에 대해서도 더욱 잘 알게 되었다. '크리스찬 아카데미' 사건을 통해 김진균은 직접 민주화운동에 참여하게 되었다. 사실 가족대책위 활동 자체가 중요한 민주화운동이었다. 김진균은

---

[*] 김세균이 연행됐을 때 부인 오성숙은 만삭의 몸이었다. 김세균은 1977년 10월 민청학련의 이화여대 연락책이었던 이화여대 사회학과 71학번 오성숙과 결혼했다. 한편 김진균의 여동생인 김귀균은 오성숙의 대학 후배로서 1970년대 후반에 오성숙과 함께 노동운동을 했는데, 크리스찬 아카데미 사건으로 2년의 징역형을 당했던 장상환과 1981년 결혼했다.

[**] 이 사건은 국제적으로도 민주화운동과 인권에 대한 대표적인 억압 사례로 주목을 받아서 세계교회협의회, 엠네스티 등에서 항의했고, 크리스찬 아카데미 사회교육을 재정적으로 지원하고 있었던 독일 루터교회의 지도자 샤프 주교도 이 사건 때문에 직접 한국을 방문하여 항의했다.

가족대책위에 적극 참여한 동시에 검찰이 제시한 '반공법 위반'의 혐의가 틀렸다는 사실을 학문적으로 입증하는 데 힘을 쏟았다. 그 결과 김진균은 학문의 면에서도 큰 변화를 겪게 되었다. 이에 대해 이만열은 다음과 같이 설명했다.

> 나는 청정이 어떤 사건을 계기로 사상적·운동적인 측면에서 크게 변화하고 있다는 것을 감지하게 되었다. 그 사건을 계기로 아마도 그는 사회민주주의적인 신념에 차차 경도하게 되었고 역사의 주인공이 '민중'이어야 한다는 신념을 굳히게 되었던 것으로 본다. 그 '사건'이란 1979년 3월에 터져 일년여 동안 계속되며 세인을 놀라게 한 소위 '크리스찬 아카데미 사건'이었다. … 이 사건은 청정이 군부정권을 파쇼적 권력으로 단정하는 결정적 계기가 되었다. 이때 나는 청정이 거의 날마다 이 사건 해결을 위해 동분서주하는 것을 보았다. … 이 사건에 깊이 관여하여 동분서주하면서 청정은 이론·운동(실천) 양면에서 새롭게 단련·무장하여 다음 단계에는 '투사'로 각광받게 되었다.
> 1970년대 말 어떤 희생을 치러서라도 유신체제를 유지하려 했던 당국은 '크리스찬 아카데미 사건'을 '사회주의'와 연관시켜 몰아가고 있었는데, 이때 청정은 이러한 이념논쟁에 대항하기 위함인 듯, 사회주의에 대한 공부를 진지하게 하고 있었다. 이 무렵 그는 동이회 모임에서 두어번 발표를 했는데 그때 발표한 주제가 사회주의와 공산주의, 군산복합체 등이었다[*]고 기억한다. 당시 우리 사회는 사회주의를 공산주의와 별반 다를 것이 없다고 인지하고 있던 때였다. 그런 상황에서 그는 서구의 사회체제를 '사회민주주의'로 규정했고 이것이 공산주의와 어떻게 다른가도 구분해 주었다. 그는 또 북의 김일성이 남한에서는 사회주의와 공산주의를 구분하지 못하기 때문에 그 틈새를 전략적으로 잘 활용해야 한다고 말했다는 것도 소개해 주었다. 아마도 그가 '사회민주주의'적인 이념에 입각하여 민중을 역사의 주인공으로 확인하게 된 이면에는 이때의 연구와 이념적 지향이 큰 계기가 되었을 것이다. 그가 이러한 이념을 현실화하기 위해 본격적으로 사회운동에 뛰어들게 되는 것은 80년대의 해직이 또 하나의 계기가 되었지만, 그의 사회운동의 배경이 되는 이념의 정립은 바로 이 사건을 계기로 하여 본격화했다고 본다(이만열, 「긴 만남과 짧은 회고」, 『벗으로 스승으로』, 문화과학사, 2005, 119~120).

---

[*] 1981년에 발표한 '산업민주주의'라는 논문에서 사회민주주의, 맑스주의 등에 대한 생각을 살펴볼 수 있으며(김진균, 1981, 「산업민주주의」, 김진균, 『비판과 변동의 사회학』, 한울, 1983, 289~311), 군산복합체에 대해서는 1993년부터 홍성태와 함께 본격적으로 연구를 시작해서 많은 연구업적을 이루었다(『군신과 현대사회』, 1996과 『한국사회와 평화』, 2005 참고).

김진균은 크리스찬 아카데미 사건을 계기로 독재와 민주주의에 대해 더욱 깊이 생각하게 되었고, 나아가 민족과 민중을 위한 사회에 대해 더욱 깊이 생각하게 되었으며, 그 결과 사회민주주의를 비롯한 진보적인 이론과 실천에 깊이 공감하게 되었다. 그는 이 사건을 계기로 민족, 민중, 민주에 대한 학문적 인식을 크게 전환해서 정립하게 되었으며, 1980년대에 들어서서 그가 사회운동에 본격적으로 참여하게 된 바탕에는 이런 중요한 변화가 놓여 있었다. 김진균은 동생 김세균을 비롯한 젊은 후배들의 민중을 위한 헌신적인 노력과 그에 대한 유신독재의 혹독한 탄압을 체험하며 그가 대학생 때부터 추구해 온 민족, 민중, 민주를 실현하기 위한 길을 찾았던 것으로 보인다.

김진균은 대학생 때부터 민족, 민중, 민주를 추구했다. 그러나 그는 크리스찬 아카데미 사건 이전까지 학자로서 서구적 합리화와 민주화를 추구했으나 현실에 직접 뛰어들지는 않았다. 그는 우리의 현실을 올바로 이해하기 위해 조선의 실학에 깊은 관심을 기울이는 동시에 서구의 사회학을 추종하는 것이 아니라 우리의 현실에 비추어 입증하고 적용하려 했다. 이렇듯 그는 조선의 실학에 바탕을 두고 서구의 합리화와 민주화에 관한 연구를 수용한 사회학자로서 학문을 통해 민족, 민중, 민주를 위한 사회를 추구했다. 그리고 그는 크리스찬 아카데미 사건을 통해 체험한 엄혹한 박정희 유신독재의 현실을 거치면서 더욱 진보적인 이론과 적극적인 실천을 추구하게 되었다. 그 결과 이제 그 자신이 큰 시련을 겪게 되었다.

박정희 시대에 대해

김진균은 박정희 시대를 서울대 사회학과 대학원생으로 시작해서 서울대 사회학과 교수로 끝마쳤다. 박정희는 군사반란으로 권력을 잡고 심복 부하에 의해 암살되기까지 무려 18년 동안 독재자로 군림하면서 이 나라를 자기가 만들고 싶은 대로 만들고자 했다. 그는 철저히 이중적인 생활을 해서 자기의 참모습을 숨기고자 했다. 박정희는 자신의 친일 행각, 독재, 타락 등을 강력한 탄압으로 무마하려고 했다.

박정희 시대는 단순한 폭압의 군사독재가 아니라 성장과 매수의 개발독재였으며, 박정희 시대에 이루어진 근대화는 단순한 전면적 근대화가 아니라 파괴적·기형적 근대화였다. 박정희 시대는 여전히 이 사회의 구조와 제도와 문화 속에서 강력한 영향을 미치고 있다.[*] 박정희는 18년 독재를 통해 박정희식 사회, 즉 '박정희 체계'를 만든 것이다. 김진균은 대학원생 때부터 박정희 정권의 문제에 대해 고심했으며, '크리스찬 아카데미 사건'에서 박정희 정권의 문제를 그야말로 온몸으로 겪었다. 그리고 그로부터 20년이 지난 뒤인 1999년 김진균은 박정희 시대에 대해 다음과 같은 의견을 제시했다. 그 핵심은 베트남전 참전 문제와 새마을운동의 폐해에 적극 대응해야 한다는 것이다. 여전히 끝나지 않은 박정희 시대의 개혁과 변혁을 위해 그의 의견에 귀 기울일 필요가 있다.

> 박정희 시대의 두 가지 문제가 쟁점으로 떠오르지 못하고 있다. 하나는 아무래도 월남전 파병 문제일 것이다. 나의 세월에서 보면, 재동 덕성여대 강의실에 들어서면(1964), 그 아래에 있는 초등학교 교정에서 아이들이 아침마다 '맹호부대' 환송가를 맹렬하게 불러 그 소리가 강의실에 들리곤 했었다. 나는 어떤 기회에 월남에 연구를 하러 갈 뻔한 일이 있었다. 월남 파병을 두고 한국의 경제 발전에 밑거름이 된다느니, 6·25 당시 외국의 도움을 받았는데 국력이 신장되었으니 이제는 남의 나라 불행을 도우러 간다는 말이 나오던 시절이었다. 정말 그럴까 하는 의혹이 당시 내 마음을 짓눌렀는데, 우리가 언젠가 월남전에 참전한 값을 치러야 할 것이라고 생각을 가졌었다. … 이제 한국은 월남전 참전과 관련하여 두 가지 문제에 걸려 있다. 하나는 월남전에 대한 객관적 진실을 규명하는 일이다. 만일 베트남 사람들에게 사람으로 못할 짓을 했다면 그것도 밝혀야 할 일이다. 다른 하나는 월남전에 참여한 군인들과 민간인들 모두가 입고 있을 상처를 치유하는 일이다. 고엽제 피해 당사자들을 국가 차원에서 보살피는 일이 적극 추진되어야 할 일이다.
> 또 다른 쟁점은 박정희 정권이 무모하게 감행한 전통적 생활양식에 대한 파괴행위이다. 초가지붕 없애기 운동이 급기야 거의 모든 전통적 거주형태를 쓸어내고 시멘트 블록집으로 전환시켜 가더니 삼천리 강산에 시멘트 아파트 형태만이 주거집인 양 변모시켰다. … 결국 우리는 아주 짧은 시간에 역사적으로 형성되어 온 생활양식을 창조적으로 개혁하기보다는 문화를 참살하는 대장정 — 경제 발전, 민족 중흥이란 이름을 내건 — 의 깃발 아래 휩쓸려 들어갔던 것이다. 이제 우리는 생활양식의 파괴가 가져온 효과를 냉철히 성찰해야 한다. 지구화·세계화가 진행되는 이 시기에 우리가 우리 문화에 자신없

---

[*] 이와 관련해서 홍성태, 『개발주의를 비판한다 — 박정희 체계를 넘어 생태적 복지사회로』, 당대, 2007과 조희연, 『동원된 근대화 — 박정희 개발동원체제의 정치사회적 이중성』, 후마니타스, 2010 참조.

어 하고 자신을 비하하는 성향이 나타나는 데는 이런 역사적 연유가 있을 것이다(김진
균, 1999, 「자유를 위한 기획을 꿈꾸며」, 『21세기 진보운동의 기획』, 문화과학사, 2003,
190~191).

11

전두환의 군사반란과 해직

1980~82년

전두환의 군사반란

김진균은 산에 비유되곤 했다. 그는 산처럼 흔들리지 않았다. 그는 무엇을 할 것인가에 대해 늘 깊이 생각했다. 그러나 일단 판단하고 결정한 뒤에는 그는 흔들리지 않았다. 또한 김진균은 느티나무에 비유되곤 했다. 느티나무가 우람하게 자라서 주변에 그늘을 드리워 많은 사람들이 그 그늘에서 쉴 수 있듯이 그는 약자들을 위해 언제나 최선을 다했다. 저 엄혹한 1980년대에 그가 산처럼 버티고 느티나무처럼 그늘을 드리워서 혹독한 전두환의 독재를 넘어서 좋은 사회를 향한 다양한 지적 노력들이 쏟아져 나올 수 있었다. 1980년대 중반을 지나며 한국의 비판적·진보적 사회과학은 빠르게 성장하게 되었는데, 1980년대 초부터 김진균은 여러 제자들과 함께 이런 변화를 위해 최선을 다해 노력했다.

　1979년 10월 26일 밤, 박정희가 청와대 앞 궁정동의 안가에서 중앙정보부장 김재규에게 암살당했다. 이로써 박정희의 유신독재는 종말을 고했고, 전국 각지에서 민주화 요구가 분출하게 되었다. 박정희는 수많은 사람들을 구속하고 고문하고 살인해서 영구집권을 추구했으나 심복 부하에 의해 불시에 세상을 떠나게 되었다. 제 아무리 강한 독재라고 해도 언제까지나 순리를 거스를 수는 없는 법이다. 이승만은 추방됐고, 박정희는 암살됐고, 전두환과 노태우는 내란과 반란의 수괴로서 감옥살이를 했다. 결국 독재는 끝나고 민주주의가 진척되기 마련이다. 그러나 그 과정은 결코 순탄한 것이 아니다. "민주주의라는 나무는 피를 먹고 자란다"는 말도 있듯이 민주주의는 많은 사람들의 헌신과 희생을 통해 비로소 이루어진다.

전두환 일당은 박정희가 암살당한 직후 그의 시신을 안치한 서울 사간동의 국군보안사령부에 모여서 또 다른 군사반란을 획책했다. 그 결과 전두환 일당은 1979년 12월 12일 군사반란을 일으켜서 권력을 찬탈했다. 그리고 민주화를 요구하는 정치인, 종교인, 운동가, 대학생 등을 무력으로 제압할 계획을 계속 추진했다. 무서운 독재자 박정희가 죽고 사람들은 민주화가 이루어질 것으로 기대했다. 1980년 봄 서울은 민주화의 열기로 뜨거웠다. 이런 변화는 '서울의 봄'이라는 말로 표현되기도 했다. 그러나 '서울의 봄'은 참담한 실패로 끝나고 말았다. '서울의 봄'에 대한 뜨거운 기대의 이면에서 전두환 일당은 권력을 찬탈할 준비를 계속 강화했다.

1980년 4월 14일 국군 보안사령관이었던 전두환은 중앙정보부장 서리까지 맡아서 박정희 독재를 유지한 공포·공작 정치의 양대 기관을 장악했다. 이로써 전두환은 '서울의 봄'을 무력으로 짓밟고 권력을 완전히 찬탈할 준비를 모두 갖췄다. 1980년 4월 30일 전두환 일당은 전군 지휘관회의를 열어 북한의 남침 위협과 경제난을 내세워서 민주화 요구를 저지하고자 했다. 이에 맞서 1980년 5월 1일 성균관대에서는 1,500명이 넘는 학생들이 모여 병영집체훈련 거부와 계엄령 해제를 요구하는 집회를 열고 교문 밖으로 진출을 시도해서 경찰과 충돌했다. 다음 날인 5월 2일 서울대의 '아크로폴리스'에는 1만 명이 넘는 학생들이 모여 '민주화 대총회'를 열어서 계엄령 해제를 요구하며 철야 농성을 벌였다. 5월 4일 '민주주의와 민족통일을 위한 국민연합'은 학원 민주화와 계엄령 해제를 요구하는 성명을 발표했다. 이어서 거의 모든 대학들에서 계엄령 해제와 민주주의를 요구하는 시위가 계속 벌어졌다. 그리고 마침내 1980년 5월 15일 35개 대학의 7만 명이 넘는 학생들이 서울역 앞에 모여서 계엄령 해제와 민주주의를 요구하는 시위를 벌였다. 같은 날 서울지방법원 기자회의실에서 중앙대 유인호 교수의 낭독으로 「지식인 134인 시국선언」이 발표됐다.* 계엄령 해제와 민주주의를 요구하는 이 선언은 학계, 언론계,

---

* 김진균은 유인호 교수에 대해 한 편의 칼럼을 남겼는데, 그중에 1980년 4월과 5월의 시국선언과 관련된 다음과 같은 내용이 있다. "유 선생은 70년대 교수로서 민주화운동에 참여한 몇 분 안 되는 투사였다. 80년에는 결국 다시 김대중 음모사건 가담자로 옥고를 치르면서 해직되었다. 80년 전두환이라는 사람이 정보사령관으로서 다시 안기부장을 겸임하는 사태가 매우 세상을 불안하게 하고 있을 때 교수들이 모여서 우선 '최근의 학원사태에 관한 성명서'를 발표하였다. 족벌체제의 사립학교가 정비되어야 한다는 것과 교수 재임용제도를 근본적으로 개선할 것과 군사교육의 근본적 개선 그리고 대학자율성 제고를 주요 내용으로 하였다. '재경 교수 361명 서명'이라 명시하였다. 이 일을 변형윤, 이효재, 길현모, 유인호, 이우성, 조요한 등 여러 교수 분이 주도하였다. 이 교수 분들은 또 5월에 발표한 지식인 100인 선언에도 참여하게 되어 모두 해직을 당하였다. … 이 분들이 나중에 '해직교수협의회'를 주도하여 만들었고 이로써 전두환 군사정권에 정면으로 도전하였다(김진균, 2002, 「일출봉에 해 뜨거든」, 『불나비처럼』, 문화과학사, 2005, 158~159).

1980년 5월 15일 서울역 앞에 모인 시민들

법조계, 종교계, 문학계 등을 망라해서 각계의 지식인들이 참여하도록 준비되었다.[*]

그러나 당시 서울대 총학생회장 심재철(현 새누리당 의원)의 주도로 이루어진 이른바 '서울역 회군'은 시민들의 민주주의 수호 의지를 무시하고 전두환 일당에게 굴복한 결정이었다. 5월 15일의 대규모 시위와 지식인 선언으로 전두환 일당은 권력 찬탈을 포기하거나 강행해야 하는 결정적 상황에 처했다. 이런 상황에서 심재철이 주도한 '서울역 회군'은 결국 전두환 일당에게 권력을 찬탈할 절호의 기회를 제공했다. 전두환 일당은 5월 17일 비상계엄 확대라는 두 번째 군사반란으로 대응했다. 전두환 일당은 회의 중인 전국 대학의 총학생회장들을 체포했고, 김대중과 김종필 등 정치인들을 체포했다. 이로써 '서울의 봄'은 허망하게 끝나고 말았다. 이에 맞서 5월 18일 전라남도 광주에서 발생한 시민의 저항을 전두환 일당은 바로 공수특전단을 투입해서 진압하고 권력을 찬탈했다.[**]

---

[*] 이에 대해서는 유인호 교수의 「80년 지식인 선언 전말」(『월간중앙』, 1989년 5월), 장을병 교수의 「80년 지식인 134인 시국선언 전말」(『신동아』, 1997년 6월), 김병걸 교수의 『실패한 인생 실패한 문학: 김병걸 자서전』, 창작과 비평사, 1994, 288~290 등 참고.

[**] 공식적인 통계에 따르면, 그 열흘 동안 154명이 학살됐고, 1,628명이 부상당했다. 뒤에 전두환은 반란과 내란의 수괴로 사형선고를 받았다.

해직

전두환 일당의 군사반란은 1979년 12월 12일 정승화 계엄사령관을 총칼로 제압한 것으로 시작해서, 1980년 5월 17일에 비상계엄을 전국으로 확대한 것으로 악화됐고, 5월 18일에서 27일까지 '광주 민주 항쟁'을 총칼로 진압한 것으로 끝났다. 그리고 나라 전체에서 엄청난 탄압이 자행되었다. 전두환 일당의 군사반란을 비판한 지식인들에 대해서도 강력한 억압책이 시행되어 1980년 7월에 전국에서 모두 87명의 교수들이 해직되었다.[*] 16명의 다산연구회 회원 교수들 중에서 이우성, 강만길, 이만열, 정창렬, 정윤형, 김진균 등 6명이 대학에서 해직되었다.

해직의 직접적인 계기는 4월 24일 발표된 「최근의 학원사태에 관한 성명」(「재경 361명 교수 서명」)과 5월 15일에 발표된 「지식인 134인 선언」이었다. 특히 후자는 "한 사람이 국군 보안사령관과 중앙정보부장직을 겸직하고 있다는 사실은 명백한 불법이므로 시정되어야 한다"고 전두환의 문제를 정면으로 지적한 것이었다(임재경, 「전두환 사령관 겨눈 지식인 선언」, 『한겨레』, 2008년 6월 25일). 이와 관련해서 안병직은 다음과 같이 썼다.

> 1979년 10월의 박정희 대통령에 대한 암살로 민주화운동은 새로운 전기를 맞이하게 되었다. 나는, 그때 한국에서 대외종속적인 자본주의는 끝장나고 막연하나마 민족독립의 사회주의사회가 실현될 것으로 전망했기 때문에, 민주화운동에 더욱 박차를 가했다. 그 운동 중에서 대표적인 것이 길현모, 이우성 선생을 중심으로 하는 80년 5월의 지식인 134명의 시국선언이었는데, 청정은 그 시국선언문의 인쇄를 담당하였다. 그때 마침 나에게 별도의 시국강연이 있었기 때문에, 내가 직접 그에게 그 일을 부탁하게 된 것이다. 이 일이 두고두고 그에 대한 마음의 빚이 될 줄은 미처 몰랐다.
> 이 일도 있고 하여, 그는 그 해 9월에 서울대학교에서 쫓겨났다(안병직, 「거인은 가고 ― 청정과 나」, 『벗으로 스승으로』, 문화과학사, 2005, 106).

---

[*] 모든 해직 교수가 독재에 저항했던 것은 아니었다. "어느 사립학교에서처럼 소위 '어용교수'조차 본보기로 잘라낸 경우도 포함되어 있었던 것이다"(김진균, 「해직교수협의회 이야기」, 『발자욱』, 녹두, 1990, 109).

1980년 7월 15일 전두환 일당은 이미 5월 17일 체포한 송건호(전 동아일보 편집국장), 유인호(중앙대 경제학), 이호철(소설가) 등을 구속했다. 그리고 7월 16일부터 「재경 교수 361명 시국선언」과 「지식인 134인 시국선언」의 서명자들에 대한 연행과 조사가 시작되었다.* 김진균은 7월 16일 서울대학교 6동 4층의 연구실에서 합동수사본부의 수사관에 의해 연행되었다. 그는 해직의 경위를 다음과 같이 기록해두었다.

1) 1980년 7월 16일 나는 학교 연구실에서 합동수사본부 수사관에 의하여 합동수사본부로 연행되었다. 혐의는 계엄령 포고 위반이었다. 그 곳에서 1주일 동안 수사 받고 사직서를 학교 총장 앞으로 우송하고 불기소 처리로 석방되었다. 당시 사회과학대학 학장인 이현재 교수가 와서 나와 정양은 교수를 인수하였다.
2) 나는 1980년 두 가지 문건에 서명하였다. 하나는 4월에 발표된 '재경 361명 교수 시국성명'이었다. 다른 하나는 5월 15일에 발표한 '지식인 134명 선언'이었다. 이 두 가지가 계엄령 포고 위반이라는 것이다. 수사당국은 사직서를 제출하는 것으로 해서 사건을 마무리한다고 하였다(A급으로 분류된 교수는 사직서를 제출토록 하는 방침에 의한 것이라고 함). 석방 당시 수사 책임자는 이 연행이 앞으로의 활동에 전혀 불이익을 주지 않을 것이라고 말하였지만, 해직기간 4년 1개월간 완전한 감시망 하에서 어떤 사회적 활동도 봉쇄되었다.**
3) 합동수사본부(현 경찰청 자리, 당시 전매청 자리)에 1주일 동안 있을 당시, 여섯 개의 방에 한 사람씩 감금되고 중앙 사무 홀에는 군인이 와서 감시하고 그 앞에 수사관의 사무실이 배치되어 있었다. 성균관대 이우성 교수와 서강대 길현모 교수가 연행되어 왔다. 이 분들은 '재경 361명 교수 시국성명'의 대표자였다. 이 분들도 해직되었다. 일주일 동안에 당시 서울대 학생부처장인 최송화 교수가 하루 동안 수사를 받았다. 1980년 학도호국단 예산을 학생운동에 지출한 것을 수사하는 것이었다. 학생처장이었던 이수성 교수도 잠시 와서 그 경위를 진술하였다. 당시 서울대 사무국장도 와서 그 문제에 대하여 진술하였다. 최 교수는 곧 석방되었다. 심리학과 정양은 교수가 연행되어 왔었다. 김학준 교수가 연행되어 왔는데 이틀간 수사를 받고 석방되었다. 이 합동수사본부는 원래 경제 강력범을 단속하는 곳이었다. 그 곳에 많은 교수들이 잡혀와 수사를 받았으나 사직서를 제

---

* 이에 관해 1980년 8월 1일 작성된 '지식인 134인 시국선언 사건'이라는 제목의 민주화운동기념사업회 사료 참고. http://archives.kdemo.or.kr/View?pRegNo=00112464
** 김진균의 독산동 집 앞에는 보안사의 요원들이 상주하며 그를 감시했다.

출하게 한 교수는 몇 사람 되지 않았다. 나중에 보니 서울대에서는 경제학과 변형윤 교수가 나와 같은 맥락에서 해직되었다. 한완상 교수와 이명현 교수는 다른 혐의로 해직되었다. 모두 4명이 당시 서울대에서 해직되었다.

4) 7월 말로 사표가 수리되었다는 발령장을 받았으며, 당시 사회대 학장인 김영국 교수가 전별금을 가지고 와서 위로하였다. 그리고 퇴직금을 수령하였다. 곧 연구실을 비우고 철수하였다(정근식, 「청정 김진균의 삶과 학문」, 『벗으로 스승으로』, 문화과학사, 2005, 27·29).

김진균은 2002년 7월 22일 당시 '진보네트워크'에 연재하고 있던 칼럼에 1980년 7월의 해직과 관련된 글을 썼다. 「어린이의 꿈을 키우는 이야기」라는 제목의 이 글은 1980년 7월 18일과 19일에 갇혀 있는 상황에서 쓴 두 편의 시와 당시의 상황을 짧게 적은 것이다. 그 이틀 동안 그는 '텔레비', '도깨비를 모르는 아이', '금잔디 잔디 진달래 진달래', '새벽', '강변에 엄마' 등 5편의 시를 썼는데, 이 시들은 모두 「어린이의 꿈을 키우는 이야기」라는 제목의 연작시이다. 이 칼럼에서는 '텔레비'와 '금잔디 잔디 진달래 진달래'를 소개했다. 그는 두 편의 시를 소개하고 다음과 같은 짧은 글을 남겼다.

1980년 이후 제헌절이 오면 이 '어린이의 꿈을 키우는 이야기'를 더 만들고 싶은 생각이 난다. 1980년 7월 16일 오전 10시 40분경 나는 학교 연구실에서 합동수사본부 제5국(치안본부 수사지도관 특수수사대)의 수사관에 의해 연행되었다.
7월 22일 교수직 사직서를 써주고 석방되었다. 내가 간 수사대는 서울 서대문 근처 지금은 높은 빌딩 경찰의 총본산이 들어선 곳에 있었다. 얕은 벽돌건물, 옛날에는 전매청 자리였다. 진술서 쓰고 남은 종이에 위의 제목으로 낙서를 했는데 그걸 나중에 가지고 나왔었다. 몇 개 더 쓴 것이 있다. 당시 종이와 연필이 없어서 더 쓰질 못했다(김진균, 「어린이의 꿈을 키우는 이야기」, 『불나비처럼』, 문화과학사, 2005, 137).

1980년 8월 17일 김진균은 학교 연구실의 책을 집으로 옮겼고, 9월 8일 총무처로부터 서울대 교수로 12년 반 동안 재직한 것에 대해 742만 원의 퇴직금을 받았다(정근식, 「청정 김진균의 삶과 학문」, 『벗으로 스승으로』, 문화과학사, 2005, 29). 전두환 정권은 이렇듯 참혹한 학살, 투옥, 해직 등으로 민주화의 요구를 짓밟고 권력을 찬탈해서 마음껏 부패와 비리를 저지르기 시작했다.[*] 이만열은 해직의 의미를 다음과 같이 제시했다.

> 청정을 민족·민중·민주화운동의 기수로 또 '사회민주주의'를 실천하려는 사상가로 만
> 든 것은, … 1980년 '신군부'에 의한 '해직사건'이었다. … 해직 후 1년이 지났을 무렵, 해
> 직 교수 몇이 모여 그 동안 어떻게 살아왔는가를 이야기하면서 서로를 위로, 격려했다.
> 그때 청정은 믿기지 않은 말을 했다. 지난 한 해 동안 수입이라고는 기독교사회문제연구
> 원의 토론에 참여하고 받은 사례비 한 번뿐이었다는 것이다. 그 말을 듣고 나는 놀랐고
> 주변에서는 입을 다물었다. … 이런 상황을 겪으면서 아마도 청정은 민중들의 삶을 체험
> 적으로 자기 속에 육화시킬 수 있었을 것이다. 다산 정약용이 19년 간의 귀양살이를 통
> 해 민중의 삶에 다가가 『목민심서』를 쓸 수 있었듯이 청정도 이런 고난을 통해서 이 땅
> 의 민중들에게 한층 더 다가갈 수 있었던 것이다(이만열, 「긴 만남과 짧은 회고」, 『벗으
> 로 스승으로』, 문화과학사, 2005, 121~122).

공부, 등산, 생활고

해직 이후 한동안 김진균의 생활에서 가장 중요했던 것은 16명의 회원 중에서 무려 6명
이 해직된 다산연구회였다. 다산연구회는 1980년 7월에 6명의 회원 교수들이 해직되어
서 한동안 활동을 할 수 없었으나, 1981년 초부터 '회원들의 학문적 욕구와 돈독한 우정'
으로 다시 모여 공부를 하게 되었다(성대경, 「만나서 헤어진 이야기」, 『벗으로 스승으
로』, 문화과학사, 2005, 95). 예전처럼 학교에서 강독 장소를 마련하기 어려워서 서울 종
로 낙원동의 낙원표구사에서 강독을 진행했다. 다산연구회의 명예회원인 낙원표구사
의 이효우 사장이 공부할 장소를 제공했던 것이다.

　다산연구회는 예전처럼 다시 화요일 공부 모임을 가졌고, 방학 때 역시 예전처럼 일
주일 정도의 일정으로 명소를 찾아가서 공부를 했다. 성대경은 당시의 상황에 대해 생
생한 기록을 남겼다.

---

[*] 〈참고〉 17. 전두환 정권의 폭력·유혹 독재

종담서당에서 지낼 때 덕유산 맑은 물이 세차게 흘러내리던 농월정에서 옛 선비들의 풍류를 흉내내며 놀던 일도 그렇거니와 개평의 500년 명가인 일두선생 종택을 방문했던 일을 잊을 수가 없다. … 우리 일행은 정중하고 예의바르게 행동했다. 그러나 맛있는 요리와 술이 우리들을 버릇없는 주정뱅이로 만들고 말았다. 옛적에 양반과 벼슬아치들의 착취가 농민들에게 끼친 해악이 어떠했던가를 『목민심서』의 한 토막을 빌려 논설하는 주정뱅이도 나오고, 홍살 대문에 오줌까지 실례한 사람도 있었다. 우리들은 청정 장인·장모님의 후덕한 대접에 그만 조신하는 마음을 잠깐 잃고 말았던 것이다.

그러나 두 어른은 우리들의 실수를 너그럽게 보아주셨고, 낭패스런 표정이 된 청정에게 시종 인자한 웃음으로 안심하라는 눈짓을 하고 계신 것을 알 수 있었다. …

밀양 도원정에서 있었던 일도 잊을 수 없다. 더운 여름날의 공부는 우리를 지치게 했다. 우리들은 술통과 안주를 둘러메고 고례천을 거슬러 농암대*까지 갔다. 이곳은 암벽이 병풍처럼 둘러있고, 맑은 물이 흐르는 시내 바닥에는 여러 개의 널찍한 암반이 마치 멍석을 깔아놓은 듯 펼쳐져 있는 인적 드문 산골까지였다. 우리들은 홀라당 옷을 벗어 던지고 바위에 둘러앉아 천천히 마시기 시작했다. 시냇물에 몸을 첨벙 담구다가는 다시 바위 위에 올라와 햇볕을 쪼이며 쾌청한 여름 오후를 보냈다. 마시고 떠들고 그리고 뒹굴었다. 그때의 홀가분한 무중력감은 지금도 생생하다. 우리는 모두가 신선이 되어버린 것이다. 고주망태가 된 이 신선들을 일일이 챙기는 소임은 언제나 그랬던 것처럼 청정의 몫이었다.

당시 다연회 회원들은 모두가 대주객이었다. 마치 시대의 분노를 술이 아니고는 삭일 수 없다는 듯이 핑계만 있으면 고래처럼 마셔댔다. 안주가 떨어지면 재떨이에서 담배꽁초를 주어먹으며 술을 마셔대는 친구도 있었으니 더 할 말이 없다. 그러나 주량에 한해서만은 청정을 당할 사람이 아무도 없었다. 그는 무량대주였다. 그렇지만 아무리 마셔도 주정 한번 하는 일 없이 술판의 끝마무리를 맡았다. 체력이 술을 이겨낸 것이겠지만 그보다는 무슨 일에서건 큰 형님같은 심성이 발동하는 그의 천성 때문이리라(성대경, 「만나서 헤어진 이야기」, 『벗으로 스승으로』, 문화과학사, 2005, 95~97).

1980년대 초의 해직 기간 동안에 다산연구회는 주중에는 함께 공부를 했고 주말에는 함께 산행을 했다. 이에 대해서도 성대경은 생생한 기록을 남겼다. 다시 그의 글을 보자.

＊고례천 상류의 농암대는 연산군 때 무오사화의 직접적인 원인이 된 ‘조의제문弔義帝文’을 지은 영남학파의 종조 김종직(1431~92)이 말년을 보낸 유명한 경승지였으나 2001년 11월 밀양댐이 완공되어 수몰되고 말았다.

해직시절 4년을 되돌아 볼 때 술과 함께 빼놓을 수 없는 또 하나의 종목이 등산이다. 신군부 정권이 빚어내는 암울한 세월을 견디는 한 방법이었는지도 모르겠다. 당시 사회 분위기는 엄청나게 살벌해서 가령 다방이나 음식점에서 친구를 만나도 마음놓고 떠들 수조차 없는 그런 형편이었다. 우리들은 산행에 나서기만 하면 그 동안 조심스러워 참고 있던 말을 마음놓고 쏟아냈다. 그야말로 등산길이 곧 언론자유의 쟁취였다.

그래서였던지 모르겠으나 정치권에서 밀려난 YS가 민주 산악회를 조직했고 또 당시 민주화운동을 앞장서서 이끌었던 일군의 저명인사들이 '거시기 산악회'라는 익살스런 이름의 등산 그룹을 꾸려서 인구에 회자되던 시절이었다. 거시기 산악회의 이름을 전해 듣고 그 이름이 멋지다면서 그때 누구였던가 기억은 희미하나 우리 등산패의 이름을 '머시기 산악회'로 부르자고 제안해 모두가 박장대소하며 동의했다. 머시기와 거시기는 가끔 등산길에서 만나 즐겁게 동행한 일도 있었다.

우리들은 시도 때도 없이 전국 곳곳의 산을 찾았다. 북한산을 비롯한 서울 주변의 여러 산들은 말할 것도 없고, 설악산 한라산과 지리산도 여러 번 올랐다. 등산할 때마다 갖가지 얘기 거리가 추억으로 쌓였고 그러면서 우리의 우정도 두텁게 쌓였다(성대경, 「만나서 헤어진 이야기」, 『벗으로 스승으로』, 문화과학사, 2005, 97~98).

이렇게 동료들과 만나서 얘기하고 등산하는 것에서 큰 힘을 얻을 수 있었으나 해직은 사실 견디기 어려운 큰 고통이었다. 전두환 일당에 의해 갑자기 대학 강단에서 쫓겨난 교수들의 생활고는 대단히 컸다. 전두환 일당은 원고를 싣지도 못하게 했고, 시간강의도 할 수 없게 막았다. 해직 교수들의 생활과 관련하여 여러 아픈 이야기들이 전해졌다. 만나는 사람에게 부담이 된다고 여겨서 사람을 아예 피한 교수도 있었고, 부인이 행상을 해서 생계를 꾸려야 했던 교수도 있었다. 이와 관련해서 김진균은 2002년 7월에 다음과 같은 회고의 글을 남겼다.

전남대 해직교수 10여명은 80년 5월 소위 '광주민중운동'에 직간접적으로 관여된 혐의로 해직된 것이다. 물론 수사당국에 간 교수의 숫자는 더욱 많다. 그 중에 10여명이 해직되고 보니, 이 분들은 광주가 국군에 의하여 진압되면서 죽어간 사람들 때문에 괴로워하고, 수사당국에 갔지만 해직은 되지 않은 교수들도 해직교수 얼굴 보기가 너무 죄스럽고 민망하였다. 해직교수들도 가족이나 동료 교수들, 이웃들의 얼굴보기가 민망하여 피아골에 조그마한 집을 구해 들어갔다. 어떤 분은 소설을 쓰고, 어떤 분은 꿀벌을 길러서 '꿀'

을 땄다. 그 꿀을 서울로 보내 팔아 달라고 부탁하기도 하였다(김진균, 2002, 「염소고기
와 홍어회」, 『불나비처럼』, 문화과학사, 2005, 129~130).

당시 40대 중반의 가장으로서 어머니를 모시고 자녀 셋을 키우고 있었던 김진균의 경
제적 고통도 컸다. 2003년 7월에 김진균은 해직되고 자신의 생활이 어떻게 바뀌었는가
에 대해 회고하는 글을 발표했다. 그는 1980년 연말부터 즐기던 커피, 담배를 모두 끊었
고, 더욱 소박하게 살기 위해 반찬과 술도 줄였으며, 해직에 따른 경제적 어려움을 이기
기 위해 애썼다(김진균, 2003, 「담배, 술, 그리고 커피」, 『불나비처럼』, 문화과학사, 2005,
214~215).

연줄결속체 개념

김진균은 해직으로 큰 고통을 겪어야 했으나 좌절하지 않았다. 그는 해직 교수들과 힘
을 모아 전두환 정권에 맞서기 위해 애썼으며, 열심히 제자들과 공부하고 논문을 써서
발표했고, 민주화를 위한 다양한 사회운동에 적극 참여했다. 그는 해야 할 일을 더욱 열
심히 하며 전두환 정권의 억압을 이겨냈다. 특히 1981년에 발표된 「산업민주주의」라는
제목의 논문은 현대 민주주의의 전개라는 관점에서 좌우의 반민주적인 정치체제를 비
판하며 민주주의의 발전을 모색한 것으로 중요하다.

산업민주주의는 현대 민주주의의 주제적 표현이다. 산업민주주의의 이념은 오래된 것
이지만, 그것이 1960~70년대부터 새롭게 구미의 선진산업국가에서 주창되고 있는 것은
역사적 주제의 변화를 나타내고 있다. 산업민주주의의 형태는 각국의 문화차이만큼이
나 다양하고, 또한 정치적 민주주의가 경제적 민주주의를 포용해가고 더 나아가 사회적
민주주의로 확대해가는 범위와 수준이 다른 만큼이나 차이가 있다(김진균, 1981, 「산업
민주주의: 그 배경과 몇 가지 명제에 관하여」, 『비판과 변동의 사회학』, 한울, 1983, 289).

사회민주당은 1933~1945년간 히틀러의 국가사회주의의 폭력적 지배 아래에서 인간 존

엄성을 경시했던 사실을 반성하고, 맑스적인 계급윤리의 계급을 극복하고 보편적 질서라는 의미의 윤리적 자기이해의 방향에서 프롤레타리아독재를 배제한 민주주의의 필요성을 인식하고, 따라서 다양한 연원에서 공급된 자유와 인간 존엄성을 위한 민주주의 시대를 건설하고자 하였다. 여기서 자유주의적 사회주의(또는 민주적 사회주의)가 정립되어 나왔다(김진균, 1981, 「산업민주주의: 그 배경과 몇 가지 명제에 관하여」, 『비판과 변동의 사회학』, 한울, 1983, 298).

한편 1981~83년 사이에 발표한 논문들에서 김진균은 대학원 시절부터 꾸준히 논했던 학문의 주체성과 보편성에 대한 견해를 더욱 명료히 제시했다. 그는 '사실판단'의 이름으로 작동하는 정치적 권위와 주류 사회학의 문제를 강력히 지적하고, 실학에 기반해서 민족, 민중, 민주의 원리를 적극 추구할 것을 촉구했다. 그는 1980년대 후반에 알뛰세르의 '이론적 실천'이라는 개념을 공부하기 전에 이미 다산을 공부해서 '이론적 실천'을 적극 행하고 있었다.

한국의 사회과학은 미국과의 연계관계 하에서 미국의 주도적인 사회과학 이론(예컨대 파슨즈의 구조기능론을 중심으로 하는 미국의 표준사회학, 사뮤엘슨의 신고전파 종합의 주류 경제학, 행동이론을 중심으로 하는 정치발전론 등등)을 마치 교조적으로 신봉하는 경향을 보였다. 이와 더불어 미국의 주도적인 사회과학 이론에 대한 비판 논의도 미국에서 일고 있는 그대로 여기서 재현하는 경향도 보였다. 다소 반성적인 문제의식은 기껏 외국 사회과학 이론(이것을 보편적이라는 착각에서)의 토착화라는 문제제기에 머물고 있었다. … 한국사회에 대한 사실판단이라는 사회과학적 방법론은 정치적 권위가 보장해 주고 있는 미국의 사회과학 방법론에 무조건 의존케 하는 경향을 빚게 하였다. 따라서 한국의 사회과학은 두 가지 권위, 즉 정치적 권위와 외국의 이론의 권위에 한국사회에 대한 사실판단의 기능마저 종속시키고 있었다(김진균, 1982, 「사회과학에 있어서 이데올로기와 사실판단 문제」, 『비판과 변동의 사회학』, 한울, 1983, 180~181).

언제나 지배적 이데올로기를 객관적 검토의 대상으로 삼고 대다수 민족 구성원의 민주적 참여요구에 준거하여 항상 새로운 문화적·도덕적 기준을 도출하는 것이 실학자가 추구했던 학문의 자유성이요, 신채호가 절실히 주창했던 방법론의 자유이며, 그리고 20세기 후반 분단시대의 상황 하에서 사회과학의 자유가 역사적으로 연결되어 가는 지렛대이며, 이것이 곧 학문의 자유가 갖는 의미일 것이다. 실학에서 도출되었던 두 가지 지향, 즉 자주주권자로서의 행위자에 기초하는 사회적 합리성과 민족주의는 아직도 한국의 사회과학에 서로 얽힌 주제의식으로서 미래의 문화적·도덕적 기준의 창출에 많은 빛을 던져주고 있다. 이것은 어쩌면 사회과학에서 산출되는 지식들이 민족 구성원의 대다수를 이루는 민중의 삶에 밀착하여 문화적 주체성과 방법론의 보편성을 구축하는 길이기도 할 것이다(김진균, 1982, 「사회과학에 있어서 이데올로기와 사실판단 문제」, 『비판과 변동의 사회학』, 한울, 1983, 182~183).

1980년대 초 김진균은 한국 사회에 대한 주체적 연구의 방법만을 강조한 것이 아니라 그것을 실제로 적용해서 분석을 시도했다. 이것은 이미 1960년대부터 주류 사회학의 전통-근대의 이분법을 비판하면서 제시했던 것을 실제적인 분석 방법으로 제시한 것이다. 그 핵심 개념은 '연줄결속체'이다. 이것은 1990년대 이후 널리 확산된 이른바 '네트워크 분석'과 비슷한 것으로 김진균은 전통과 근대를 대체되는 것이 아니라 변형되는 것으로 보았다. 김진균의 '연줄결속체'는 전통과 근대에 대한 이해라는 점에서나, 실제적인 사회관계의 분석이라는 점에서나 모두 크게 유용하다(이기홍, 「사회현실과 사회이론: 김진균의 연줄결속체 개념을 범례로」, 『사회이론과 사회변혁』, 한울, 2003, 222~246).

한국의 사회학계는 1950년대 이후 미국의 주류 사회학을 도입하여 그 여러 개념과 이론을 한국사회의 분석에 사용하였다. 그러는 동안에 한국사회는 그 구조의 특수성 때문에 보편성에 비추어 보면 너무 예외적인 것으로, 또는 그 보편성의 기준으로 분석해 보면 한국사회의 구조와 과정의 특징은 항상 보편성에서 일정한 편차가 있는 것으로 나타났고, 한국사회의 발전적 전망에는 그러한 편차가 곧 수정되어 적응되어야 할 문제점으로 인식되거나 논의되기도 하였다. … 파슨즈로 대표되는 미국의 구조기능주의론은 우리에게 두가지 문제를 던져주고 있다. 첫째는 그것이 한국과 같은 제3세계의 국가에 의미하는 바의 그 함축성이고, 둘째는 첫번째 문제와 깊게 결부되면서, 그 이론 자체가 갖고 있는 구조적 취약성이다. 이 두번째 문제 중에서 더욱 관심이 가는 것은 몰역사성이다. … 따라서 구조기능주의로 대표되는 미국의 주류 사회학은 한국에 있어서 특히 1876년부터 오늘날에 이르기까지의 그 격동기를 조명해 보는 데는 이미 본질적으로 적합성을 결여하고 있다고 볼 수 있다(김진균, 「한국사회의 구조적 역동성의 분석을 위한 몇가지 개념에 관하여」, 『비판과 변동의 사회학』, 한울, 1983, 185·187).

혈연과 지연은 구조기능주의의 근대화론자에 의하여 전근대적인 것, 전통적인 것, 그리고 근대화의 발전에 장애가 되는 요소로 이해되어 한국사회구조에서 제기되어야 할 대상으로 인식되어 왔기 때문에 오히려 현대 한국사회구조에서 그 혈연과 지연의 요소가 구체적으로 어떻게 작용하고 있는가를 분석하는 일을 소홀히 하게 하였다. … 이러한 혈연, 지연, 학연 등과 같은 것은, 전근대적 속성을 지니고 있으므로 근대화의 차원에서 제거되어야 한다고 인식하는 자세를 버리면, 그와 같은 연줄을 사람들이 살아가는 삶의 연결이라는 것으로 이해하고 고려해서 근대화론자들이 범하고 있는 편견적이고 정태적이며 몰역사적인 태도를 벗어나서, 인간들이 함께 살아가는 삶의 본질이나 그것이 구조적 수준에서 작용하는 과정을 보다 동태적으로 이해할 수 있을 것이라고 생각된다(김진균, 「한국사회의 구조적 역동성의 분석을 위한 몇가지 개념에 관하여」, 『비판과 변동의 사회학』, 한울, 1983, 187~188).

사람들이 상호의존하는 삶의 연줄망은 비단 혈연, 지연과 같은 요소만이 아니라 여러 요소에 의하여 복합적으로 형성되고 그 연줄망이 어떤 한 단위를 이루면 연줄결속체가 되는데, 이 연줄결속체는 일종의 삶의 공동체와 같은 의미를 갖고 있다. … 이 연줄결속체는 복합적인 연줄망의 복합체이기 때문에 비단 혈연, 지연 또는 학연과 같은 요소뿐만 아니라 연줄을 만들어 줄 있는 모든 계기와 단서에 의하여 복합적으로 구성될 수 있는 것이다. 경제적인 활동, 즉 직업활동이나 국가생활에서 어떤 위치에 있느냐 하는 것도 중요한 계기가 될 것이다. 따라서 연줄망은 사회의 어느 영역 하나에만 국한되는 것이 아니라 여러 영역에 걸쳐서 짜여져 나간다. 경제·정치·종교·친족·군부 등등뿐만 아니라 그 연줄망이 국가 단위 이상의 범위로도 뻗어서 하나의 연줄결속체를 형성할 수 있다(김진균, 「한국사회의 구조적 역동성의 분석을 위한 몇가지 개념에 관하여」, 『비판과 변동의 사회학』, 한울, 1983, 189~190).

김진균은 해방 뒤의 현대 한국 사회의 형성을 연줄결속체의 형성이라는 맥락에서 설명하고자 했다. 여기서 우리는 아주 구체적인 이익관계가 사회 전체적으로 치밀하게 형성되어 작동하고 있다는 것을 알 수 있다. 표면적인 구조와 제도의 이면에서 '삶의 공동체'와 같은 연줄결속체가 강력히 작동하고 있으며, 한국의 근대화를 올바로 이해하기 위해서는 이것을 전근대적인 것으로 배제하는 것이 아니라 그 자체로 올바로 이해해야 하는 것이다. 실로 한국 사회의 이해는 물론이거니와 그 개혁을 위해서는 한국 사회를 좌지우지하는 이 연줄결속체를 깊이 연구하고 혁파해야 한다.

1943년 해방 후부터 정부수립 직후까지(즉 1940년대 후반기)의 상황은 그 후 한국의 역사적 전개과정에 결정적인 시기였다고 생각할 수 있다. 해방되던 그 다음 해쯤에 벌써 한국은 세계적인 냉전체제의 각축장이 되었고 이것이 한국의 진로에 이미 크게 작용하고 있었다. 냉전거부 세력은 크게 두 줄기로 구분… 이에 대하여 냉전편승파, 즉 뒤에 남북한을 분단한 채라도 정부를 세우자는 단정추진 세력이 있었다. 이들은 한민당과 이승만 세력으로 구성… 이 냉전편승파세력에서 이승만을 연결고리로 하는 몇 개의 사회적 연줄망을 그려 볼 수 있을 것이다. … 이승만 세력은 신탁통치반대와 단정수립의 길을 택하고 대한민국 정부를 수립하여 주도적인 세력으로 등장하였다. 따라서 친일파는 냉전편승의 계기를 맞이하여 그들 생존의 길을 적극적인 투쟁으로 개혁해 나갔는데, 이들은 민족주의에는 등을 돌리고 잘 이해되지 않는 민주주의는 미국과 동일시해서 표방, 찬양하면서 오직 반공에서 살 길을 찾아 나갔던 것이다.
이와 같이 이승만 세력이 대한민국의 주도세력의 위치를 차지하자, 한국의 모든 제도적 영역에서 다시 일제시대의 모든 연줄망이 그대로 재생하기에 이르렀다. 경제계는 친일 경제인 연줄망이 보강되고, 군대는 일본군 출신(만주군 출신도 포함)이 중심이 되어 창건되었고, 경찰 또한 직업적 친일경찰에 의하여 장악되었으며, 교육계는 제국대학 출신을 중심으로 하는 기존 연줄망이 부상하였고, 종교계도 마찬가지였다. … 그리고 이 모든 연줄망과 연줄결속체는 다시 냉전추진 세력인 미국과 하나의 큰 고리로 연결되어, 이 고리가 그 뒤의 한국의 진로에 끊을 수 없는 제약조건으로 크게 작용하기에 이르렀다. … 여기서 이미 한국의 민족주의와 민주주의의 존재양태가 어떠해지리라는 기본적인 조건이 내재해 있는 것이다(김진균, 「한국사회의 구조적 역동성의 분석을 위한 몇가지 개념에 관하여」, 『비판과 변동의 사회학』, 한울, 1983, 191~193).

(12)

해직교수협의회 활동과 복직

1983~84년

해직교수협의회의 설립

1980년 7월 전두환 정권에 의해 해직된 87명의 교수들은 1983년 봄부터 복직을 위한 활동을 펼치기 시작했다. 전두환 일당의 군사반란에 의해 부당하게 해직된 교수들의 복직활동은 단순한 복직을 넘어 전두환 일당의 군사반란이 부당하다는 사실을 지적하고 군사독재에 맞서 민주화를 요구하는 의미를 갖는 것이었다. 이런 점에서 1983년은 대단히 중요한 해였다. 어둠 속에서 빛이 나타나기 시작했고, 압제에 맞서 민주주의의 열망이 자라나기 시작했다. 세상의 변화는 쉽게 이루어지지 않으며, 좋은 변화는 더욱더 그렇다. 1983년에 학생들은 목숨을 바쳐 전두환 정권의 폭압에 맞섰고, 교수들도 학생들의 거룩한 희생에 비통해 하며 힘을 모으고 있었다. 해직교수들이 부당한 해직의 취소를 위해 적극 나서는 것은 지식인들이 전두환 정권의 부당성에 적극 맞서는 것이었다.

김진균은 1990년에 '해직교수협의회'의 설립과 활동에 관한 자세한 글을 써서 발표했다(김진균, 「해직교수협의회 이야기」, 홍근수 외, 『발자욱』, 녹두, 1990, 106~126). 김진균은 해직교수들의 조직을 위해 크게 애썼다. 그러나 해직교수들을 하나로 묶는 모임을 만드는 것은 쉬운 일이 아니었다. 생계의 고통에 몰려 당장 먹고살기에 급급한 사람들도 있었고, 모임을 주도하고 나서는 사람들도 없었다. 전두환 일당은 한편으로 감시를 통해 교수들을 불안하게 했고, 다른 한편으로 복직의 약속으로 회유해서 교수들을 모이지 못하게 하고 있었다. 당시 해직교수들은 대체로 다음과 같은 갈래를 이루고 있었다.

그 동안 해직교수들이 서로 소식이나 묻고 어울리는 동아리 같은 것이 몇 개 있었다. 그 하나가 다산연구회였다. 이 모임은 이전부터 다산 정약용의 『목민심서』를 역주하는 강독모임으로 내려오고 있었는데, 그 회원 중에 해직교수가 많이 발생하였다(이우성, 강만길, 정창열, 이만열, 정윤형, 김진균). … 둘째는 80년 이후 만들어진 '거시기' 산악회이다. 여기에는 변형윤, 리영희 교수가 어울리고 있었고, 광주에서 해직되어 오신 분도 있었다. 변형윤 교수는 광화문 쪽에 후배들의 도움으로 사무실을 열었는데 해직교수들이 가끔 들르곤 하였다. 그 이름이 '학현연구실'이었다. 세째는 70년대부터 인권·민주운동을 해 오던 기독교계의 교수들의 모임이다. 이우정, 이문영, 조요한, 김찬국, 안병무, 서광선 교수 등이 그러하였다. 별도로 광주에서는 전남대 해직교수가 한 묶음을 이루고 있었다(홍근수 외, 『발자욱』, 녹두, 1990, 109).

해직교수들은 이렇게 여러 모임들로 만나서 서로 소식을 주고받고 격려하고 있었지만 2년 반 정도의 기간 동안 복직을 위한 활동을 하지 못하고 있었다. 그러나 1983년 초부터 중요한 변화가 시작됐다. "숨죽이고 지낸 지 이년 반이 지난 83년 초에 이르러 서로 답답한 가슴을 털어놓기 시작했다. … 이때까지 해직교수들은 그들의 문제에 대처할 어떤 대응적 조치도 하지 않고 있었다. 1983년에 들어서서 이제는 그냥 앉아서 기다릴 수도 없고 해직교수들이 모여서 복직하는 일을 민주화운동 차원에서 시작해 보아야 한다는 충동이 생겨나기 시작하였다"(홍근수 외, 『발자욱』, 녹두, 1990, 109). 이렇게 해서 세계적으로 유례가 없는 '교수 민주화운동'이 엄혹한 전두환 독재에 맞서서 시작됐다.

김진균은 1983년 5월 어느 날에 우이동의 북한산 산자락에서 찍은 한 장의 사진에 대해 이야기하는 것으로 해직교수협의회의 결성 과정을 설명했다.

그 중에 어떤 사진 한 장은, 아무 설명이 없으면 그저 한 언덕 어디에 몇 사람이 모여 앉아 무언가 세상 이야기 한참 하고 있구나 싶을 그런 것이 있다.

우리나라에서 가장 화창한 계절이라는 오월 어느 날, 우이동에서 도선사 입구로 올라가서 산으로 오르면 벌써 오월 도토리나무는 신복의 나래를 펴기 시작한다. 1983년 5월, 주

1983년 5월 어느날, 북한산에서 이효재, 변형윤, 강만길, 정윤형

중의 하루를 정해서 도선사 입구 광장에서 곧장 까치고개와 깔딱고개로 나누어지는 곳
에서 까치고개 쪽으로 약간 올라가 한가한 자리에 시원하게 앉아 있는 몇 사람. 거기에
서 이효재, 변형윤, 강만길, 정윤형 네 분의 교수가 내 카메라에 한 장면의 사진을 남긴
셈이다. 이 분들이 조심스럽게 하나의 일을 모아 나아가고 있었다(김진균, 「해직교수협
의회 이야기」, 홍근수 외, 『발자욱』, 녹두, 1990, 107).

김진균의 글에 따르면, 해직교수의 조직을 위한 논의는 1983년 2월의 어느 날 김진균
이 서울 광화문 근처에 있던 변형윤 교수의 '학현연구실'을 찾아가는 것으로 시작됐다.
이날 무교동 대포집에서 변형윤, 박현채와 술을 마시며 김진균은 변형윤에게 '해직교수
들을 모으는 일을 맡아달라고 요구'했다. 이렇게 해서 얼마 뒤에 이우성, 이효재, 변형
윤, 길현모, 조요한 교수가 정례화된 모임을 만들었으며, 뒤에 유인호 교수도 여기에 참
여했다. 비슷한 시기에 '서울에서 연락이 쉽게 될 수 있는 해직교수끼리의 모임'이 추진
되어 리영희, 강만길, 이만열, 정창열, 정윤형, 김윤수, 이상신, 장을병, 김진균 교수가 모
이게 되었다. 그리고 두 모임을 합치려는 계획을 추진하게 되었으며, 그 결과 1983년 5

월의 어느 날 우이동의 북한산 산자락 모임이 이루어졌던 것이다. 이 모임의 논의에 따라 1983년 6월 어느 날 기관원의 감시를 받으며 서울에 있는 해직교수 15명이 구기동 계곡의 작은 식당에서 모여서 매월 한 번씩 모이기로 결의했다. 이렇게 해서 해직교수협의회의 준비가 본격적으로 시작되었다(홍근수 외, 『발자욱』, 녹두, 1990, 110~111).

그런데 1983년 8월 16일에 광주의 해직교수들을 다른 지역의 다른 대학에 복직시킨다는 정부의 발표가 보도되었다. 이것은 사실 '광주사태 무마용 공작'으로서 실행되지 않았다. 이 보도를 접하고 역시 기관원의 감시를 받으며 서울의 해직교수들은 8월 18일에 서소문의 '남강'이라는 식당에서 긴급 간담회를 열었다. 이우성, 강만길, 변형윤, 안병무, 조요한, 유인호, 조용범, 서광선, 김진균 등 25명의 해직교수들이 모였다. 이 회의에서 "해직교수의 복직은 원적 대학으로의 복직이어야 한다"는 원칙이 합의됐고, '해직교수간담회'라는 이름으로 매달 한 번씩 모이는 것으로 모임이 정례화됐다. 이렇게 해직교수들의 대응이 강화되는 상황에서 12월 6일에 문교부는 해직교수의 다른 대학 신규채용 조치를 발표했다. '광주의 해직교수를 농락했던 수법을 다시 한 번 확대해서 이용코자 한 것'이었다. 이에 대응해서 '해직교수간담회'는 해산했으며, '원적 대학 복직 원칙'을 지키려는 교수들은 '해직교수협의회'를 결성하기로 했다. 그 결과 1983년 12월 20

1983년 여름 한길사가 주최한 팔당 물놀이에서

일 11시에 역시 기관원의 감시 속에 25명의 해직교수들이 서울 평창동의 평창면옥에 모여서 '해직교수협의회'를 결성했다. 운영위원은 이효재, 변형윤, 안병무 등이었고, 실무위원은 리영희, 장을병, 강만길, 서광선, 김진균 등이었고, 총무실무위원은 김진균이 맡았다(홍근수 외, 『발자욱』, 녹두, 1990, 112~114).

원적 대학 복직 투쟁

해직교수협의회는 '해직교수가 조직을 만들어 복직투쟁을 최소강령으로 하여 민주화의 요구를 주장하기 시작'한 것이었다(홍근수 외, 『발자욱』, 녹두, 1990, 114). 1983년 12월 22일 해직교수협의회 임원회는 「우리의 견해」라는 성명서를 발표해서 전두환 정권의 허황된 복직 조치를 '복직의 기회를 봉쇄하는 것'으로 비판하고 제적학생의 복교조치를 촉구하는 것으로 본격적인 활동을 시작했다. 그런데 전두환 정권은 해직교수협의회가 발족하고 불과 열흘이 지난 뒤인 12월 30일에 실무위원인 리영희, 강만길 교수를 남영역 옆에 있던 치안본부 대공분실로 연행해서 구속했다. 1983년에 기독교사회문제연구소(기사연)는 국정교과서에서 통일문제를 어떻게 다루고 있는가에 대해 중고교 교사들과 분석하는 활동을 했다. 기사연은 그 일환으로 강만길, 리영희, 김진균 교수에게 통일문제에 대한 역사적, 국제적, 사회적 이해를 위한 강의를 요청해서 진행했다. 전두환 정권은 이 강의를 빌미로 두 교수와 원장인 조승혁 목사를 구속해서 기사연의 활동을 억압하려 했던 것이다. 김진균은 1983년의 의미와 기사연 사건에 대해 다음과 같이 설명했다.

> 전 정권이 물리적인 지배력을 가혹하게 행사하고 있어도 국민에 대해, 광주 시민에 대해, 학생운동에 대해, 그리고 비판적인 지식인에 대해 완전한 헤게모니를 장악하지 못하고 있었고, 극심한 탄압 속에서도 학생운동이 80년 광주의 문제를 두고 군부파쇼와 미국을 겨냥해서 공격을 가하고 있었다. 이제 83년에는 군부파쇼가 조금씩 조금씩 밀리기 시작하였다(홍근수 외, 『발자욱』, 녹두, 1990, 113).

1984년 3월 12일 해직교수협의회의 광주 회의
위 왼쪽부터 이명현, 노희관, 김동원, 송기숙, 정윤형, 유인호, 김윤수, 김진균 등
아래 왼쪽부터 장을병, 이방기, 이상신 등

우리 해직교수협의회는 두 교수의 구속이 단지 그 혐의로서가 아니라, 최소한도로 그리고 80년대에 당했던 무수한 사람들 중에서 최초로 조직형태로 대응해 나오는 저항운동 내지 민주화운동에 대한 탄압으로 이해하고 여기에 즉각 대응하지 않을 수 없었다. 몇 번의 임원회의를 거치면서, 한편으로는 가족을 위로·격려하고, 다른 한편으로는 협의회 차원에서 공식적인 의견을 내기로 하였다. 특히 통일문제는 학문과 연구의 자유로운 대상임을 확인하였다. 그리하여 1984년 2월 13일 제3차 정기총회(총회는 매월 한번씩 개최키로 하였다)를 전남대 해직교수 6명과 조선대 해직교수 1명이 새로이 가입하는 활기찬 분위기 속에서 개최하고 기자들을 불러 '우리의 요구'를 발표하였다. … 당시 언론은 주변 사정도 좋지 않았으나, 열심히 취재하고 조금씩 보도하기 시작하였다. 검찰은 '공소보류'라는 묘책을 찾아내어 두 교수와 조 목사를 2월 14일에 일단 석방하게 되었다(홍근수 외, 『발자욱』, 녹두, 1990, 115~116).

해직교수협의회는 일단 해직 교수가 발생한 14개 대학의 총장들과 '총장 초청간담회'

를 추진했고, 이어서 정부의 담당 책임자인 문교부장관에게 해직교수의 복직자 명단에 대한 해명을 요구하는 공문을 보냈다. 그러나 총장들은 한 명도 나타나지 않았고 문교부장관도 전혀 답신하지 않았다. 해직교수협의회는 '국정의 책임을 지고 있는 대통령에게 묻지 않을 수 없게 된 것'이었다. 이 활동은 광주에서 총회를 여는 것으로 시작됐다.

> 1984년 3월 12일(월) 광주 금수장호텔 605호실에는 긴장감이 감돌고 있었다. 이번 정기총회는 뜨거운 남도 광주에서 열기로 하고, 서울에서 광주로 가는 교수들은 행여 고속버스 터미널에서 차단되지나 않을는지, 모임장소가 방해나 받지 않을는지 염려하면서 20여 명이 모여 정기총회를 치르고 드디어 국내외에 80년의 해직사건과 광주민중항쟁, 그리고 전 정권의 무모하고도 무도한 정권장악을 규탄하는 장문의 성명서를 채택하기로 의결하였다. … 우리의 이른바 '광주총회 성명서'가 외신을 타고 세계 방방곡곡에 알려지게 되었으며, 이 성명서에서 대통령 면담을 요청하고, 대통령 면담 요청서한을 발송하였다. …
> 광주에서 하룻밤을 유숙한 해직교수들은 전날 밤 홍남순 변호사를 비롯한 광주 원로 민주인사의 환대를 받아 서로 위로하고, 다음날 아침 외지에서 온 단체로서는 처음으로 광주 5월항쟁의 희생자가 묻혀 있는 망월동 묘지에 가서 참배하였다(홍근수 외, 『발자욱』, 녹두, 1990, 117).

대통령 면담 요청에 대해서 공식 답변은 전혀 없었다. 다만 1984년 4월 9일 한국일보사 뒷편에서 제6회 정기모임을 갖는 중에 운영위원인 이효재, 안병무, 변형윤과 '청와대 대통령 측근이라는 사람과의 비공식 면담'이 있었다. "횡설수설하는 그 사람에게 우리의 착한 세 분 선생님은 전 정권의 무모함과 무도함을 애써 달래면서 역사의, 민족의, 국민의 죄인에서 벗어날 것을 간곡히 설득하고자 노력하였다"(홍근수 외, 『발자욱』, 녹두, 1990, 118). 해직교수협의회는 '해직교수아카데미'를 열어 복직운동을 펼치는 것과 함께 강의를 하고자 했다. 이에 대해 기독교(개신교와 천주교)가 적극적으로 호응했다. 개신교는 한국기독교교회협의회가 적극 나섰고, 천주교는 인천교구와 마산교구가 적극 나섰다(홍근수 외, 『발자욱』, 녹두, 1990, 118~119).

마침내 1984년 6월 14일 해직교수의 원적 대학 복직 조치가 발표되었다. 6월 13일 밤에 김진균은 기차를 타고 지리산으로 갈 계획이었다. 그런데 저녁에 같이 지리산에 가기로 했던 장을병이 김진균에게 전화해서 내일 원적 대학 복직 조치가 발표될 것이라고 알려줬다.

장 교수와 나는 지리산 산행을 취소하지 않을 수 없었다. 다른 일행을 서울역에서 전송하고 돌아오면서 서울의 밤하늘을 처다보았다. "드디어 우리가 해내었구나!" "지리산에 가면 별빛이 유난히 빛나겠구나!"(홍근수 외, 『발자욱』, 녹두, 1990, 121).

4년에 걸친 고통의 시간이 끝나고 새로운 활동을 적극 준비해야 할 때가 되었다. 김진균은 당시 미국에 있던 이효재에게 바로 편지를 보냈다. 이효재도 그에게 바로 엽서를 보냈다. 두 사람의 글에서 당시의 감동을 생생히 느낄 수 있다.

> 나는 그때 미국에 여행 중이던 이효재 선생에게 다음과 같은 내용의 편지를 드렸다. "오늘 우리들에 관한 조치의 소식을 듣고 지난 4년간의 모습들을 되돌아보게 됩니다. 우리는 결국 품위를 지킨 마지막 보루였고, 그것이 민주화의 한 중요한 국면을 주었다는 생각을 하게 됩니다. … 오늘 우리는 찾아 잡은 것의 소중함을 느끼며, 4년간 썩힌 밑거름으로 새롭고 생기찬 줄기들을 피워 보도록 다짐해 봅니다. 선생님, 한번쯤 미소지어 볼 수 있겠시요. …" 태평양 건너편 저쪽에 계신 이효재 선생도 소식을 듣고서 얼마나 기뻐하셨을까. 6월 16일자 엽서를 보내주셨다.
> "우리의 승리를 축하하고 기뻐합니다. 그 동안 얼마나 많은 소주 잔을 비우며 자축을 하였을까 상상해 보며 흥분합니다. 민주 승리의 사건으로서 더욱 즐거워할 따름입니다. …"(홍근수 외, 『발자욱』, 녹두, 1990, 123).

김진균은 1984년 8월 31일자로 발령장을 받고 서울대 사회학과로 복직했다. 김진균은 1983년 12월 20일의 해직교수협의회 결성과 1984년 6월 14일 원적 대학 복직의 의미를 다음과 같이 역사적·실천적 관점에서 제시했다. 그는 복직하고 바로 진보적 학술운동과 교수운동의 전면에 나서서 많은 활동들을 활발히 펼치기 시작했다.

> 이렇게 해서 80년대의 '해직교수협의회'의 전말은 일단락된다. 그때가 바로 '깨어나는' 첫 출발이었다. 80년 광주항쟁 이후 모든 민주민족민중 세력을 압살해 오던 군부 파시즘체제도 이제 붕괴의 위험에 직면하게 되었다. 이제 그 모든 민족민주 세력이 세력으로 깨어나기 시작하였다. … 교수로서 할 일은 한편으로 진보적 학술운동으로 활발해져 가고, 다른 한편으로는 전국 규모의 '민주화를 위한 전국교수협의회'로 성장·전환해 가는 것이었다. 역사는 가만히 있지 않는다. 사람도 변할 것을 요구한다(홍근수 외, 『발자욱』, 녹두, 1990, 125~126).

상도연구실과 산업사회연구회

1983~84년

상도연구실을 열다

김진균에게 1983년은 여러 모로 중요한 해였다. 6월 해직교수들의 운동이 본격화됐을 뿐만 아니라 제자들과 함께 공부방을 마련해서 열심히 공부할 수 있게 되었다. 8월 상도연구실은 지하철 7호선 상도역(상도터널)과 장승배기역 중간쯤에서 노량진으로 통하는 차도에 있던 궁전장 여관의 3층 창고를 개조하여 문을 열었다. 연구실이 상도동에 있어서 이름을 상도연구실로 정했다. 여러 제자들이 '김진균 선생님과 함께 공부할 수 있는 연구실을 열자'는 뜻을 갖고 있었고, 임영일과 조희연이 적극 나서서 어렵게 돈을 마련해서 연구실을 열었다. 한울출판사의 김종수 사장이 조희연을 설명을 듣고 큰 돈

1983년 여름 상도연구실이 문을 연 '궁전장' 건물(2003년에 찍은 사진)

을 기부했다. 상도연구실은 1988년 3월 중앙대 후문 앞 골목의 주택으로 옮겼다가, 다시 1989년 3월 신림 사거리 근처 가야쇼핑 옆 골목의 건물로 옮겼고, 1990년 3월 그곳에서 서울사회과학연구소로 바뀌었다.

부족한 돈으로 큰 창고를 대충 개조해서 만들었기에 상도연구실의 조건은 열악했다. 겨울에 상도연구실의 상태는 심지어 '탄광'을 방불케 했다.

> 여름에는 덥고, 겨울에는 추웠다. 여름에는 세수 대야를 물에 담아 책상 밑에 놓고 발을 담가 더위를 식혔으나, 겨울에는 불을 때야만 했는 데, 이 창고 공간은 웬만한 난로로는 감당이 되지 아니했다. 봉명탄을 기억하실까. 그분의 아이디어로 갈탄난로를 구입하여 봉명 조개탄을 때기로 했다. 화력은 좋았으나, 하루 때고 나면 뿌옇게 재가 쌓인다. 매일 아침 그분께서는 물을 뿌려 바닥을 쓸고, 나는 연신 걸레를 빨아 사방을 닦았다. 사정을 아는 사람들이 많지 않았던 것은, 사람들이 주로 모였던 저녁 시간에는 한껏 달아오른 난로의 열기와 빨간 불빛이 자못 고즈넉하고 낭만적이었기 때문이리라. 사람들은 이를 '상도연구실'이라 하나, 나와 이 사정을 하는 몇몇 이들은 지금도 이를 '상도탄광'이라 부른다(임영일, 「이제 선생님의 그늘에서 벗어나려 합니다」, 『벗으로 스승으로』, 문화과학사, 2005, 166~167).

상도연구실의 내적 변화는 크게 1기와 2기로 나뉜다.[*] 1기는 1983~88년으로 김진균이 서울대 사회학과 교수가 된 1975년 이후 김진균에게서 배운 서울대 사회학과의 70년대 중후반 학번 제자들이 중심을 이루어서 비판적, 실천적, 진보적 사회과학의 길을 열어간 때이다. 이 시기의 가장 큰 성과는 1984년 7월에 상도연구실을 모태로 해서 산업사회연구회가 만들어진 것이다. 2기는 1988~90년으로 서울대 사회학과 82학번 제자들이 중심이 되어 'NL 노선' 비판과 'PD 노선' 정립을 위한 연구에 초점을 맞췄던 시기이다. 1988년 말에 박태호(이진경), 이지원, 이창휘 등이 중심이 되어 '주체사상 비판'을 위한 연구팀을 구성한 것이 그 출발이었다. 그 성과는 1989년 벼리출판사에서 『주체사상 비판』 1·2로 출간되었다.

---

[*] 1기는 서관모(73), 임영일(74), 조희연·허석렬(75), 이경숙(서강대 영문과 75), 공제욱·정근식(76), 배동문(서울대 자연대 76), 정혜선(이화여대 사회학 76), 고훈석(77), 김준·윤수종(78), 노중기(79) 등이었다. 2기는 전효관(연세대 천문학 81), 박태호(이진경)·이지원·이창휘(82), 이명순(서울대 자연대 82), 조국(서울대 법대 82), 진중권(서울대 미학 82), 한준(84), 홍성태(85) 등이 참여했다.

상도연구실의 제자들과 소백산 산행 1988년 3월
윗줄 왼쪽부터 이지원, 이명순. 아랫줄 왼쪽부터 이경숙, 김진균, 김준, 노중기.

　　상도연구실은 월례발표회를 하면서 첫 비약을 이루게 되었다. 월례발표회를 매개로 젊은 진보적 연구자들이 상도연구실에 모이게 되었다. 마당발 조희연이 이런 비약을 조직한 주연이었다(임영일, 「이제 선생님의 그늘에서 벗어나려 합니다」, 『벗으로 스승으로』, 문화과학사, 2005, 167). 상도연구실의 결속에는 김진균의 등산도 크게 작용했다. 김진균은 다산연구회의 동료들과 자주 산행을 했을 뿐만 아니라 제자들과도 자주 산행을 했다. 제자들은 김진균과 함께 산행을 하며 그의 진중하고 부드러운 인품을 더욱 깊이 알고 따르게 되었다(조희연, 「상도동의 추억」, 『벗으로 스승으로』, 문화과학사, 2005, 150).

　　조희연은 상도연구실의 의의를 '김진균 선생님의 개인연구실이자 후학들과 제자들이 함께 모여 토론하던 비판연구공간'이었으나 '진보적 학술운동의 중요한 출발점'이자 '80년대 이후의 진보적 학술운동의 한 중요한 산실'로서 상도연구실의 의의를 정리했다.

　　상도연구실은 80년대 이후의 진보적 학술운동의 한 중요한 산실로서 기록되어야 할 것이다. 당시 식민지 시기에 교육을 받은 1세대 지식인군, 한국전쟁 후 미국의 학문을 지배적인 패러다임으로 하여 연구활동을 하는 2세대 지식인군과 달리, 반독재민주화운동의 영향을 받으면서 새롭게 진보적·비판적·실천적 연구지향과 방법론으로 무장한 젊은 학자군을 '제3세대 학자군'이라고 불렀다. 이 '제3세대 학자군'의 핵심적인 부분이 상도연구실을 통해서 등장하였다(조희연, 「상도동의 추억」, 『벗으로 스승으로』, 문화과학사, 2005, 154~155).

김진균의 학문적 변화

광주항쟁의 충격으로 한국 사회에 대한 인식과 실천에서 커다란 변화가 추구되었다. 야당 정치인들의 반목을 배경으로 미국의 방조 아래 전두환 일당이 광주에서 저지른 무참한 시민 학살을 겪고 야당 정치인과 미국에 대한 비판적 인식이 커졌다. 이로써 1970년대 민주화운동의 근거와 같았던 미국과 야당에 대한 기대가 크게 약화되었으며, 민중을 주체로 해서 민주주의를 구현하기 위한 노력이 인식과 실천의 양 면에서 크게 강화되었다. 김진균은 상도연구실에서 제자들과 서구의 다양한 사회과학 연구들을 적극 공부하고 한국 사회에 관해 더욱 깊고 실천적인 연구를 하고자 했다.

상도연구실의 변화의 과정은 동시에 김 선생님이 자신의 이론적·현실적 입장을 혁신시켜 가는 과정이기도 하였다. 비판적 근대화론으로부터 시작하여 종속이론, 네오맑스주의, 레닌주의, 탈근대적 맑스주의 등에 이르기까지, 또한 근대화 과정에서의 근대성과 전통의 관계, 조직론, 노동운동, 군사주의, 정보민주화, 지식인 운동사에 이르기까지 김 선생님이 자신의 연구지향과 연구주제들을 확장시켜 가는 과정이기도 하였다. 상도연구실에서 이루어지는 후학들의 연구를 독려하고 동시에 그것을 자신의 것으로 창조적으로 내재화하면서 김 선생님은 자신의 학문적 자기지향을 부단히 혁신시켜 갔다(조희연, 「상도동의 추억」, 『벗으로 스승으로』, 문화과학사, 2005, 152~153).

여기에서도, 그분은 나를 가르치신 적이 없다. 나는 그분과 함께 공부한 기억만 있을 뿐이다. 그러나 나는 이 시절, 비로소 그분의 진면목을 알았다. 그분께서는 공부하고 또 공부하셨다. 제자들에게 이것저것을 물으시던 그분이 어느 날부터인가 그분의 말씀을 하기 시작하셨다. 한번도 자세히 일러주시지 않았고, 나도 굳이 자세히 묻고 알려하지 않았으나, 나는 그분께서 온힘을 다하여, 한걸음 한걸음씩 역사의 한가운데로, 상황의 중심으로 걸어가고 계심을 알았다. 작은 일 하나도 결코 타협하는 일이 없었다(임영일,「이제 선생님의 그늘에서 벗어나려 합니다」,『벗으로 스승으로』, 문화과학사, 2005, 167).

김진균은 1983년 3월 서울대 교수가 되기 전인 1966년부터 해직 중이었던 1982년까지 쓴 글들을 모아서 한울출판사에서 『비판과 변동의 사회학』을 출판했다. 이 책의 글들은 미국의 연구에 몰입된 한국 사회학에 대한 비판, 박정희의 군사독재에 대한 비판, 근대화에 대한 비판적 연구와 분석, '연줄 결속체'로 응축되는 한국 사회의 특징에 대한 이해, 박정희와 전두환 독재의 언론 통제와 이에 대한 저항 등으로 다양한데, 모든 글들이 김진균이 대학원 시절부터 민족주의와 민주주의의 지향을 강하게 갖고 있었다는 것을 잘 보여준다.[*] 이런 바탕 위에서 광주항쟁을 겪고 김진균은 더욱 심화된 민족주의와 민주주의를 추구하게 되었다. 상도연구실에서 김진균과 함께 공부한 젊은 연구자들은 박정희와 전두환의 독재에 대해, 한국 사회의 고성장과 불평등에 대해, 한국 사회의 발전 과제에 대해 열심히 공부했다. 그 성과들은 서울대 사회학과를 비롯한 여러 대학의 석·박사 논문들로 집약되었고, 여러 단행본들이나 비정기간행물들을 통해 발표되었다. 김진균은 제자들이 강렬한 실천적 지향을 갖고 자유롭게 공부할 수 있도록 했다.

[*] 이 책과 관련해서 김진균은 "한국사회학회에서 출간하고 있는 기관지 『한국사회학』에 지난 40년간 사회학 연구분야들을 회고 검토하는 기획물의 하나로 성심여대 이시재 교수가 기고한 「한국사회학의 발전 변동론 연구」(『한국사회학』, 19집, 1985년 여름호)에서 한국사회학계에 있어서 변동 발전의 문제를 계속 관심을 두어 왔던 두 사람을 대조적으로 비교하면서 비판하였다. 그 중에 나를 한 사람으로 꼽았는데, 대체로 나의 입장을 제대로 이해해 주고 고무적으로 언급해 주었다. 그리고 나의 변모과정을 잘 추적해 주었다"는 기록을 남겼다. 이 논문에서 이시재는 1985년에 김경동과 김진균을 대조적으로 비교한 논문을 발표했다. 김경동은 미국 사회학에 기반을 두고 추상적인 거시 발전·변동론을 추구한 반면에 김진균은 미국 사회학으로 시작했으나 한국의 연구와 제3세계의 연구를 적극 받아들여 한국의 현실을 개혁하기 위한 '내생적 발전론'을 적극 추구했다. 이 때문에 이시재는 서구 근대화론을 비판하며 다음과 같이 김진균의 연구에 주목했다. "눈을 돌려 우리의 사회가 갖고 있는 고유한 발전논리를 탐색해 봐야 하지 않을까? 그러한 의미에서 김진균의 '내생적 발전의 논리'는 매우 의미있는 시도라고 보지 않을 수 없다. 김진균의 발전사회학은 우리가 개략적으로 검토해 본 바와 같이, 1970년대의 역사적 경험을 배경으로 하면서 발전의 축을 내부적 동태논리에서 발전의 구조적 제약으로서 분단과 종속의 문제로까지 확대되고 있다. 하나의 근대주의적 발전론자가 통일지향적이며 민족주의적 '변신'의 선명한 궤적을 우리는 여기서 볼 수 있다"(이시재,「한국사회학의 발전 변동론 연구」,『한국사회학』, 19집, 1985년 여름호, 17).

광주항쟁의 경험을 겪은 젊은 연구자들의 비판적인 연구 성과는 무엇보다 석사학위 논문들로 나타났다. 김진균은 이 성과들을 잘 모아서 널리 알리기 위해 애썼다. 이를 위해 그는 한울출판사에서 1983년 말부터 발간하기 시작한 비정기간행물 『역사와 사회』에 참여했다. 누가 썼는지 명확하지 않지만 김진균의 학문관과도 직결되어 있는 것으로 보이는 그 발간사는 광주항쟁 이후 비판적·진보적 지식인들이 품고 있던 실천적 의지를 잘 보여줄 뿐더러 지금 우리의 상황에서도 인식과 실천의 양 면에서 여전히 적실한 의미를 담고 있다. 1980년대 초의 엄혹한 시대 상황을 배경으로 이루어진 김진균의 학문적 변화를 이해하기 위해 조금 길지만 여기에 그 내용을 길게 옮긴다.

우리는 더 이상 뿌리잃은 무국적 지식인의 대열에 설 수 없다. 60~70년대가 몰아온 사회적 격변 속에서 상아탑의 지적 작업은 어떤 방향으로 흘러갔던가? 안일한 보수적·몰주체적 지식의 홍수 속에서 우리는 역사 현실의 발전을 실천적 요구에 대응하여 적절히 파악하지 못하고 낯선 서구 이론의 맹목적 도입에 몰두해 온 것은 아닌가? 또한 이데올로기적 폐쇄성을 탈각하지 못하고 오히려 그 폐쇄성을 내화하여 '반쪽 진리'만에 만족해 온 것은 아닌가? 지금 우리는 이 현실의 내재적 변모를 바라보며, '이론적 지체'라고 하는 뼈아픈 고백을 되뇌이지 않을 수 없는 것이다. …
이제 우리의 아카데미즘은 뒤늦게 우리 문제로의 회귀를 단행해야 한다. 그런데 그것은 서구 이론을 한국에 무조건 도입·적용함으로써 현실을 다시 한번 굴절시키는 '왜곡된 추상적 경험주의'에 의해 이루어질 수가 없다. 또한 그것은 골동품을 발굴해 내듯 세계사적 보편성을 전제하지 않고 한국의 고유한 사실 그 자체에만 집착하는 '왜곡된 토착주의'에 의해 이루어질 수도 없다. 그것은 우리가 발딛고 선, '보고 경험하는' 현실 그 자체의 독특한 문제구조를 우리의 주체적 시각에서 해명함으로써 비로소 가능한 것이다. 주체적 시각에서의 문제파악은 이론적 전망을 천착하지 않고서 특정한 단편적 사실들을 나열한다거나, 우리의 특수한 현실과의 상관성 없이 급진적 이론의 제시만으로 이루어지는 것은 아니며, 오직 '한국적 사실의 새로운 이론적 발전' 위에서 가능한 것이다. …
이 지적 광장은 여기에 참여하는 모두가 이 척박한 '역사와 사회' 속에 '뿌리내리는 운동의 한 터울'이 될 것이다. 그것은 한 개인의 고립적 분투보다는 '더불어 모색하는' 위에서 가능하다. 따라서 이 광장은 우리 현실의 복합적 문제구조의 실상에 근접해가는 젊은 지성의 어우러진 몸부림이 될 것이다(김진균, 「책 머리에」, 『역사와 사회 1』, 한울, 1983, 4~5).

김진균은『역사와 사회 1 — 제3세계와 사회이론』(1983년 11월)과『역사와 사회 2 — 현대 자본주의의 이론적 인식』(1984년 3월)의 책임편집을 맡았다. 전자는 종속이론에 대한 연구들을, 후자는 맑스주의 정치경제 비판에 대한 연구들을 모은 것으로, 비판사회과학의 이론적 기반을 정리하는 중요한 의미를 지니는 책들이었다. 김진균은 이렇게 1983~84년에 제자들과 함께 맑스주의, 종속이론 등 비판사회과학에 대해 적극 공부했다. 그러나 그는 맑스주의, 종속이론 등을 그냥 수용하고 추종한 것이 아니라 우리의 맥락에서 자신의 눈으로 검토하고 발전시키려고 애썼다. 그는 이런 사실을『역사와 사회 1』의「편집자 말」과 해설 논문인「제3세계 사회이론」에 다음과 같이 잘 밝혀놓았다. 학문의 미국 의존성·종속성, 정치에 의한 학문의 왜곡·저지, 진보 쪽의 외국 의존성·추상성 등에 대한 비판은 여전히 대단히 중요한 것이 아닐 수 없다.

일반적으로 이론분야에 있어서 미국에서 주요 파라다임으로 부상한 이론의 경우 한국에 곧장 수입되어 나타나는 경우가 대부분이다. 그러나 종속이론의 한국 소개 과정을 조금 다른 과정을 밟아왔던 것 같다. 발전론 분야에 있어서 종속이론 그 자체는 미국에서 이미 70년대 중반에 주요한 하나의 파라다임으로 부상하였는데, 한국에서는 70년대 후반에 와서야 뒤늦게 소개되기 시작하였다. 종속이론을 비롯한 제3세계 이론의 소개 자체가 뒤늦은 것은 정치적인 차원에서 '제3세계적인 자기인식'이 배제된 결과로, 그것이 이론적인 자기인식의 배제로 이어진 데서 연유하는 것 같다. … 이 책의 편집 의도는 종속이론에 대한 연구수준을 보다 학술적인 차원으로 전개시키고 종속이론을 제3세계이론의 일반적 범주로 승화시키는 데에 조그마한 도움이 되고자 함이다. 한 이론 또는 파라다임이 초기에는 다분히 실천적 함축을 담고 출발하기 마련이지만, 그것을 이론적으로 정밀화하고 학문적으로 심화시키는 것은, 가능한 한 그 파라다임이 갖는 이데올로기적 성격을 배제함으로써 가능한 것이다. 따라서 이 책은 종속이론 자체의 이데올로기적 측면을 배제하고, 단지 종속이론을 포함한 제3세계이론 일반이 어떻게 이론적으로 발전하고 분화하는가를 보이고자 하는 것이다. 종속이론이 한국과 어떤 유관성을 갖느냐 하는 문제에 관해서는, 물론 종속이론이 배태되고 대상으로 하였던 제3세계의 상황과 한국의 상황이 일정한 동질성을 갖고 있는 한, 종속이론을 유용하게 이용할 수 있는 가능성은 있다고 생각할 수 있을 것이다. 그러나 제3세계 연구는 그것이 우리의 '역사와 사회'를 기초로 한 우리의 이론을 정립하는 한 계기적 이해로서 의미가 있다고 보아야 할 것이다 (김진균,「편집자 서문」,『역사와 사회 1』, 한울, 1983, 9~10).

마지막으로 종속이론과 관련하여 간단히 지적해두어야 할 문제들이 있다. 첫째, 종속이론의 경험적 불완전성을 들 수 있을 것이다. 종속이론의 현 이론수준은 그 개념적 엄밀성이나 경험적 타당성의 면에서 많은 문제를 내포하고 있다. 종속이론은 일국의 사회경제를 세계경제라고 하는 더욱 포괄적인 맥락에서 파악할 수 있게 했다는 점에서 그 공헌이 크기는 하지만, 그것은 아직까지 현실을 분석하고 있는 메타이론적 차원에 머물고 있다는 점을 짚고 넘어가야 한다. 종속이론은 어디까지나 현실의 사회경제의 일 측면에 커다란 강조를 둔 시작에 불과하므로, 그 자체를 곧 현실의 총체라고 인식해서는 안 될 것이다. 둘째, 위의 지적의 당연한 귀결로서, 종속이론을 무비판적으로 현실에 적용할 때, 또 하나의 왜곡을 추가할 수 있다는 것이다. 근자에 젊은이들 가운데 종속이론에 대한 관심이 고조되고 있는데, 이러한 관심이 종속이론에 대한 맹목적 추종으로 이어져서는 안 될 것이다. … 결국 종속이론 역시 우리의 현실에 비추어 본다면 포괄적인 일반성으로서 다가온다고 말해야 할 것 같다. 그것이 한국 상황의 이해에 더욱 기여하느냐 않느냐 하는 것은 우리 사회의 실천적 소리에 비추어 볼 때만 비로소 판정할 수 있을 것이다(김진균, 「제3세계 이론의 전개와 그 평가」, 『역사와 사회 1』, 한울, 1983, 26~27).

한국산업사회연구회의 창립

1983년 여름 문을 연 상도연구실은 한국산업사회연구회의 모태가 되었다. 상도연구실의 제자들이 중심이 되어 1984년 7월 20일 한국 최초의 진보적 인문사회과학 학술단체인 한국산업사회연구회가 만들어졌던 것이다. 한국산업사회연구회는 상도연구실과 사무실을 같이 쓰다가 1986년 12월 따로 사무실을 구해 독립했다. 그리고 뒤에 산업사회학회로 바뀌었고, 다시 비판사회학회로 바뀌었다.

1984년에는 선생님의 지도 하에 진보적인 소장파 사회과학 교수들과 상도연구실 출신을 중심으로 한 석·박사 과정의 사회학도들, 사회과학도들이 결합하여 7월 20일에 한국산업사회연구회가 출범하였습니다.
선생님이 창립하신 한국산업사회연구회는 1980년대 최초의 진보적 학술연구 및 학술운동 단체로서 선도적 역할을 수행하였으며, 이후 사회과학 및 인문학 분야들에서 진보적인 학술운동 단체들이 속속 탄생하도록 자극하였습니다. 산업사회연구회는 그때까지 방기되어오던 국가, 민주주의, 계급, 계층, 이데올로기, 사회운동, 정치, 지역, 노동, 빈곤 등의 문제에 대하여 진보적 관점에서 폭넓은 학습과 공동연구를 행함으로써 진보적 사회과학의 발전에 중요한 역할을 수행하였습니다(서관모, 「민중사회학자 김진균 선생님」, 『사회이론과 사회변혁』, 한울, 2003, ii).

상도연구실에 모였던 다양한 젊은 사회과학 연구자들은 더욱 조직적으로 연구하고 그 결과를 발표하기 위해 연구회를 만들기로 하고 김진균을 회장으로 해서 한국산업사회연구회를 창립했다. 한국산업사회연구회가 만들어졌을 때 김진균은 원적 복직이 결정된 뒤였다. 당시 그는 이미 학문과 실천의 양 면에서 진보적인 인물로 널리 알려져 있었다. 성대경은 산업사회연구회의 창립에 대해 "청정은 이들 산사연의 멤버들과 토론하고 연구하면서 그의 민중계급론에 입각한 '민족민중사회학'을 더욱 심오하게 다듬어 냈을 뿐만 아니라 당시의 민주화운동과 노동운동의 이론적 토대와 실천적 노선을 제시하는 전위로 부상했다"고 평가했다(성대경, 「만나고 헤어진 이야기」, 『벗으로 스승으로』, 문화과학사, 2005, 99).

산업사회연구회는 김진균이 오래 전부터 강조했으며, 광주항쟁을 겪고 더욱 강조하게 되었던, 한국 사회과학의 '몰역사성'을 넘어서서 비판성을 회복해야 한다는 문제의식의 실현이라고 할 수 있다. 1966년 발표한 「소아마비 못 면한 사회학」에서 잘 볼 수 있듯이, 김진균은 이미 오래전부터 서구 연구의 무분별한 수입과 적용을 강하게 비판해왔다. 그런데 광주항쟁을 겪고 김진균은 연구의 지평을 크게 넓히는 동시에 현실에 맞서는 실천을 크게 강조하게 되었다. 김진균은 1985년에 출간된 『산업사회연구 1』의 권두논문에서 그 생각을 밝혔다.[*]

해방 40년에 해당되는 1980년대 중반을 넘기면서 이 시대의 실천적 과제를 진지하게 상념하는 사람들은 해방 이후 지금까지의 시기가 전체 한국 역사에서 차지하는 의의를 새롭게 평가해 보기 시작하였다. 이 과정에서 가장 중요하게 재음미되고 있는 것은 이 시

---

[*] 이 논문은 「80년대 한국 사회과학의 과제」라는 제목으로 한국산업사회연구회 엮음, 『산업사회연구 1』, 한울, 1985에 실렸으며, 뒤에 「한국 사회과학의 현재적 과제 ― 새로운 학문공동체를 위하여」라는 제목으로 수정·보완되어 『한국사회연구 5』, 한길사, 1987년에 실렸다. 여기서는 『사회과학과 민족현실』, 한길사, 1988에서 인용.

기가 일제 식민지 통치기에 겪은 민족적 고통에 버금가는 얼룩진 분단의 역사라는 사실이다. … 한편으로 분단을 구조적 조건으로 하여 동시에 발전해 온 자본주의는 한국 역사의 특수성이라는 통로를 통과하면서 자본주의 자체의 한국적 모순을 잉태산출하고 있는 것도 우리의 목전에서 일어나고 있는 사실이다(김진균, 1984, 「한국 사회과학의 현재적 과제」, 『사회과학과 민족현실』, 한길사, 1988, 14~15).

사회학을 포함한 한국의 사회과학은 1970년대까지 기본적으로 몰역사적 성격(또는 현장 부재성)을 가진다고 규정할 수 있는데 한국적 현실을 역사적 구조적 사실로 보지 못했던 조건은 세 가지로 정리될 것이다. 그것은, 첫째 맹목적 반공이데올로기에 의한 제약, 둘째 미국적 이론의 무비판적 수용, 세째 과거의 실상을 은폐하려는 반역사적 세력의 존재이다. 이 중에서 가장 본질적인 것은 세번째 측면이지만 학사적인 측면에서는 두번째 측면이 검토될 필요가 있다(김진균, 1984, 「한국 사회과학의 현재적 과제」, 『사회과학과 민족현실』, 한길사, 1988, 18~19).

'분단시대'로 역사적 현단계를 규정한 사실의 사회과학적 의의는 무엇보다도 분단적 현실을 과학적으로 규명하려는 노력을 촉발시켜 사회과학의 실천성을 회복하게 했다는 점이다. 물론 풍부한 연구업적은 아직 쌓이지 못하고 있지만 우리의 사회구성을 논의하고 계급분석을 행하며, 나아가 주체형성론으로까지 이어지고 있는 인식의 확대는 그 연장선상에서 이해될 수 있는 것이라 하겠다. 이 과정에서 사회에 수없이 널려 있던 금기화된 사실, 연구자들이 스스로 설정해 놓았으면서도 심각하게 의식하지 못했던 한계점을 사회과학의 무대에 올리는 효과를 낳았다(김진균, 1984, 「한국 사회과학의 현재적 과제」, 『사회과학과 민족현실』, 한길사, 1988, 22).

근래 사회과학의 새로운 접근과 지향을 추구하는 연구자들이 나타나고 있다. 이들은 스스로 스스로에게 부여되었다고 느끼는 역사적 과제가 다르다는 것을 인식하면서 연구활동을 펴나가고 있다. … 새로운 학문공동체는 그 존재의 설득력에 관한 사실인식에서 출발하여 분단의 극복과 인간해방이라는 보편적 진리의 실현에 그 공동체가 갖는 의미에 관한 물음으로까지 전개되어야 하는 것이다(김진균, 1984, 「한국 사회과학의 현재적 과제」, 『사회과학과 민족현실』, 한길사, 1988, 25~26).

김진균은 산업사회연구회가 발족하고 같은 해 겨울에 출간된 『한국사회변동연구 1』

(민중사, 1984)에 「한국사회의 계급구조」와 「한국의 교육문화에 대한 사회학적 접근」
이라는 두 편의 논문을 발표했다. 이 논문들은 한국기독교사회문제연구원의 연구과제
에 의한 것이면서 상도연구실에서 제자들과 함께 공부한 중요한 결과물이었다. 그리고
이 논문들은 산업사회연구회가 지향하는 방향을 잘 보여주는 것이기도 했다. 이에 대해
김진균은 1988년 2월에 출간한 두 번째 저서인 『사회과학과 민족현실』(한길사, 1988)에
서 다음과 같이 설명했다.

> 나는 운 좋게도 80년대 중반에 '학술운동'의 주역들을 접하게 되었는데, 이들의 헌신적인
> 학문적 실천은 반드시 좋은 결실을 맺을 것이라고 믿는다. 나는 1984년에 만들어진 '한
> 국산업사회연구회'에 참여해서 그 학회활동을 지켜보고 있는데, 그때가 마침 개인적으
> 로는 80년대 초반 만 4년간의 참담하고도 긴 해직생활을 끝내고 다시 학교로 돌아가던
> 시기였다. 그렇기 때문에 한층 더 한국사회과학의 자체에 대한 긴장감은 우리 주변에서
> 떠날 수 없었던 것이다.
> 지금은 사회구조가 기본적으로 계급구조에 골격을 두고 있다는 점이 상식적으로 이해되
> 고 있다. 사실 본인이 계급구조에 어떻게든 접근하게 된 계기는 한국기독교사회문제연
> 구소가 1981년부터 한국사회구조의 변동문제를 연구과제로 설정하기 시작한 데 연유한
> 다. 그 연구과제에 참여하여 『한국사회변동연구(I)』(민중사, 1984)에 '한국사회의 계급구
> 조'와 '한국의 교육문화에 대한 사회학적 접근'으로 결과물을 내게 되었는데, 이 계급연구
> 자체가 당시 자본주의 계급구조의 핵심적 문제해명에 접근하고 있던 충북대 서관모 교
> 수의 기초자료에 근거하게 되었으며, 한국의 계급구조의 모양을 다듬어 보는 데는 서관
> 모·허석렬·임영일·조희연·정혜선·공제욱·정근식 여러분의 지혜와 노력이 주어지기
> 도 하였다. 그 뒤에 씌어진 계급관계의 글들은 실로 여기서 출발하고 또한 서관모 교수
> 의 계속된 계급연구 진행에 반응해서 본인 혼자 또는 이 문제에 관심을 갖고 있던 사람
> 들과의 협력으로 이루어진 것이며, 따라서 글들이 모두 시행착오를 거듭해 보이는 것이
> 기도 한 것이다. 교육에 관한 글도 계급문제와의 연장선상에서 취급된 것이지만, 이것도
> 한국기독교사회문제연구원의 연구과제에서 촉발된 것이다(김진균, 「책을 내면서」, 『사
> 회과학과 민족현실』, 한길사, 1988, 3~4).

김진균은 4·19혁명 세대답게 일관되게 민족과 민중을 추구했다. 광주항쟁을 겪고 학
문의 전환을 이룬 뒤에도 이런 인식은 계속 유지됐다. 그러나 내용에서는 더욱 풍부해

지고 정교해졌다. 그는 민족의 면에서 무엇보다 분단이 민족을 괴롭히는 가장 중요한 문제이므로 통일을 추구해야 하고, 이를 위해 '한국 사회'를 남한이 아닌 북한까지 확장해서 규정해야 한다고 생각했다. 이와 함께 그는 민중의 면에서 자본주의의 성장에 따른 계급의 형성과 노동자계급의 중요성에 주목해야 한다고 생각했다. 김진균은 이런 성찰을 바탕으로 산업사회연구회의 발전을 이끌었다.

한국산업사회연구회의 의의

한국산업사회연구회의 활발한 활동을 통해서 한국전쟁과 분단, 그리고 독재를 통해 억압되고 왜곡됐던 한국의 인문사회과학이 회복되기에 이르렀다. 인문사회과학의 본령은 사회와 인간에 대한 비판적 인식과 합리적 실천을 통해 진보를 이루는 것이다. 그러나 한국의 인문사회과학에서는 오랫동안 비판, 실천, 진보 등의 가치가 허용되지 않았다. 독재 정권은 전쟁과 분단을 배경으로 독재에 봉사하는 인문사회과학만을 허용했다. 그러나 시민들을 무참히 학살하고 들어선 전두환 정권의 문제를 올바로 인식하고 해결하기 위해 애쓰는 과정에서 한국의 인문사회과학은 본래의 모습을 되찾게 되었다.[*]

　산업사회연구회가 활성화되고 그와 연관을 맺고 여러 비판적·진보적 인문사회과학 연구모임들이 만들어졌다. 역사학 분야에서 망원 한국사연구실(1984), 역사문제연구소(1986) 등이 만들어졌고, 민주화에 대한 열망이 6월 항쟁으로 폭발했던 1987년에는 한국근대사연구회, 한국사회경제학회, 문학예술연구회, 사회철학연구실, 여성사연구회, 여성한국사회연구회, 한국정치연구회, 보건과사회연구회 등이 창립되었으며, 민주화가 어렵게 추진되기 시작한 1988년에는 한국농어촌사회연구소, 한국사회연구소, 한국역사연구회 등이 창립되었다(정근식, 「청정 김진균의 삶과 학문」, 『벗으로 스승으로』, 문화과학사, 2005, 39~40; 조희연, 「상도동의 추억」, 『벗으로 스승으로』, 문화과학사,

---

[*] 물론 이 과정은 결코 쉽지 않았다. 이승만, 박정희, 전두환 독재 정권은 비판, 실천, 진보 등의 가치를 추구하는 학자들을 좌경, 용공, 심지어 간첩으로 조작해서 체포하고, 고문하고, 투옥하고, 심지어 살해했다. 수많은 학자와 시민들이 이런 험난한 고통에 맞서 계속 저항한 결과 민주주의의 발전이 이루어지고, 비판적, 실천적, 진보적 학문의 발전이 이루어질 수 있었던 것이다.

2005, 154~155). 이렇게 인문사회과학의 여러 학문 분야에서 여러 연구모임들이 만들어지면서 산업사회연구회는 사회학 중심으로 재편되었고, 노동, 국가, 계급 등의 여러 분과들이 설치되어 활발하게 연구를 수행했다.[*]

산업사회연구회는 연구회의 연구성과를 발표하기 위해 1988년 겨울에 『경제와 사회』를 창간했다.[**] 창간호의 특집은 '한국 사회성격과 사회운동'으로 당시 활발히 펼쳐지고 있던 한국 사회성격 논쟁에 대한 적극적인 참여라고 할 수 있다. 그리고 『경제와 사회』 편집위원회[***]는 제4호인 1989년 겨울호(1990년 2월 발간)의 발간사에서 『경제와 사회』의 과제에 대해 제시했다. 당시의 시대적 상황과 산업사회연구회의 실천성을 잘 보여주는 역사적인 의미를 갖고 있는 글이므로 여기에 줄여서 제시한다.

80년대는 변혁적 이념의 확산 및 기층운동의 대중적 전개에 기초한 민중운동의 비약적 발전의 시기였다. 이 80년대에 한국사회는 70년대까지 한국사회를 강고하게 지배하고 있던 보수적이고 반민주적인 의식과 제도의 구각舊殼이 깨뜨려지고 새로운 사회건설의 기초가 되는 진보적 인식과 그것을 담보하는 새로운 사회세력이 각계층·각지역에서 성장해오는 거대한 변동을 경험해왔다. 우리가 속한 진보적 학술권도 바로 이러한 거대한 변동의 흐름 속에 속해왔다고 할 수 있다.

80년대 전반의 진보적 학술권은 민중운동의 발전이 열어 보이는 변혁적 인식지평의 확대를 추동력으로 하며, 단절된 '맑스주의'적 연구의 전통을 복원하여내면서 진보적 학술연구로서의 자기성격을 보다 명확화해가는 과정을 밟았다. 바로 이러한 과정을 기초로 하여 80년대 후반의 진보적 학술권은 한편으로는 보수적인 제도학계와의 관계를 적극적 긴장관계로 변화시키면서 제도학계의 혁신을 도모하고자 하였고, 다른 한편으로는 진보적 학술권의 이론적·정치적 역량을 매개로 하여 민중운동의 발전에서 요구되는 변혁론의 심화 및 정치적 이데올로기적 '후원'에 부분적으로나마 기여하기 위하여 노력해왔다고 할 수 있다.

이제 90년대의 길목에 서서 우리는 진보적 학술권, 그리고 그것의 일부로서의 '산업사회연구회'의 올바른 위상 및 역할이 무엇인가 하는 물음에 새삼 직면하게 된다. … 89년 후

---

[*] 〈참고〉 18. 한국 산업사회연구회와 한국사회연구소

[**] 현재 『경제와 사회』는 비판사회학회에서 계간지로 발간하고 있으며, 한국을 대표하는 최고 수준의 사회과학 학술지로 확립되어 있다.

[***] 당시 편집위원회는 편집주간 임영일, 편집위원 최장집, 강정구, 장하진, 신광영, 강신준, 조희연, 공제욱, 김동춘 등 9명이었다.

반기에 우리 연구회 내부에서는 산업사회연구회의 위상을 둘러싼 논의가 있었고, 그러한 논의의 결론으로서 다음과 같은 4가지의 과제를 설정·합의하였다. 1)변혁운동의 실천적 문제의식에 입각한 이론적·실증적 연구성과의 창출 2)변혁운동에 기여하는 정세분석과 전략·전술 수립에의 이론적·실증적 기여 3)사회학계 내부의 학문적 주도성 확립과 사회학계의 전반적 쇄신을 집단적 실천 4)학문적 권위를 기반으로 한 정치적·이데올로기적 실천(『경제와 사회』 편집위원회, 「책을 내면서」, 『경제와 사회』 제4호, 1990, 1~2).[*]

산업사회연구회의 활동으로 촉발된 비판적·실천적·진보적 인문사회과학 연구모임들의 활성화는 1988년 6월의 제1회 학술단체 연합 심포지엄으로 이어졌으며, 같은 해 11월 5일 이 연구모임들은 지금까지 지속되고 있는 '학술단체협의회'(학단협)라는 새로운 학술운동 연대모임을 설립했다.

1987년 6월 항쟁 이후 김진균은 '민교협'을 중심으로 한 교수운동으로 초점을 옮겼고, 60년대 중·후반 학번인 최장집과 이종오가 2대·3대 회장을 맡아 70년대 학번들과 함께 산업사회연구회를 운영해나갔다. 이에 대해 이종오는 다음과 같이 설명했다.

선생님이 80년대 지성사에 독특하고 우뚝한 자리를 지니셨던 것은 모두가 익히 아는 바이다. 이런 선생님과 80년대 이래 학술운동, 교수운동 등으로 긴밀히 엮어질 수 있었던 것은 개인적으로 큰 행운이었다. 개인적 인연을 떠나서 이런 만남이 이루어질 수 있었던 것은 8·90년대 한국 지성사의 맥락 속에서 이해할 수 있다. 당시 80년대 학계에서 선생님은 리영희, 변형윤, 백낙청, 강만길 선생들과 같이 민주화, 진보운동의 몇 안 되는 대표

---

[*] 그러나 이런 실천성은 1989~91년에 걸쳐 진행된 급격한 세계사적 변화의 와중에 큰 변화를 겪게 되었다. 1992년 1월에 발간된 『경제와 사회』 1991년 겨울호(12호)의 발간사에서 편집주간 유팔무는 다음과 같이 썼다. "급변하는 국내외 정세는 우리 사회의 진보적 사회과학 연구활동에 대해 여러가지의 충격과 변화를 초래하고 있다. 무엇보다도 현실 사회주의 위기의 여파로 종래에는 심각하지 않았던 변혁의 이론적 전망과 사회진보의 방향설정 문제가 진지한 재검토를 요구하고 있으며, 이 과정에서 변혁과 진보에 대한 근본적인 회의나 관심전환을 보이는 지식인들이 늘어나고 있다"(유팔무, 「거듭나는 『경제와 사회』」, 『경제와 사회』 12호, 6). 이때부터 『경제와 사회』는 '진보적 학술 계간지'로서 직접적인 실천성보다 진보적인 학문성을 더 강조하며 본격적인 학술지로 나아가게 되었다. 김진균은 『경제와 사회』 12호에 '상황변화는 우리에게 연구지평의 확대를 요구하고 있다'는 '세평'을 실어서 비판적·실천적·진보적 연구자들의 분발을 독려했다. 당시 김진균은 1991년 6월에 노태우 정권에 의해 '서울사회과학연구소' 사건이 발생해서 큰 시련을 겪고 있었다.

지성이셨으며 특히 김진균 선생님은 사회학계에서 독보적 존재이셨다. 그러나 선생님은 굳이 사회학이라는 분과학문의 테두리 안에서 규정될 수 있는 분은 아니었고[*] 경제학을 포함한 사회과학 일반을 자기 영역으로 삼는 지성인이셨고 산사연의 분위기도 그러하였다. 임영일, 서관모, 조희연 등 70년대 초·중반 학번들은 80년대 초·중반 한국의 정치와 사회운동이 극심하게 요동치던 시기에 석·박사 과정 중에 있었고 당시 선생님의 해직교수로서 제도권 외곽에서 학술운동 태동의 산파역을 맡고 있었다고 여겨진다. 그러나 80년대 중반에 산사연의 제자들은 신임교수들이었거나 아직 박사과정 중에 있는 사람들이 많았으며 어느 정도 연배나 연륜으로 보아 중견이라고 할 수 있는 60년대 중후반 학번이 선생님과 이들 간의 연결고리로서 필요하였다. … 결국 선배가 되는 최장집 교수에 이어 내가 산사연 회장을 맡게 된 것은 이런 맥락에서라고 생각한다(이종오,「김진균 선생님의 추억」,『벗으로 스승으로』, 문화과학사, 2005, 159).

---

[*] 사실 김진균은 분과체제에 대해 커다란 비판의식을 지니고 있었다. "우리의 학문공동체는 대체로 제도적 분과학문에 따라 이루어지는 경향이 있었다. 이는 자본주의 사회의 일반적인 전문화 경향에 따라 자폐적인 성질을 띤 것으로 한국 사회의 총체적 파악과 학문적 실천이라는 대명제에는 역행하는 것이었다"(김진균,「한국 사회과학의 현재적 과제」,『사회과학과 민족현실』, 한길사, 1988, 26).

14

복직과 학원안정법 파동
1984~85년

1984년 2학기

1984년 2학기 김진균은 4년 1개월 만에 서울대 사회학과로 복직했다. 그동안 많은 일들이 있었다. 서울대는 1980년 초 총학생회를 구성했으나 전두환의 5·17 반란으로 곧 무력화되었고 다시 학도호국단이 구성되었다. 그러나 학생들의 저항이 사라진 것은 아니었다. 학생들은 계속 열심히 현실에 대해 공부하고 전두환 정권에 맞서 처절히 싸웠다.[*]
전두환 정권은 1983년 12월 21일 제적생들을 복교시키고 대학교 안에 상주하던 경찰[**]을 철수시킨다는 '유화조치'를 추진했다. 그 배경과 경과는 다음과 같았다.

1983년 12월 21일 전두환 정권은 5·17 이후 제적된 학생들에 대한 복교허용조치를 발표했다. 전정권이 탄압 일변도의 강경책에서 이른바 '학원 자율화'라고 불리는 유화책으로 정책을 변경한 데는 1986년 아시안 게임과 1988년 올림픽의 영향이 컸다. 인권탄압국가라는 이미지로는 전 지구적인 잔치를 치를 수 없었다. 그러나 무엇보다 더 중요한 이유는 이제 강경책으로도 더 이상 학원 문제를 해결할 수 없었기 때문이었다. 5·17 이후 1983년 12월까지 학원 사태로 제적당한 학생은 전국 65개 대학, 총 1천3백여 명이었다.

---

[*] 〈참고〉 19. 서울대 민주화의 길
[**] 〈참고〉 20. 박정희와 전두환의 학원 감시

이는 유신 7년 동안 786명의 거의 두 배에 달하는 숫자였다. 1983년 한 해만 327명에 달했다. 전두환 정권은 무언가 정책의 전환을 꾀하지 않을 수 없었다. 그러나 학원 자율화 조치는 1984년 벽두부터 어긋나기 시작했다. 제적생들이 학교별로 복교대책위를 구성하여 복교에 앞서 사회 전반의 민주화를 요구하고 나선 것이다. 재학생들은 학원 자율화 조치로 열린 공간을 이용하여 학생운동의 대중적 기반 확산에 노력했다(민주화운동기념사업회, 「민주주의의 실천광장 서울대학교 아크로폴리스」, 2008).

전두환 정권은 '유화조치'로 국제적 평판을 개선하고 민심을 얻으려고 했으나 실은 저항을 더욱 확대하는 결과를 빚었다. 전두환 정권의 폭력과 비리가 너무나 컸기 때문에 강력한 억압에 맞서는 사람들이 계속 늘어났고, 그 결과 전두환 정권이 억압을 완화하게 되자 더욱더 많은 사람들이 저항에 참여하게 되었던 것이다. 서울대를 비롯해서 전국의 대학들에서는 1984년 1학기가 시작되자 학원자율화운동이 활발하게 펼쳐졌다. 그 결과 1984년 2학기 서울대 학생들은 직접 선거로 법대의 이정우를 총학생회장으로 선출해서 총학생회가 구성되었다.* 그러나 총학생회를 통해 학생들의 저항이 강화되자 전두환 정권은 이정우를 제명해서 총학생회를 제압하려고 했다. 이에 맞서 총학생회장 이정우는 민주화를 요구하며 목숨을 건 단식투쟁을 벌였다. 학생들은 이정우가 죽을 것이라고 걱정하며 김진균에게 단식을 중단하게 해 달라고 부탁하기도 했다. 김진균은 참담한 심정이었으나 총학생회장 이정우가 단식을 중단하고 싸울 것이라고 믿었다. 이에 대해 그는 다음과 같은 기록을 남겼다.

당시 자율적으로 구성된 서울대 총학생회장 이모 군이 단식 농성을 감행하고 있었다. 여학생 하나가 나에게 찾아와서 그 단식을 말릴 수 있는 방도를 강구해 달라고 하면서 눈물을 흘렸다. 나는 그 여학생에게 확신을 갖자고 말했다. "민주화운동을 하는 학생이 쉽게 자기의 생명을 버리지 않을 것이다. 이것을 우리가 믿자." 복직교수로서 연구실에 앉

---

* 이정우는 '압제를 불살라라!'는 구호를 내걸었는데 이 구호는 전국적으로 유명해졌다. 당시는 아직 총학생회가 법적으로 인정되고 있지 않았기에 이 선거는 '불법'이었다. 서울대와 마찬가지로 연세대는 송영길(경영 81), 고려대는 김영춘(영문 81)을 '불법' 총학생회장으로 선출해서 총학생회를 구성하고 전두환 정권에 맞섰다. 1984년 11월 3일 연세대에서 '민주화투쟁전국학생연합'이 발족했고, 11월 14일 민투학련의 지도로 264명의 대학생들이 서울 민정당사 점거농성을 벌였다. 이 사건을 계기로 경찰은 학생운동 지도부에 대한 대대적인 검거작전을 벌였고, 그 결과 김영춘이 불심검문에서 체포되었고, 이어서 이정우와 송영길도 체포되었다.

아 있는 창밖에 가을비가 축축이 내린다(김진균, 「자율성과 대학생」, 『불나비처럼』, 문화과학사, 2005, 265).

1985년

이렇게 어렵게 복직한 첫 학기가 지나갔다. 그러나 상황은 더욱 치열해지고 있었다. 전두환 정권은 전두환의 임기가 끝나는 1987년에 정권을 연장하고자 획책하고 있었고, 민주화를 염원하는 시민들은 어떻게든 1987년에 민주정부를 수립하고자 최선을 다하고 있었다. 1985년 2월 12일의 총선에서 신민당이 승리해서 대통령 직선제를 핵심으로 하는 개헌 요구의 정당성이 확인되었다. 이로써 신민당의 개헌 투쟁이 본격화되기 시작했다. 대학생들의 투쟁도 강화되었다. 대학생들은 1985년 4월 17일 고려대에서 대규모 집회를 열어 전국학생총연합(전학련)을 결성했고 그 산하에 삼민투(민족통일·민주쟁취·민중해방 투쟁위원회)를 설치했다. 이렇게 해서 전두환 정권에 맞서는 대학생들의 조직이 크게 정비됐다.

1985년 5월 17일 서울대 학생들은 '광주 학살'의 원흉 전두환 정권을 규탄하는 교내 집회를 마치고 학교 밖으로 행진을 시도하면서 교문을 막은 경찰과 밤 10시가 다 되도록 치열한 '교투'를 벌였다. 그로부터 6일 뒤인 5월 23일 낮 12시 고려대, 서강대, 서울대, 성균관대, 연세대 등 5개 대학교의 삼민투 소속 학생 73명이 서울 을지로 1가에 있던 미국문화원의 2층 도서관을 점거했다. 대학생들의 점거농성은 5월 26일까지 72시간 동안 진행됐다. 그 주요 경과는 다음과 같다.

학생들은 '전국학생총연합 광주학살원흉처단투쟁위원회' 명의로 살포된 유인물을 통해 ▲광주사태의 진상과 그 책임자를 명백히 국민 앞에 공개할 것 ▲광주학살 주모자와 관련자들은 책임질 것 ▲광주사태에 대해 책임을 지고 미국은 한국 국민 앞에 정중히 사과할 것 등을 요구했다. 첫번째와 두번째 것은 항상 제기돼 왔던 문제라 새삼스러울 것이 없었다. 문제는 세번째 요구사항이었다. 이제까지 광주사태는 한국 내부의 문제라고 하

서울 미 문화원 점거농성

면서 국외자처럼 행동했던 미국에 대해 그 책임문제를 제기한 것이다. … 1985년 서울
미문화원 점거 농성 사건은 학생운동에 '점거 농성'이라는 새 양상을 불러일으켰다. 85년
에는 대학생들이 새마을운동 중앙본부, 주한 미상공회의소, 민정당 중앙연수원 등을 잇
따라 점거하면서 민주화를 요구하는 분위기가 고조됐다. 이듬해 건국대 사건은 학생들
이 농성한 지 나흘만에 경찰이 헬리콥터까지 동원한 진압작전을 펼쳐 가담자 1,290명을
구속하는 등 단일 사건으로 최대 구속자 수를 기록하기도 했다(민주화운동기념사업회,
'실록 민주화운동 — 서울 미 문화원 점거농성', 『경향신문』, 2004년 5월 16일).

전두환 정권은 분출하는 학생들의 저항을 제압하기 위해 끔찍한 '삼청교육대*'를 방불
케 하는 희대의 악법을 추진했다. 1985년 7월 15일 『경향신문』의 특종보도로 밝혀진 '학
원안정법'이었다.

1985년 7월25일 석간 1판 마감을 마친 경향신문 손광식 편집국장과 강신구 사회부장 등
은 한 일식당에서 점심식사를 하던 중 청와대로부터 다급한 전화 한 통을 받았다. "그건
사실이 아니다. 신문사가 숙고해서 결정하라"는 식의 협박성 전화였다. 1면에 나온 사회
부 김현섭 기자가 쓴 '學園安定法 제정 추진'과 정치부 김지영 기자가 송고한 '盧총리·盧
대표 대책협의'라는 기사가 5공화국을 자극한 것이었다. '학원안정법'은 운동권 학생을
영장 없이 체포해 구금하고 교육시킬 수 있을 뿐만 아니라 데모가 자주 발생할 경우 교
수들도 공동책임을 지게 하는 내용 등을 주요 골자로 한 그야말로 '악법 중 악법'이었다.
한마디로 80년대 삼청교육대의 연장선장에서 비롯된 발상이었다(김창남, 「기자와 필화

*〈참고〉 21. 삼청교육대

(5): 경향신문 '학원안정법' 특종보도 사건」, 『한국기자협회』, 2009년 1월 21일).

이 희대의 악법 계획이 알려지자 세상이 들끓었다. 전두환 정권은 결국 8월 16일에 이 악법 계획의 유보를 야당에 밝혔고, 얼마 뒤 노태우를 제외한 민정당의 3역을 교체했다. 8월 16일에 김진균과 이만열을 비롯해서 대학교수 10여 명이 '학원안정법'에 반대하는 성명서를 발표했다. 그런데 공교롭게도 다음 날 전두환 정권은 '학원안정법' 계획을 철회했다(이만열, 「긴 만남과 짧은 회고」, 『벗으로 스승으로』, 문화과학사, 2005, 123).

김진균은 전두환 정권에 맞선 학생들의 치열한 투쟁과 희생에 큰 괴로움과 미안함을 동시에 느끼고 있었다. 당시 제적, 구속, 강집, 수배 등으로 고통을 당하고 있는 사회학과의 제자들도 수십 명이나 되었다. 1985년 12월 그는 다음과 같은 기록을 남겼다(김진균, 1985, 12월 13일의 메모와 12월 31일의 메모, 『불나비처럼』, 문화과학사, 2005, 202~203).

12월 13일

이번 학기에 내가 맡은 강의는, 대학원 과정에서 '변동론연구', 학부 과정에서 '사회변동론', 기초 과정에서 '사회학개론'이다. 사회변동론 강의에 수강 신청한 학생 수는 315명이었다. 어제 보내온 '성적표'명단에 이 315명이 기재되어 있다. 그런데 이중에 정학(F) 3명, 휴학 77명으로 표시되어 있다. 이들 학생 중에는 미국 문화원 진입사건으로 구속 기소되어 있는 학생도 있고, 민정당 연수원 진입사건*으로 구속되어 있는 학생도 있다(물론 사회학과 학생만 확인 된 것). 어쨌든 315명 수강 신청자 중에서 그 1/4에 해당되는 80명이 중도에서 학업을 중단했다는 것은 주목될 사실이라고 여겨진다. 이 현상도 지난 일년간 또는 2학기 동안 학생 사회에서 일어나고 있는 일련의 변화가 반영된 것으로 보인다. 우리 학생들이 언제 그들의 잠재력을 일단 학교에서 안정되게 양육할 수 있도록 조건이 좋아질 것인지. 사회에 대하여, 역사에 대하여 그들이 직접 지고자 하는 명에를 언제 조용히 내려놓고, 그들의 창조성을 더욱 키울 자양분을 듬뿍 먹을 것인지!

12월 31일

지난 사은회에서는 가슴이 아팠다. 50명 입학에 29명 졸업, 그리고 거기 참석한 학생은 19

---

* 〈참고〉 22. 민정당 중앙정치연수원 점거 농성

명, 구치소에 들어가 있는 학생은 셋, 그 셋도 모두 학생들이 자율적으로 선거해 뽑은 총학생회장 2명(1명은 보궐), 총여학생회장 등이다. 이번 학부 졸업반은 내가 해직 중에 있던 사이에 입학했고 내가 복직해서는 3~4학년 강의를 하지 않았기 때문에, 강의실에서 만나는 인연은 없다. 그래서 학생들 얼굴조차 모두 잘 모른다. 해직 4년 1개월이 햇수로 5년, 학년으로는 6학년 학급들과의 인연을 끊는 결과였다. 단지 지난 5월 졸업여행을 지리산으로 가게 되어, 내가 동행한 일이 있는데, 이것이 이들 졸업반 학생들과의 유일한 인연이며, 접촉의 기회였고, 같은 경험의 전부였다. 전세 버스를 타고 밤 11시 반에 출발하여 백무동에 새벽 6시경에 도착하였고, 한신계곡을 들어가서 아침밥 해 먹고, 세석평전에 2시 경에 도착하여 캠프하였다. 연휴일이라 등산객이 붐볐다. 저녁밥을 일찍 해 먹고 둘러앉아 노래를 불렀다. 나는 이때 근래 학생들이 주로 부르는 '노래'(특히 시위운동 중에 잘 부르는 노래)를 많이 듣게 되었다. 어떤 것은 처절하기도 하고, 어떤 것은 힘을 돋구기도 하고, 어떤 것은 해학적이기도 하고, 전반적으로 노래 문화가 TV매체를 통해 보여주는 그것과는 아주 다른, 현실과 역사에 대결한다는 비장한 감정이 기조를 이루는 것으로 보였다.

1985년 5월 27일 사회학과 82~83학번 졸업여행 – 지리산
정진상, 이병혁 교수, 정일준, 김종엽, 정태석, 박순진, 오건호, 박채향, 조동기 등이 보인다.

1985년 1학기부터 서울대 사회학과 학생들 사이에 널리 불리게 된 노래로 〈불나비〉
가 있었다. 이 노래는 가사와 곡조가 모두 힘찬 드문 '운동가'인데, 86학번은 이 노래를
아예 '과가'(과 노래)로 정했다. 김진균도 1985년 1학기에 이 노래를 여러 번 들었을 텐
데 그도 이 노래를 아주 좋아해서 2001~04년에 진보넷에 칼럼을 쓰며 '불나비'를 아예
필명으로 삼았다. 그는 이 역동적인 노래에서 모진 억압을 이기고 커지는 민주화의 힘
을 느꼈을 것이다.

⑮

민교협의 창립
1986~88년

민교협의 창립

1986년 4월 28일 아침 9시 강원도 철원의 전방부대로 전방입소 교육을 떠날 예정이었던 서울대 85학번 남학생들 중에서 200명 정도가 서울 신림동 네거리에서 차도를 점거하고 전방입소 교육을 전면 거부하는 투쟁을 벌였다.* 그 과정에서 경찰의 무모한 진압으로 말미암아 투쟁을 지휘하던 서울대 83학번 김세진과 이재호의 분신사건이 발생했다.** 김진균은 이렇게 민주주의를 요구하는 제자들의 희생이 잇따르는 것을 보며 교수들이 민주화운동에 적극 나서야 한다는 생각을 더욱 강하게 갖게 되었다. 결국 그는 해직교수협의회 출신의 원로 교수들과 민주화를 열망하는 젊은 교수들을 두루 만나서 1987년 6월 26일 '민주화를 위한 전국교수협의회'(민교협)를 창립했다. 이 과정을 김세균은 다음과 같이 정리했다.

민교협은 … 직접적으로는 1986년 3~4월의 대학별 시국선언과 6월의 연합 시국선언, 1987

---

* 박정희 정권은 일본 제국주의로부터 배운 교련 교육을 통한 학교의 병영화를 강행했다. 전두환 정권은 그 일환으로 '전방입소' 교육을 실시했는데 전방 부대에서 분단을 체험하게 하고 군부 독재를 정당화하며 순종적인 주체를 생산하는 것이 그 목적이었다.

** 〈참고〉 23. 1986년 자민투·민민투와 전방입소 교육 반대 투쟁

년 4~5월의 개헌추진 교수성명 등 3차례에 걸친 교수운동의 물결이 87년 6월 민주항쟁의 거대한 물줄기에 합류하는 과정에서 출범했다. 민교협의 출범으로 교수운동은 군부독재 30년 기간 동안 독재에 항거하고 학원 민주화를 위해 싸웠던 선배 교수들의 전통을 계승하면서도, 그 한계를 뛰어넘어 우리 사회의 민주와 진보를 위해 지속적으로 활동하는 교수들의 자발적인 집단적 운동으로 발전하게 되었다. 민교협의 출범으로 한국의 지식인운동은 세계적으로 그 유례를 찾을 수 없는 지식인운동의 새로운 지평선을 개척했다(김세균, 「총론_민교협의 역사와 활동: 최근 10년」, 『민교협 20년사』, 메이데이, 2007, 73~74).

　교수의 민주화운동을 가장 먼저 제안했던 사람은 충북대 철학과의 유초하 교수였다. 유초하는 1985년 여름 김진균, 이수인, 채희완, 허병실 등과 만난 사리에서 '징고돌파에 기여할 교수운동 조직화추진의 필요성'을 제안했다. 그러나 실제적인 논의는 1986년 여름부터 시작됐다. 1986년 1월 전두환 정권은 개헌 불가를 천명했는데, 이에 대응하는 과정에서 '교수집단의 지식인운동을 효율적으로 전개하기 위해서는 조직화가 필요하다는 공감이 확산'됐던 것이다. 그리고 1986년 8월 병산서원에서 2박3일 동안 열린 한길사 주최의 토론회가 중요한 계기가 되었다. 이런 노력들이 1년 정도 전국에서 펼쳐져서 1987년 5월 중순에 열린 복직교수회의에서 6월 26일에 '민주화를 위한 전국교수협의회'를 창립하기로 결정했다(유초하, 「김진균과 한국 현대사」, 『벗으로 스승으로』, 문화과학사, 2005, 196~198).

　유초하는 민교협 결성에 참여한 교수들을 크게 세 갈래로 설명했다. 김진균은 세 갈

1986년 8월 12일 안동의 병산서원에서 한길사 주최 대토론회

래의 교수들 모두와 긴밀한 관계를 맺고 신망을 얻고 있는 중진 교수였다.

민교협 결성으로 이어지는 교수들의 움직임은 크게 세 갈래였다. 1980년에 강제해직
됐다가 권력에 맞서는 운동을 통해 1984년에 복직한 50~60대 중진교수들, 1980년대 초
에 대거 대학으로 진입한 각 지역의 30~40대 소장교수들, 그리고 교수로 임용되지 않은
20~30대 신진연구자가 함께한 다양한 전공영역별, 인접학제간 연구회·연구자들의 운
동이 그것이다. … 1985년까지 주로 해직(복직)교수협의회가 앞서 전개해온 실천운동
이 1986년을 거치면서 소장 교수들 및 그들이 중첩적으로 소속한 연구회들의 활동과 겹
쳐짐으로써 세계적으로 비슷한 예를 찾기 어려운 전국 규모 교수조직이 탄생하게 된다.
이들 세 흐름에 두루 함께한 대표적인 교수가 김진균이다(유초하, 「김진균과 한국 현대
사」, 『벗으로 스승으로』, 문화과학사, 2005, 195~196).

강원도 낙산사에서 - 1986년 8월
왼쪽부터 리영희, 박현채, 박종만(도서출판 까치 대표), 김진균

한편 1986년 하반기에 전두환 정권의 폭력성은 더욱 악화되고 있었다.[*] 급기야 1987년 1월 초에 전두환 정권은 참담한 범죄를 저질렀다. 1987년 1월 14일, 남영동 치안본부 대공분실[**] 509호실에서 서울대 언어학과 학생회장이었던 박종철(1964~87)이 경찰들의 폭행, 물 고문, 전기 고문에 시달리다가 살해되었다.[***] 이 참담한 사건을 겪고 김진균은 교수로서, 지식인으로서 깊은 비애를 느꼈다. 그는 남다른 각오를 하고 1987년 1학기 초에 서울대에서 발행하는 『대학신문』의 '관악세론'란에 「박종철 군의 죽음」이라는 글을 기고했다. 그런데 이 글은 실리지 못했다. 2003년 2월에 김진균의 정년퇴임을 맞아 '박종철출판사'에서 김진균의 글들을 모은 책이 한 권 출판되었다. 2003년 초에 쓴 그 책의 「서문」을 김진균은 이렇게 맺었다.

2003년 2월로 나는 정년퇴임하게 된다. 1987년, 박종철이 죽음을 당하던 그 해에 교수들은 '민주화를 위한 전국교수협의회'를 결성하였다. 그리고 나는 평생 세 개의 글을 검열에 의해 발표 저지당했는데, 그 중 하나가 박종철의 죽음에 관한 글이었다. 1987년 봄, 서울대학교의 〈대학신문〉 '관악세론' 칼럼난에 박종철의 죽음에 관한 글을 썼다가 발행인에 의해 거부당하는 수모를 겪었다.[****] 해마다 교정에 세워진 그의 추모비 앞에 서는 나의 마음은 4·19탑 앞에 서는 마음보다 더 무겁다. 나의 글 묶음을 박종철출판사에서 출간하게 되어 기쁘다. 그가 꿈꾸던 것에는 미치지 못하겠지만 나도 애쓴 흔적을 그에게 보이고 싶다(김진균, 「서문: 꿈을 꾸면 꿀수록 새로운 것이 보인다」, 『진보에서 희망을 꿈꾼다』, 박종철출판사, 2003, 7).

1987년 4월 13일 오전, 전두환이 박종철의 고문사로 타오른 국민들의 분노를 무시하고 이른바 '호헌조치'를 발표하자 5월 말까지 대학별 시국선언이 이어져서 모두 48개 대학에서 1,513명이 참여했다. 이런 노력 위에서 복직교수협의회는 출범일을 6월 26일로 정해서 장을병 교수가 제안한 이름인 '민주화를 위한 전국교수협의회'를 결성하기 위한 노력을 본격화했다. 민교협은 1987년 6월 항쟁의 와중에 창립되었는데, 6월 26일의 창

---

[*] 〈참고〉 24. 애학투(건대사태)
[**] 〈참고〉 25. 남영동 대공분실과 김근태 고문사건
[***] 〈참고〉 26, 박종철 고문치사 사건
[****] 당시 서울대 총장은 외교학과 박봉식 교수였다. 당시 그는 서울대 학생들에 의해 강력히 거부당했던 대표적인 5공 어용 교수였다.

립총회는 경찰의 방해로 제대로 치러지지 못했고, 7월 21일 성균관대 교수식당에서 창립행사를 다시 열게 되었다.[*]

6월 26일 당일 창립모임은 장소인 평창면옥이 경찰에 원천봉쇄됨으로 인해 행사의 진행은 물론 정확한 참석인원 파악조차 불가능했다. 장을병 교수의 창립선언문 낭독으로 창립행사는 끝나고 말았지만 7월 21일 제대로 된 창립행사를 새로이 갖기로 현장에서 결의하고 다시 그 실무는 소장학자들이 맡도록 위임됐다. …

중진교수들 가운데서도 우리는 이전부터 접촉이 가장 많았던 김진균 선생께 전반적으로 가장 많이 의존했는데, 그는 소장교수들이 담당한 실무에 해당하는 창립회원 확보에도 여러 방면으로 노력했다. …

7월 21일 총회에는 30개 대학 523명의 회원명단이 접수됐고, 현장에는 20여개 대학에서 1백인 안팎의 교수들이 참석했다. … 거기서 이수인 교수는 "이토록 많은 교수들이 민주화를 향한 투쟁을 위해 모여들 수 있게 된 것은 일종의 기적이다"라며 흥겨워했다(유초하, 「김진균과 한국 현대사」, 『벗으로 스승으로』, 문화과학사, 2005, 199~201).

김진균은 해직 교수들의 운동을 주도했고, 상도연구실과 산업사회연구회 등을 통해 소장 교수들, 신진 연구자들과 활발히 교류하고 함께 활동했다. 이 때문에 김진균은 민교협 결성의 중심에 서게 되었다. 가장 중요한 것은 그가 늘 다른 사람들을 존중하고 한결같은 자세를 지닌 사람이어서 많은 교수들이 그를 깊이 신뢰했다는 사실이다. 민교협은 1987년 7월에 523명의 회원으로 출범했으나 2년 뒤인 1989년 7월에는 1,637명으로 늘어났다. 이러한 민교협 회원의 급성장은 전두환 정권의 폭압에 맞서 민주화를 염원하는 교수들이 전국의 대학들에 참으로 많았다는 사실을 명확히 보여주었다.

---

[*] 비슷한 시기에 대학생들의 조직도 크게 강화되었다. 7월 5일 이한열의 장례식장에서 서울 지역의 총학생회장들이 모여 전국 차원의 대학생 연합조직을 만들기로 결의했으며, 8월 19일에 충남대에서 '전국대학생대표자협의회'(전대협)가 결성되었다. 전대협은 1993년 5월에 '한국대학총학생회연합'(한대련)으로 바뀌었다.

1987년 대통령 선거

1987년은 대통령 선거가 예정되어 있던 해였고, 따라서 선거를 통해 전두환 독재를 끝낼 수 있는 기회가 열린 해였다. 전두환은 4월 13일 아침에 이른바 '호헌 선언'을 했는데, 그것은 국민의 뜻을 무시하고 대통령을 간선제로 뽑겠다는 것, 즉 전두환 정권이 다시 비민주적으로 권력을 장악하겠다는 것을 뜻했다. 1월 14일에 밝혀진 박종철 고문살인 사건으로 극히 나빠진 여론은 '4·13 호헌 선언'을 계기로 폭발하게 되었다. 이렇게 되자 전두환 정권은 다시 반공 공작을 전면적으로 펼쳤다. 그 일환으로 전두환 정권은 5월 풀빛출판사에서 출간한 『한국 민중사』를 용공-이적 서적으로 몰아서 나병식 사장을 구속했다. 이 사건에서 김진균은 강만길, 정창렬 교수와 함께 증인으로 법정에 출두하여 이 책을 사회학의 차원에서 이론적으로 변호하였다.

> 우리 사회가 어디로 가야 하는가를 생각할 때 민중이나 계급이나 신식민주의, 민족해방 이런 것은 한국 사회의 성격 또는 과거 역사를 반성하기 위한 중요한 개념입니다. 이것을 기초로 한국 사회가 발전할 미래를 추구하는 것인데, 이것이 냉전체제에 의해서, 크게 보면 세계 냉전 체제에 의해서, 또 정치적인 제약에 의해 자꾸 축소되고 억압을 받는다면, 이것은 우리 미래 사회에 대해 전혀 생각하지 못하게 하는 극단적으로 얘기해서 경제가 좀 발전했다 하더라도 살찐 돼지만 되라는 것밖에 안 되는 것입니다.
> 우리가 미래에 대한 비전을 갖지 않고 살찐 돼지로 만족하며 살겠다면 모르지만, 그렇지 않다면 우리 사회가 민주적으로 발전하고 평화 통일을 해서 우리가 모두 자유롭고 정의롭게 사는 그런 사회로 가려 한다면, 이런 모든 제약은 일단 벗어나야 하며 불필요하게 힘을 소모시킬 필요가 없다는 것입니다. 우리가 미래를 좀 더 긍정적으로 전망하기 위해서는 어떤 개념, 용어에 대해 너무 정치적으로 규제하는 것은 벗어나야 한다고 생각합니다(김진균, 1987, 「『한국 민중사』 사건 증언」, 『진보에서 희망을 꿈꾼다』, 박종철출판사, 2003, 84~85).

그러나 전두환 독재는 이런 반공 공작으로도 6월 항쟁을 막을 수 없었다. 1987년 5월 27일 '민주헌법쟁취 국민운동본부'가 조직되어 전면적인 국민 항쟁을 추진했다. 그 결과 6월 10일 시작된 6월 항쟁은 민정당의 대통령 후보로 추대된 노태우가 6월 29일에 전격

적으로 대통령 직선제 개헌을 수락하는 이른바 '6·29 선언'을 발표하는 것으로 끝났다.[*]
전두환 정권은 계속 반공 공작을 펼치는 동시에 야권을 분열시키고 부정선거를 획책했
다. 이에 맞서 민주화운동의 가장 큰 과제는 대통령 후보를 단일화하는 것이었다. 김진
균은 10월 31일 발표된 「대통령 후보 문제에 대한 우리의 입장」이라는 성명서에 참여했
고, 11월 23일 결성된 '군정종식, 단일화쟁취 국민협의회'(국협)의 공동대표를 맡았다(정
근식, 「청정 김진균의 삶과 학문」, 『벗으로 스승으로』, 문화과학사, 2005, 41).

　국민들의 민주화 열망에도 불구하고 야권의 두 후보 김대중과 김영삼은 각자 욕심에
사로잡혀 결국 후보 단일화를 이루지 못했다. 백기완을 후보로 한 민중세력의 독자후보
전술은 TV 유세와 거리 유세를 통해 민중의 과제와 가치를 널리 알렸으나 그 실질적인
영향력은 크게 제한되어 있었다. 그 결과 전두환의 군사반란 동지인 노태우가 직선제를
통해 대통령에 선출되었다. 이로써 수많은 국민의 희생 위에서 시작된 민주화는 출발부
터 크게 왜곡된 '취약한 민주화'로 귀결되고 말았다. 김진균은 1987년의 6월 항쟁과 12
월 대통령 선거, 그리고 노태우 정권의 등장에 대해 변한 것과 변하지 않은 것을 꼼꼼히
살피면서 다음과 같이 평가했다. 여기서 그가 무엇보다 민중의 요구와 투쟁을 강조했다
는 것에 주의해야 한다.

'6월 민중항쟁'의 승리는 −비록 그것이 불철저하고 부분적인 것이었다고 하더라도− 민
중에게 커다란 정치적 자신감을 불어넣었고, 바로 그것이 독점세력과 민주세력 간의 역
관계를 크게 역전시키는 동력이 되었다. 지난 날의 지배세력과 그들의 억압기구가 여전
히 존재하는 가운데서도 그러한 역관계의 변화에 따라 열린 공간을 통해 기층대중의 욕
구와 행동이 분출되어 나왔다. 그야말로 일거에 각 부문에서 기층민중의 대중적 조직이
결성되고 그것들이 보다 높은 수준의 조직으로 통합되며 보다 높은 수준의 정치의식으
로 무장해가고 있다. 역량의 한계로 인하여 지난 대통령 선거에서 신군부를 중심으로 한
이른바 '전 정권세력'의 재집권을 허용하고 말았지만, 그럼에도 불구하고 크게 성장한 힘
으로 지배세력과 팽팽한 대치상태를 이루면서 한걸음 한걸음씩 부분적으로나마 민주적
인 권리를 쟁취해 나가고 있다. …
노 정권에 들어와 나타나고 있는 제반 변화는 지배체제·세력의 본질은 변화하지 않은 가
운데 그 형식과 부분적인 내용만이 변화한 것이라고 할 수 있다. 결국 현재의 변화의 본질

군정종식·단일화쟁취 국민협의회 (가칭)
발기취지문

오늘 우리는, 군부독재의 완전한 종식을 위하여 전국민적 노력으로 단일화를 쟁취할 것을 선언한 각계인사 123인의 10. 31. 자 성명과 그 이래 사회각 부문에서 분출하고 있는 단일화요구를 전폭적으로 지지하고 군정종식의 전국민적 염원을 온 몸으로 보여준 한국가톨릭 농민회전국연합회장단의 비장한 삭발단식투쟁에 뜨겁게 연대하면서, 각계각층의 민주애국역량을 현단계 민족사의 지상과제인 군부독재종식운동에 하나로 결집하기 위한 국민연대기구로서「군정종식 단일화 쟁취국민협의회」의 발족을 제의한다.

우리의 구호는 단 한가지, 「단일화로 대동단결, 군부독새 끝장내자!」이다.

우리가 대변하고자 하는 것은 단 한가지, 4반세기 이상 지속되어 온 저 치욕적이고도 지긋지긋한 군부통치를 이 땅에서 영원히 추방하고 다시는 고문과 학살과 언론·출판 및 양심의 탄압과 온갖 잔혹하고도 불법적인 인권유린의 악몽이 없는 세상, 특권과 부패가 엄격히 배제되고 모든 민중의 삶의 권리와 인간적인 관심이 무엇보다도 우선되며 존중되는 사회, 민족의 존엄과 긍지가 더 이상 짓밟히지 아니하고 자주와 평화와 통일을 지향하는 민족사의 도도한 흐름이 모든 것을 압도하는 새로운 시대를 열기 위하여 그동안 온갖 눈물겨운 헌신과 희생을 바쳐온 우리 국민들의 절절한 염원이다.

시간은 지극히 촉박하고 정세는 너무나도 엄중하다.

국민의 여망을 외면한 양 김씨의 동시출마고집과 이로인한 민주세력 내부의 분열은, 어이 없게도 지난 6월의 위대한 명예혁명 이후 고조되었던 민주세력의 승리에 대한 확신을 여지없이 뒤흔들어 놓았다. 군부독재와 민주세력 사이의 건곤일척의 결전장으로 다가오고 있는 이번 대통령선거를 불과 한달 남짓 남겨둔 오늘, 집권연장을 획책하는 군부독재세력이 또다시 학생, 노동자, 민주인사들에 대한 폭행·체포·투옥·연금 등 단압을 본격화하고 언론방송 매체들의 왜곡·편파보도와 방대한 행정력, 금력, 물리력, 대중조작능력 등 원천적 부정선거의 모든 수단을 총동원하여 대대적인 반격에 나서고 있는 가운데에서도, 많은 국민들은 이에 항거할 의지를 잃고 마치 지역대결·인물대결의 게임을 구경하는 방관자와 같은 환각 속에 빠져들고 있다.

민주화의 운명을 건 이 위험천만한 동시출마의 도박은 즉각 중지되어야 한다.

군부독재의 재집권이 누구도 부정할 수 없는 현실적위험으로 대두하고 있는 이 절박한 시점에서, 재야민주세력은 지금껏 방만하게 표출되어 왔던 차이와 분열을 시급히 극복하고 모든 역량과 지혜와 열성을 반군부독재단일 전선에 총결집하여, 한편으로는 군부통치 아래서의 온갖 악몽을 일깨워 이완되어가는 국민들의 민주화의지와 경각심을 재정비함으로써 군부독재연장 기도에 직접적인 타격을 가하고, 다른 한편으로는 양 김씨를 상대로 전국민적인 압력을 가중시켜 민주세력의 승리의 결정적인 요건인 야권후보 단일화를 기필코 쟁취하기 위한 내·외 양면투쟁에 지체없이 착수하지 않으면 안된다.

이것이 우리가 「군정종식·단일화쟁취 국민협의회」의 발족을 제의하는 이유이다. 군부통치를 반대하고 민주화를 찬성하는 모든 국민들 개인과 단체의 열렬한 호응과 참여를 호소한다.

1987.   11.   14.

「군정종식·단일화쟁취국민협의회」 (가칭)

발기인대표 : 이효재(**이대**), 유인호(중앙대 .)김진균(서울대), 이명현(서울대),
이 삼 열 (숭전대) 홍성우(변호사), 황인철(변호사), 제정구(사회운동가),
명진(스님), 황상근(신부), 이해학(목사), 김재훈(고 김세진군의 부친), 이우재
(농촌사회연구소장), 서경원(한국가톨릭농민회 전국회장), 이 철(국회의원),
조정관(전국대학원생 연합의장), 김지용(구속청년학생협의회 의장).

군정종식, 단일화쟁취 국민협의회 발기취지문

은 한국 사회를 지금까지 지배해왔던 지배세력(독점자본·국가·외세)이 민중역량의 고양과 지난날의 지배체제의 부분적 붕괴 또는 약화에 즈음하여, 자신들의 지배력과 핵심적 이해를 유지·확보하면서 민중의 요구의 일부를 축소·변형된 형태로 수용함으로써 궁극적으로는 자신들의 지배의 본질적 성격을 유지하면서도 민중 진영의 일부 동요하는 중간층을 분리·견인함으로써 오히려 자신들의 헤게모니를 강화하려고 하는 이른바 '개량화' 전술의 산물임과 동시에 현실의 변화를 요구하는 거역할 수 없는(그러나 구지배세력·체제를 일거에 타파할 만한 역량에는 이르지 못한) 민중세력의 요구와 투쟁이 쟁취해낸 부분적인 전과이기도 하다고 해야 할 것이다. 그러나 무엇보다 중요한 것은 이러한 변화를 이끌어낸 기본적인 동력은 민중의 요구와 힘이었다는 점이다(김진균, 1989, 「남한의 독재정권과 독점재벌의 구조적 성격」, 『사회과학과 민족현실 2』, 한길사, 1991, 232·234).

학단협의 설립

김진균의 비판대로 노태우 정권은 민주화 열망을 완전히 무시할 수는 없었으나 그것을 왜곡하고 약화하기 위해 최선을 다했다. 1988년의 가을 국회에서 '여소야대'에 의해 '5공 청문회'가 열렸지만 실제로 전두환 정권은 처단되지 않았다. 전두환과 이순자 부부가 설악산 백담사로 가서 있었던 것은 귀양이 아닌 요양이었다. 노태우 정권은 민주화의 왜곡과 민중운동에 대한 탄압을 추구했고 학문운동도 탄압했다. 1988년 여름의 서관모 교수 체포 시도는 그 좋은 예였다.

1988년 6월 3~4일 한양대에서 '80년대 한국인문사회과학의 현 단계와 전망'을 주제로 제1회 학술단체연합 심포지엄이 열렸다. 김진균은 「민족적·민중적 학문을 제창한다」는 제목의 기조발제를 해서 학단협의 방향을 제시했다.[*]

민족적·민중적 학문을 지향하는 80년대 진보적 학술연구의 흐름이 집단적으로 태동하기 시작한 지 수년이 흘렀다. 출발 당시 우리들이 갖고 있었던 문제의식, 즉 개별분과학

---

[*] 학술단체연합심포지엄 발표 논문집, 『80년대 한국 인문사회과학의 현단계와 전망』, 역사비평사, 1988, 13~25에 수록되었다. 여기서는 『사회과학과 민족현실 2』, 한길사, 1991에서 인용.

내에서 진보적인 연구경향을 새롭게 형성해내고 그러한 경향으로써 개별분과학의 경계 내에서 자라오고 기득권을 옹호했던 전문성의 편협된 방법론을 극복해서 역사와 사회구성에 대한 총체적 접근의 가능성을 열어가는 진보적 연구자들이 집단화되어야 한다는 점은 당시 인문사회과학계 일반의 절실한 과제를 반영하는 것이었기 때문에, 크나큰 반향을 불러일으키며 제반 분과학에 급속히 확산되었다. 그리하여 초창기의 문제의식은 이제 학계의 하나의 상식이 되었고, 양적으로도 진보적인 학술연구자가 대단히 확산된 상태에 이르게 되었다. …

이제 발제를 마무리지어야 할 지점에 온 것 같다. 우리는 우리 모두가 지금 '민족적·민중적 학문의 진입을 위한 여정의 출발점'에 서 있음을, 나아가 '한국사회의 민족적·민중적 변혁을 위한 긴 여정의 출발점'에 서 있음을 환기하고자 한다. '지식인은 희망을 만들어내는 존재'이다. 발제를 끝내면서 우리는 이제 한국의 지식인들이 '자주·민주·통일'을 소망하는 이 땅의 민중에게 희망을 만들어내는 존재이기를 촉구하고자 한다. 우리 모두가 다시 한번 '민족적·민중적 학문'을 제창하면서, 이 땅의 모든 지식인들이 이 자랑스런 대열에 동참할 것을 오늘 우리 모두의 이름으로 촉구한다(김진균, 『사회과학과 민족현실 2』, 한길사, 1991, 21·23).

이 발제와 관련해서 김진균은 1991년 출간된 『사회과학과 민족현실 2』에서 이렇게 술회했다.[*]

대체로 1984년 여름 창설된 한국산업사회연구회를 필두로 해서 생성된 진보적 학술 연구회들이 1988년 6월 처음으로 '학술단체연합 심포지엄'을 개최할 때 표방했던 것이 '민족·민중 지향적 학문'의 정립이었다. 그때 외람되게도 그 주제로 발표됐던 것이 '민족적·민중적 학문을 제창한다'였다. 그 이후로 이 문제 제기에 대해 스스로 책임을 면할 수 없었기 때문에 줄곧 그 주제에 맴돌게 되었으며 1988년 1월에 출간한 『사회과학과 민족현실』 이후 여기에 모든 글들은 그러한 배경에서 이 책과 같은 제목으로 씌어진 것이다. … 이제 이론적으로나 실천적으로나 민족주의 문제와 자본주의 문제가 각각 서로 다른 운동의 논리에서가 아니라 같은 바퀴의 운동으로 이해되어야 한다. 따라서 분단극복

---

[*] 이 글은 1985년 『창작과 비평』 57호에 실린 박현채의 국가독점 자본주의론과 이대근의 주변부 자본주의론으로 시작된 '사회구성체 논쟁', '사회성격 논쟁', '사회변혁 논쟁'과 연관되어 있다. 당시 김진균은 반제 반독점 민중민주주의 변혁론을 적극 공부하고 있었으며, 이후 민중의 관점에서 (초국적) 자본에 맞서고 민족의 통일을 추구하는 것을 평생의 과제로 추구했다.

의 통일운동과 민주노동운동에 기초하는 민주화운동은 통일된 차원에서 결합되고 규명되어야 할 것이다(김진균, 「책을 내면서 — 민족·민중 지향의 이론화전략을 위하여」, 『사회과학과 민족현실 2』, 한길사, 1991, 3~4).

민주화의 열기가 아직 뜨거운 상황에서 열린 제1회 학술단체연합 심포지엄은 연인원 3,000여 명의 청중이 참여하는 대성황을 이루었다. 노태우 정권은 이런 학문운동을 억압하기 위해 「중간 제계층의 구성과 민주변혁에서의 지위」라는 논문을 발표한 서관모를 소환했다. 학술단체들과 김진균은 즉각 대응에 나섰다. 이 상황을 서관모는 다음과 같이 설명했다.

1987년 6월 항쟁 이후 사회성격 논쟁, 변혁노선 논쟁 등 진보담론이 폭발하는 가운데 1988년 6월 3~4일 열린 진보적 학술단체들의 연합심포지엄에서 선생님은 '민족적·민중적 학문을 제창한다'는 유명한 기조발표를 하셨다. 둘째 날 내가 '한국사회 변혁의 성격은 민족해방민중민주주의'라는 주장이 든 논문을 발표하였는데, 김동길 교수가 조선일보의 칼럼에서 이를 문제삼음으로써 '서관모 교수 검찰 소환 사건'이 벌어진다.
곧바로 10개 학술단체 연합공동대책위원회가 구성되었고 상임대표를 맡은 고 이균영 교수를 비롯하여 여러 학술단체들의 연구자들이 헌신적으로 검찰 소환에 맞서는 투쟁을 전개하였다. 물론 선생님은 이 싸움의 지휘자이셨다. 이와 동시에 전국교수들의 반대서명이 긴급하게 전개되었는데, 이 서명의 조직자 역시 물론 선생님이셨다(서관모, 「김진균 선생님과 서사연」, 『벗으로 스승으로』, 문화과학사, 2005, 273).

김진균은 서관모의 소환으로 촉발된 학문과 사상의 자유를 지키기 위한 학계의 노력을 주도했다. 김진균은 1980년 7월의 해직 이래 여러 활동들을 통해 원로·중진 해직교수들의 깊은 신뢰를 받았으며, 1984년 8월의 복직 이래 학문운동과 민중운동에 참여해서 더욱 많은 교수들의 신망을 받게 되었다. 그 결과 서관모 교수 소환 사건이 발생했을 때 김진균은 빠른 시간 안에 많은 교수들을 조직하고 서명운동을 추진할 수 있었다. 이렇게 교수들이 적극 대응하자 노태우 정권은 큰 부담을 안게 되었다. 주요 언론과 야당도 당국의 처사를 비판하고 검찰의 소환 철회를 촉구하였다. 결국 서관모에 대한 소환은 취소되었다.

서관모 소환 사건이 일단락된 1988년 9월 맑스의 『자본론』을 1987년 7월에 국내에서 처음으로 출판한 '이론과 실천' 출판사의 김태경 사장이 국가보안법 위반으로 구속되었다.[*] 이에 대해 김진균은 김태경 사장을 변호하는 의견서를 법원에 제출했고, 민교협은 「학문·사상·출판의 자유에 대한 우리의 견해」라는 성명서를 발표했다. 이런 상황을 배경으로 '학문과 사상의 자유를 위한 공동대책위원회'가 중심이 되어 '학술단체협의회 (약칭 학단협) 건설추진위'를 구성했다. 그리고 1988년 11월 5일 이화여대에서 드디어 학단협 창립대회가 열렸다. 학단협의 활동에서 가장 중요한 것은 매년 가을에 열리는 연합 심포지엄이다. 학단협의 소개를 여기에 인용한다.

> 학술단체협의회는 학술연구단체간의 상호교류와 공동연구, 조직적 활동을 통하여 한국 사회의 학문 발전과 사회 민주화에 기여하고자 1988년 11월 5일 창립되었습니다. 1988년 6월 3~4일 「80년대 한국 인문사회과학의 현단계와 전망」을 주제로 제1회 학술단체 연합 심포지엄을 개최하고 11월 5일 문학예술연구소, 보건과사회연구회, 사회철학연구실, 여성사연구회, 역사문제연구소, 한국농어촌사회연구소, 한국사회언론연구회, 한국산업사회연구회, 한국역사연구회, 한국정치연구회 등의 10개 진보적 학술단체가 모여 '학술단체협의회'를 창립하였으며, 2008년 현재 26개의 학술단체가 회원단체로 가입, 전체 5,000여명의 회원이 활동하고 있습니다. …
> 학술단체협의회의 주요 활동은 크게 학술행사와 사회참여 활동으로 나눌 수 있습니다. 먼저 사회참여 활동은 한국 사회의 진보적 학문 발전과 사회 민주화, 한반도의 평화정착을 위한 여러 사회단체들의 활동에 적극적으로 참여하고 있습니다. 학술단체협의회의 학술행사로는 정책토론회 및 학술토론회 및 사회단체와의 공동토론회 등이 있으며, 이중 가장 중요한 행사는 연 1회의 연합심포지엄이라 할 수 있습니다(http://www.haksul.org).

사월혁명연구소의 설립

민교협 활동과 학단협 준비로 몹시 바쁘던 1988년 봄 김진균은 4·19혁명의 동지들과

---

[*] 김태경 사장은 일주일만에 구속적부심에서 석방되어 시대의 변화를 보여주는 예가 되었다.

함께 4·19혁명의 정신과 과제를 계승할 활동을 추진했다. 바로 '사월혁명연구소'의 설립이었다. 1990년의 4·19혁명 30주년을 앞두고 김진균과 동지들은 4·19혁명의 현재화를 위해 이 연구소를 설립했다. 김진균은 그 역사적·실천적 의미를 1988년 9월 간행된 『사월혁명회보』 창간호에서 다음과 같이 밝혔다.

> 사월혁명연구소는 사월 혁명에 관한 한 가장 정당한 적법한 존재임을 확실하게 천명해 가는 사명을 처음부터 가지고 만들어졌습니다. 그것은 이 연구소를 설립한 사람들이 사월 혁명 당시에 어떠한 형태로든 참여했던 당사자들이면서, 동시에 사월 혁명에서 추구했던 민주화운동과 통일 운동의 역사적 진보의 확신을 가졌던 사람들이었고, 그러한 이유로 해서 5·16 군부 쿠데타의 반동 세력에 의하여 희생을 강요받았으며, 그러고도 30여 년의 인생 여정에서 그 신념의 실현에 열정을 가지고 역사 발전을 외면하지 않았던 사람들이기 때문입니다. 사월 혁명의 진정한 주역임을 자각한 회원들은 넓고 깊은 역사적 인식으로써 1980년대에 전개되고 있는 변혁 운동에 깊이 밀착하면서 연구소 사업을 실천하는 데 온 정성을 다할 것을 다짐하고 있습니다. 그리하여 회원들이 역사의 퇴물이 아니라 주역으로 거듭나고, 그러면서 사월 혁명을 장기적인 민주화·자주화·통일 운동의 역사적 맥락 속에 정당하게 자리잡게 하여 영원한 횃불로 만들고자 합니다(김진균, 1988, 「주역으로 거듭나고자」, 『진보에서 희망을 꿈꾼다』, 2003, 88).

'사월혁명연구소'는 1988년 4월 설립되었으며, 10년 뒤인 1998년 4월 '사월혁명회'로 이름을 바꿨다. 김진균은 민교협 의장을 맡기 직전인 1988년 4월 '사월혁명연구소'의 초대 소장을 맡아서 1990년 4월까지 2년간 활동했다. 그는 "사월혁명은 이승만 독재정치를 붕괴시켰다는 의미에서만 민주변혁의 뜻을 지니는 것이 아니다"고 밝히면서 민족, 민중, 민주의 가치를 추구한 4·19혁명의 역사적 중요성을 평생 강조했다(김진균, 1989, 「4·19는 계속되고 있는가?」, 『사회과학과 민족현실 2』, 한길사, 1991, 276). 그가 1989년 4월에 다음과 같이 제시한 4·19혁명의 현재성은 지금도 여전히 타당하다.

> 내년 1990년이 되면 사월혁명 30주년을 맞이한다. 작년 6월에 사월혁명의 진정한 주역들이 30주년 기념을 준비하고 민족민주 변혁운동에 정성을 다할 것을 다짐하면서 '사월혁명연구소'를 설립하고 그 창립기념 학술발표회를 88년 8월 10일에 개최하고 있을 때,

서울 홍제동 거리에는 대학생이 주축이 되어 '가자 북으로, 오라 남으로'하면서 올림픽을 남북공동으로 하고자 하여 판문점에서 회담하자고 나설 때 정부는 최루탄으로 그들을 분쇄하는 상황이 전개되고 있었다.

60년 그때 그 구호와 그 운동이 있었음을 재삼 상기시키는 것이었다. '사월혁명연구소'는 창립선언에서 그간 "군부통치를 종식시키기 위해 지금까지 전개되어온 민주·통일운동에는 사월혁명의 민주적 혁명정신이 항상 운동의 올바른 방향성을 제시하고 있었다. 한일 협정반대, 유신철폐, 부마시민항쟁, 광주민중항쟁 등은 사월혁명의 연장선상에 있었다"고 평가하면서 민주·민족자주운동을 천명하였다.

사월혁명의 참가자들은 당시의 젊은 나이로부터 30여 년을 지내오는 동안, 말하자면 60년으로부터 80년대를 거쳐오는 동안에, 그 시간의 이 시대 사람으로 살아온 것이다. "군부세력에 사월혁명 세대 중 일부가 가담, 사월혁명 정신을 배신했음을 우리는 가슴아프게 생각한다. 우리는 4월 영령들의 거룩한 뜻을 저버릴 수 없다. 아울러 우리는 지금까지 투옥, 고문과 온갖 불이익을 감수하고 사월혁명 정신에 충실하여 민주화투쟁에 용감하게 몸바친 우리 동지들에 자부심을 갖는다. 그와 함께 우리는 군부통치 27년 동안 사월혁명 정신을 이 땅의 정치현실에 실현시키지 못한 점에 대해 깊이 자성한다." 이것이 이들 세대의 고백인 것이다. 세상이 세대로 이어져가는 것이고 역사는 개인의 삶에서 이루어져 가는 것이기에, 사월혁명의 의의는 객관적 조건과 주체적 조건의 엉킴에서 찾아지는 것이다(김진균, 1989, 「4·19는 계속되고 있는가?」, 『사회과학과 민족현실 2』, 한길사, 1991, 269~270).

●16

전교조 창립과 단재상 수상

1988~89년

민교협 공동의장이 되어

1987년 6월 26일에 창립한 1기 민교협은 간사제로 운영됐다. 오세철, 강금식, 김대환, 여운승, 유초하가 간사들이었고, 김진균은 서울대 대의원으로 참여했다. 간사제를 택한 이유는 원로·중진 교수들이 대표를 맡으면 명망가 체제가 되어 여러 현장에서 열심히 활동하는 소장 교수들의 생각을 제대로 살리지 못할 위험이 있을 수 있다는 우려 때문이었다. 그런데 1년이 지나는 동안에 민교협의 회원과 운영에 큰 변화가 생겼다. 이에 따라 민교협의 조직을 개편하기 위한 논의가 1988년 중순부터 진행되어 1989년 4월에 마무리되었다. 유초하는 이 논의의 과정을 다음과 같이 설명했다.

창립 후 1년이 흐르면서 두 가지의 변화를 모색하는 논의가 진행됐다. 우선, 1천 명이 넘도록 증가한 회원수로 인해 회원총회와 대의원회의 기구에 있어 기존 규약이 비현실적이 되었고, 소장 교수들의 간사회 체제로는 권위를 지닐 수 없고 회원들의 일체감 형성이 어려우며, 상황인식과 대처방안에 대한 지역별 차이들을 원활하게 조정하는 데에도 한계가 있다는 점에 합의가 이루어졌다. 1987년 11월에 전두환 정권의 퇴진과 노태우 후보의 사퇴를 주장하는 성명이 발표된 후 당국의 탄압이 들어오자 원로 교수들이 먼저 제안하여 '민주교수 탄압 대책위원회'가 구성된 적이 있었다. 그때부터 원로·중진 교수들이 민교협의 정상적 활동에 참여하는 체제를 갖추는 것이 바람직하다는 인식이 공유되어 왔다. … 다음, … 이제 안팎으로 대응할 과제가 증가함에 따라 지금까지와 같이 간사회를 통한 비상대응적 운영방식을 재고해야 한다는 데에 의견의 합의가 있었다. 이러한 문제들을 해소하는 방안으로 1988년 정기총회에서 규약을 개정하여 조직을 안팎으로 대표하는 공동의장제를 도입하고, 김진균, 김상기, 송기숙 교수를 공동의장으로 선출했으며, 1988년 10월에는 사당동에 사무실을 열어 총무간사 김상곤 교수가 관리책임을 맡았다. 1989년 4월 제2차 규약개정이 통과되어 간사회를 집행위원회로, 직무간사를 정책기획위원장, 대회협력위원장, 사무처장으로 바꾸어 비중을 높이고, 사무처 아래 총무·교권·조직·편집·지역의 5개 국을 두기로 했다. 그리하여 지금까지 자문역에 머물러온 중신 교수들이 조직운영의 일선에 나서게 되었고, 민교협은 집행과 의견의 모든 수준에서 본격적인 운동조직의 체제를 갖추게 되었다(유초하, 「민중운동에 통합되는 지식인운동으로서의 성장」, 『민교협 20년사』, 메이데이, 2007, 52~53).

김진균은 민교협의 2차 정기총회에서 의장으로 선출되었는데, 지역 대의원들이 그를 의장으로 선출하는 것에 합의했다. 김진균은 상도연구실과 산사연 등의 활동을 통해 소장 교수들과 함께 활동하며 그들의 존경을 받고 있었는데, 사실 김진균도 오래전부터 소장 교수들을 지켜보고 깊이 존경하고 있었다. 이와 관련해서 김진균이 남긴 「71년의 사람들」이라는 글을 찬찬히 읽어볼 필요가 있다.

돌이켜 보면 군사쿠데타를 통해 국가권력을 장악한 박정권은 72년 유신으로 가는 길목에서 군사독재에 저항하는 가장 큰 세력인 학생들을 청소하는 작업을 71년 위수령으로 감행했던 것이다. … 87년 민주화를 위한 전국교수협의회가 결성되었다. 누가 만드는가? 놀랍게도 이를 만드는 사람들이 '출현'하는 것이다. 말하자면 자발적으로 '나타나는 것이다.' 젊은 교수들이 나타나는 것이다. 이 나타나는 교수들 중에는 이 '71년의 사람들'이 중요한 핵심을 이루고 있었다. … 71년의 위수령 체험세대, 즉 대학 1학년으로부터 대학원 2년차까지 육년 간을 한 세대로 한 당시 학도들이 이제는 사회운동의 중견으로서 선도하는 위치에서 노력하고 있다(김진균, 2001, 「71년의 사람들」, 『불나비처럼』, 문화과학, 2005, 63~67).

1988년 7월 23일 창립1주년 총회에서 채택된 3인 공동의장제는 전국조직으로서 민교협을 원활히 운영하기 위한 방안이었다. 요컨대 서울대 교수 김진균은 서울·수도권 지역, 경북대 교수 김상기는 영남 지역, 전남대 교수 송기숙은 호남을 대표했다. 김진균은 김상기, 문병란 교수와 함께 두 번째 공동의장을, 배영동, 하일민 교수와 함께 세 번째 공동의장을 맡았다. 김진균은 1기 민교협에서는 대의원을 맡았고, 2~4기 민교협에서는 3년 동안 공동의장을 맡았던 것이다. 당시 노태우 정권은 전두환 독재의 연장이라는 성격을 가졌으나 민주화의 열망을 무시할 수는 없었다. 이 때문에 노태우 정권에서도 민주화운동이 크게 성장했고 민족과 민중을 위한 민주화의 진전이 이루어졌다.[*] 김진균은 민교협 의장으로서 여러 곳에서 활발히 열리는 다양한 단체들의 행사에 참석해서 민주화를 열망하는 전국 교수들의 격려와 연대의 뜻을 적극적으로 전했다.

> 1987년 결성된 민주화를위한전국교수협의회(민교협)는 처음에는 명망가 중심체제에 빠질 위험을 경계하여 의장, 대표 등과 같은 직제를 두지 않고 젊은 '간사'들이 끌어가는 체제로 출발하였다. 1년이 지나 한편으로는 그러한 경계를 아니해도 될 조건이 되었기에, 그리고 연륜과 경륜을 갖춘 지도자가 필요하였기에 1988년에 공동의장제가 만들어졌고, 김진균 선생님이 공동의장으로 모셔지게 되었다. 나는 민교협 창설 시에 말석에 참여하였고, 처음부터 집행부에 들어갔기에 88년부터는 선생님을 아주 가까이에서 모시게 되었다. 이후 91년 여름까지 선생님이 공동의장으로 계셨던 기간 민교협의 활동은 눈부신 바 있었는데, 거기에는 진보적인 사상과 식견에 더하여 인간적인 포용력을 갖춘 선생님의 지도력이 결정적으로 작용하였다(서관모, 「김진균 선생님과 서사연」, 『벗으로 스승으로』, 문화과학사, 2005, 271~272).

1988년 8월부터 민교협은 전교협 등과 함께 교육관계법의 민주적 개정 운동에 진력하였다. 민교협은 12월 3일 여성백인회관에서 사립대학교수협의회연합(사교련, 대표 장임원), 국립대교수협의회회장단(국교협, 대표 변형윤)과 '교육관계법령 개정 공청회 및 결의대회'를 가진 뒤, 12월 5일부터 10일까지 사당동 사무실에서 농성에 들어갔다. 교수들의 첫 농성투쟁이었다. 민교협은 '민주교육법개정투쟁위원회'(위원장 송기숙, 부위원장 여운승)을 구성하여 이 운동에 나섰고, 전국에서 여러 회원 교수들이 이 농성과 운동에 적극 결합함으로써 민교협의 조직이 다져지게 되었다. 농성에 참여한 장임원 사교련 회장은 이를 계기로 곧 민교협의 핵심 성원이 되었고, 김진균에 이어 1991부터 3년간 공동의장을 맡게 된다. 이

---

[*] 〈참고〉 28. 1980~90년대의 민주화운동단체

농성에서 총무간사 김상곤은 5일간 밤낮으로 농성장을 지키는 책임감과 뚝심을 보였다. 김진균의 민교협 활동은 교육관계법 개정 투쟁 지휘에서 본격화되었다.

청년학교, 상지대학교

김진균은 민교협 공동의장을 맡은 무렵인 1988년 7월 민주화운동청년연합(민청련) 부설 '청년학교'의 교장을 맡아서 활발히 활동했다. '청년학교'는 1988년 7월 19일에 1기 강좌를 시작했다. 그런데 노태우 정권은 1989년 2월 말부터 이런 시민교육에 대해 비정치적인 형식으로 강력한 탄압을 가하기 시작했다. 서울 중부교육청은 2월 20일 사회민주주의청년연맹(의장 최창우)의 정치학교에 대해 '사설강습소에 관한 법률 제5조 위반'으로 폐쇄명령을 내렸고, 이어서 서울 서부교육청은 2월 22일 같은 혐의로 민주화운동청년연합(의장 이범영)의 청년학교와 서울민중연합(의장 이재오)의 민족학교에 대해 자진폐쇄를 요구했다. 이에 대해 서울의 11개 사회단체들은 '민중교육운동탄압공동대책위원회'(공동위원장 김병걸, 유인호, 김진균)를 구성해서 맞섰다(김영철, 「재야 교양강좌 합법성 시비 충돌 예고」, 『한겨레』, 1989년 3월 24일). 김진균은 '청년학교' 교장 활동에 대해 글을 남겼는데, 이 글에서 그가 지적한 문제는 깊이 새겨야 할 것이다. 그는 '외부 탄압보다 내부에서 추스리지 못한 것'을 문제로서 더 강조했다.

> 80년대 후반 반독재 민주화운동과 민족통일운동[*]이 치열하게 전개되었다. 여러 운동단체나 혹은 독자적으로 공식적인 학교 교육에서는 잘 다루지 않은 민주화운동이나 민족통일운동에 관련하여 많은 이들을 상대로 해서 교육하는 기구를 여러 가지로 설치하였다. 당시 청년학교도 그러한 배경에서 설치되었고 '민족학교'도 있었고, 기타 여러 교육 프로그램을 운영하는 단체가 생겼다. 군사 정권 당국은 이를 불온하다고 판단한 모양이

---

[*] 1989년 상반기는 통일운동에서 큰 전기가 이루어진 시기였다. 3월 20일 소설가 황석영이 정부에 알리지 않은 채 평양에 갔다. 닷새 뒤인 3월 25일 문익환 목사(1918~94)가 정부에 알리고 평양에 갔으나 정부는 인정하지 않았다. 6월 6일 문규현 신부가 평양에 갔다. 6월 30일 대학생 임수경이 평양에 갔다. 7월 25일 문규현 신부가 다시 평양에 가서 임수경과 함께 8월 15일에 판문점을 통해 돌아왔다.

었다. 그리하여 관할 경찰서에서 이 학교 교장을 '사설학원법' 위반으로 검찰에 고소하였다. … 당시 청년학교는 교장인 나와 이 학교를 후원 관장한다고 지목된 청년협의회 이범영 씨가 출두 요청을 받았다. … 이 청년학교를 설립하여 적극적으로 운영을 관장하고자 한 단체가 당시 민주청년운동협의회와 같은 조직이었다. 지금 50대 초반 연령에 이른 당시 열혈 청년운동가들이 이 학교를 만들고 간사활동가들이 실무를 맡아 하도록 하였다. … 수강생들은 20대 전반의 젊은이들이었고 아직 확실한 직업을 가지지는 못하였지만 출신배경은 다양하였다. 이들의 모임 자체는 서로 좋은 효과를 미치고 있었다. 사람 사귀기조차 겁나는 세상에서 이렇게 진솔하게 모인 젊은이들은 그들의 감성을 다양하고 건실하게 조화시키고 현실과 이상, 그리고 역사와 개인적 삶에 대한 진지한 사고와 도덕의식을 다듬는 그런 전환의 효과를 주기도 하였다. 그런데 시간이 지남에 따라 학교 운영의 책임이 차츰 실무간사들에게 넘겨지고 있었다. 처음 나왔던 운영책임자는 다른 중요한 일을 한다면서 떠났다. … 결국 7기를 마치고 문을 닫게 되었다. 마지막 일을 맡았던 간사들의 그 심사가 내 가슴에도 전달되어 심기를 불편하게 하였다. 출발점의 '책임'은 마지막에는 잘 보이지 않는다. 외부 탄압보다 내부에서 추스리지 못한 것이 더 큰 원인이라고 진단할 밖에 없었다. … 그 청년학교가 차츰 운영에 어려움을 겪어나가는 과정에 학생과 교장의 관계는 밀접해졌다. 몇 쌍의 결혼에 주례를 맡아 해 주기도 했다(김진균, 2003, 「상송과 기소중지」, 『불나비처럼』, 문화과학사, 2005, 189~190).

한편 1989년 3월 31일 원주의 상지대에서 당시 이사회의 결의도 거치지 않고 이사장 행세를 하고 있던 김문기의 악행에 맞서서 교수협의회가 결성되었다. 상지대 교수들은 많은 돈을 갖고 있으며 민정당의 실세로 군림하고 있던 김문기에 맞서서 전면적인 학교 민주화 투쟁을 펼쳤다. 상지대의 민주화는 민교협이 한 축으로 삼고 있던 교육 민주화의 핵심 사례가 되었다.

1989년 초여름 강원도 용평에서 상지대 교수협의회가 주최하는 대학 민주화를 위한 토론회에 참여하러 가는 길에서 김진균은 장임원에게 분명히 이기겠지만 상당히 오랜 시간이 걸릴 어려운 싸움일 터이니 '서두르지 않는 대신에 끈질기게 대처해야 할 것'이라고 말했다.

여장을 풀고, 저녁 토론회에 참석, 김문기 재단의 만행에 가까운 학교 경영에 관한 많은 이야기를 들었다. 선생님의 인사말, 그 요지는, 특히 여러분들 스스로 서로를 격려하고 일으켜 세우는 것이 싸움을 성공적으로 이끄는 관건이며 이 싸움은 대학 민주화의 시금

석이기도 하다는 것이었다. 그리고 어려움에 부딪힐 때일수록 낙관하자고 말씀하셨다. 어려울수록 낙관한다, 이 말이 나왔으니, 그 후로 나는 선생님으로부터 낙관하면서 낙관하지 않고 낙관하지 않으면서 낙관하는 면모를 수도 없이 경험하였다. 낙관하지 않음으로써 사물을 분석하고 낙관함으로써 운동의 힘을 얻어냈다(장임원, 「민교협 안에서의 선생님과 나」, 『벗으로 스승으로』, 문화과학사, 2005, 208~209)

그 뒤 1993년 3월 상지대는 '문민정부'에 의해 민주화·정상화되었으며, 김진균은 강만길, 김찬국, 변형윤, 한완상 등과 함께 상지대의 발전을 적극 도왔다. 그러나 안타깝게도 2007년부터 대법원의 문제 많은 판결을 계기로 김문기의 복귀가 이루어지게 되어 상지대는 또다시 큰 위기에 처하게 되었다.

전교조의 창립

1980년대에 김진균이 민교협 공동의장으로서 했던 가장 중요한 활동은 전교조의 창립을 지원한 것이었다. 교사들은 오랜 동안 독재의 하수인으로 살 것을 강요받았다. 사학재단들은 악랄한 독재권력과 결탁해서 교사들을 노예화하고 학교를 사유화해서 막대한 부를 쌓았다. 민주화의 열망이 사회적으로 확산되며 교사 민주화운동도 적극 펼쳐지기 시작했다.

김진균은 사회학자로서 아주 오래전부터 교육에 깊은 관심을 갖고 있었다. 교육은 사회의 주체를 육성해서 사회를 재생산하는 핵심 기제로서 사회학의 핵심적인 연구대상이다. 그는 1970년대 말에 교육이 불평등과 결합되면 공업체계에서 봉건주의적 성격이 나타나게 된다고 지적했으며(김진균, 1978, 「테크놀로지적 사회구조론」, 『비판과 변동의 사회학』, 한울, 1983, 224~225), 해직 상태였던 1980년대 초에는 한국의 교육문화에 대한 심층적인 실증 연구를 통해 "교육기회의 확대와 교육기회의 평등이 사회적으로 경제적으로 귀결되는 결과가 민주주의 측면에서 조정되지 않는다면 학교 교육은 사회적 불평등 구조를 더욱 심화시키게 된다"고 지적했다(김진균, 1984, 「한국의 교육문화에 대한 사회학적 접근」, 『21세기 진보운동의 기획』, 문화과학사, 2003, 352).

1980년대 중반의 유화국면 속에서 교사들의 교육 민주화운동은 1985년의 『민중교육』지 사건과 1986년 5월 10일의 '교육 민주화 선언'으로 드러났다. 1987년 6월 항쟁은 교사들의 민주화운동에도 큰 영향을 미쳤다. 그 결과 1987년 9월 27일 서울 수유리의 한신대 교정에서 경찰의 봉쇄를 뚫고 '전국교사협의회'(전교협)가 결성됐으며, 1989년 5월 11일 '교과교육을 위한 교사모임연합'이 창립됐고, 이어서 1989년 5월 28일 '전국교직원노동조합'(전교조)가 노태우 정권의 저지와 방해를 힘겹게 넘어서 연세대 도서관 앞 민주광장에서 창립됐다. 노태우 정권은 전교조가 창립되기 전부터 전교조 지도부에 대한 강력한 탄압을 시행했다. 1989년 4월~1990년 4월의 불과 1년 동안 윤영규 위원장을 비롯해서 전교조와 관련되어 구속(수배)된 사람은 모두 무려 84명에 이르렀다. 전교조는 여러 사회단체들과 '전교조 탄압 저지 및 참교육 실현을 위한 공동대책위원회'(약칭 전교조 공대위)를 조직했고, 몇 차례에 걸쳐 '전교조 탄압저지 및 합법성 쟁취를 위한 범국민대회'를 개최했다.

1989년 6월, 전교조에 대한 정부의 탄압이 계속되고 학부모를 동원한 학생 등교 방해 등 노조 반대 관제시위가 벌어지자 각계각층의 단체들은 전교조 탄압 저지와 참교육 실현을 위해 적극 힘을 모으기로 하고 전국 단위의 공동대책위원회를 결성했다. 6월 17일 민주학부모회 준비위, 여성단체연합, 전국노동운동단체협의회 등 학부모, 여성, 예술인, 노동, 종교 등 29개 단체 대표자들이 서울 프레스센터 언론노동조합연맹(현 언론노조) 사무실에 모여 '전교조 탄압 저지 및 참교육 실현을 위한 공동대책위원회'(약칭 전교조 공대위) 결성식을 열었다. 위원장에는 이우정 여성단체연합 의장이 선출되었고, 고문으로 4·19 교원노조의 계훈제·이목·강기철 선생, 이규환·이효재 이화여대 교수, 성내운 광주경상대학장, 이오덕 선생, 이소선 유가협 회장 등을 추대했다(정해숙, 「전교조 탄압 저지에 가세한 범민주·양심세력」, 『한겨레』, 2011년 8월 3일).

이러한 탄압에 맞서 전교조는 1차 대의원대회의 결정에 따라 7월 9일 일요일 오후 1시 '전교조 탄압저지 및 합법성 쟁취를 위한 제1차 범국민대회'를 개최한다. 이 투쟁에는 26개 민주단체로 구성된 〈전교조 탄압저지 및 참교육실현을 위한 공동대책위(공대위)〉가 함께했다. 경찰은 전날 밤부터 도심과 집회 예상 지점에 83개 중대 12,000여 병력을 깔았다. 〈참교육 실현을 위한 범국민 대토론회〉가 예정되었던 성균관대는 전날부터 봉쇄되어 박석무 의원과 교사 7인이 들어간 상황에서 기자회견으로 마무리했다(김민곤, 「교육민주화운동 20년사

(39) ─ 제1차 범국민대회와 7월 투쟁의 시작」, 『교육희망』, 2008년 4월 27일).

민교협도 전교조를 지키기 위한 활동에 적극 참여했다. 전교조는 '범국민대회'에 이어 1989년 7월 25일~8월 5일의 11일 동안 '명동성당 단식농성'을 시행했다. 민교협의 교수들도 이 농성에 참여해서 논의하다가 민교협이 가장 잘할 수 있는 일을 찾았다. 그 결과 교수가 교육자로서 전교조에 가입해서 전교조 대학위원회를 결성하게 되었다. 전교조 가입교사를 해직시키려면 전교조 가입교수도 해직시키라는 것이었다. 전교조 교수위원회에 500여 명의 교수들이 가입했다. 오세철(당시 연세대 경영학과 교수)이 전교조 대학위원회 위원장을 맡았다.

4·19 혁명 직후 노동 조합의 건설 투쟁이 힘차게 전개되는 가운데 교원 노조의 건설도 함께 이루어졌다. 그러나 5·16 쿠데타에 의해 교원 노조는 불법화되고 지도부를 포함한 교사, 교수가 구속되는 탄압을 받았다. 1987년 민주화 투쟁의 성과로 전노협을 비롯한 기층 대중 조직이 민주 노조 운동의 역사적 흐름 속에서 속속 건설되었고 전국 교직원 노동조합(전교조)도 건설 투쟁에 동참하였다. 1989년 전교조 합법화를 위한 단식 투쟁이 명동 성당에서 벌어졌을 때, 민주화를 위한 전국 교수 협의회(민교협) 소속의 500여 명의 교수들은 대학 위원회를 결성하였고, 전교조의 조합원으로 가입하면서 명동 성당 농성에 동참하였다. 그 당시 나는 초대 대학위원장을 맡았으며, 30년만의 교육 민주화운동의 복원에 교사·교수와 함께 하였다. 다시 10년이 지나 전교조가 투쟁의 성과로 합법화되었으나, 교수는 전교조에서 제외되는 우여곡절을 겪기도 하였다. 이러한 민주화운동의 과정 속에서 교수 노조는 길게는 40년, 짧게는 10여 년의 역사를 지니고 있다고 볼 수 있다. 따라서 새삼스럽게 교수노조의 찬성 토론에 나서는 것조차 한탄스러운 일이다(오세철, 「올바른 교육 개혁의 주체 ─교수노조」, 『대학교육』 109호, 2001년 1월 2일).

김진균은 오세철이 해직의 위험을 안고 있던 전교조 대학위원회 위원장을 선뜻 맡은 것에 대해 크게 고마워했다. 이 경과에 대해 김진균은 다음과 같은 글을 남겼다.

1989년 여름 7월 전국교직원조합이 결성되었는데 이 결성을 빌미로 해서 당시 이부영 선생을 경찰이 연행해 가자 전국에서 모인 조합원 선생들 600여명이 단식 농성을 감행하였다. 명동성당 경내에 간단한 천막을 치고 7월 25일부터 8월 5일까지 농성을 한 것이었다. 당시 민교협 교수들이 함께 농성장에서 하루 밤을 지내면서 연대활동을 하였다. …

이 농성 중에 전교조 대학위원회가 결성되었다. 출범식을 명동성당 입구 계단에서 진행하였다. 누가 이 위원회를 맡을 것인가를 두고 고심하였다. 마침 연세대 오세철 교수가 큰 짐을 맡아 주었다. 나중에는 전교조 부위원장직을 맡았던 박현서 교수가 이어 주었다. 교수들이 전교조에 가입해서 조합비도 내고 후원금도 납부하고 전교조의 활동에 전국 지역에 있는 민교협 교수들이 애써 주었다. 민교협은 전교조가 출범할 당시 어떻게 할 것인가를 두고 고민을 하면서 여러 차례 의견을 수렴하고 있었다. 출범 몇 달 전 서울에서, 대구에서 그리고 광주에서 중앙위원회를 개최하였는데 최종으로 광주에서 열린 중앙위원회에서 교수가 전교조에 가입하는 자체가 전교조를 출범하고 사수하는 일을 돕는 것으로 판단하였다. 그리하여 처음에 교수 몇 사람이 가입할 것인가를 점검해 보니 약 45명 정도 손꼽히었다. 그런데 막상 출범 당시까지 가입서를 제출한 숫자가 140여명이었다. 그리고 그 가입의 숫자는 곧 늘어서 나중에는 약 5백명이 가입하였다.

물론 정부 당국은 전교조 출범 자체를 막고 탄압하였다. 출범하는 날 교사들이 경찰에 의해 줄줄이 엮여서 체포되고 구속되기도 하였다. 교수라고 해서 가만히 두질 않았다. 경북대 김상기 교수는 당시 민교협 공동의장을 맡고 있었다. 그 분은 학교 당국과 이상한 기관으로부터 탈퇴와 해외여행을 하라는 압박을 받았다. 나도 민교협 공동의장으로서 이 일을 치러야 했다. 경찰관 두 사람이 승용차를 가지고 와서 우리 집 건너편 공터에서 두 달 동안 24시간 주둔하며 감시하였다. 민교협 출범 당시도 숱한 구박을 받았지만 이에 못지 않게 교수들도 여러 가지 불이익 조치를 내어서 탄압하고 단속하려 하였다. 물론 전교조 조합원 교사들은 일천오백여명이 학교 현장에서 쫓겨났다. 그 주무 문교부장관이 바로 교육학을 전공하고 교사를 배출하는 사범대학 교수였음에도 불구하고 눈하나 깜짝하지 않고 교사들을 쫓아내었다.[*] …

당시 전교조가 주장한 대로 참교육정책을 과감하게 실현하였더라면 공교육 자체가 지금처럼 처참하게 붕괴되지 않고 인간다운 젊은이를 생성하는 효과를 지금쯤 누리게 되었을 것이다. 전교조 결성 이후 교육을 상품화하려는 강력한 경향에 대해 이를 극복하고자 하는 교육연대운동이 만만치 않게 전개되어 왔다. 이 과정에서 항상 절감하는 것은 민중의 삶을 인간적으로 격상시키기 위해 공공성이 확보되고 공공정책이 이루어져 간다

---

[*] 1988년 12월 5일 문교부장관에 임명되어 1990년 12월 26일까지 재임한 정원식이다. 그는 1991년 7월 3일 노재봉의 후임으로 제24대 국무총리에 임명되었다. 그는 국무총리 임명을 앞두고 1991년 6월 3일 한국외국어대에서 마지막 강의를 하고 나오다가 학생들로부터 '계란과 밀가루 세례'를 받았다. 학생들은 그가 1989년 1,500명이 넘는 교사들을 해직시킨 것에 항의하여 그의 온몸을 계란과 밀가루로 뒤덮어주었다.

면 사회의 여러 폐단과 위기를 예방하고 더 나은 질의 삶 형태를 구축해 나갈 수 있다는 점
이다(김진균, 2003, 「밤에도 소리치는 매미」, 『불나비처럼』, 문화과학사, 2005, 233~235).

전교조를 지키기 위해 애썼던 김진균과 민교협에 관한 전교조 위원장이었던 이부영
의 기억을 여기에 옮긴다.

85년 여름 교육계의 자생적인 좌경세력으로 소개되었던 민중교육지 사건은 그 동안 잠
자고 있던 교사운동의 폭발을 알리는 신호탄과 같은 것이었다. … 민중교육지에 관련된
교사들이 구속되고 해직된 이 사건은 오히려 역설적이게도 억압되어 있던 교사들의 의
식을 각성시켜 주는 획기적인 계기가 되었다. 그리고 이때 정권의 탄압에 내하여 가장
먼저 항의하고 엄호해 준 분들이 김진균 선생님을 비롯한 80년도 해직교수님들이었다.
86년 5월 전국의 교사들이 교육민주화 선언을 한 사건은 4·19 교원노조 이래 굴종의 삶을
살아온 교사들이 집단적으로 자기의 목소리를 내기 시작한 최초의 사건이었다. 교사들의
교육민주화 선언은 교수, 종교인, 문화예술인 등 사회 각계의 시국선언에 이어진 선언으로
서 이 선언이 조직적이고 공개적인 교육운동의 출발이 되는 셈이었다. 그리고 이러한 교사
대중운동이 6월 항쟁을 거치면서 조직화되어 87년 9월 전교협으로 발전되었다. …
89년은 교원노조의 결성을 둘러싸고 노태우 정권과 교사들만의 투쟁을 넘어서 한국 사
회의 모든 민주세력이 전면적인 투쟁을 전개하던 한 해였다. … 5월 전교조 결성을 앞두
고 노태우 정권의 탄압이 본격화하자 이 시기에 선생님께서 대표를 맡으셨던 민교협 중
앙위원회에서는 중대한 조직적 결의가 이루어졌다. 전교조를 지지하고 엄호하기 위하
여 '교직원노조 건설 범국민후원회'에 참여할 것과 소속 교수들이 적극적으로 전교조에
가입하기로 결의를 모은 것이다. …
90년 5월 경희대에서 열린 전교조 결성 1주년 기념대회는 경찰과의 치열한 공방으로 전
쟁터를 방불하는 상황에서 치룬 대회였다. 장임원 교수님의 승용차가 불에 타고 있었는
데,[*] 전교조 투쟁에 바쳤기에 하나도 아깝지 않다며 껄껄 웃으시던 기억도 새롭다(이부
영, 「선생님의 미소를 그리며」, 『벗으로 스승으로』, 문화과학사, 2005, 173~175).

수많은 사람들의 큰 노력에도 불구하고 전교조를 탈퇴하지 않은 교사들은 결국 해고되

---

[*] 이 대회는 5월 27일에 열렸으며, 장임원 교수의 승용차가 불에 탄 것은 경찰의 방화에 의한 것이었다(정
근식, 「청정 김진균의 삶과 학문」, 『벗으로 스승으로』, 문화과학사, 2005, 43). 5월 30일 민교협은 '장임원
교수 차량 방화에 대한 항의문'을 발표했고, 청량리 경찰서를 항의 방문했다.

었다. 사회 각계의 강력한 징계저지투쟁에도 불구하고 노태우 정권은 전교조 교사들의 해직을 강행해서 전교조가 결성되고 불과 반년 만인 1990년 1월 8일 전교조 해직교사들은 무려 1,519명에 이르렀다. 졸지에 해직된 1,500여 명의 교사들은 갑자기 생계가 막막해 막노동이나 우유배달을 해야 했다. 노태우 정권의 무도한 탄압으로 건강을 상하고 목숨을 잃은 교사들도 있었다. 김진균과 민교협은 '참교육학부모회'와 '해직교사후원회'도 적극 지지하고 추진했다. 이에 대해 전교조 위원장이었던 정해숙의 기록을 여기에 옮긴다.

89년 전교조 결성을 전후로, 정권이 관변단체인 육성회나 어머니회를 동원해 전교조를 탄압하자 학부모들은 학교별로 전교조 교사 징계와 탄압 저지 활동을 벌였다. 이러한 활동은 단위학교를 넘어 지역별 민주학부모회로 발전했다. 그해 3월 '참교육 실천을 위한 마산학부모회'를 시작으로 9월까지 대구·광주·서울·대전·청주 등 곳곳에서 참교육학부모회 창립이 잇따랐다. …
마침내 9월 22일에는 '참교육을 위한 전국학부모회'(회장 김영만) 결성으로 이어졌다. 전국 학부모 200여명이 서울 향린교회에 모여 "너무나 오랫동안 이기주의와 무사안일주의의 깊은 잠 속에서 깨어나지 못했던 우리 학부모들은 이제 눈을 뜨고 교육운동에 적극적으로 동참할 것을 밝힌다"며 당당하게 교육주체 선언을 했다. 결성과 더불어 학부모회는 해직교사 복직과 전교조 합법화 투쟁의 중심에 섰다. …
그 해 8월 1,500여명의 해직교사가 발생하자 해직교사 생계 지원과 참교육 운동 지원을 위한 국민후원회도 다양하게 조직되었다. 전교조 지부 또는 지회가 운영하는 국민후원회, 민교협 교수들을 중심으로 한 해직교사 후원회, 해직교사의 학교 동문들이 조직한 동문 후원회, 사범대 학생들의 사대 후원회, 성직자 후원회 등등 다양한 형태였다. 10월 10일 '대구·경북 교사 후원회' 발족을 시작으로 경기·광주·부산·서울 등에 후원회가 속속 꾸려졌다. …
이 가운데 가장 다양하게 그리고 지속적인 활동을 한 곳은 '해직교사 서울후원회'였다. 애초의 명칭은 '전교조 서울후원회'로 그 해 11월 14일 조직되었다. 이후 12월 8일 기독교 100주년 기념관에서 열린 임시총회에서 '해직교사 서울후원회'로 이름을 바꾸었다. 김승훈 신부(왕십리성당), 김찬국 목사(연세대 부총장), 이상희 교수(서울대 신문학과)가 공동의장을 맡았다. 총무간사 주경복 교수(건국대 불문학과), 섭외간사 권광식 교수(방송통신대 경제학과), 재무간사 박상용 교수(연세대 경영학과) 등으로 집행부가 구성됐다. 서울 신림중에서 해직된 박래광 선생님이 실무를 맡아 운영했다(정해숙, 「이기주의에서 눈뜰 때 — 참교육학부모회 결성」, 『한겨레』, 2011년 8월 4일).

참교육학부모회 창립대회에서 격려사하는 김진균의 모습

"1989년 9월 22일 서울 향린교회에서 학부모 100여 명이 모인 가운데 열린 '참교육을 위한 전국학부모회' 창립대회에서 김진균 당시 서울대 교수가 격려사를 하고 있다"(『한겨레』, 2011년 8월 4일).

단재상 수상

김진균은 1984년 8월 서울대 사회학과에 복직한 뒤에 바쁘고 힘들게 많은 활동들을 하며 1980년대 후반을 보냈다. 그 와중에 그는 1983년 첫 책을 출간한 것에 이어서 1988년 두 번째 책을 출간했다. 그리고 1989년 5월 '단재상'의 네번째 수상자가 되었다.* 김진균으로서는 바쁘고 힘들게 보낸 1980년대를 상당히 뜻깊게 마무리하게 된 셈이었다. 이에 대해 '단재상'을 제정한 한길사의 김언호는 다음과 같이 회고했다.

1989년 제4회 단재상은 김진균 서울대 교수(사회학자)에게 주어졌다. 『사회과학과 민족
현실』(1988, 한길사)의 저술뿐 아니라 80년대 학술운동을 주도적으로 이끈 지식인·학

---

* 1986년 한길사에서 출판 10주년을 맞아서 엄격한 학자이자 치열한 독립운동가로서 일제에 의해 감옥에서 별세한 단재 신채호 선생(1880~1936)을 기려서 제정한 상으로 학문과 실천의 양 면에서 큰 업적을 남긴 분들에게 시상했다. 1회는 김태영, 2회는 박현채, 3회는 이오덕, 4회는 김진균, 5회는 최장집이었다.

자로서의 실천이 높이 평가받았다. 『사회과학과 민족현실』은 그의 1980~84년 해직교수 시절에 구체적으로 체험한 삶에서 우러나온 저술이었다. 이종오 계명대 교수는 김진균 교수를 "이 시대의 진정한 지식인이자 참 스승"이라고 축사했다. "우리는 이 시대에 한국 지식인의 창조성과 역사성에 무한한 자부심을 느끼며 그 대표적인 지식인으로서 김진균 교수를 내세울 수 있다"고 말했다. 김 교수는 1980년 '지식인 134인 선언'과 관련되어 해직되었지만, 한국산업사회연구회 초대회장, 청년학교 교장, 사월혁명연구소 소장, 민주화를 위한 전국교수협의회 공동의장 등을 맡아 80년대 학술운동·지식인운동을 선도했다. 나는 김 교수를 1980년 3월 22일 오후 서대문 네거리에서 처음 만났는데, 그해 '서울의 봄'에 선생은 서울대 학생들과 함께 '민주화 행진'에 참여하고 있었다. … (김언호, 「신채호 선생과 단재상」, 〈오마이뉴스〉, 2007년 7월 9일).

김진균은 학생 때부터 우리의 현실을 개혁하기 위해서는 우리의 현실에 대해 잘 알아야 하고, 실학자들을 비롯한 우리의 학자들과 그 연구에 대해 잘 알아야 한다고 생각했다. 이런 관점에서 그는 연암 박지원, 다산 정약용은 물론이고 단재 신채호를 비롯한 근대의 역사가들에 대해서도 큰 관심을 기울이고 공부했다.[*] 김진균은 '단재상' 수상 연설에서 단재 선생의 현재적 의의를 다시금 강조했다. 그는 이렇게 힘들었던 1980년대를 마감하고 더 바쁜 1990년대를 향해 나아갔다.

단재 신채호 선생님의 문헌을 보면, 단재 선생의 시대가 마감하지 않고 있음을 절실히 느끼게 됩니다. 단재 선생이 설정한 이 민족의 역사적 과제는 지금도 계속되고 있습니다. 그가 파악한 바, 역사적 주체로서의 민중, 그 민중을 곧 민족이라 하고 우리 민족 변혁의 힘을 거기서 찾고자 한 문제설정은 지금도 우리의 민족민주운동에 중요한 틀을 제공하고 있습니다. 저 자신도 민중의 민주적 민족역량을 신뢰하고자 노력하고 있습니다. 우리는 지금 분단을 극복하고 통일을 향해 가는 기나긴 도정에 있어서, 그리고 노동자계

---

[*] 연암 박지원에 대한 연구로는 「박지원의 사회학적 안목에 관하여」(1977), 다산 정약용에 대한 연구로는 「조선왕조 후기 농민생활구조-정약용의 『목민심서』를 중심으로」(1982)가 있다. 전자는 『비판과 변동의 사회학』(한울, 1983)에 실려 있고, 후자는 미간행 수고이다. 「한국 근대 역사학에의 이해」(1981)는 『비판과 변동의 사회학』에 실려 있는 데, 이만열 교수의 『한국 근대 역사학의 이해』(1981)에 대한 서평으로 단재 신채호의 민족주의 사관, 안재홍·손진태 등의 신민족주의 사관에 대한 김진균의 공부를 엿볼 수 있다. 김진균의 민족과 민중의 개념은 민중을 민족의 근본으로 파악한 단재 신채호의 주장에 뿌리를 두고 있다.

급의 성숙이 발현되는 민주화의 발전적 전망에 있어서, 중대한 역사적 국면을 열어가고 있는 것 같습니다. 진보적 학술운동 쪽에서는 일찍이 우리 자신에 대한 객관적인 그리고 역사적인 인식을 위해서는 학문이 민족·민중지향적이어야 함을 밝혔습니다. 그것은 또한 세계적 규모의 자본축적 차원에서 접근되어야 한다는 점을 천명한 바 있습니다. 저는 궁극적으로 '민중에 기초하는 민족사회의 재구성'을 위한 이론화 전략을 개척해야 한다는 점을 명확히 인식하고 있습니다(김진균, 「자본주의와 공동체적 삶 — 민중에 기초하는 민족의 사회과학을 제창함」, 『사회과학과 민족현실 2』, 한길사, 1991, 25~26).

단재상을 받고 10년이 지난 뒤인 1999년 김진균은 1980년대를 돌아보며 '위대한 각성의 시대'라고 설명했다. 얼핏 보기에 1980년대는 처절한 광주학살로 시작해서 전두환 일당의 독재에 맞선 희생과 고통의 시대로 보인다. 그러나 김진균은 1980년대에 민족, 민중, 민주를 위한 우리의 인식과 실천에서 '위대한 각성'이 이루어졌다고 보았다. 우리는 그의 설명에 깊이 귀 기울일 필요가 있다. 그의 설명은 지금 여기에서 여전히 큰 깨달음을 주기 때문이다.

나는 80년대를 '위대한 각성'의 시대라고 생각한다. 제3세계로서의 한국, 대립된 세계체제의 양극단의 최전방으로의 남한과 북한, 자본주의의 세계적 규모의 축적구조에서 주변·반주변의 위치에 대한 인식이 이때 자라났다. 장기적 군부파시스트체제를 전복하기 위해 '변혁'을 꿈꾸는 세력이 자생하였다. 법정에서는 자유민주주의 신봉자라는 방위적 변호에서 스스로 진정한 '사회주의자'라고 선포하는 국가보안법 위반 피고인들이 나타났다. 바야흐로 계급론이 대두하고 대립되는 두 기본 계급의 사회구성이 학계와 노동계, 그리고 출판계 및 사회운동 영역에서 논의되고 계급혁명 내지 계급정치가 정식화되기 시작하였다. 출판사들은 세계 어느 시대, 어느 사회도 터부시하지 않고 사상과 지식과 역사를 출판하기 시작하였다. 맑스의 『자본론』이 번역되어 출판사 대표가 구속되었지만 일주일만에 구속적부심사에서 석방되는 '이변'이 발생하였다(국가보안법 위반으로 구속된 사건에서 이러한 일은 처음이었다). 반체제민주화운동이 87년 6월을 정점으로 전국적으로 전개되었다. 80년대 초반부터 마산창원지역에서 시작되어 오랫동안 지역적으로 온갖 탄압을 받던 노동운동이 87년 드디어 전국 모든 노동현장에서 발생하고 노동자가 스스로 노동자계급임을 선포하기 시작하였다. 대학은 학도호국단 편제로부터 총학생회 편제로 자주적으로 전환되고 있었다. 지식인들도 사상의 자유, 표현의 자유, 출판의 자유의 이름으로 군부파시스트체제에 거세게 저항하였다. 누구도 넘나들지 못할 것 같던 38선을 훌쩍 뛰어넘어 다녀옴으로써 통일의 실제적 방향을 생각게 만들기도 하였다. 80년대는 이처럼 역사의 물줄기를 바꾼 각성의 시대였다(김진균, 1999, 「자유를 위한 기획을 꿈꾸며」, 『21세기 진보운동의 기획』, 문화과학사, 2003, 194·195).

1989년 11월 9일 분단 독일의 상징과도 같았던 베를린 장벽이 무너졌다. 독재체제로 유지되던 사회주의 동독이 몰락했고, 민주주의를 추구한 자유주의 서독이 승리했다. 1986년부터 소련의 고르바초프 서기장이 추진한 페레스트로이카 정책 이래 제2차 세계대전을 통해 형성되었던 세계체계가 빠르게 변하고 있었다. 한반도에서도 민주와 통일의 열기가 어느 때보다 강화되고 있는 것으로 보였다. 김진균이 평생 추구했던 4·19혁명의 목표가 곧 실현될 수 있을 것처럼 보였다. 그러나 현실은 그렇지 않았다. 1990년대에 김진균은 민주와 통일을 위한 연구와 실천에 더욱더 힘을 기울였다.

장년기 2
1990~97년

17

전노협의 창립과 지원 활동
1990년

1987년 6월 항쟁과 노동운동

1987년 6월 10일부터 6월 29일까지 '독재 타도, 민주 쟁취'를 외치며 전국에서 전개된 6월 항쟁은 1948년 이승만 독재로부터 시작되어 1961년 5·16 군사반란으로 성립된 박정희 군사독재, 1979년 12·12 군사반란으로 성립된 전두환 군사독재 등 40년 동안 이어진 독재의 역사를 끝내는 위대한 민주항쟁이었다.[*] 6월 항쟁의 바탕에는 오랜 세월 동안 그치지 않고 계속 이어졌던 민주화운동과 수많은 사람들이 피와 땀을 흘려 이룩한 경제 성장의 성과가 놓여 있었다. 민주화운동은 독재와 부패를 막고 사회 발전을 이룰 수 있는 정치적 동력을 마련한다. 민주화운동이 계속 이어지지 않았다면, 한국은 오래전에 독재와 부패로 몰락했을 것이다. 경제 성장은 자유와 민주에 대한 필요를 더욱 키웠고, 민주화운동은 그것을 실현해서 사회 발전을 이끌었다.

1960년대 초 100달러가 되지 않았던 1인당 국민소득은 1970년대 초에 200달러, 1980년대 초

---

[*] 반독재 민주화는 자유화, 정상화, 공고화, 선진화 등으로 점차적으로 진행된다. 자유화는 독재의 약화와 기본권이 신장되는 것이고, 정상화는 독재의 타도와 선거가 올바로 진행되는 것이고, 공고화는 정당 정치의 활성화로 정책의 경쟁이 이루어지는 것이고, 선진화는 정치를 넘어 경제와 생태의 차원으로 민주화가 확대되는 것이다. 그러나 우리의 민주화는 독재의 타도가 제대로 이루어지지 않은 결과 심각한 왜곡의 문제를 겪게 되었다. 일찍이 김진균이 '연줄결속체'의 개념으로 잘 보여주었듯이 친일·독재·비리 세력이 나라를 장악하고 있는 한 민주화는 제대로 이루어질 수 없다. 친일·독재·비리 세력의 청산은 민주화의 근본적인 과제이다.

에 1,200달러, 1990년대 초에 6,000달러, 2000년대 초에 11,000달러, 2010년대 초에 20,000달러를 넘었다. 1960~90년 사이에 한국은 놀라운 경제 성장을 이룩했다. 그러나 이것은 박정희·전두환의 독재 덕분이 아니라 민중의 노력 덕분이었다. 4·19혁명의 민주주의가 유지되었다면 한국은 벌써 오래전에 독일에 못지 않은 복지국가가 되었을 것이다. 박정희·전두환의 독재는 복지국가의 형성을 가로막고 소수의 권력층과 부유층이 세습해서 지배하는 재벌국가, 토건국가, 비리국가를 만들었다. 이 문제는 노동자의 권리를 억압하는 데서도 잘 드러난다.

1960~70년대의 한국 사회는 급속한 공업화를 통해 '노동사회'로 변모했으나 박정희·전두환 군사독재는 노동자의 기본권을 강력히 억압해서 한국 사회의 정상적인 발전을 가로막았다. 1987년의 6월 항쟁으로 민주화가 시작되자 독재에 의해 억압받은 '노동사회'의 정상화도 급속히 이루어지기 시작했다. 그것은 6월 항쟁에 바로 이어서 전개된 '7, 8, 9월 노동자 대투쟁'으로 나타났다. 이 놀라운 변화는 1990년 1월 22일의 전노협 창립으로 일단락되었다. 1987년 12월 마창노련의 설립을 필두로[*] 지역노조협의회들이 만들어졌고, 1988년 12월 '지역별 업종별 노동조합전국회의' 및 그 산하에 '전국 노동법 개정 및 임금인상 투쟁본부'가 결성됐고, 1989년 12월 전국노동조합협의회 창립준비위원회가 결성됐으며, 마침내 1990년 1월 22일 전국노동조합협의회(전노협)가 결성됐다. 그 힘겨운 과정을 간략히 정리한 이은숙의 글을 인용한다.

> 한국의 노동운동은 1987년을 경과하면서 하나의 커다란 전환점을 맞이하였다. 1987년 6월말 현재 2,742개에 불과하였던 노동조합수는 1987년 12월 31일 4,103개, 1989년에는 7,883개로 폭발적 증가를 경험하였다. 조직노동자의 수도 86년 6월말 현재 1,050,201명이었다가 1987년말에는 1,267,457명, 1989년에는 1,932,415명으로 두배 가까이 늘어 그야말로 노동운동의 새로운 장을 열게 된 것이다. 더욱 중요한 것은 이러한 양적 성장과 함께 '민주노조운동'이 대중적 기반을 가지고 조직화한 것이다.

---

[*] 당시 경남대 사회학과 교수로 마산에서 살며 마창노련의 설립에 적극 참여했던 임영일은 다음과 같이 회고했다. "1986년 교수가 되어 마산으로 내려왔다. 지역의 노동현장은 이미 부글부글 끓고 있었다. 노동자들과 함께 하는 나날들은 참으로 즐거웠다. … 용광로처럼 들끓기는 캠퍼스도 마찬가지였다. 학생들은 캠퍼스를 해방구로 만들었다. … 그때 이후로 마산과 창원으로부터 진주로, 거제로, 대구와 구미로, 부산과 양산으로, 울산으로, 경주로, 노동자들이 있는 곳이면 어디든 마다 않고 부단히 발걸음을 내딛고 있었던 나는 무엇을 생각하고 있었던 것일까. 아마도 그 격동의 시절에 우리 세대 모두는 무엇에 홀리기라도 한 듯 우리가 어디로 가고 있고, 또 가야만 한다고 생각했을 것이다"(임영일, 『벗으로 스승으로』, 문화과학사, 2005, 168).

1987년 7월 울산의 현대엔진 노조 결성투쟁을 시발점으로 한 '민주노조운동'은 7~9월 전국적으로 확산된 투쟁을 거쳐 89년까지 대중적으로 뿌리를 내리게 된다. … 이 시기를 거치면서 노동조합은 노동자들 자신의 조직으로서 일반화되었으며, '자주성, 민주성'을 노조운동의 새로운 이념이자 관행으로 정착시켜 나갔다. 파업은 일상적인 노동자들의 투쟁 무기로서 일반화되었으며, 지역과 업종을 뛰어넘어 전국적으로, 그리고 사무직/생산직을 막론하고 노동자들의 조직화와 투쟁이 이루어졌다. …

1987년부터 1989년까지 '민주노조운동'은 17개 지역노조협의회(지노협)과 13개 업종노조협의회를 결성하여, 그때까지 유일한 중앙조직이었던 한국노총을 거부하고 새로운 상급조직을 건설해냈다. … 이러한 성과는 90년 1월 22일의 전노협결성으로 일차 전국조직 건설이라는 결실을 거두었다. 그러나 업종 노협과 이른바 '중간노조'로서 존재하였던 대기업 노조들까지 총망라되는 전국적 중앙조직의 건설은 아직 시간을 필요로 하는 것이었다(이은숙, 「1987년 이후 노동운동」, 1997).[*]

1987년 6월 항쟁은 노동권의 강화를 위한 길을 크게 열었다. 1970년 11월 13일 전태일 열사의 분신 이후 많은 사람들이 노동운동의 중요성을 깨닫게 되었으며, 박정희와 전두환의 군사독재에서도 많은 노동자들이 끊임없이 노동운동을 펼쳤다. 이런 노력들이 6월 항쟁의 바탕에 놓여 있었다. 노동운동은 6월 항쟁의 중요한 동력이었고, 6월 항쟁은 노동운동의 도약을 위한 기반을 마련했다. 민주화가 약해지면 노동운동의 기반이 약해지고, 노동운동이 약해지면 민주화의 동력이 약해진다. '노동사회'로서 현대 사회에서 나타나는 당연한 현상이다. 노동운동은 민주화를 적극 추구해야 하고, 민주화는 노동운동을 적극 옹호해야 한다. 6월 항쟁과 7, 8, 9월 노동자 대투쟁은 이런 사실을 잘 보여주었다.

전노협의 창립 준비

1970년대 말과 1980년대 초의 격동기를 겪으면서 김진균은 오래전부터 추구해온 비판

---

[*] 한국노동이론정책연구소 홈페이지, 출판/자료실-연구원마당 이은숙
　　http://kilsp.jinbo.net/publish/etc/files/eunsook33.html

적·실천적 학문의 길을 더욱 깊고 넓게 열어갔다. 1980년대 중반을 지나며 그는 현대 사회의 발전과 진보를 위한 주체로서 노동운동의 역할을 특히 중시하게 되었다.[*] 사실 김진균은 크리스찬 아카데미 사건을 계기로 여러 노동운동가들을 알게 되어 계속 교류하고 있었으며, 1980년대 말에는 민교협 상임의장으로서 전교조와 전노협의 창립을 적극 지원했다.

김진균이 민교협 공동의장으로 활동했던 1988년 7월과 1991년 7월 사이 한국의 노동운동은 두 가지 커다란 조직적 성과를 거뒀다. 하나는 1989년 5월 28일 전교조의 창립이었고, 다른 하나는 1990년 1월 22일 전노협의 창립이었다. 김진균은 전국 노동운동의 결집체인 전노협의 창립과 활동을 위해 더욱 큰 노력을 기울였다.

1989년 11월 12일 서울대에서 열린 제2회 전국 노동자대회[**]는 전노협 건설을 앞두고 열린 중요한 집회였다. 이 대회는 노태우 정권의 저지 공작을 뚫고 서울대에서 어렵게 열렸다. 김진균은 이 대회에 대해 "당시 경찰이 관악산을 빙 둘러 봉쇄했습니다. 전국에서 모인 노동자들이 그 관악산을 타고 들어와 대회를 열고 전노협 결성의 뜻을 알렸습니다"고 썼다(김진균, 2002, 「발전노조 연대사」, 『불나비처럼』, 문화과학사, 2005, 84). 이 대회에 대해 정경원은 다음과 같이 설명했다.

88년 대회와는 달리 89년의 대회는 순탄하지 않았다. 노태우정권은 '폭력과의 전쟁'을 선포하고 본격적으로 공안정국을 조성하여 노동운동을 강도 높게 탄압하였다. … 그러나 노동운동진영은 '전노협 건설'이라는 절박한 조직적 과제를 중심으로 싸워 나갔다. 이렇게 하여 89년의 전국노동자대회는 자본과 정권의 탄압에 맞서 노동자들이 벌이는 한판 힘겨루기의 장이었다.
지역·업종별 노동조합 전국회의(전국회의) 주최로 열린 전국노동자대회는 경찰이 초반부터 '원천봉쇄'를 강행하였다. 회사에서는 관리자들이, 터미널과 고속도로 곳곳에서 전경들이, 대회장에는 백골단이 겹겹이 둘러쌌다. 그러나 1만여 노동자들이 서울에 모여들었다. 서울대에는 야밤에 관악산을 타고 들어 온 노동자가 무려 4천여 명이었다. …

---

[*] 현대 사회는 대다수의 사람들이 노동을 제공하고 그 대가로 임금을 지불받아 살아가는 '노동사회'이다. 노동자를 보호하는 것은 바로 '노동사회'로서 현대 사회를 보호하는 것이다. 노동운동은 사회적 약자로서 노동자를 지키는 사회운동을 넘어서 '노동사회'로서 현대 사회를 지키는 사회운동이다. 김진균은 이런 사회적 관점에서 노동운동을 중시하게 되었다.
[**] 〈참고〉 29. 제1회 전국노동자대회

전노협 건설 깃발 입장과 함께 노동자들의 소개와 환영으로 대회가 시작되었다. 이날
의 대회사는 "한국노총은 노동자의 상급조직일 수 없다"는 점을 공언하였고 노동자들은
"전노협 건설을 투쟁으로 반드시 쟁취할 것"을 결의하였다. … 89년 전국노동자대회에
참여한 노동자들은 이 날을 '투쟁의 날'로 기억한다(정경원, 「전국노동자대회의 역사(4)
88~89년 전국노동자대회」, 『참세상』, 2002년 11월 13일).

제2회 전국 노동자대회가 어렵게 열리고 한 달쯤 뒤인 12월 9일 계룡산 동학사에서
열린 민교협 제3차 중앙위원회에 단병호 지역·업종별 노동조합 전국회의(전국회의)
의장이 심상정 전노협 준비위 쟁의부장과 함께 참석하여 전노협 건설 추진 상황을 설명
하고 도움을 요청하였다. 그날 회의에서 민교협 중앙위원회는 '선노협건실 지원 특별위
원회'를 결성하고 김진균 공동의장을 위원장으로 의결하였다(장임원, 「민교협 안에서
의 선생님과 나」, 『벗으로 스승으로』, 문화과학사, 2005, 211). 전노협의 창립을 추진하
고 있던 때는 노태우가 권력을 장악하고 있던 또 다른 군사독재 시절[*]이었기 때문에 당
연히 전노협의 창립을 막기 위한 권력의 탄압이 극심하게 자행되고 있었다. 전노협의
골간조직이 될 지역노동조합협의회(지노협)의 위원장들이 1989년 11~12월 사이에 대
부분 구속되었다. 김진균과 민교협은 이런 위중한 상황에 최선을 다해 대응했다.

1989년 12월 17일 오후 3시 서울의 경희대 크라운관에서 전노협 창립준비위원회의
결성식이 열렸다. 이 자리에서 '전국회의'는 해체됐고 당시 41살이었던 단병호가 전노협
준비위원장에 선출됐다(『한겨레』, 1989년 12월 19일). 이로써 전노협의 창립이 본격적
으로 시작됐다. 김진균은 이 결성식에서 민교협 공동의장의 자격으로 축사를 했다.

1990년 1월 16일 전노협 지원 공동대책위원회가 민교협 사무실에서 발족됐고, 김진
균은 민교협의 공동의장으로서 이 공대위의 공동의장을 맡았다. 이어서 민교협은 1월
18일 "전노협 결성의 당위성 평가"를 주제로 심포지엄[**]을 열었고, 이 심포지엄에서 김진

---

[*] '6공화국'은 1987년 6월 항쟁에 의한 직선제 개헌으로 성립됐다. 노태우는 대통령 직선제를 통해 대통령
에 선출됐으나 전두환과 함께 군사반란의 주역으로서 계속 반민주 정책을 강행했기 때문에 '6공화국'은
연장된 군사독재로서 '사이비 민주공화국'의 성격을 갖는다.
[**] 1990년 1월18일(목) 오전 10시부터 오후 6시까지 연세대 장기원 기념관에서 민교협 주관, 학단협 후원으로 개
최되었다. 총괄진행은 장임원(중앙대 예방의학), 제1주제는 '사회운동 및 이데올로기 개방과 전노협'(김진
균), 제2주제는 '현 경제상황과 노동운동의 책임성'(조우현), 제3주제는 '한국노동운동의 발전과정과 노동조
합 전국조직'(전기호)이었고, '전노협 건설의 종합적 의미'라는 주제로 총괄토론이 행해졌다.

균은 사회학자로서 전노협의 사회적, 역사적 당위성을 밝혔다. 그 주요 내용은 다음과 같다.[*]

지금까지 반공, 반북 이데올로기를 노동운동 탄압에 이용해 온 형태를 지속하여 전노협 결성은 말할 것도 없고, 탄압함에 있어서 지배세력은 레드 컴플렉스를 이용, 좌익선동을 하고 있다. 말할 것도 없이 반공, 반북, '불온세력의 척결'의 명분은 자유민주주의의 수호이다. 자본과 권력은 자신들에 대하여 조금이라도 실질적이 위험이 되는 노동운동은 사회주의적, 공산주의적인 것, 자유민주주의 체제를 파괴하고 북한을 이롭게 하는 것으로 선동하고 탄압한다. 그러나 이들이 내세우는 자유민주주의란 무엇인가? 노동자의 자주적 단결을 저지하는 것이 자유민주주의인가?

노동자의 자주적 단결은 노동자가 임금노예의 지위를 벗어나기 위한 유일한 수단이다. 사업장에서, 산업수준, 전국수준에서 노동자가 조직되더라도 그 조직이 자주적인 것이 되지 못하면 그것은 노동해방의 수단이 아니라 노동통제의 수단으로 전락한다. 그동안 유일하게 노동조합의 전국조직이었던 한국노총이 권력의 시녀, 자본의 시녀일 수밖에 없었던 것은 그것이 노동자의 자주적 단결에 기초한 진정한 노동자 조직이 못되었기 때문이다.

이제 전노협이 자주적 노동조합의 전국조직으로서 건설되려 하고 있다. 자본과 권력은 모든 물리력과 이데올로기를 동원하여 이를 저지하고자 한다. 그러나 이들의 이데올로기 공세는 정당성은 물론 효력을 상실해 가고 있고, 따라서 이들은 '합법적' 및 '불법적'인 폭력에 점점 더 의존하고 있다. '합법적'이라는 것도 대부분 왜곡된 이데올로기를 통한 강요된 합의이거나 아니면 그 제정 및 집행에 있어서 절차적으로 불법적인 법률들의 강제이다. 법의 이름을 빌든 그렇지 않든 간에 노동자들이 자신의 의사와 이익을 대변하기 위한 조직을 결성하는 것을 금지, 억압하는 것, 즉 노동자의 기본권을 박탈하는 것보다 더 불법적인 것이 어디 있고, 또 이것보다 더 심한 자유민주주의의 부정이 어디 있겠는가?

전노협 결성은 우리 노동자들에게 있어서 최소한의 자유민주주의적 권리이고 요구이다. 이를 부정하기 위한 반공, 반북 이데올로기의 선동은 노동자들에게는 별 효력이 없다. 그러나 전체 국민대중의 각성수준은 그다지 높지 않다. 지금 전노협 건설에 참가하

---

[*] 김진균은 자신이 쓴 글들을 잘 정리해서 책으로 묶었는데 이 글은 빠졌다. 이와 직접 연관되어 있는 글인 「노동운동과 사상의 자유」가 『사회와 사상』, 1990년 3월호에 발표됐으며, 『사회과학과 민족현실 2』, 한길사, 1991에 실렸다.

고 있든 아직 참가하고 있지 않든 간에 모든 노동자들은 스스로 이러한 왜곡된 이데올로기의 질곡에서 벗어남은 물론 전 국민을 그로부터 해방시켜야 한다. 민중들은 전노협의 결성이 단지 노동자의, 노동자를 위한 전진이 아니라 전민중의, 전민중을 위한 전진임을 자각, 전노협의 결성 지원 및 수호발전에 가능한 모든 노력을 경주해야 할 것이다(김진균, 1990, 「사회운동 및 이데올로기 개방과 전노협」, 『전노협 백서』, 1997, 8장 5절의 2).

전노협의 창립

1990년 1월 22일 마침내 '전국노동조합협의회'(전노협)가 경찰의 강력한 억압을 뚫고 창립됐다. 그런데 공교롭게도 같은 날 민주자유당(민자당)도 창당됐다. 민자당은 김영삼의 통일민주당과 김종필의 공화당이 전두환·노태우의 민정당과 합당해서 만든 '보수대연합'당이었다. 평생 민주화운동에 참여했던 김영삼은 정권을 위해 독재 세력과 손을 잡았고, 이 때문에 민자당의 창당은 '3당 야합'이라는 강력한 비판을 받았다. 독재의 어용노조에 맞서 민주노조의 결집체로서 전노협의 창립과 '3당 야합'의 집결체로서 민자당의 창당은 1990년대 한국 사회의 변화를 예시하는 극적으로 대비되는 두 사건이었다. 전노협의 창립이 민주화운동의 사회적 강화와 확산을 대표했다면, 민자당의 창당은 민주화운동의 정치적 저지와 왜곡을 대표했다.[*] 그리고 안타깝게도 그 뒤 한국 사회의 변화에서 민자당의 창당이 전노협의 창립보다 훨씬 더 강한 위력을 발휘했다.

1990년 1월 22일 성균관대 수원 캠퍼스 학생회관에서 단병호 준비위원장의 주도로 전노협의 창립식이 열렸다. 전노협은 13개 지역 및 2개 업종 600개 노조에 총 26만여 명의 조합원으로 창립됐다. 단병호가 초대 위원장으로 선출되었으며, 김진균은 이소선, 김말룡, 백기완 등과 함께 고문으로 추대되었다. 『전노협 백서』는 역사적인 전노협 창립일을 다음과 같이 기록하고 있다.[**]

---

[*] 〈참고〉 30. 3당 합당(민주정의당, 통일민주당, 신민주공화당)

[**] 『전노협 백서』는 1997년에 처음 발간됐으며, 2003년에 재발간됐다. 인터넷 http://wbook.liso.net으로도 볼 수 있다. 노동자역사 '한내'(http://www.hannae.org)에서 관리한다.

전노협 창립을 선포하는 단병호
출처 : 경향신문, 민주화운동기념사업회

… 전노협 창립대회 준비위원회에서는 1월22일 당일 아침 서울대에서 성균관대학교 수원캠퍼스 학생회관으로 장소를 변경하였고, 대기하고 있던 대회 참가자들도 일사분란하게 수원 성균관대학교로 오전 11시 50경부터 속속 도착하기 시작해 1시간만에 1,500여 명이 결집하였다.

12시 45분 인노협 조직국장의 개회선언으로 시작된 창립대회는 전국 20만 조합원과 14개 지역노조협의회, 2개 업종노조협의회를 대표하는 8백여 명의 대의원들이 참가한 가운데 1시간 동안 진행되었다. 참가자들은 창립선언문에서 "한국노총으로 대표되는 노사협조주의와 어용적, 비민주적 노동조합운동을 극복하고 자주적이고 민주적인 노동운동을 전개해 나갈 수 있는 한국노동조합운동의 새로운 조직적 주체가 탄생"되었음을 밝히고 "노동자의 인간다운 삶과 국민의 자유와 행복을 실현하기 위해 민주노조운동의 역량을 강화하고 자주적 산별노조 건설에 매진할 것"을 결의하였다. 이어 대의원들은 단병호 전노협 준비위원회 위원장을 전노협의 초대 위원장으로 추대하고 전노협 강령 및 규약을 제정하였다(『전노협 백서』 제1권 7장 3절의 1. 창립대회 개요, http://wbook.liso.net).

장임원은 김진균과 민교협이 전노협의 창립에 어떻게 이바지했는가를 소상히 밝히는 글을 썼다.

전노협의 건설은 민주노총의 초석이다. 전노협 건설 이전에 우리는 전교협을 전교조로 발전시키는 과정을 통하여 이미 노동운동의 역사적 당위를 몸으로 확인하고 있었다. … 전국노동조합협의회 창립준비위원회로부터 하루 전날 인편으로 전갈을 받았는데 그 내용은-전노협 결성식의 장소는 아직 모른다. 내일 아침 00시까지 영등포역 앞 00다방(기억이 안 남)으로 나오면 안내한다. … 그리고 민교협 교수는 두 사람이 초청되었다. 김진균 공동의장하고 장임원 대외협력위원장이라는 거였다. …

여기에서 전노협창립준비위원회와 민교협 간의 저간의 사정을 이야기할 필요가 있다. 1989년 11월 8일 '전노협건설 지지하고 현 정권의 노동운동 탄압을 규탄한다'는 성명 발표에 이어, 12월 9일 단병호 의장이 민교협 제3차 중앙위원회에 참석하여 전노협 건설 추진 상황을 실명하였다. 그때 심상정 씨도 동행하였다. 우리는 그날 회의에서 전노협 건설 지원 특별위원회를 결성하고 김진균 의장을 위원장으로 의결하였다. 관례로 보아 의장이 위원장을 맡는 것은 예사로운 일이 아니다. … 1990년 1월 16일에는 재야민주단체기 망리된 전노협지원공동대책위원회가 민교협 사무실에서 발족됐고 선생님께서 공동의장을 맡아 민교협은 확실하게 노동운동의 전선으로 몸을 던졌다. 이어서 민교협은 18일에는 '전노협 결성의 당위성 평가'를 주제로 아침 10시부터 오후 6시가 넘도록 열기 가득한 심포지엄을 열었는데, 선생님께서 직접 발제하셨다. … 20일에는 다시 '전노협 결성은 노동자들의 당연한 권리이다'라는 내용의 성명을 발표하였다. …

영등포역을 출발한 수원행 전동차는 얼마 후 성균관대 역에 도착했다. … 집회장인 성대 수원 캠퍼스 대강당에 들어섰다. 선생님은 연단의 앞자리에, 나는 바로 뒤에 자리잡았다. 환호의 물결로 가슴은 뜨겁게 달아올랐고, 새로운 역사를 열리라는 각오와 자부심으로 전신은 가볍게 떨고 있었다. 열기와 전율의 대비는 극치와 희망을 만들어내고 있었다. 얼마 후 단병호 의장의 등단에 이어 박진감 넘치는 빠른 속도로 결성식은 진행됐다. 단병호 의장이 전노협위원장으로 추대되고, 얼마 후 007작전과 눈길로 뒤늦게 도착한 경찰 병력이 강당 앞문에서부터 새카맣게 밀어닥쳤다(장임원, 「민교협 안에서의 선생님과 나」, 『벗으로 스승으로』, 문화과학사, 2005, 210~212).

김진균은 1월 18일에 열렸던 '전노협의 당위성 평가' 심포지엄에서 발제문을 발표했던 것에 이어서 1월 22일의 전노협 창립대회에서 '전노협 지원 공동대책위원회'의 공동대표로서 전노협의 역사적 의의를 밝히고 과제를 제안하는 연대사를 했다. "전노협의 발전과 민족과 역사의 발전은 자본가와 국가공권력의 무력 약화와 기회주의적 자비에

전노협 창립대회를 침탈한 경찰들
출처 : 사회사진연구소

있지 아니하며 여러분의 자주적 의지와 실천적 행동에 의해서만이 결정됩니다"라는 말은 지금도 여전히 우리의 가슴을 울리는 말이 아닐 수 없다.

...

저는 여러분이 전노협 창립에 이르기까지 보여준 불굴의 정신이 중단없이 이어질 것을 확신하면서 새삼 강조하고자 합니다. 금권과 정권의 온갖 악랄한 흑색선전과 무력적 탄압에도 불구하고 여러분의 뜻이 굽히지 아니함은 그 불굴의 정신이 산업평화를 해치거나 민주질서를 파괴하고자 함이 결코 아니고 대등한 노사관계 속에서 민주적 산업사회를 건설하고 이 민족의 참 주인으로서 맡은 바 소임을 다할 수 있는 정의로운 자유민주주의를 바로 세우고자 하는 자유의지에 기초하기 때문이라고 확신하는 바입니다. 아무리 탄압이 거세게 몰아붙여도 여러분은 반드시 승리합니다. 국가공권력과 자본가의 결탁에 의한 자기보호적 무력은 진정한 힘이 아니며 여러분이 보여주고 있는 자기희생적 힘만이 진정한 힘이기 때문입니다. 역사의 발전은 역사를 매어두려는 무력에 의해서가 아니라 역사 앞에서 견인차적 소임을 다하는 여러분의 자주적 의지와 실천적 힘에 의해서만 이루어질 수 있기 때문입니다.

저는 노동자를 비롯한 모든 민중이 이 땅의 참 주인에 결코 자족하여서는 안 된다고 생
각합니다. 여러분의 노동형제와 민중형제들을 참 주인으로 역사 속에 이끌어내야 합니
다. 여러분의 소임은 참으로 막중하고 피할 수 없습니다. 그러기에 여러분은 역사와 민
족 앞에 겸허하고 경건한 자세로 나서야 합니다. 그리고 불굴의 정신으로 줄기차게 나
서야 합니다. 전노협의 발전과 민족과 역사의 발전은 자본가와 국가공권력의 무력 약
화와 기회주의적 자비에 있지 아니하며 여러분의 자주적 의지와 실천적 행동에 의해서
만이 결정됩니다. 여러분이 여러분의 몫을 다할 때, 천만 노동자는 하나가 되고 모든 민
중과 민주세력은 더불어 하나가 될 것입니다. 우리 모두 백두와 한라 같이 우뚝 솟읍시
다. 전노협 건설과 발전을 위하여 하나가 되어 장엄하게 매진합시다. 더불어 사는 사회
를 건설합시다. 자주적 민족통일을 기필코 우리가 성취합시다(김진균, 「전노협 지원 공
동대책위원회의 연대사」, 『전노협 백서』 1990, 제1권 7장 3절의 1. 창립대회 개요, http://
wbook.liso.net).

　김진균은 전노협의 역사적 의의와 책임을 강조했다. 그는 전노협의 결성을 노동자가
민중의 핵심으로 확립된 사건으로 파악했으며, 전노협이 민주화의 심화를 이루는 것이
자주화와 통일의 길을 여는 것이기도 하다고 생각했다. 또한 그는 이런 역사적인 변화
를 위해 노동자가 이론적 각성을 해야 할 필요를 강조했다. 한편 그는 자본주의와 사회
주의의 대립을 넘어선 새로운 사회의 형성을 추구했는데, 그것은 사상의 자유를 비롯한
기본권이 보장되고 노동자가 중심이 되어 사회 구성원의 평등이 확립되는 복지국가에
가까운 것이었다.

민족의 민주적 발전과 이에 기초하는 통일된 사회에 대해서 확신에 찬 이상을 찾아가는
일이 급하다. 민주적 노동운동에서 역사적 창조성을 살려내고 거기로부터 민중에 기초
하는 민족사회 재구성의 지적 노력, 그리고 도덕적 정당성을 찾아 거기에 알맞게 물질적
토대로 재구성해 나가는 이론적·실천적 노력을 우리는 우선 급선무로 삼아야겠다. 실
로 여기서 우리 민족사회는 세계적 수준의 양체제의 대립관계를 오히려 변증법적으로
발전시켜 나가서 새로운 사회구성의 모범을 제시하는 위대한 시험을 치르게 될 것이다.
그것을 위해 그러한 기준에 따라 우리는 우리 사회 구석구석에 대해 과학적인 접근부터
해 보자. 그로부터 인간이 인간으로 존중되고 누구나 자유롭게 살아갈 이상적인 사회를
만들 낙관주의를 가져보자(김진균, 1990, 「새로운 세기를 예비하면서」, 『사회과학과 민

족현실 2』, 한길사, 1991, 154).

이제 우리나라에서는 취업인구의 절반 정도, 인구수로는 2,500만 정도가 노동계급으로 분류되고 있다. 이들은 이제 민주적인 노동조합을 건설하고 그들의 권익을 확보하고자 '전국노동조합협의회'를 결성하였다. 이들은 진정한 민중의 핵심이다. 이들이 성장해오는 과정에서 그들은 그들 주체적인 사고와 사고력을 회복하고 그들의 민주적 노동운동이 사회적 모순을 극복해가는 민주화운동의 핵심임을 인식하고 있다. 그들로부터 이윤을 앗아가는 독점자본이 종속적인 것을 알면 알수록 그들의 민주화운동이 본질적으로 자주화임을 인식하게 된다. 세계적 체제모순인 분단구조가 그러한 모순을 심화시키고 민주적 노동운동을 지연시키는 데 작용하고 있음을 깨닫게 될 때 민중적 노동운동이 분단의 모순을 극복해가는 통일운동의 길에 있음을 파악하게 된다. … 자유의 권리가, 민주적 기본권리가 우선 완벽하게 노동자와 민중에게 돌아가도록 노력해 보자. 그러면 우리 민족의 과제가 하나씩 풀려나가는 길로 가리라고 믿는다(김진균, 1990, 「노동운동과 사상의 자유」, 『사회과학과 민족현실 2』, 한길사, 1991, 189~190).

전노협 후원회

전노협은 노태우 정권의 대대적인 탄압을 받았다. 그런데 전노협은 노동권을 부정하는 노태우 정권의 탄압만이 아니라 필요한 재정을 확보하는 문제를 안고 있었다. 김진균은 민교협 교수들을 중심으로 전노협 후원회를 조직하기 위해 최선을 다했다.* 김진균의 제안으로 장임원과 신인령이 적극 나섰다. 그 조직과 활동에 대해 장임원은 다음과 같이 밝혔다.

---

* 1970년 11월 13일 유혈적 착취를 자행하던 청계천 평화시장의 봉제공장에서 일하던 청년 노동자 전태일이 시위를 막는 경찰에 맞서 '근로기준법을 준수하라'고 외치며 분신자살했다. 그는 생전에 '나에게 대학생 친구가 한 명만 있다면' 하는 간절한 바람을 갖고 있었다. 전노협은 전태일의 거대한 부활이었으며, 전노협 후원회는 전태일이 그토록 원하던 '대학생 친구'의 거대한 구현이었다. 김진균은 이 놀라운 발전을 이룬 지도자였다.

전노협건설 지원공대위는 전노협 발족으로 그 소임을 다하고 자연스레 전노협 후원회 결성으로 뜻을 이어갔다(1990). 6월 25일 공대위에 소속되어 활동한 학계, 법조계, 의료계, 문화예술계, 종교계, 여성계 등은 후원회 준비위원회를 거쳐 9월 5일 결성하였다.

후원회는 두 가지 일에 역점을 두었다. 첫째, 민중민주운동의 중심에 전노협을 자리매김하는 것이었다. 전노협건설 지원공대위의 소속 조직들이 그 후에 국민연합의 구심이 되면서 전노협의 위상은 높아갔다. 여기에 특히 민교협은 아마도 자기역량을 반이 넘게 쏟아 부었다. 둘째는 재정자립을 돕는 거였다. 후원회는 평의원과 일반회원 모두 150여 명이 조금 넘게 출발했는데 이들의 후원만으로는 한계가 많았다. 그래서 후원회가 출발하면서 곧장 '땀 흘리는 사람들을 위한 작품전*'을 기획, 추진하였다.

민족예술총연합(민예총)과 민족미술협의회는 자기 일처럼 나서 200여 점의 작품을 모아주었다. 특히 신영복 교수는 10여 점의 서예를 내줬다. 방명록에 올린 방문객만도 천 여 명이 넘었고 작품은 완전 매진되었고 기획 상품이었던 징 시계는 일찌감치 동이 났다. 결산은 수익 1억원이었다. 대성공이었다. 모금에만 성공한 게 아니고 전노협 돕기에 일반시민의 발길까지도 잡은 것이었다. 『나의 문화유산 답사기』의 유홍준 교수의 작품설명은 작품매진의 일등공신이었다. …

후원회 운영의 중심은 집행위원회였고 고 김진균 교수, 신인령 교수(전 이화여대 총장), 중앙대 박영근 교수, 곽선숙 씨, 정인숙 씨와 김준묵 씨 등이 열성이었다. 정해영, 김미영, 최미아, 정경원 씨가 이어서 간사로, 그리고 평회원 이행자 시인이 오래 기억에 남아 있다. 후원회는 민주노총의 건설에 따른 전노협의 해산 후 1년여를 지속한다. 『전노협 백서』 발간에 힘을 보태기위해서다. 7,000여 쪽의 『전노협 백서』를 볼 때마다 고 김종배 동지의 모습이 중첩된다(장임원, 「전노협 창립 20주년 기획연재 — 내가 함께한 전노협 (1) 전노협 후원회」, 『참세상』, 2010년 6월 10일).

작품의 표구는 낙원표구사의 이효우 사장이 맡았다. 전교조와 전노협을 비롯한 여러 운동단체들의 모금전에서 이효우는 최고의 표구 전문가로서 큰 도움을 줬다. 김진균은

＊『한겨레』에는 다음과 같이 보도되었다. "전국노동조합협의회(전노협)의 각종 사업을 지원하기 위한 '땀 흘리는 사람들을 위한 작품전'이 전노협 후원회(공동회장 김진균 외) 주최로 14~20일 서울 안국동 갤러리 문화중심에서 열린다. 전노협후원회는 민주화를 위한 전국교수협의회, NCC인권위원회, 전교조, 언론노련, 한국민족예술인총연합, 한국여성단체연합 등으로 구성되었다. 지난 1월 22일 출범 이래 4백여 명의 노동자가 구속되는 등 수난을 당해 온 전노협은 그동안 외부의 탄압 못지 않게 재정 압박의 어려움을 겪어 왔다. … 모두 140여명의 작가가 170여점의 작품을 선보이는데 출품작가 중에는 민중미술 계열의 작가뿐만 아니라 일반 기성작가도 일부 포함돼 있다. …"(『한겨레』, 1990년 9월 13일).

이효우에게 늘 깊이 감사했다. 다산연구회의 동학이자 평생의 산행 친구인 이효우가 김
진균을 깊이 존중했을 뿐만 아니라 늘 운동단체를 적극 도와줬기 때문이다. 2001년에
이효우의 환갑을 맞아 김진균은 이효우 부부를 거제도로 초대해서 즐거운 시간을 가졌
다. 그리고 그 사정을 「환갑」이라는 제목의 글로 남겼다.

> 이러한 전시회 개최에서 빼 놓을 수 없는 작업이 곧 작품을 표구하는 일이다. 작품이 대
> 개의 경우 전시 개최일에 임박해서 도착하기 때문에 표구하는 작업이 단시일 안에 밤새
> 워가며 해야 하는 경우가 다반사였다. 이 작업을 서울 낙원동에서 사업을 하고 있는 한
> 분이 기꺼이 맡아주곤 하였다. 그는 스스로 호를 지어 부르기를 연담蓮潭이라고 하였다.
> …
> 당시 이러한 전시회가 전교조, 전농, 전노협, 전국연합 등 민중운동단체가 주관하여 개
> 최되곤 하였다. 연담은 이러한 운동단체의 기금마련 전시회에 그가 도울 수 있는 방식대
> 로 힘껏 도와주었던 것이다.
> 그 연담이 올해 환갑이다. 우리나라에서는 예로부터 환갑이 되면 육십 평생 살아온 인생
> 을 기리고 축배를 들어 축수한다. 내가 위의 여러 전시회에 관계가 된 경우가 많았고, 그
> 가 나를 매개로 해서 인연이 되어 그렇게 도우고 했던 것이라, 그의 환갑을 맞이하여 그
> 가 베풀었던 일이 회상되었다. …
> 나는 지난 유월 그의 부부를 거제도 한갓진 바닷가 마을에 초대하여 환갑을 축하하는 뜻
> 을 보였다. 파도소리를 들으며 잠들 수 있는 그런 곳에서 밀려오는 파도소리에 기분을
> 실어서 평소 그가 사회운동에 대하여 우의와 신뢰 그리고 정의로운 감성을 보이며 연대
> 해 준 데 대하여 감사하면서 술잔을 들어 건배하였다(김진균, 2001, 「환갑」, 『불나비처
> 럼』, 문화과학사, 2005, 60~62).

1997년 11월 김진균의 회갑을 맞아서 김진균의 삶을 돌아보는 좌담회가 열렸는데, 그
내용이 『경제와 사회』 1997년 겨울호에 실렸다. 이 자리에서 전노협의 한 주역인 심상
정은 다음과 같이 김진균의 전노협 후원회 활동을 '후원자이자 동지로서' 기억했다.

> 이 당시 각계각층의 연대의 틀로서 지원공대위가 구성되고 이후 후원회로 발전하는 데
> 서 당시 민교협의 대표였던 김진균 선생님이 중요한 역할을 하셨습니다. 선생님은 전노
> 협 창립 때부터 고문역할을 하셨고, 후원회 회장도 맡으셨고, 이후 각종 탄압의 국면마

다 공대위를 스스로 나서서 도와주시고, 각 분야별로 노동문제에 대한 입장표명, 서명 등을 지속적으로 조직해 주셨습니다. 전노협에서 민주노총에 이르는 전 과정에서 참여했던 한 분으로서 명확한 인식과 헌신성을 갖추고 후원자이자 동지로서 참여해 주신 부분들이 기억에 남습니다(심상정·안병욱·유초하·조희연·홍성태, 「진보운동과 진보적 지식인운동의 선 자리, 갈 길」, 『경제와 사회』, 1997년 겨울호, 15).

김진균과 단병호

김진균과 단병호*의 관계는 각별했다. 김진균은 전노협의 창립을 주도한 노동자 단병호를 마음으로 존중했다. 두 사람의 관계는 1989년 12월 17일 전노협 준비위원회의 결성식 뒤풀이 자리에서 본격적으로 시작됐다. 단병호는 그해 8월에 석방되고 11월에 다시 수배된 상태여서 자유롭게 사람을 만날 수 없었고, 그 뒤풀이도 김진균, 김금수, 신인령, 김영대 등 몇몇 사람들과 어렵게 자리를 함께했다. 단병호는 그날을 다음과 같이 기억했다.

선생님과의 인연은 1988년 언저리일 듯싶다. 그러나 첫 대면으로 또렷이 기억되는 것은 89년 경희대에서 있었던 전노협 준비위원회의 결성식을 마치고 뒤풀이가 있던 자리이다. … 그때 선생님의 모습은 너무나 인상적이었다. 술잔이 몇 순배 돌고 이야기가 한창 무르익어 가는 데도 대화에는 끼어드시지 않고 그 특유의 온화한 미소를 지으며 시종일관 듣고만 계셨다. 눈을 지그시 감고 계시다 그저 생각이 나신 듯 가끔 술잔을 비우실 뿐이었다. 자리가 파할 때쯤 해서 느릿느릿한 말씨로 "전노협 창립준비위원회 결성식을 보고 너무 기뻤습니다. 나는 여러분들이 반드시 전노협을 만들어 많은 일을 해 주실 것으로 믿습니다. 여러분들이 가고자 하는 길은 험난하고 고단한 길이 될 것입니다. 한번 뜻을 세웠으면 아무리 어렵고 힘이 든다고 해도 포기해서는 안 됩니다. 많은 사람들이 여러분들에게 크나큰 기대를 걸고 있다는 사실을 잊지 말아 주시기 바랍니다"라는 한 말씀을 하셨다. 그 한 말씀은 거역할 수 없는 힘을 지니고 있었다. 그때 선생님이 하셨던 그

---

* 〈참고〉 31. 단병호

말씀은 내가 쉬고 싶을 때마다 채찍이 되어 나를 일으켜 세웠다(단병호, 「가야산은 가야
산이다」, 『벗으로 스승으로 ― 김진균 선생을 기리며』, 문화과학사, 2005, 225).

한편 김진균은 2002년 초에 민주노총 위원장으로서 또 다시 감옥에 갇힌 단병호를 떠
올리며 글을 썼다. "대량해고되는 노동자가 대량구속되고 있다"는 그의 지적은 지금도
여전히 적실하다.

올해도 감옥에서 설을 보내는 사람들 중에는 민주노총 단병호 위원장과 금속산업노조
문성현 위원장을 포함해서 상당히 많은 노동자가 있다. 단 위원장은 80년대 후반 노동운
동에 헌신한 이래 설을 가족과 함께 단란하게 집에서 지낸 경우가 적다. …
민주금속연맹이 출범하던 당시 그는 감옥에 가 있었다. 부산에서 출범식을 하는데 서울
에서 몇 사람이 내려가서 그 출범을 축하하였다. 당시 단 위원장은 출범식에 못하였고
부인이 참석해서 그 역사적인 일에 축하를 보내 주었다. 그날 저녁 서울로 돌아오는 차
편에 부인과 동석하게 되었는데 그때 부인은 애절하게 남편의 출소를 고대하고 있었다.
그리고 우리에게 당부하는 것이었다. 제발 다시는 감옥에 가지 않도록 해 달라는 것이었
다. 아, 참― 우리의 일이다.
우리는 그나마 우리나라 민주화의 역사를 낙관하고 있었다. 그가 출소하고 나면 다시는 감
옥에 가지 않을 것이라고 믿고 있었다. 노동자의 힘찬 운동으로 민주노총이 출범하였고 합
법화되면 한국의 민주적 노동운동은 아주 정상적인 것으로 정착하리하고 생각하였다.
역사는 희망하는 대로 그 경로를 거치지 않기도 하는 모양이다. 더구나 97년 이후 급격
하게 구조조정을 감행함으로써 노종자가 대량으로 해고되는 사태가 진전되는 상황에서
노동자는 삶 자체가 벼랑에 내몰리고 있다. 헌법에서 명시한 노동권도 무색해진다. 생존
자체가 위급한 것이 대부분의 노동자이다. 국가는 이를 통제하는 길만 끈질기게 철저히
추구하고 있다. 대량해고되는 노동자가 대량으로 구속되고 있다(김진균, 2002, 「섣달 그
믐날」, 『불나비처럼』, 문화과학사, 2005, 81~82).

⑱

4월 혁명 30주년, 국민연합, 보안사 사건
1990년

소련 여행

전노협이 발족하고 1달 정도 지난 뒤인 1990년 2월 20일 김진균은 서울대 사회학과의 선배이자 서울대 신문학과의 교수였던 이상희(1929~2010)를 비롯해서 여러 교수들과 소련 여행을 떠났다. 그는 유인호를 추억하는 글에서 이 여행을 '동구권 집단여행'이었다고 밝혔다(김진균, 2002, 「일출봉에 해 뜨거든」, 『불나비처럼』, 문화과학사, 2005,

소련 모스크바의 크레믈린 광장에서

158).

소련(소비에트 사회주의 공화국 연방)은 1922년 12월 30일 수립되어 1991년 12월 26일 소멸됐다.[*] 김진균은 1999년 발표한 한 글에서 소련 여행과 그 무렵 소련을 중심으로 전개된 중요한 논쟁에 대해 조금 다루었다. 그는 1990년 2월 방문한 모스크바에서 이미 소련의 몰락을 느끼고 있었다.

> 소련이 망하기 전에 모스크바를 둘러보고 온 여행은 그야말로 꿈만 같았다. 레닌광장은 그 고적한 분위기를 가지고 있었고, 크레믈린 궁정은 음산한 공산당 음모의 터전이라는 이미지는 전혀 없이 경비하는 사람은 어디에 있는지조차 모를 그러한 종교적 터전 분위기만 보이고 있었다. 하지만 광장 근처에 있는 백화점을 보며 다른 생각이 들었다. 한국 사람 30명쯤을 한 시간만 풀어놓고 물건을 사라고 하면 그 백화점은 물건이 동이 나는 패닉 상태에 빠질 것이라는 판단이 나오면서 시장의 심상찮은 소리가, '사용가치' 우위 사회체제의 균열된 소리가 들리는 듯하였다. 80년대 말 소련 공산당 서기는 핵무기 감축을 주창하고 자본주의 세계체제와 사회주의 세계체제는 대립되는 적대모순이 아니고 서로 공존하는 하나의 세계체제를 구성한다고 주창하였다. 그리고 자본주의는 이윤을 확보하기 위하여 반드시 제국주의가 되는 것이 아니며, 따라서 자본주의의 제국주의적 침략테제를 평화테제로 바꾸어 제출하였다. 이러한 주창을 담은 페레스트로이카는 고르바초프라는 위대한 사회주의자 평화론자를 부각시켰고, 사람들은 그 사회주의자가 가지고 있는 인간적 풍모가 세계에 평화를 가져다 줄 것이라고 믿었다. 하지만 혜안이 있었던 국내의 한 젊은 정치경제학도가 그 페레스트로이카에서 종말론적 비극의 뉘앙스를 읽어낸 대로 공산당체제의 포기가 내뿜는 연기는 절박한 구원의 요청이었다는 것이 곧 판명되었다(김진균, 1999, 「자유를 위한 기획을 꿈꾸며」, 『21세기 진보운동의 기획』, 문화과학사, 2003, 192~193).

사실 김진균은 이미 1970년대에 소련에 대해 연구해서 소련의 정체된 경제상태뿐만 아니라 반민주성과 비인간성의 문제에 대해 잘 알고 있었다. 물론 그는 소련이라는 나라가 만들어진 역사의 의미와 가치에 대해서도 잘 알고 있었다. 그러나 그는 사회 민주주의 또는 산업 민주주의의 관점에서 소련의 실체에 대해 대단히 비판적이었다. 그는

---

[*] 1917년의 3월 혁명으로 러시아 제국이 몰락하고 러시아 임시정부가 수립됐고, 10월 혁명으로 러시아 임시정부가 붕괴하고 볼셰비키가 정권을 잡았다.

미국의 주류 사회학뿐만 아니라 맑스주의, 종속이론 등에 대해서도 주체적인 관점과 사실적인 접근을 강조했다.

> 러시아혁명이 20세기의 역사에 커다란 변화를 가져왔고 맑스-레닌주의가 세계의 곳곳에 복음처럼 전달되기도 하였지만, 러시아혁명 이후 소련의 공산주의체제에서 발전되어 온 사회구조는 역시 생산성과 능률을 가장 중요한 초점으로 하여 결정화되어, 프롤레타리아트가 그들의 의지대로 그들의 노동과 삶을 결정할 수 있는 권리는 배제되고 일당의 지배 하에 있는 중앙집권적 통제체제를 강화시켜 왔다. 산업민주주의자에게 소련이 보여준 치명적인 상처는 노동자의 자주관리운동에 대한 태도였다. … 1969년 11월에 소련은 체코에 군대를 진주시켜 점령하였다. 소련의 체코 군사점령은 체코에서 오타 식Ota Šik[*] 개혁에 의하여 자주관리제를 확립하려는 민주화운동을 종식시키기 위한 것이었다(김진균, 1981, 「산업민주주의: 그 배경과 몇가지 명제에 관하여」, 『비판과 변동의 사회학』, 한울, 1983, 290).

소련에 관한 김진균의 연구에서 더욱 주목할 것은 체르노빌 핵발전소 폭발사고의 영향을 강조한 것이다. 김진균은 체르노빌 핵발전소 폭발사고가 이미 반민주성과 비인간성의 문제로 크게 약화되어 있던 소련의 몰락을 초래한 중요한 직접적 원인이라고 생각했다. 그는 이미 오래전부터 현대 과학기술이 인류의 복지만을 가져오는 것이 아니라 대량살상의 원인이기도 하다는 것을 인식하고 있었으며, 핵공학을 비롯한 현대 과학기술이 국제적 불평등 위계의 핵심 동력이라는 것을 인식하고 있었다(김진균, 『비판과 변동의 사회학』, 한울, 1983, 221·295). 이런 맥락에서 그는 소련의 핵 기술에 대해서도 크게 우려하고 있었고, 체르노빌 핵발전소 폭발사고의 영향에 대한 국내외의 여러 연구들을 공부했으며, 그 결과 그것이 소련의 몰락을 초래한 중요한 직접적 원인이라고 판단하게 되었던 것이다. 이에 대해 그는 1992년 여름에 발표된 『문화과학』 창간호의 좌담에서 다음과 같이 말했다.

> 현실 사회주의 국가들의 붕괴에 대해 국내에서 많은 논란이 있었습니다. … 그런데 우리

---

[*] 오타 식(Ota Šik, 1919~2004)은 체코의 경제학자이자 정치가로서 신경제모형 또는 경제 자유화계획을 추진했다(Wikipedia, 'Ota Šik').

가 유의해 보지 않았던 한 가지 사건이 미친 영향은 거의 무시되었다는 느낌입니다. 그 것은 1986년 4월 26일 우크라이나 공화국 수도 키에프 북쪽 130km 지점에 있는 체르노 빌 핵발전소 폭발사고입니다. … 소련이 이 사고 처리에 얼마나 많은 경비를 썼는지 아 무도 모릅니다. 소련의 경제력으로는 그것을 감당하지 못한다는 사실 그리고 식량과 의 료 약품이 절대적으로 필요하다는 것만은 분명하지요. 이런 과정에서 페레스트로이카 가 자본주의 국가의 돈을 받아들이는 절차로 변모하게 된 것이 아닌가를 살펴볼 필요 가 있습니다. 계급이익보다 전인류의 문제, 즉 식량부족, 환경오염, 핵문제를 우선적으 로 강조하고, 시장경제로의 전환을 모색하고, 또 권력과 지식과 정보의 다원주의에 기초 하는 대의제를 추구합니다. 자본주의는 적대적 위치가 아닌 상호의존체제로 보고 자본 주의의 제국주의 성격보다는 평화능력 보유를 공개적으로 공표합니다. … 소련의 사회 주의 해체는 핵시대에 직면하여 새로운 수습의 길을 찾아나가지 못하면 사회주의의 우 월성이나 장점 자체도 유산으로 견뎌내기 어려운 지경이 된다는 것을 보여준 예라는 것 입니다(김진균·강내희·김정환·박거용·심광현, 「좌담 ─ 현단계 자본주의 문화현실과 과학적 문화이론의 모색」, 『문화과학』 창간호, 1992년 여름, 10~11).

2003년 8월 1일 김진균은 「쑥대밭」이라는 제목의 칼럼을 발표했다. 이 칼럼은 체르노 빌 핵발전소 폭발사고와 핵발전에 대한 의견을 제시한 것이다. 그는 이 칼럼에서 체르 노빌 핵발전소 폭발사고로 크게 악화된 소련의 문제를 식량 문제, 에너지 문제, 민주주 의 문제로 정리해서 제시하고, 이와 관련된 국내의 환경운동가들의 대응과 활동에 대해 서 자신이 알고 있는 흥미로운 일화도 제시했다. 이 칼럼의 끝 부분은 오늘날 우리에게 대단히 적실하다. 일본의 후쿠시마 핵발전소 폭발로 우리도 심각한 방사능 오염의 위 험을 안게 되었고, 고리 핵발전소를 비롯한 우리의 핵발전소들도 폭발의 위험이 갈수록 커지고 있기 때문이다.

흉물로 변한 체르노빌 발전소에 오직 '쑥'만 무성하게 자라난다. '체르노빌'이 원래 러시 아 말로 '쑥'을 뜻한다고 한다. 체르노빌이 그야말로 '쑥대밭'이 된 것이다. 그 쑥대밭 때 문에 소련의 붕괴도 촉진되고 우크라이나 민족은 수십 세대를 거치면서 피폭지대의 삶 을 힘겹게 꾸려가야 할 것이다. …
핵발전소를 먼저 만들었던 미국, 프랑스, 독일, 스웨덴 국가는 앞으로 핵발전소를 더 증 설하지 않기로 하고 기존 발전소도 몇십 년 후에 폐쇄한다는 정책을 밝히고 있다. 이 지역은 더구나 지진이 잘 발생하는 곳이다. 일본의 핵발전소가 터진다면 거기서 발생하는 방사능 재가 한반도에 집중포화될 것이다. 금수강산이 쑥대밭이 될 것이다.

핵에 관련된 문제는 그것이 발전소 설치이건, 핵폐기물 저장소 설치 문제이건 혹은 핵무기 생산에 관한 것이건, 그 지역주민의 문제가 아니다. 반핵, 반전, 평화는 한 가지 맥락에 놓여 있다(김진균, 「쑥대밭」, 『불나비처럼』, 문화과학사, 2005, 223~224).

4월 혁명 30주년 기념

김진균은 4·19혁명의 의의와 가치를 평생 중요하게 여기고 살아갔다. 전노협이 창립된 1990년 1월 그는 민교협 의장이자 '사월혁명연구소' 소장이었다.[*] 마침 1990년 4월은 4·19혁명 30주년을 맞는 때였기 때문에 김진균은 '사월혁명연구소'의 초대 소장으로서 '4월 혁명 30주년, 광주항쟁 10주년 사업추진위원회'를 조직해서 기념사업을 추진했다. 그 결과로 연세대 백주년기념관에서 학술대회가 열렸고, 제1회 사월혁명상을 시상했으며, 그의 주도로 『한국사회변혁운동과 사월혁명』(한길사, 1990)이 출간되었다. 말년에 김진균은 1990년 4월 19일에 대해 다음과 같은 글을 남겼다.

> 1990년을 사월혁명 30주년으로 맞이할 사명을 느낀 진정한 사월혁명 주역들이 모여 사월혁명연구소를 설립하고 드디어 처음으로 그 혁명의 진정한 역사적 성격을 규명하는 학술대회를 열고 두 권의 논문집도 간행하고 4월 19일 정오에 수유리 4·19묘소에 모여 참례를 하였다. 사월혁명을 혁명으로 만들고자 애를 쓴 사람들은 청춘을 불사르면서 민족통일운동·민주화운동을 계속하였으며 그들의 청장년기와 함께 한 그 기나긴 군부독재정권으로부터 하루도 핍박을 받지 않은 날이 없었다. 그들은 이제 흰 머리카락을 날리면서 그들의 자식 세대가 대의를 이어가는 데 신명을 받쳐 돕고 있다. 그들은 진정한 통일의 민주적 민족구성을 아직 실현시키지 못하고 있지만 머지않아 그들의 꿈이 실현되리라고 믿고 있다(김진균, 「사월은 오월을 부른다」, 『불나비처럼』, 문화과학사, 2005,

---

[*] '사월혁명연구소'는 1988년 4월 19일에 설립되었으며, 김진균은 1기(1988년 4월~1990년 4월) 소장을 맡았다. 10년째 되는 1998년 5월 '사월혁명회'로 이름을 바꿨다.

107).

한편 4·19혁명 30주년이었던 1990년은 광주항쟁 10주년의 해이기도 했다. 그해 5월에 민교협 공동의장이자 광주항쟁의 중요 참여자였던 전남대 국문학과의 송기숙 교수는 『광주 오월 민중항쟁 사료전집』을 펴냈다. 광주에서 무고한 시민들을 학살하고 권력을 잡은 자들의 세상에서 그에 맞선 사람들의 사료를 수집하고 출판하는 과정은 대단히 어려웠다. 김진균은 군부독재에 의해 좌절된 4·19혁명과 군부독재에 의해 진압된 5·18항쟁의 역사적 연결성을 강하게 인식하고 있었다. 그는 능력과 여건이 되지 않아 송기숙 교수를 적극 돕지 못한 것을 대단히 안타깝게 생각했다. 한참 세월이 흐른 뒤에 그는 그 전말을 글로 남겨 송기숙 교수와 나병식 사장의 노고를 치하하고 후대에 길이 전하고자 했다.

전남대 국문학과 송기숙 교수는 광주 5월 민중항쟁 10주년을 맞이하여 항쟁에 참여한 사람 5백명의 증언을 원고지 2만5천매 분량으로 집성하여 1990년 5월에 『광주 오월 민중항쟁 사료전집』을 간행하였다. '죽음을 넘어선 피의 기록'이라고 간행사에서 밝히고 있듯이 이 자료집 자체가 하나의 줄기를 이루는 사회운동이었다. … 그는 당시 지명수배되고 나중에 보안대 지하실에 끌려가서 옷을 벗기고 수사를 받았다. "야, 이 새끼 맷집 좋네"하면서 몽둥이가 사정없이 등짝을 후려갈기는 수모를 겪었다. 그가 항쟁에서 살아남은 자로서 항쟁의 증인이 되고자 이 증언집 출간사업을 감행한 것이다. …
드디어 1990년이 되고 광주 5·18민중항쟁 10주년이 되었다. 송 교수는 이제 이 『사료집』을 출간함으로써 일차적 소임을 하게 된 것이다. 무려 1,652면에 달하는 사료집을 출간한 것이다. 그리고 이 사료집의 출간을 기초로 해서 10주년 기념 심포지엄이라도 해야 했다. … 그런데 이를 후원할 마땅한 사람들을 구하기 어려웠다. 아직 1990년이었고 군부독재가 계속되고 있었으니.
이 책의 출판을 맡은 출판사 '풀빛'의 나병식 사장은 민주출판운동의 선봉에 서고 있었고 80년대 후반 『한국민중사』 출판사건으로 구속된 일도 있었다. 이 출판의 역사적 의의를 너무나 잘 알고 있던 그로서도 한편으로는 이 사료집의 출판을 영광스러운 사명으로 여기고 있었지만 다른 한편으로는 그 출판 비용은 그가 감당하기에는 너무 큰 것이었다. 그러나 그는 기꺼이 출판을 맡아서 1990년 5월이 가기 전에 세상에 선을 보였다. …

이 두 분의 노력에도 서울에서 개최하는 심포지엄 문제는 잘 해결되지 않았다. 어쨌든 어느 날을 잡아서 서울에서 심포지엄을 개최하였다. 발표하고 토론하는 분들에게 거마비도 지출하기 어려웠다. 그렇지만 참여한 모든 분들은 역사를 해석하고 역사를 바로 세우고 희생한 민중들에게 정당한 역사적 몫을 자리매김하기 위하여 전심전력을 쏟아내었다. …

심포지엄을 마치고 뒤풀이하면서 서로 위로하고 격려하고자 하는 자리를 사전에 마련하기조차 어려운 형편이었다. 이 사정을 전해들은 당시 사월혁명연구소의 회원인 이문교 선생이 참여자 전원을 종로의 아주 아담한 식당에 초청해서 조촐하지만 서로 위로를 풀 수 있는 풍성한 자리를 마련해 주었다.

송기숙 교수는 정년퇴임하기 전에 전남대학교에 '전남대학교 5·18연구소'를 창설하여 5·18 역사의 계승발전을 도모케 하였다. … 송 교수 자신이 광주의 지역성에서 벗어나고자 노력했듯이 민주화의 더 큰 전망을 내다보고자 하는 분들은 지금도 그 광주의 역사를 상승시켜 한국사 전체의 중심에, 그리고 동북아 문제의 중심에 자리잡도록 여러 각도로 조명하고 전망하면서 나아가고 있다(김진균, 「송기숙 교수와 나병식 사장」, 『불나비처럼』, 문화과학사, 2005, 114~117).

국민연합 공동의장

1990년 1월 22일, 전노협의 창립과 민자당의 창당이 이루어졌다. 노동운동의 전국적 조직화와 보수 세력의 정치적 총결집이 이루어졌던 것이다. 그런데 사실 이 시기를 전후해서 1987년 6월 항쟁의 성과를 더욱 확산하기 위한 여러 노력들이 민주화운동 전반에서 활발히 펼쳐졌다. 그것은 다양한 분야의 전국적 조직들이 결성되는 것으로 나타났다. 1989년 1월 19일 전국청년단체대표자협의회(전청협) 창립, 11월 11일 전국빈민연합(전빈련) 결성, 1990년 1월 22일 전국노동조합협의회(전노협) 창립, 4월 21일 '민자당 일당독재음모분쇄와 민중생존권쟁취 국민연합('국민연합')'의 결성, 4월 24일 전국농민회총연맹(약칭 전농) 결성, 1991년 12월 1일 민주주의민족통일 전국연합(전국연합) 결성 등이 그것이다.

국민연합결성대회
출처 : 박용수, 민주화운동기념사업회

1990년 4월 21일 '민자당 일당독재음모분쇄와 민중생존권쟁취 국민연합('국민연합')'
의 결성대회가 연세대에서 열렸다. 1월 22일에 창당된 민자당은 보수 세력이 총결집해
서 1987년 6월 항쟁 이후의 민주화를 억제하고 친일과 독재에 뿌리를 두고 있는 보수 세
력의 지배를 영구화하기 위한 정치적 책략의 산물이었다. 김진균은 국민연합의 공동의
장으로 추대되어 보수 세력의 지배에 맞서 민주화를 계속 추진하고 국민의 생활을 향상
하기 위한 활동에 힘을 쏟았다. 김진균은 민교협의 공동의장으로서 교수들이 전노협으
로 대표된 노동운동의 발전을 지원할 뿐만 아니라 민주화운동의 발전을 위한 주체로 나
설 수 있도록 하기 위해 최선을 다했다. 이 과정에서 김진균은 민교협의 대표를 넘어서
전체 민주화운동의 중심으로 평가받게 되었다.

김진균은 장임원, 유초하, 박영근, 김상곤, 임종대, 서관모 등 민교협 임원들과 함께
국민연합의 활동이 기층 민중운동 중심으로 전개되도록 힘썼다. 이들은 운동 조직들이
추진하는 '상설연합'의 조직노선과 관련하여 '민주대연합' 노선에 반대하고, 상설연합이
'기층대중단체들이 확고한 조직적 구심이 되는' 조직이 되어야 한다는 민교협의 입장[*]이

---

[*] 민교협 중앙정책위원회, 「상설연합 건설을 위한 그간의 논의 및 추진현황」, 『민교협 월보』, 제5호, 1991년
10월, 9.

전국연합 건설에서 관철되도록 노력하였다. 결과가 아주 만족스러운 것은 아니었지만, 김진균의 헌신적인 노력은 1990년대 초 정치적 대중운동에서 기층 민중운동 중심 노선을 강화시키는 데 중요한 기여를 하였다.

오랜 세월 독재에 맞서 싸운 많은 운동가들이 김진균을 높이 존중하게 된 데는 명확한 이유가 있었다. 김진균은 확고한 민중과 민족의 원칙 위에서 여러 사람들의 의견에 조용히 귀 기울이며 서로 합의할 수 있는 길을 끝까지 찾았다. 김진균은 언제나 원칙과 실질을 추구했다. 원칙 없는 실질은 허구이기 십상이며, 실질 없는 원칙은 교조이기 십상이다. 김진균은 다른 사람들을 존중하는 인품 위에서 언제나 원칙과 실질을 함께 고려했다. 국민연합의 결성과 활동에 민교협은 크게 이바지했으며, 그 중심에는 민교협 공동의장 김진균이 있었다. 이에 대해 서관모는 다음과 같이 평가했다.

> 1990년 1월 노태우 정권 주도로 3당 합당이 감행되자 4월 21일 '민자당 일당독재 분쇄와 민중 기본권 쟁취 국민연합'(국민연합)이 결성된다. 전선운동체 국민연합 내에서 민교협은 전체 운동의 방향을 바르게 설정하는 데 상당한 역할을 하였는데, 이것은 국민연합 참여단체 대표자회의에서의 김진균 민교협 대표의 역할을 빼놓고는 생각할 수도 없는 일이었다. 반민자당 투쟁뿐만 아니라 민중생존권 투쟁 등 여러 민중운동 단체들의 수많은 투쟁의 장소에는, 그리고 이들 운동단체의 연대의 장에는 항상 선생님이 계셨다. 거기에는 장임원 선생이 항상 함께 하셨다. 민교협 공동의장 시기는 실천하는 지성 김진균의 인생에서 가장 빛나던 시기였다고 할 수 있다. 이 시기에 선생님은 말 그대로 민중운동 진영의 대부代父였다(서관모, 「김진균 선생님과 서사연」, 『벗으로 스승으로』, 문화과학사, 2005, 272~273).

그런데 국민연합이 발족했을 무렵 가장 큰 민생 현안은 KBS의 방송민주화투쟁과 현대중공업의 골리앗투쟁*이었다. 당시 발족하고 얼마 되지 않았으며 노태우 정권의 탄압에 시달리고 있던 전노협은 총파업을 벌여 노동권을 지키고 민주화를 진척시키고자 했

---

* '골리앗'은 선박 제작용 초거대 크레인을 뜻한다. '골리앗 투쟁'은 현대중공업 노조가 노태우 정권의 탄압에 맞서서 1990년 4월 26일~5월 10일 동안 현대중공업 노조의 결사조 78명이 82미터 높이의 골리앗에 올라 투쟁한 것을 가리킨다. 이에 대해서는 당시 결사조의 1인이었던 조돈희의 「1990년 현대중공업 골리앗투쟁」(『참세상』, 2009년 7월 13일)을 참조.

다. 5월 1일 노동절부터 시작[*]된 1990년 5월의 총파업은 노동권을 넘어서 민주화의 면에서 큰 의미를 지니고 있는 역사적인 사건이었다.

> 1990년 전노협은 건설되자마자 조직을 정비도 하기 전에 정권의 좌경급진세력이라는 이념 공세, 지도부의 구속, 업무조사와 전노협 탈퇴공작 등에 맞서 조직을 사수하고 민주노조운동을 지켜내야 하는 상황에 맞닥뜨렸다. 전노협은 어려운 상황에서도 소속 사업장이 아닌 1990년 4월 KBS노동자들의 방송민주화투쟁, 울산 대공장인 현대중공업 골리앗투쟁에 대해 지원연대투쟁을 벌이면서 노동자의 연대정신을 발휘했다. 마침내 전체 민주노조운동을 사수하기 위해 5월 총파업을 벌였다. 5월 총파업투쟁은 87년 이래 민주노조운동의 최대 성과로서 노동운동탄압에 커다란 구멍을 내고 노동자의 자신감을 회복시켜준 쾌거였다. … 전노협의 5월 전국 총파업 투쟁은 민주노조운동이 탄압을 뚫고 한 단계 높은 수준으로 발전할 수 있느냐 없느냐 하는 '민주노조운동의 전진과 후퇴의 분수령'이자 '전노협의 사활을 건 투쟁'의 성격을 띠고 있었다. 이 투쟁은 1987년 이래 민주노조운동의 조직적 성과를 바탕으로 민주노조들이 전국적으로 통일된 요구를 걸고 투쟁을 전개하는 조직적 연대파업이었다(유경순, 「5월의 역사: 1990년 5월 총파업」, 『금속노동자』, 2010년 5월 6일. http://www.ilabor.org).

김진균은 전노협이 노동권을 넘어서 민주화를 추구하는 핵심 주체가 되어야 한다고 생각했다. 사실 이것은 그가 1981년 발표한 논문 「산업민주주의」에서 이미 제시된 중요한 내용이다. 그는 산업민주주의를 '노동운동의 이념이 노동자계급의 범위를 넘어서서 보다 사회적으로 확산'되는 것, '형식적인 정치적 민주주의를 실질적인 사회적 민주주의로 변혁하는 것'으로 파악했다(김진균, 『비판과 변동의 사회학』, 한울, 1983, 289). 전노협이 발족하고 석달 뒤에 발족한 일시적인 국민 운동체인 국민연합은 국민의 생활 향상을 강조하고 나섰다. 그러나 국민연합은 반독재 민주화운동에 더욱 주력할 수밖에 없었다. 소득 수준의 향상과 제한적 민주화에 의해 사회개혁과 생활 향상에 대한 요구가 커지고 있었지만 전두환 독재의 연장인 노태우 정권가 전횡하며 기본권을 강력히 억압하고 있는 상황에서 그것은 여전히 머나먼 과제였다.

---

[*] 전노협은 서울대에서 '세계노동절 101주년 기념 노동운동탄압 분쇄 및 민중기본권 쟁취를 위한 전국노동자대회'를 열었고, 부산 인천 마산 등 전국 14개 지역에서는 노조탄압을 규탄하는 집회들이 열렸다.

　김진균은 1997년 1월의 노동자 총파업을 겪은 뒤에 민주노동운동의 약진과 이에 대한 연대의 약화라는 상황의 전환을 정리하고 민주노동운동의 정치세력화를 모색하는 글에서 '국민연합'을 비롯한 1990년대 초의 전국적인 연대운동 조직들에 대한 의견을 밝혔다. 그는 '민민운동'에 대한 비판을 '반비판'하며 그 중요성을 계속 강조했다.

　우리는 1980년대 후반부터 전국적인 규모의 민민운동 연합조직을 결성해 온 역사적 경험이 있다. 1980년대 후반 '전민련'이 결성되었고, 1989년 11월 '전노협 창립준비위원회'가 나타났을 때 '전노협 지원 공동대책위원회'가 기민하게 구성되었으며, 1990년 1월 탄압을 받으면서 정식으로 '전노협'이 출범하고 같은 날 김영삼, 노태우, 김종필 세 사람이 3당 합당으로 민자당을 만들어 보수 대연합으로 민주적 노동탄압을 저지하고 대응하는 연합전선으로 '국민연합'이 결성되었다. 이 두 민민운동 연합조직은 '민중'이라는 이름으로, 그리고 '민주'라는 이름으로 뭉쳤던 것이고, 1987년 노동자 대투쟁의 분출하는 힘에 기반하고 있었다. 그 뒤에 '전국연합'이 출현했다. 전민련과 국민연합은 노동자, 농민, 빈민 등의 민중 대중 조직에게 많은 대의원 수를 배정했다. 지나온 경험대로 그러한 민중 대중 조직이 이 연합전선에서 주도력을 발휘할 수 없었다. 즉, 조직력에서나 재정에서나, 활동가들을 내보내 이끌고 갈 여력이 없었다. 민중 대중 조직은 지배세력의 공격과 침탈을 막아내고 견디어 내는 데에 사력을 다해야 할 판인데도, 다른 한쪽에서는 이 조직들이 '전투적'이지만 유연하지 못하고 국민을 껴안아 가는 자세가 없어서 국민들로부터 고립된다고 비판했다. '전국연합'에 와서는 그러한 조건 때문에 정서적으로는 밀착하지 않는 자세를 견지했고, 그래서 연합전선이 노동의 민중 세력에 기반하기 어려웠던 것이다. 그 사이에는 노동자 중심의 변혁적 전략이 역사적으로 적합하지 않다는 인식도 끼어들었다. 그렇지만 '민주노총'이 출범하고 1997년 노동자 총파업 투쟁이 있기까지 민주노동운동세력은 여타 연대 세력의 지지와 지원을 한 몸에 받아 온 편이었다(김진균, 1997, 「운동은 중층적이고 받드는 골격은 계급관계 간이다」, 『진보에서 희망을 꿈꾼다』, 박종철출판사, 2003, 149~150).

보안사의 민간인 사찰 사건

1990년 10월 4일 당시 육군 이병으로 보안사령부에 근무하고 있던 윤석양이 보안사의
사찰 대상 민간인의 목록이 담긴 컴퓨터 디스크를 들고 탈영해서 공개하는 사건이 일어
났다. 이 사건은 이른바 '6공화국'이 '5공화국'의 연장으로서 여전히 군부독재가 지속되
고 있다는 것을 여실히 보여주었다.

> 1990년 11월 4일 보안사 소속 윤석양 이병이 양심선언으로 육군보안사의 민간인 사찰
> 활동을 폭로한 일. 1990년 8월 과거 학생운동권에 함께 몸담았던 동지들의 동태를 파악
> 하는 프락치 역할을 강요받고 괴로워하던 윤 이병이 민간인 사찰자료 디스켓 30장과 서
> 류를 들고 나와 한국기독교교회협의회(KNCC) 인권위 사무국장 김동원 목사의 도움으
> 로 기독교회관에서 기자회견을 갖고, 보안사의 민간인 사찰활동을 폭로했다. 이 사건으
> 로 5·6공을 통해 정권 보위에 동원되었던 보안사가 여론의 호된 비판을 받아 관련 장성
> 들이 퇴진하고 보안사라는 이름도 기무사로 바뀌었으며, 대폭적인 기구개편이 이루어졌
> 다. 또한 보안사 서빙고 건물도 헐리었다. 그러나 사건의 주인공 윤석양 이병은 '군무이
> 탈죄'로 2년형을 선고받고 복역했다(〈네이버 한국근현대사 사전〉, '윤석양 이병 보안사
> 민간인사찰 폭로사건').

　김진균도 보안사의 사찰대상 민간인에 포함되어 있었다. 윤석양이 공개한 자료에서
김진균은 173번으로 분류되었고, 개인특성은 '외곬성격'으로 기재되어 있었다(『경향신
문』, 1990년 10월 9일). 김진균은 전두환 정권에 의해 해직당한 뒤에 보안사에 의해 오
랫동안 사찰당했다. 독산동 집 앞에는 보안사 요원들이 늘 지키고 있었으며, 언젠가 한
요원은 그에게 '형님'으로 부르겠다고 했으나, 그는 당연히 그 요청을 거절했다. 그런데
노태우 정권도 그를 사찰하고 있었던 것이다. 보안사의 민간인 사찰 범죄의 실상은 김
진균이 세상을 떠나고 3년여가 지난 뒤인 2007년 여름에야 비로소 거의 온전히 밝혀졌
다. 2007년 7월 24일 국방부 과거사위원회가 『보안사 민간인 사찰사건 조사결과 보고
서』를 발표했던 것이다. 이에 따르면 보안사는 단순히 민간인 사찰을 했던 것이 아니라
또 다른 군사반란에 대비해서 민간인 예비검거 계획을 세웠다.

보안사령부(현 기무사령부)가 1989년 민간인 923명을 사찰한 일명 '청명계획'의 문서철(4권)이 처음으로 확인됐다. 국방부 과거사위원회(위원장 이해동, 과거사위)는 24일 서울 태평로 프레스센터에서 발표한 '보안사 민간인 사찰사건 조사결과 보고서'를 통해 보안사 3처(우종일 처장.김용성 과장)가 1989년 상반기에 계엄령이 발동될 것에 대비, 사회 주요 인사 923명의 검거 및 처벌을 위한 '청명계획'을 입안했으며 이들 인사를 등급별로 구분한 '청명카드'(체포카드)를 만들었다.

청명계획은 사회 주요인사들의 인적사항, 예상도주로, 예상 은신처, 체포조, 유치장소 등이 기재된 청명카드를 작성하고 계엄 발령시 이들을 검거, 처벌한다는 계획으로 일제강점기 '예비검속'과 유사하다. … 청명계획의 대상자는 처음에는 970여 명이었으나 청명TF를 구성하는 과정에서 A급 109명, B급 315명, C급 499명 등 923명으로 줄었다. A급 인사는 노무현 대통령, 이해찬 전총리(당시 평화민주당 의원), 임종석 열린우리당 의원(전대협 의장) 등이고, B급은 한승헌 전 감사원장, 강만길 전 상지대 총장, 박원순 변호사 등으로 계엄수행에 장애인물로 지정됐다. C급은 김수환 추기경, 김승훈 신부, 박형규 목사 등이다. 민간인 사찰(청수) 대상자 1,311명에 대한 개인별 신상자료철은 현재 기무사에 보존돼 있는 것으로 드러났다. …

S대 김진균 교수는 순화대상자 B급으로 분류돼 서울보안대 윤모 상사 김모 중사, 안모 연구관 등이 사찰을 맡아 89년 8월부터 90년 5월까지 일상적으로 동향을 보고했다. …

보안사 민간인 사찰과 관련, 1,311명 분의 1만2,100여 쪽이 현재 기무사에 보존되어 있다는 것도 처음 확인됐다. 또 육군본부 민사심리전 참모부에서는 계엄령 발령에 대비해 '비둘기계획'을 입안했던 사실도 드러났다(『연합뉴스』, 2007년 7월 24일).

윤석양의 폭로로 노태우 정권의 실상이 적나라하게 드러난 직후인 1990년 10월 30일 국가안전기획부는 노태우 정권의 타도와 사회주의 혁명을 추구한 '남한 사회주의 노동자 동맹'(사노맹) 사건을 발표했다. 사노맹은 1988년 4월 1일 준비위원회가 발족했고, 1989년 11월 12일 정식으로 출범을 선언했다. 1991년 3월 10일 박노해가 구속됐고, 1992년 4월 29일 백태웅을 비롯한 중앙위원과 주요 간부들이 모두 구속됐다. 이후에도 관련자들이 계속 구속되어 이 사건으로 모두 300여 명이 구속됐다. 안기부는 보안사 문제를 덮기 위해 그 시점에 사노맹 사건을 발표했던 것이고, 안기부의 전술은 효력을 발휘해서 사노맹에 대한 우려와 논란으로 온 나라가 소란스러워졌다.

19

서사연 사건
1991년

서사연의 설립

1980년대 말과 1990년대 초 상도연구실은 상당히 급진적 변화를 겪고 있었다. 그것은 1987년 6월 항쟁으로 시작된 민주화의 성과가 진정 민족과 민중을 위한 나라의 형성으로 이어지기기를 바라는 열망의 소산이었다. 이 과정에서 김진균은 일단 제자들의 의지를 존중해주었다. 그 결과 많은 제자들이 그와 함께 자유롭게 다양한 연구를 할 수 있었다. 다음의 일화는 상도연구실의 급진적 변화를 가능하게 했던 그의 넓은 인품과 학문에 대한 열린 태도를 잘 보여준다.

1989년 초. 10평도 안 되는 비좁은 상도연구실에서 민중사회학을 주제로 한 세미나가 열렸다. 그 날은 김진균이 논문을 발표하는 날이었다. 젊은 제자들 앞에서 논문을 발표한 그는 자못 진지한 얼굴로 제자들의 반응을 기다리고 있었다. 그때 누군가 입을 열었다. "선생님, 참 무식하십니다." 분위기는 일순 얼어붙었다. 막 학부를 졸업한 80년대 학번까지 있는 자리에서, 삼십대 초반의 젊은 제자가 스승에게 하는 비판으로서는 너무나 직설적이고 혹독하게 느껴졌다. 당시 그 자리에 있었던 홍성태(상지대 교수)는 그 비판을 듣고 깜짝 놀랐다. "그러나 저를 더 놀라게 한 것은 선생님의 태도였습니다. 선생님께서는 계급론에 입각한 그 비판을 잘 들으시더니 오히려 '아주 고맙다'고 답하셨습니다."

진보학계의 고목 김진균을 면전에서 거침없이 비판한 그 사람은 누구였을까. 그는 당시 '김진균 사단'에서 가장 좌파로 알려진, 또한 이론적으로 제자들 중에서 조희연의 가장 대칭되는 지점에 서 있던 서관모였다. 이에 대해 서관모는 웃음을 터뜨리며 이렇게 말했다. "선생님이 발표를 열심히 준비해 가지고 발표를 하고 제자들 반응이 어떨까 자못 심각하게 기다리고 있는데, 삼십대 초반의 올챙이 교수인 서관모, 제가 턱 하는 얘기가 그거였어요. 선생님 참 무식하십니다. 모두가 얼어붙고 당혹했는데, 그 양반이 웃으면서 '고맙네' 그러더라고요. 그리고 또 이어서 토론해 나갔고. 그런 분이에요."(김기선, 「민중 속으로 날아간 불나비 — 김진균1」, 『희망세상』, 20호, 2004년 5월. http://iminju.tistory.com/260).

1988년 말 상도연구실에서 공부하던 82학번 제자들인 박태호(이진경), 이지원, 이창휘 등을 중심으로 당시 학문과 운동의 양 면에서 큰 논란을 일으키고 있던 '주체사상*'에 대해 본격적인 비판작업을 추진하게 되었다. 여기에는 고훈석, 박태호(이진경), 이명순, 이지원, 이창휘, 전효관, 조국, 진중권, 홍성대 등이 참여했으며, 그 결과는 1989년 벼리출판사에서 『주체사상 비판』 1·2로 출간되었다. 한편 고훈석은 1988년에 새길출판사를 차려서 『현실과 과학』이라는 무크지를 발간했다. 1988년 12월에 발간된 『현실과 과학』 2호는 윤소영의 신식민지 국가독점자본주의론, 서관모의 신식민지 국가독점자본주의의 계급구조, 이성형의 신식민지 파시즘론 등의 논문들을 실었다. 상도연구실은 이런 성과들을 바탕으로 전노협이 창립되고 채 두 달이 지나지 않은 1990년 3월 17일 서울사회과학연구소로 재편됐다.

공부방 상도연구실이 서사연으로 발전하면서 선생님의 80년대 학번의 젊은 제자들 중 급진파가 서사연으로 모였다. 서사연에 참여하지 않은 제자들의 편에서 보면 서사연의 창립은 사실 얼마간 '섹트적'인 행동이었다. 선생님은 양자를 다 품으셨다. 선생님은 진보적, 좌파적이셨지만 사회주의와 맑스주의로 환원되지 않는 사상, 이론의 지평을 지니고 계셨다. 서사연 성원들의 급진주의에 대하여 은근히 걱정도 하셨지만 크게 내색하지는 않고 우리들이 사상, 이론, 인간됨의 지평을 넓힐 것을 가르치셨다.
80년대 말, 90년대 초에 선생님은 민교협을 이끄는 데, 민중운동들을 후원하고 지도하는 데 너무나도 바쁘셨다. 그리하여 서사연의 운영은 많은 부분이 윤소영, 서관모에게 맡겨졌다. 여러 분들이 서사연을 도와주셨지만 특히 김세균 선생과 손호철 선생이 연구기획

---

* 〈참고〉 32. 주체사상

노태우 정권은 어떻게든 민주화를 약화시키고 억제하려고 했다. 그러나 그렇다고 해서 민주화를 아예 되돌리는 것은 불가능했다. 사상의 면에서도 세계사적인 냉전 해체의 흐름과 맞물려서 민주화가 강력히 추진됐다. 그것은 무엇보다 맑스주의의 복권으로 나타났다. 이와 관련해서 1989년 10월 대단히 중요한 국제 학술회의가 열렸다. 경남대 극동문제연구소가 주최해서 1989년 10월 25~27일의 사흘 동안 서울에서 열렸던 '전환기의 세계와 맑스주의 국제 학술회의'가 그것이다. 조영환 등은 다음과 같이 그 의의를 밝히면서 '반공 일변도의 정책'을 비판했다.

> 오늘날 세계는 새로운 전환기에 처해 있다. 소련 및 동구 등 '현존' 사회주의국가들이 급격한 변혁과정에 놓여 있으며, 그 여파의 하나로 동·서독의 통일이 이룩되고 있는가 하면 세계 정치·경제질서의 재편이 예견되고 있다. 또한 우리 사회도 근래 맑스주의와 관련하여 국내외적으로 전환기에 처해 있다. 국내적으로는 일부 '운동권' 학생들을 중심으로 맑스·레닌주의를 표방하는 진보세력이 등장하였고, 대외적으로는 중국, 소련 및 동구 등 사회주의권과의 활발한 교류로 이념적 혼동이 뒤따를 가능성이 제고되고 있는 실정이다. 그러나 이러한 문제가 제기된 원인을 살펴보면 국내적으로는 지난 40여 년 동안 매우 경직된 반공 일변도의 정책이 간단없이 수행되어 맑스주의에 대한 객관적인 이해조차 용납되지 않았으며, 한편 대외적으로도 이같은 냉전 분위기의 연장선상에서 한미 동맹관계와 친서방 대외정책만이 지상명제로 간주됨으로 해서 사회주의권과의 교류가 전혀 허용되지 않았기 때문이다(위르겐 쿠친스키·임마누엘 왈러스타인·조영환, 「머리말」, 『전환기의 맑스주의』, 공동체, 1990, 6).

서사연은 1980년대 중반을 지나면서 널리 확산된 맑스주의를 민주화의 심화라는 실천적 목표 위에서 본격적으로 연구하는 연구소였다. 서사연의 설립을 주도한 것은 서관모, 윤소영 등 1970년대 초반 학번의 교수들, 『현실과 과학』을 출판하던 새길출판사의 고훈석(77학번), 그리고 박태호, 송주명, 신현준, 이지원, 이창휘, 전효관, 한준 등 1980년대 초반 학번의 대학원생 등이었다. 그 이론적 기반은 맑스주의에 바탕을 두고 있는 신식민지 국가독점자본주의론이었다. '독점 강화-종속 심화'를 핵심명제로 하는 신식

국독자론은 사회구성체 논쟁에서 큰 논란을 빚었다.

한국 사회는 1960~70년대의 고성장을 통해 이전과는 비교할 수 없이 커다란 물적 기반을 갖게 되었다. 이것을 어떻게 이해하는가는 민주화운동의 방향과 목표에서 극히 중요한 의미를 갖는 것이었다. 이로부터 이른바 사회구성체 논쟁이 시작되었다.

사회구성체 논쟁이 시작되는 데는 진보적 학계에서는 몇 가지 국면이 있었다. 70년대 말에 이르면 유신체제와 종속적 경제개발이 잉태한 여러 경제적·정치적 모순으로 인해 학계 내부에는 그 모순들을 과학적으로 파악하고자 하는 진보적·비판적 인식틀에 대한 요구가 상당히 확산되어 있었다. … 1985년 『창작과 비평』에서 사회구성체 논쟁의 발단을 제공하게 되었다. 이 논쟁은 당시 사회운동 안에서 전개되던 논쟁의 일정 부분을 표면화시키는 동시에 이미 부문 영역에서 진행되던 온갖 논쟁을 한국 자본주의의 전개의 총체적 성격을 해명한다는 수준으로 정리하는 작업에 들어가게 한 것이다. 이 논쟁의 당사자인 박현채 교수는 보다 정통적인 자본수의론 전망에서 구식민지 반봉건론과 수변부 자본수의론을 비판하여 국가독점자본주의론의 기초 위에서 한국 자본주의가 분석되어야 한다고 주장하였다. 이에 대해 이대근 교수는 제국주의적 교정성을 강조하면서 주변부 자본주의론적 기반에서 한국 사회를 이해하여야 한다고 주장하였다. 이 논쟁은 사실 진보적 학계에 한국 사회를 총체적으로 보게 하는 사회구성체 논의를 진전시키면서 국가독점자본주의를 어떻게 이해해야 할 것인가의 문제로 초점을 정리하게 하였다(김진균·조희연, 1990, 「민족·민중 지향적 학문의 전개」, 『사회과학과 민족현실 2』, 한길사, 1991, 79~80).

김진균은 제자들의 급진적인 연구에 대해 대략적으로 알고 있었으나 직접 주도하지는 않았으며, 이런 연구의 결과를 이해했지만 그대로 수용하지는 않았다. 사실 그는 모든 학문에 대해 개방적인 태도를 취했지만 언제나 현실에 비추어서 비판적으로 수용하고자 했다. 서사연의 제자들이 열심히 공부해서 정립한 식신민지 국가독점자본주의론과 민중민주주의 변혁론에 대해서도 마찬가지였다.[*] 그러나 노태우 정권는 그를 급진적

---

[*] 김진균은 '민족적·민중적 학문'이라는 표현을 즐겨 썼다. 1980년대를 지나면서 이것은 맑스주의의 수용, 한국 자본주의에 대한 이해, 노동운동에 대한 강조 등을 핵심으로 하게 되었다. 이에 대해서는 「민족·민중지향적 학문의 전개」, 「민족주의의 이론화 전략에 따른 문제」, 「민중사회학의 이론화 전략」, 「노동운동과 사상의 자유」, 「남한의 독재정권과 독점재벌의 구조적 성격」 등 『사회과학과 민족현실 2』, 한길사, 1991에 실린 글들을 참조.

인 반체제 운동의 지도자로 지목하고 강력히 탄압하고자 했다. 김진균이 전교조와 전노협에 대한 후원을 넘어서 국민연합의 공동의장을 맡아 활동했고, 서사연이 한국 사회에 대한 체계적인 분석과 민주화운동의 심화 방향을 제시했기 때문이었다. 노태우 정권는 1990년 말부터 반 년 이상의 긴 시간 동안 준비해서 김진균을 목표로 서사연에 대한 강력한 탄압을 자행했다.

학교에서 딸 지인과

김진균은 삼남매를 두었다. 막내인 딸 지인은 1990년에 서울대 고고미술사학과에 입학했다. 김진균은 딸을 몹시 예뻐해서 시간이 날 때마다 교수식당 옆 솔밭식당에서 점심을 함께 했다. 1991년 4월 김진균은 서울대 교정에서 지인과 잠시 봄을 즐기는 편안한 시간을 가졌

1991년 4월 서울대 교정에서 딸 지인과

다. 철쭉이 만개한 봄날, 교문을 배경으로 부녀는 그 봄날처럼 편안하고 따사로운 사진을 찍었다.

　그러나 사실 김진균과 제자들에게 당시는 전혀 편안하고 따사로운 때가 아니었다. 안기부의 지휘 아래 치안본부와 기무사가 모두 나서서 김진균과 제자들을 미행하고, 도청하고, 도촬하고 있었다. 노태우 정권은 '서사연'을 '이적단체'로 규정하고 김진균을 체포해서 구속하기 위해 온힘을 다 쏟고 있었다. 그렇기 때문에 이 사진은 더 귀하게 느껴진다. 아마도 김진균은 자신의 주위에 맴도는 불길한 기운을 느끼고 있었을 것이다. 사실 여러 제자들도 그 기운을 느끼고 있었으나 어떻게 할 도리가 없었다.

　1991년 4월 초의 어느 주말에 당시 막 방위 생활을 시작한 송주명의 집에서 오랜만에 방

위 생활의 후기에 들어선 이창휘, 홍성태 등이 만났다. 이런저런 얘기를 하다가 송주명과 이창휘는 미행을 당하고 있는 게 분명하다는 얘기를 했다. 홍성태는 그 얘기에 놀랐지만 자기는 해당되지 않는 것으로 생각했다. 그러나 그것은 완전히 잘못된 생각이었다.

서사연 사건

1991년 6월 27일 '서울사회과학연구소 사건'이 발생했다. 이날 아침 같은 시간에 서사연에서 공부하다 입대한 4명의 방위병*과 역시 서사연에서 공부하던 서울대 경제학과 대학원생 2명이 각각 기무사와 경찰에 체포되었다. 사실 노태우 정권은 1988년 12월에 발행된 『현실과 과학』 2호에서 '신식민지 국가독점자본주의론'을 집중적으로 다룬 뒤부터 상도연구실에 대해 본격적으로 감시하기 시작했다.** 서사연은 『현실과 과학』을 통해 신식민지 국가독점자본주의론과 민중민주주의 변혁론을 계속 제시했으며, 『한국에서의 자본주의 발전』, 『사회주의 이론·역사·현실』 등의 책을 발간했다. 이에 따라 노태우 정권은 서사연을 '이적단체'로 낙인찍고 탄압하려 했다.

직접적인 전개의 면에서 서사연 사건은 1991년 6월 12일 홍성태가 근무지인 육군사관학교에서 체포되어 수도방위사령부 영창에 구금된 것으로 시작되었다. 당시 홍성태는 제대를 사흘 앞두고 육군사관학교 충무관 강당에서 마지막 정신교육을 받고 있다가 체포되었다. 홍성태는 말년 휴가 때인 5월 14일 신촌 로터리에서 열린 강경대 장례식에 참석했는데, 사실 기무사는 몇 달 전부터 서사연과 관련해서 홍성태에 대해 미행, 도청, 도촬을 하고 있었다. 기무사는 홍성태를 '지시 불이행'으로 보름 동안 영창에 구금해서

---

* 전두환 독재는 입대한 학생운동 경력자를 협박해서 동지들을 밀고하도록 하는 반인륜적 '녹화사업'을 벌였다. 노태우 정권은 1991년 초부터 입대한 학생운동 경력자를 입대 전의 활동을 이유로 구속하는 새로운 술책을 시행하기 시작했다. 서사연 사건으로 서울대 사회학과 대학원생인 방위병 2명이 구속되었는데, 이에 앞서서 5월 초에 서울대 사회학과의 학생인 현역병 4명이 구속되었다. 노태우 정권은 군대에 있는 동안 체포되어 있는 것과 비슷한 상황이라는 점을 악용해서 학생운동을 위축시키려고 했던 것이다.

** 1988년 6월 4일에 제1회 학술단체 연합심포지엄에서 서관모 교수가 반제반독점 민족해방민중민주주의의 주장이 들어 있는 논문을 발표해서 체포될 위기에 처했는데 아마도 이때부터 경찰은 상도연구실을 감시하기 시작했던 것으로 보인다.

제대를 늦췄다. 그리고 홍성태가 영창에서 석방되어 다시 출근한 6월 27일 아침에 홍성태, 한준, 송주명, 이창휘 등 4명의 방위병을 체포했다. 당시 이창휘는 홍성태보다 2주 늦게 입대해서 제대를 이틀 남겨두고 있었다. 기무사는 이창휘의 제대 직전까지 4명을 감시해서 최대

1991년 6월 말 기무사 앞 서사연 연구원 출신 방위병들의 구속 규탄 집회
일어서 있는 사람은 백승욱 중앙대 사회학과 교수(당시 서울대 사회학과 대학원생)

한 혐의를 확보하기 위해 이렇게 체포 시점을 정했던 것이다.

4명의 방위병은 송파구 장지동의 기무사 분소로 이송되어 2주 동안 심문을 받았으며, 2명의 대학원생은 서울 홍제동의 치안본부 대공분실로 이송되어 심문을 받았다. 수사의 전체 지휘는 안기부가 맡았다. 안기부의 연락관이 매일 두 곳을 오가며 심문 결과를 취합해서 가져갔다. 안기부에서는 매일 심문 결과를 확인하고 수사 목표를 결정해서 지시했던 것으로 보인다. 노태우 정권은 서사연을 '이적단체'로 만들어서 처벌하려고 했다. 수사관들은 서사연이 사회주의 혁명을 추구했으며, 김진균이 그 대표라고 인정하라고 요구했다. 어느 것이나 터무니없는 주장이었다. 결국 노태우 정권은 서사연을 '이적단체'로 만들려던 시도를 포기하고 서사연에서 발간한 무크지 『현실과 과학』과 『한국에서의 자본주의의 발전』, 『사회주의 이론 · 역사 · 현실』 등을 '이적표현물'로 규정해서 송주명, 이창휘, 신현준, 권현정을 기소했고, 한준, 홍성태는 기소유예로 석방했다.[*] 한준과 홍성태는 기무사에서 2주 동안 수사받고 국방부 영창에 4주 동안 구속되어 있다가 1991년 8월 14일 석방되었다. 송주명, 이창휘, 신현준, 권현정은 모두 구속기소되어 12월 실형을 선고받았는데, 송주명과 이창휘는 징역 8월을 선고받아 1992년 2월 석방되었고, 권현정과 신현준은 집행유예를 선고받아 1991년 12월 석방되었다.

---

[*] '이적단체'는 북한을 이롭게 하는 단체인데 서사연은 『주체사상 비판』 1 · 2에서 잘 드러났듯이 북한에 대한 가장 강력한 이론적 비판을 수행했다. 그러나 노태우 정권은 서사연이 북한과 마찬가지로 사회주의를 추구했다면서 서사연의 주요한 연구들을 '이적표현물'로 규정해서 기소했다. 이론과 현실을 모두 왜곡한 짓이었다.

일자	내용
1991년 6월 12일	홍성태, '지시불이행'으로 수방사 영창에 구금
6월 27일	송주명, 이창휘, 한준, 홍성태 등 기무사에 구속, 권현정, 신현준 등 경찰에 구속.
6월 30일	'학문과 사상의 자유 탄압 및 학술연구자 불법연행·구속에 대한 공동대책위원회'(대표 최장집 고려대 교수) 구성.
7월 8일	서울대 대학원자치협의회, '불법연행 규탄 및 학문과 사상의 자유 쟁취 결의대회' 개최.
8월 14일	한준, 홍성태 기소유예로 석방.
8월 15일	송주명, 이창휘, 권현정, 신현준 구속기소.
12월 10일	송주명, 이창휘, 국방부 보통군사법원에서 징역 8월 선고.
26일	신현준, 서울형사지법에서 징역 1년, 집행유예 2년 선고.
27일	권현정, 서울형사지법에서 징역 8월, 집행유예 2년 선고.

노태우 정권은 민주화운동 전반에 걸쳐 계속 강력한 탄압을 획책했다. 급기야 1991년에는 4월 26일 명지대생 강경대가, 5월 25일 성균관대생 김귀정이 경찰의 폭력에 목숨을 잃었다. 그리고 그 사이 5월 8일 전민련 사회부장으로 활동하던 민주화운동가 김기설이 서강대 본관 옥상에서 '폭력살인 만행 노태우 정권 타도하자'고 외치며 분신했다.[*] 이런 상황에서 1991년 5월 김진균도 공동대표의 한 명으로 참여한 '공안통치 분쇄와 민주정부 수립을 위한 범국민대책회의'가 결성되었다. 그런데 1991년 6월 3일 외국어대 학생들이 특강을 왔던 정원식 총리서리에 대해 1989년 12월 그가 문교부장관으로서 1,500여 명의 전교조 교사들을 해고한 것에 대해 밀가루를 퍼부어 비판하는 사건이 벌어졌다. 그 직후인 6월 7일 검찰은 민중운동 핵심 간부 107명에 대한 대대적인 검거작전을 시작했다(서관모, 「김진균 선생님과 서사연」, 『벗으로 스승으로』, 문화과학사, 2005, 276).

서사연 사건은 1987년 6월 항쟁 이후 민주화가 진행되면서 비로소 이루어지고 있던 학

---

[*] 이 참담한 사건에 대해 노태우 정권은 전민련 총무부장으로 활동하던 동지 강기훈이 유서를 대필했다고 누명을 씌워 징역 4년형에 처해서 강기훈을 평생 고통 속에 살게 했다.

1991년 5월 18일 강경대 2차 장례식

김진균, 백기완, 문익환이 나란히 앉아 있는 모습. 김진균과 백기완의 사이에 있는 분은 김상곤 경기도 교육감(당시 한신대 교수).

문과 사상의 자유에 대한 노태우 정권의 강력한 탄압이었다.[*] 이에 맞서 '학문과 사상의 자유 탄압 및 학술연구자 불법연행·구속에 대한 공동대책위원회'가 결성되었으며, 전국에서 1,000명이 넘는 교수들이 서명해서 노태우 정권을 규탄했고, 민주사회를 위한 변호사 모임(민변)의 백승헌, 박성호 변호사가 변호했다. 2001년 김진균은 학문과 사상의 자유를 위한 운동을 회고하는 짧은 글에서 서사연 사건에 대해 다음과 같이 회고했다.

> 1991년 남북고위회담에서 남북 화해, 불가침, 교류협력 합의서가 이루어지고, 그 해 12월에는 남북 비핵화가 합의되었다. 그렇지만 국가보안법은 개정되지 않았으며, 오히려 학계에 대한 감시탄압은 지속되었다. 91년 5월 민교협과 민변 공동으로 '국가보안법 어떻게 할 것인가'라는 주제로 토론회가 개최되었다. 그러나 7월에는 서울사회과학연구소 사건이 발생하여 연구자들이 구속되었다. 말하자면 연구영역과 운동영역이 연구대상을

---

[*] 사상의 자유는 반드시 표현의 자유를 수반하며, 사상의 자유는 신체의 자유와 함께 자유주의의 가장 본질적인 기초이다. 이에 대해서는 일찍이 존 밀턴의 『아레오파기티카』(1644), 존 밀의 『자유론』(1859), 존 베리의 『사상의 자유의 역사』(1913) 등이 잘 밝혀주었다.

확대심화하면 할수록 이를 통제하려고 국가보안법을 확대적용하는 동시에 교수에 대한 통제(학원안정법, 교수 재임용제 등등)가 제도적 세련을 더해 갔다. 93년 조국 교수 구속 사건이 발생하였다. 92년 4월 국가보안법 철폐 범국민 투쟁본부가 결성되었다(김진균, 2001, 『21세기 진보운동의 기획』, 문화과학사, 2003, 274~275).

반인권과 반헌법의 문제를 안고 있는 국가보안법이 계속 당연한 자유를 억압하는 현실을 직시해야 한다. 이런 현실을 벗어나서 자유를 논하는 것은 그야말로 '책상머리의 연구 자세'일 뿐일 것이다. 서사연 사건이 발생하고 1년이 지난 뒤에 김진균은 다음과 같은 글을 써서 서사연 사건의 의미를 밝히고 후학들을 격려했다. 국가보안법의 문제와 이론적 실천의 방향에 대한 그의 지적은 안타깝게도 여전히 중요하다.

> 학문의 자유, 사상의 자유가 없으면 미래에 대한 꿈을 꿀 수가 없다. 서사연의 학문활동을 국가보안법의 저촉대상으로 삼게 된 사실 자체가 우리 현실이고, 이번 사건을 계기로 '이론적 실천'은 단지 책상머리의 연구 자세가 아니라, 강단이나 학계의 범위를 넘어서 법정에까지 이론진영의 치열한 태세를 요구한다는 점을 엄정하게 인정해야 한다. 거기서 '대안'을 추구할 수 있는 역량과 영역이 발견되고 발전될 수 있을 것이다. … 대안모색을 위한 '이론적 실천'은 민중에 대한, 민중운동의 건강성에 대한 신뢰가 주어지지 않는다면 결코 추동해낼 수 없는 것이라고 생각한다. … 서사연 사건을 민족·민주운동권에서 그 운동의 유기적 구성의 한 인자로 파악하고 연대해 준 것은 그만큼 우리의 활동이 객관성과 역사성이 있다는 점을 광범하게 인정하고 있음을 알게 한다. 우리는 더욱 더 용기 있게 전진해야만 '이론적 실천'에 부과하고 있는 소임을 다할 수 있을 것이다(서관모, 「김진균 선생님과 서사연」, 『벗으로 스승으로 — 김진균 선생을 기리며』, 문화과학사, 2005, 277).

김진균은 계속 제자들을 적극 독려하고 후원했으나 서사연은 크게 변할 수밖에 없었다. 서사연의 제자들이 적극 추구했던 신식민지 국가독점자본주의론은 소련의 모스크바 국립대학의 짜골로프 교수가 쓴 정치경제학 교과서에서 큰 영향을 받은 것이었고, 반제반독점 민중민주주의는 동구나 남미의 인민민주주의에서 큰 영향을 받은 것이었다. 그런데 1989년 11월 9일의 베를린 장벽 붕괴와 동독의 몰락에 이은 1991년 12월 25

일의 소련의 붕괴는 현실 사회주의와 맑스주의의 위기에 대한 인식을 크게 바꿔 놓았다. 이로써 서사연의 이론적 축이었던 윤소영은 서사연을 떠나 '과천연구실'을 열었고, 제자들은 다시 서구의 다양한 비판적 연구들을 열심히 공부하게 되었다. 김진균은 예전에 상도연구실에서 그랬던 것처럼 제자들의 공부에 적극 참여하며 서사연의 활성화를 기대했으나 결국 그렇게 되지 못했다(서관모, 「김진균 선생님과 서사연」, 『벗으로 스승으로』, 문화과학사, 2005, 278).

우리 학문과 중국

1991년은 노태우 정권가 후기로 들어서면서 민주화운동에 대한 탄압을 크게 강화한 해였다. 이에 대한 저항도 당연히 크게 강화되었다. 이런 상황에서 김진균도 중요한 탄압 대상이 되었고, 그 결과 서사연 사건이 발생해서 크게 고생해야 했다. 그러나 김진균은 이렇듯 엄중한 상황에서도 탈냉전의 시대적 변화를 올바로 이해하고 민주화의 심화를 위한 과제를 찾는 연구를 계속 진행했다. 그는 서사연에서 제자들과 서구, 동구, 소련, 남미의 여러 연구들을 두루 공부하는 중에도 '우리 학문'을 바로 세우는 과제를 계속 추구했다. 이에 대한 그의 제안은 여전히 적실하다.

> '문제'를 빌려온다고 '해답'까지 빌려오는 것은 노예나 할 것이라고 한다. 그렇게 공부하고 그렇게 자란 자는 노예밖에 되지 않을 것이다. 자기의 문제를 풀어갈 '눈'과 '생각'과 '능력'이 없기 때문이다.
> 학문은 학문 자체만의 논리에 따라 발전하는 것은 아니다. 학문을 하는 사람과 학문이 작용하게 되는 그 사회의 작용 요소들 사이에 어떤 관계가 있느냐에 따라 학문의 성격, 발전 방향과 수준이 달라질 수 있다. 이것은 학문의 사회적 관계에 관련되는 문제이다(김진균, 1991, 「우리 학문의 발전에 대하여」, 『한국의 사회현실과 학문의 과제』, 문화과학사, 1997, 134).
> 다시 한번 우리는 우리 학문의 주체성을 세우는 일, 그 기초를 닦는 일을 생각하자. 문제 해결의 힘을 '외세'에서 찾지 말고 안에서 모든 질곡을 지고가는 사람들의 힘을 살려내는 데서 찾아가야 할 것이 아닌가? 이것은 '개항' 이후 적실하게 가르쳐주고 있는 역사적 교

훈이다. 다시 돌아가서 생산과정과 통신과정이 급속히 국경의 주권을 넘어서서 넘나드는 상황에서 우리는 우리의 두뇌를 길러나가야 할 것이다. 우리의 역사를 주체적으로 결정할 수 있는 조건과 방법을 찾아나가야 할 것이다. 우리의 두뇌를 길러내자. 한번 세뇌되면 그것을 씻어내기란 어려운 것이다.

대학들은 학부의 학습과정, 대학원 연구과정, 연구소의 연구과정을 총체적으로 우리의 과제를 해결해가는 장기적 전망을 갖고 새롭게 짜나가고 일을 해 보자. 학문의 연원을 외국에서 찾는 버릇부터 고쳐보자. 연구논문에 외국의 사례만 준거로 드는 일이 사라지도록, 우리의 연구실적을 쌓아서 거기서 주를 달아나갈 수 있도록 해 보자. 그리고 우리 이야기를 바깥 세상에 우리 목소리로 하도록 해 보자(김진균, 1991, 「우리 학문의 발전에 대하여」, 『한국의 사회현실과 학문의 과제』, 문화과학사, 1997, 141~142).

또한 김진균은 탈냉전의 시대적 변화에 올바로 대응하기 위해 자본주의와 사회주의, 그리고 그 관계에 대한 더욱 구체석인 연구의 필요를 세기했다. 1991년 9월 17일 '남북한이 함께 국제연합에 가입하고 12월 13일 역사적인 남북기본합의서가 체결되면서 탈냉전의 시대적 변화는 마침내 한반도에도 진정한 평화와 통일의 시대를 가져오는 것처럼 보였다. 그러나 노태우 정권은 친일·독재·비리 세력의 이익을 위해 계속 강력한 억압과 탄압으로 탈냉전의 시대적 변화를 철저히 통제하고자 했다. 이런 상황에서도 사회주의 국가들과의 교류, 특히 중국과의 교류는 빠르게 확대되고 있었다. 이런 맥락에서 김진균은 중국의 변화와 영향에 대해 더욱 큰 관심을 기울일 것을 후학들에게 요청했다.

우리가 현실적으로 관심을 많이 기울여야 할 부분은 중국이라고 생각한다.[*] … 그런데 현실적으로, 중국이 11억 인구의 식량문제를 해결할 수준에서 바야흐로 공업화의 길을 추구하고 있고, 우리나라와 정식 국교를 맺지 않은 상태에서[**] 상품거래를 시작하고 있는

---

[*] 김진균은 1991년 2학기 대학원의 사회변동론 연구 강의에서 중국의 변화를 주제로 다뤘으며 학생들에게 각자 주제를 택해서 보고서를 쓰도록 했다. 이때 서울대 사회학과 80학번인 장경섭이 미국에서 박사학위를 받고 귀국해서 바로 서울대 사회학과 교수로 부임했는데, 이에 대해 대학원생들이 '신식민지 교육'으로 규정하고 강력히 저항했다. 장경섭은 중국의 농촌에 대해 연구한 중국 전문가로서 중국에 관한 강의를 개설했다. 김진균은 장경섭을 격려하고 중국 연구를 촉진하기 위해 장경섭이 출판의 책임을 맡아 1991년 2학기 대학원의 사회변동론 연구 강의에서 보고서를 제출한 학생들과 함께 중국에 관한 책을 출판하도록 추진했다. 그 결과 『현대 중국사회의 이해』(사회문화연구소, 1993)가 출판되었다.

[**] 1992년 8월 24일 한국과 중국은 전쟁을 벌였던 적대관계를 청산하고 수교관계를 맺었다.

데, 그 정도의 교역도 양국 사이에, 특히 우리나라의 경제구조에 주목할만한 효력을 끼치고 있음을 본다. 방대한 잠재력을 가진 중국이 '사회주의 초기단계'를 경과하고 산업구조에 상당한 개편이 있게 되면, 중국의 변화만이 아니라, 한반도 전체에 미칠 파장이 아주 크리라 여겨진다(김진균, 1991, 「연구지평의 확대」, 『한국의 사회현실과 학문의 과제』, 문화과학사, 1997, 120~121).

민주, 진보, 연대
1992~94년

지리산 산행

1992년 1월 2일 저녁에 김진균의 독산동 집으로 많은 제자들이 찾아왔다. 예년과 같이 즐거운 신년 인사를 나누기 위해 모인 것이다. 그런데 예년과 달리 그날은 술과 음식들을 실컷 먹고 마루에 모여서 사진을 찍었다. 김진균과 제자들이 마음으로 어우러져 즐거움과 따뜻함이 그대로 드러나는 사진이다.

　1992년 1월 20일 김진균은 대학원 제자들과 겨울 지리산 산행을 했다. 10여 명의 제자들이 참여한 큰 규모의 산행이었다. 지리산 근처 전남 남원 운봉으로 가서 하룻밤을 자고 다음 날 아침 일찍 경남 함양 마천으로 가서 산행을 시작했다. 그런데 아침에 일어나니 눈이 많이 내린 상태였다. 하룻밤 잠을 잔 숙소의 마당에 발목이 빠질 정도로 눈이 쌓여 있었다. 그래서 원래는 마천의

1992년 1월 2일 신년하례―독산동 자택

1992년 1월 20일의 지리산 산행

백무동에서 장터목으로 가서 천왕봉에 오르고 중산리로 내려가려고 했던 계획을 바꿔서 마천의 송알에서 지리산 빨치산 토벌작전 때 만든 비포장 군사도로로 벽소령으로 올라서 세석산장으로 가서 하루 자기로 했다. 그런데 눈이 너무 많이 와서 이 계획도 바꾸지 않을 수 없었다. 일행 중에는 겨울 지리산 산행은 물론이고 큰 산의 산행을 처음 하는 제자들도 있었다. 아주 힘들고 위험한 산행이었다.

김진균도, 산행을 종종 해 본 제자들도, 비포장 군사도로로 벽소령으로 올라가는 데는 아무리 많이 걸려도 3시간 정도면 충분할 것으로 생각했다. 그래서 다들 벽소령에서 점심을 먹고 천천히 세석산장으로 가면 되겠다고 생각했다. 그러나 이것은 아주 잘못된 생각이었다. 눈이 너무 많이 와서 걷는 데 평소보다 서너 배의 힘이 들었다. 그리고 주위의 모든 것이 눈발에 가려서 위치를 가늠할 수 없는 것은 물론이고 심지어 길을 잃기도 했다. 그래서 겨우 벽소령에 도착했을 때는 시간이 벌써 오후 4시에 이르고 말았다. 결국 다시 계획을 바꿔서 반대쪽의 군사도로로 내려가서 지리산의 첫마을인 의신마을로 가기로 했다. 그때부터는 본격적으로 안전을 걱정해야 했다. 눈은 계속 내리고 해는 지고 있었기 때문이었다. 그런데 반대쪽의 군사도로로 내려가는 것도 굉장히 어려운 일이었다. 의신 쪽은 송알 쪽과 달리 군사도로를 이용하지 않아서 온통 관목이 무성하게 자라 있었다. 군사도로를 걷는 것이 아니라 눈 쌓인 관목 숲을 헤치고 가는 것이었다.

해가 지고 저녁이 되어 다행히 눈은 그쳤으나 관목 숲 속에서 밥을 해 먹을 수는 없었다. 김진균의 큰 배낭에서 여러 비상식량들이 나왔다. 일행은 길을 잃고 눈길을 헤매다가 송알 쪽의 한 절에서 점심을 해 먹은 뒤로 다시 눈길을 어렵게 가다가 김진균이 나눠준 사탕들을 나눠먹고 먹은 게 없는 상태였다. 그냥 먹을 수 있는 걸 갖고 있는 사람은 모두 내놓았다. 일행은 눈에 덮인 관목 숲 속에서 빵, 과자, 초콜릿, 귤, 양파까지 모두 나눠서 우걱우걱 먹었다. 몸을 덮이기 위해서 갖고 온 술도 모두 꺼내서 나눠 마셨다. 그렇게 조금 배를 채우고 다시 길을 걸었다. 그러다가 마침내 관목 숲에서 이어지는 작은 동네 산길을 찾았다. 관목 숲을 벗어나게 되어 한결 편해졌으나 시간은 이미 밤 11시가 넘은 한밤중이었다. 깜깜한 어두운 숲 속에서 잘 보이지는 않는 작은 동네 산길을 더듬어 한참을 내려가니 문득 작은 불빛이 보였다. 그렇게 해서 다행히 모두 탈 없이 의신마을에 도착했다.

밤 1시가 다 되어 일행은 의신마을에 도착했다. 모두 기진맥진했고 눈밭을 오래 헤매서 두꺼운 등산화도 완전히 젖어 있었다. 다행히 일행을 받아준 민박집이 있어서 서둘러 밥을 해 먹고 잠자리에 들었다. 다음 날은 구름 한 점 없이 창창하게 맑은 날씨였다. 버스를 타고 구례로 나가는 데 저 위로 어제 그토록 고생한 군사도로가 보였다. 산행하기에 더할 나위없이 좋은 날씨였으나 일정 때문에 다시 오를 수는 없었다. 그 위험한 상황에서 김진균은 언제나처럼 침착했다. 선두에 섰던 한 제자가 잠시 길을 잘못 이끌어서 꽤 고생을 하기도 했지만 그는 시종 조용히 편안한 표정으로 일행이 조심스레 난관을 헤쳐 가도록 했다. 제자들은 그의 거대한 배낭에 들어 있던 많은 비상식량들에 놀랐고, 어려운 상황에서도 변함없는 그의 침착하고 따뜻한 태도에 더 놀랐다.

인식론적 단절

1992년은 노태우 정권의 마지막 해였다. 1990년 1월 22일의 3당 합당으로 '여당'의 대통령 후보가 된 김영삼이 새로운 대통령으로 선출될 가능성이 컸다.[*] 1991년 9월의 남북한 유엔 동시가입에 이어 민주화운동의 중요한 지도자였던 정치인이 대통령으로 선출되면 한국 사회는 확실히 이전과는 다른 사회로 발전하게 될 것 같았다. 1992년 3월에 데뷔한 '서태지와 아이들'은 대중문화, 청년문화 등의 면에서도 획기적인 변화가 이루어지고 있다는 것을 잘 보여주었다. 경제성장과 함께 태어나고 자란 이른바 '신세대'에 대한 관심이 커지고 논의가 활발히 펼쳐졌다.[**] 국제적으로, 국내적으로 커다란 변화가 이루어지고 있었다.[***]

그런데 1990년대 초 한국의 학문계와 문화계는 이런 여러 변화들을 배경으로 갑자기 '포스트 모던'이니 '포스트 맑스'이니 하는 '포스트' 논의들로 뒤덮이다시피 되어 버렸다. 여기에는 '탈냉전'을 계기로 서구에서 홍수를 이루게 된 각종 '포스트' 논의들이 국내로 쏟아져 들어온 것도 큰 영향을 미쳤다. 이런 '포스트' 논의들의 범람 속에서, 마치 "모든 견고한 것은 공기 속으로 사라진다"는 맑스의 말처럼, 투쟁과 긴장의 1980년대는 시나브로 공기 속으로 사라져버린 것 같았다. 산사연의 『경제와 사회』 제14호는 특집을 통해 이런 변화를 비판적으로 다루었다.[****] 당시 편집주간이었던 유팔무는 이렇게 탄식하기

---

[*] '여당'의 주류는 민주화운동과 밀접한 김영삼이 아닌 친일·독재·비리 세력이었다. 이들은 정권 재창출을 위해 커다란 공안사건을 터트렸다. 1992년 8월 25일 국가안전기획부는 당시 민중당 공동대표였던 통일운동가 김낙중(서울대 사회학 52)을 남산 안기부 건물로 불법 연행했으며 재야단체들의 소재확인 요구가 잇따르자 28일에야 간첩 혐의로 구속영장을 신청했다. 이어서 안기부는 10월 6일 '남한 조선노동당'으로 62명을 구속했고 300여 명을 추적 중이라고 발표했다. 북한 간첩 이선실의 공작으로 김낙중, 황인오, 손병선 등이 대표가 되어 북한의 지령을 따르는 간첩조직을 만들었다는 것이다. 제14대 대통령 선거를 앞둔 시점에 발표된 이 사건은 그 실체와 의도에 대해 즉각 큰 정치적 의혹이 제기되었다.

[**] 사실 '신세대'에 대한 논의는 1970년대 초 미국의 대중문화가 널리 퍼지고 '청년문화'가 활성화되면서 시작되었다. 김진균도 1970년에 당시의 '신세대', 즉 '1940년대 출생집단'에 관한 논문을 발표했다(김진균, 1970, 「변동과정에 있어서 1940년대 출생집단」, 『비판과 변동의 사회학』, 한울, 1983).

[***] 1970~80년대는 단지 독재의 시기였던 것이 아니라 놀라운 경제 성장과 치열한 반독재 민주화운동이 펼쳐졌던 시기이기도 했다. 치열한 민주화운동의 결과로 한국은 독재와 부패에 의한 망국의 위험에서 벗어나 더욱더 큰 성장과 발전을 추구할 수 있게 되었다(홍성태, 『민주화의 민주화』, 현실문화, 2009). 이 시기는 한국의 현대사에서 확실히 비약기였으며, 이 시기의 변화를 구체적으로 이해하는 것이 대단히 중요하다(신한종합연구소, 『7089 우리들』, 고려원, 1992). 그러나 우리가 이룬 민주화는 친일·독재·비리 세력의 청산에 실패한 '청산 없는 민주화'로서 여전히 기본권도 올바로 확립되지 못한 '취약한 민주화'라는 사실을 잊어서는 안 된다(홍성태, 『민주화의 민주화』, 현실문화, 2009).

[****] '포스트' 논의들이 그저 가벼운 것은 아니었다. 예컨대 그것은 니체를 통해 플라톤 이래 서구의 인식론, 즉 옳은 것과 그른 것의 구분과 그에 대한 인식이 그렇게 쉽게 이루어지는 것이 아니라는 사실을 널리 알렸다. 이런 점에서 산사연은 1995년 1월에 '포스트' 논의들을 해설하고 토론하는 강좌를 열고 그 결과를 책으로 출판했다. 한국산업사회연구회 편, 『탈현대 사회사상의 궤적』, 새길, 1995를 참조.

도 했다.

80년대 후반, 학계와 운동 진영에서 헤게모니를 장악했던 맑스주의 패러다임과 사회주의적 발전전망은 1990년대 초반을 거치면서 근본적으로 뒤흔들리고, '해체'의 조짐까지 보여주고 있다. 한때 이론적·실천적으로 놀라우리만치 단호하고 선명한 전망을 가지고 움직였던 국내외 진보세력은 과연 '양철판'에 불과했는가. 왕년의 단호하고 치열했던 사회구성체론과 계급론과 변혁론은 다 어디로 갔는가. 그건 단지 맑스주의 초년병들의 '도토리 키재기'에 불과했는가(유팔무, 「머리말 ― 침체와 대안부재의 시대, 성숙한 맑스주의의 출현이 기대된다」, 『경제와 사회』 제14호, 1992년 여름호, 6).

김진균은 이런 상황에 대해 '인식론적 단절'을 강조했다. 본래 '인식론적 단절'은 1960년대 중반 프랑스의 철학자 루이 알뛰세르가 맑스의 사상 변화를 설명하기 위해 제안한 개념이었다(알뛰세르 외(1965), 김진엽 역(1991), 『자본론을 읽는다』, 두레). 그는 맑스의 초기 사상과 후기 사상 사이에 사회와 역사를 파악하는 관점의 근본적인 변화가 이루어진 것으로 보고 이것을 '인식론적 단절'이라고 설명했다. 1980년대 말과 1990년대 초의 사이에 사회주의의 몰락을 배경으로 1960년대 이후의 서구 맑스주의에 대한 관심이 커졌다. 김진균도 상도연구실과 서사연에서 제자들과 이에 대해 공부했으며, 1992년에 알뛰세르의 '인식론적 단절'과 '이데올로기론' 등에 기초를 두고 창간된 『문화과학』에 발행인인 강내희의 요청으로 자문위원으로 참여하기도 했다. 이렇게 해서 1990년대에 김진균은 『문화과학』에 여러 글들을 계속 발표했다(강내희, 「김진균 선생과 『문화과학』」, 『벗으로 스승으로』, 문화과학사, 2005, 303~311).

1992년 김진균은 '인식론적 단절'을 통해 기존의 것을 철저히 성찰하고 진리를 추구할 것을 요청했다. 그에게 '인식론적 단절'은 어느 정도 문제가 개선되었다고 해서 안주하거나 기존의 주장이 틀렸다고 해서 포기하는 것이 아니라, 현실에 비추어 기존의 인식을 재검토하고 새로운 발전을 적극 추구하는 것을 뜻했다. 김진균은 급변하는 현실에 대해 더욱더 성찰적인 태도로 대응하고자 했던 것이다.

사회는 '사회적 관계'로 구성된다. '진실'은 곧 그것이 '사회적 관계'로서 어떤 '진리'를 밝혀주는 것으로 상승해야 한다. 여기에 단지 '인식'의 전환이 아니라, 이 세상의 구성을 새롭게 보고 설명하는 새로운 개념과 그 체계를 만들어낼 수 있는 '인식론의 단절'이, 기존의 것, 이제까지 자기에게 바르다, 옳다, 아름답다, 편안하다, 좋다고 여겼던 모든 것은 인식론적으로 단절해 버리는 아픔의 과정이 필요하다. 나의 모든 것, 기존의 모든 것, 내가 공부하고 전공으로 삼고 있는 것, 이것이 내가 살고 있는 이 사회, 자본주의 사회에서—그리고 이것의 세계적인 연관성 속에서—어떤 것인가 하는 가장 원초적인 질문으로부터 각성·인식의 전환, 그리고 결국에는 도달할 수 있는 '인식론적 단절'의 기나긴, 그러면서도 폭발적인 증폭이 있을 수 있는 길로 가는 것, 이것이 우리 대학생들이 더불어 해야 할 일이라고 여겨진다.

우리 민족사회가 단순하지 않은 것처럼, 우리의 역사가 단순하게 우리의 길로만 갈 수 없을 정도로 얽혀지고 있는 것처럼, 내외적으로 발생할 수 있는 문제나, 모순이 우리의 삶을 중층적으로 착종시켜 규정하는 만큼, 우리는 '인식론적 단절'을 통한 과학적인 방법, 진리의 탐구 방법을 찾아나서야 한다. 그래야만이 또한 우리 민족의 삶이 철학적·정치적 실천의 새로운 길과 새로운 의의로서 나아갈 수 있을 것이다(김진균, 1992, 「인식론적 단절을 위한 초보적인 질문」, 『한국의 사회현실과 학문의 과제』, 문화과학사, 1997, 133).

문민정부의 의미

1992년 12월의 대통령 선거에서 김영삼이 대통령에 당선되었고 1993년 2월 김영삼이 이끄는 '문민정부'가 출범했다. 문민정부는 박정희의 독재로 시작되어 전두환과 노태우의 독재까지 1961년 5월부터 1993년 2월까지 무려 31년 9개월 동안 지속된 군사독재에 대비해서 김영삼 정부가 자신의 정체성을 제시한 표현이다.

1997년 초 김진균은 문민정부를 다음과 같이 규정하고, 문민정부의 말기에 강화되는 탄압에 맞서 민주노동운동의 강화를 촉구했다. 그는 문민정부로 나타났던 민주화운동의 성과를 더욱 심화하기 위해서는 무엇보다 먼저 민주노총을 중심으로 한 민주노동운동이 강화되어야 한다고 생각했다. 문민정부는 1993년 12월 14일의 쌀 시장 개방과 1996년 12월의 노동관계법 개악 날치기에서 잘 볼 수 있듯이 민중을 중시하는 것과는 상당히 거리가 멀었다. 물론 그가 생각했던 민주노동운동의 강화는 단지 노동자의 이익을 증진하는 것이 아니라 노동자가 다양한 사회적 약자들과 적극 연대하는 것이었다.[*]

> 문민정부의 출범은 그 이전 1987년 6월 항쟁과 7~8월 노동자 대투쟁을 합한 1987년 민주화 대투쟁, 그리고 자주 통일 운동이 모두 해방 후 누적된 독재, 군부 파시스트 체제를 대중 운동으로 전복시키고 민주화의 일차 기초 작업을 진행시킨 것이라고 이해해 본다 (김진균, 1997, 「이차 등급 높이기: 민주 노동 운동의 문제」, 『진보에서 희망을 꿈꾼다』, 박종철출판사, 2003, 189).

문민정부는 민주화운동의 중대한 성과였다. '3당 야합'으로 군사독재 세력과 민주화 운동 세력이 결합되어 원천적인 제약과 한계가 있었지만 문민정부는 민주화에 대한 국민의 열망을 실현하기 위해 크게 애쓰기도 했다. 1993년 초에 단행된 두 가지 조치는 그 좋은 예이다. 하나는 1993년 3월 사학비리로 잘 알려진 원주 상지대의 김문기를 엄벌[**]한 것이고, 다른 하나는 1993년 4월 전두환 군사독재의 주축인 '하나회'를 해체[***]한 것이다.

김진균은 문민정부의 의미에 대해 깊이 성찰하기 위해 애썼다. 산업사회연구회에서 발간한 『경제와 사회』 제17호, (1993년 봄호)에 발표된 김진균의 「경향적 추세와 인식의 전환문제」는 변화한 시대에 대한 그의 성찰과 대응을 살펴보기 위해 중요한 논문이다. 이 논문에서 그는 냉전 해체와 문민정부의 역사적 의미를 적극 지적하고 이에 대한 새로운 인식의 필요를 강조하면서, 자본주의의 문제를 오인하지 말고 계급관계를 기초로 사회의 복합성을 인식해야 시대의 변화를 혼동하지 않고 올바른 '인식론적 단절'을

---

[*] 이 중요한 주제와 관련해서 『21세기 진보운동의 기획』(문화과학사, 2003)에 실린 「단순사회에서의 중층적 삶의 훈련」(1998), '인식의 전환: 성찰적 전망」(1999), 「사소한 것과 그 규율을 넘어」(1999), 「작은 주체들의 존재 알림과 노동운동의 지형문제」(2002) 등을, 그리고 『진보에서 희망을 꿈꾼다』(박종철출판사, 2003)에 실린 「연대는 삶과 운동의 기초」(1997), 「이차 등급 높이기: 민주노동운동의 문제」(1997), 「일상생활의 비인간화」(1998), 「민중의 연대 확장을 위한 계기로 삼자」(1999) 등을 읽을 필요가 있다.

[**] 김문기는 대법원에서 상지학원의 설립자가 아닌 것으로 판결되었고, 상지대의 이사장으로 행세하고 있었으나 이사회를 오랫동안 열지 않아서 이사의 자격을 상실했던 것으로 밝혀졌다. 그러나 이명박 정권 때인 2010년 사학분쟁조정위원회는 김문기의 종전 이사 자격을 인정하고 다수의 이사를 추천하도록 해서 상지대는 다시 심각한 위기에 처하고 말았다. 상지대의 재발된 위기는 이명박 정권의 문제를 잘 보여준 사례이다.

[***] 〈참고〉 33. 하나회

이룰 수 있을 것이라고 제안했다.

각별히 우리나라에서는 1987년 이후 나라 안팎의 변화가 어떤 경향적 추세로 느껴지게 되는데, 그것은 1992년 대통령 선거 결과를 놓고 볼 때 하나의 순환이 매듭지어지고 새로운 순환으로 나아가게끔 된 국면으로 인식된다. 흔히들 지적하는 대로 소련과 동구의 사회주의 국가가 붕괴하면서 자본주의의 추동력이 세계를 전면적으로 휩쓸어가고 있으며, 동시에 우리나라는 냉전체제의 극단적 모습으로 지탱해 온 남북한의 분단체제가 적대·배제로부터 접촉·교류의 개시와 확대로 나아갈 조짐을 보이고 있다. … 그리고 대통령 선거에 당면해서 드디어 군부 지배세력이 정치전선의 가시권에서 물러나고 비군부 출신 정치인을 대통령으로 당선케 하는 면모를 보인 것이다. 이러한 변화는 크게는 1945년 2차대전 종전 이후 민족사회에 전개된 냉전·분단체제의 한 순환이, 그리고 그와 동시에 과잉성장한 군부세력과 군사주의가 정권을 장악한 때로부터는 30여년 만에 하나의 순환으로 국면을 전환시키고 있다. 이러한 국면전환은 한국사회의 구조적 측면, 다시 말하자면 남한 자본주의의 축적구조의 상승 필요성과 결부되면서 하나의 경향적 추세를 나타내는 것 같으며, 따라서 냉전체제와 분단구조, 그리고 반공이데올로기의 내면화 및 군사주의의 팽배에 따라 키워지고 길들여져서 응고되고 동결되었던 객관적 인식의 방법과 능력의 협소성·폐쇄성·예속성 등이 변화의 상황에서 과감히 폐기되어야 하는 시점에 왔다고 느껴지는 것이다(김진균, 1993, 「경향적 추세와 인식의 전환 문제」, 『한국의 사회현실과 학문의 과제』, 문화과학사, 1997, 33~34).

이러한 경향적 추세는 사회과학 연구자에게도 성찰의 철저성을 요구한다. 우선 자본주의사회에서는 계급관계(계급적대)가 기본적인 구조적 관계임을 인정하고 출발하자. … 그렇다고 해서 이 인정을 지지하거나 또는 거부하는 사람들도 흔히 생각하듯, 계급관계가 모든 사회적 현상 또는 사회적 행위를 기계적으로 반영하는 것은 아니다. 그 사이에는 (그리고 노동운동과 계급 사이에서도) 노동에 관련되는 모든 요소(정치적·국가적 요소뿐만 아니라 특정 사회의 역사적·문화적 요소까지도)가 무수히 개입된다. … 연구자는 오히려 그렇게 많은 요소들이 어떻게 개입되고 있는가를 밝혀야 한다(김진균, 1993, 「경향적 추세와 인식의 전환 문제」, 『한국의 사회현실과 학문의 과제』, 문화과학사, 1997, 40).

다시 한번, 우리는 자본의 운동은 냉혹하다는 점을 역사에서 배울 수밖에 없다. 자본주의에서는 생산과정 바로 거기서부터 '잉여노동'을 둘러싸고 지배·보존의 관계가 형성되고, 이 문제를 두고 무수한 요소가 여러 겹의 차원(국제적 축적 규모에 이르기까지)을 두고 이데올로기 효과를 위해 개입되고 동원되고 있다. 그곳에는 계급관계로 환원할 수 없는 요소들이 무수하게 그리고 교묘하게 동원되고 있고, 계급관계와는 다른 독자적인 문제의 포장을 띠고 제기되고 있고 제기시키기도 한다. 우리는 이러한 문제를 '잉여노동'의 재생산 차원으로 끌어내려서 파악해 볼 수 있는 인식의 전환을 기도해야 하고, 그러한 인식의 능력을 키우도록 과감하게 기존의 무수한, 종류가 서로 다른 '기계론적 반영'의 인식들의 협소성을 버려야 한다. 결론적으로 인식의 전환을 시도한다면, 우리가 당면해야 할 새로운 사회의 구축을 인식할 수 있는 적극적 의미에 있어서, '인식론적 단절'을 해낼 수 있으리라고 본다(김진균, 1993, 「경향적 추세와 인식의 전환 문제」, 『한국의 사회 현실과 학문의 과제』, 문화과학사, 1997, 45).

1993년 초 김진균은 이렇듯 국내외의 거대한 역사적 변화에 대한 새로운 인식을 위해 노력했다. 당시 이른바 '포스트' 논의의 유행 속에서 무거운 것보다 가벼운 것, 정치나 경제보다 문화, 계급보다 세대가 논의의 핵심을 차지하게 되었다. 『신세대 네 멋대로 해라』(현실문화, 1993) 같은 책은 이런 변화를 잘 포착해서 큰 관심을 끌기도 했다. 1987년 6월 항쟁 이후 불과 5~6년의 시간이 흐르면서 세상이 너무나 크게 변한 것처럼 보였다. 민중운동이 아니라 시민운동이, 혁명이 아니라 개혁이 시대의 핵심어로 떠오르게 되었다. 1990년대의 한국 사회는 1980년대의 한국 사회와 다른 사회가 되었는가?

이런 상황에서 김진균은 경직된 접근의 문제와 원칙을 저버리는 것의 문제를 동시에 지적했다. 그는 탈냉전, 고성장, 민주화 등의 거대한 사회적 변화를 적극 인식하면서 그 바탕에서 관철되는 자본주의의 문제, 독점 강화와 종속 심화의 변형 문제, 계급 불평등의 문제, 노동운동의 문제 등을 계속 지적했다. 그는 맑스주의와 현실 사회주의의 문제를 오래전부터 잘 알고 있었으나 그 아래에 놓여 있는 모두가 사람답게 살 수 있는 사회에 대한 이상과 이론의 가치를 계속 지키고자 했다. 그는 서로 돕는 '상자이생'으로 모두 잘 사는 '대동사회'를 이루기 위해 동서고금의 많은 연구들을 언제나 열심히 공부했다. 그가 추구한 진보는 맑스주의의 영향을 크게 받은 것이되 그것에 갇히는 것은 아니었다.

1993년 8월 22일 김진균과 정혜영의 큰아들 태진이 결혼했다. 김진균은 노년으로 접어들고 있었지만 그의 열정과 의지는 변하지 않았다. 9월부터 김진균은 홍성태, 김상국, 김귀옥 등과 함께 군산복합체에 대한 공부를 본격적으로 시작했다. 사실 그는 신식민지 국가독점자본주의론이 확산되던 1980년대 말부터 군산복합체를 현대 자본주의의 문제를 보여주는 핵심으로 파악하기 시작했다. 군산복합체는 기술 개발을 촉진해서 경쟁을 강화하는 동시에 전쟁을 통해 과잉자본을 파괴하는 방식으로 자본주의의 고도화와 부후화를 이룬다. 이런 점에서 군산복합체는 단순히 비리의 문제가 아니라 명백한 구조의 문제로 파악되어야 한다. 김진균은 유명한 스웨덴 국제평화연구소(SIPRI)에서 발간하는 연감을 통째로 읽는 방식으로 군산복합체 문제를 공부했다. 이 연감은 대단히 두껍다. 세계의 군비와 군사력에 관한 수많은 자료들을 모아 놓았으며, 그에 관한 많은 평론과 논문들도 제시되어 있다. '학여등산學如登山(공부는 산을 오르는 것과 같다)'이라고 한다. 정말 그는 등산을 하는 것과 같은 방식으로 공부를 했다.

1993년 10월에 그와 부인 정혜영은 민교협의 동료들, 서울대의 제자들과 2박3일의 설악산 등산을 했다. 소청봉을 지나 봉정암 위에서 찍은 사진의 뒤로는 설악산에서 가장 험하고 아름다운 능선인 용아장성이 펼쳐져 보인다. 이 산행은 속초에서 시작해서 설악동, 천불동, 희운각 산장, 소청봉, 봉정암, 구곡담, 수렴동, 백담사, 용대리로 이어진 대단히 고되고 즐거운 산행이었다. 다음 날 서울의 상봉 터미널 앞에서 열린 뒤풀이도 대단

1993년 10월 설악산 소청봉에서

히 즐거운 자리였다. 낮 시간에 텅빈 홀 형태의 노래방에서 놀았는데, 문득 중앙대 이명한 교수가 김진균이 자녀들이 맞춰준 새 등산화를 신었으니 착화식을 하자고 해서 모두돌아가며 등산화에 맥주를 부어 마셨다. 그는 이런 산행으로 힘을 얻어 연구와 활동에계속 힘을 쏟았다.

태백산 산행

김진균은 언제나 남북한을 통합해서 한국 사회를 생각했고, 그랬기에 평화와 통일을 한국 사회의 발전을 위한 근본 과제로 여겼다. 그런데 1994년 1월 18일 문익환 목사가 갑자기 세상을 떠났다. 민주, 평화, 통일을 위해 한평생 헌신했던 문익환의 죽음은 1994년에 남북한이 겪게 될 엄청난 위기를 예고하는 것이었는가? 1994년 6월 중순 문민정부의무능한 대응 속에 북한의 김일성과 미국의 클린턴이 북한의 핵무기 개발을 둘러싸고 극한대립을 벌여서 또다시 한반도에서 전쟁이 일어날 일촉즉발의 위기로 내몰렸던 것이다. 이 위기는 6월 15일 지미 카터가 방북해서 김일성과 협상하는 것으로 비로소 해소될수 있었다(김연철, 「전쟁 문턱까지 갔던 94년 6월」, 『한겨레21』, 750호, 2009년 3월 6일).*

　시대가 바뀌고 있었고 사람도 바뀌고 있었다. 문익환 목사의 돌연한 별세는 이런 변화를 더욱 깊이 느끼게 하는 사건이었다. 김진균은 변화를 올바로 이해하고 대응하기위해 더욱더 애썼다. 그는 여전히 계속되고 있는 파괴, 착취, 차별의 문제와 새로운 분열, 갈등, 고통의 문제에 대해 고민했다. 그렇다고 그가 늘 공부만 했던 것은 아니었다.그는 사람들을 만나는 것을 즐겼고, 무엇보다 등산을 아주 좋아했다. 그는 오래전부터매주 일요일 아침이면 무조건 우이동으로 가서 북한산 등산을 했다. 그것은 마음의 피로를 풀고 건강을 지키는 방법이었다. 그리고 그는 철마다 일행을 모아 설악산, 지리산,태백산 등 멀리 있는 큰 산을 찾아 올랐다. 1994년 2월 중순 그는 민교협 교수들과 태백

---

* 이 협상이 끝나고 얼마 뒤인 7월 8일 김일성은 83세의 나이로 죽었다. 그는 1950년 6월 25일 한국전쟁을 일으켜서 200만 명이 넘는 민족을 죽게 한 장본인이었지만 1994년 6월 15에는 북미 협상에 적극 임해서 제2의 한국전쟁이 일어나지 않게 했다.

1994년 2월 태백산 산행
김진균, 유초하, 양재혁, 김세균 등

산 눈 산행을 갔다. 김세균과 유초하도 함께 갔다. 해마다 음력 설이 지나고 난 뒤에는, 즉 양력 2월 중순에는 태백산에 많은 눈이 내린다. 이 사실을 잘 알고 있던 김진균은 종종 태백산 눈 산행을 갔다.

1994년 2월의 태백산 산행은 청량리에서 기차를 타고 태백으로 가서 하루 자고 태백산을 오른 뒤 다시 기차를 타고 고한을 지나 동해로 가서 바닷가에서 하루 자고 두타산을 들러서 돌아오는 여정이었다. 태백산에서 내려올 때는 눈 쌓인 길에서 봅슬레이를 타듯이 여러 사람들이 함께 주저앉아 미끄럼을 타며 아이들처럼 정말로 즐겁게 신나게 내려왔다. 수염을 잔뜩 기르고 유격대 대장 같은 차림을 한 유초하는 너무나 좋아서 시종 큰소리로 너털웃음을 웃었다. 동해에서는 바닷가의 숙소에서 양식하지 않은 신선한 '잡어' 회를 맛있게 먹으며 밤늦도록 흥겨운 술자리를 가졌다. 그러나 동해로 가는 기차에서 본 산 속의 계곡은 각종 탄광폐수로 심하게 오염되어 허옇고 누렇고 뻘건 색이었다. 태백산 속에는 전국 유일의 산속 미국 공군 전투기 훈련장이 있다. 신령스런 태백산 꼭대기에서 쐑쐑 하는 크고 무서운 소리를 내고 날아다니는 미국 공군 전투기들을 보며 일행은 미국에 종속된 한국의 군사화 문제를 다시금 실감했다. 일행은 시멘트 생산을 위해 처참히 파괴된 두타산 입구의 산들을 보며 자연을 돌보지 않는 공업과 개발의 문제도 다시금 실감했다.

태백산 산행으로 힘을 얻고 1994년의 새학기를 시작한 김진균은 1994년 4월부터 서울대 민교협*의 2대 회장으로 활동하기 시작했다. 서울대 민교협은 1987년 7월에 만들어졌다. 안병직이 1대 회장이었고, 백낙청이 3대 회장이었다. 고철환, 김인걸, 이애주, 최갑수, 황상익 등이 김진균과 함께 서울대 민교협은 물론이고 중앙 민교협에서 적극 활동했다.

특히 최갑수는 1980년대 중반 이후 김진균과 가장 자주 활동과 산행을 했던 후배 교수였다. 최갑수의 회고에 따르면, 그는 김진균과 함께 1989~93년 사이에 북한산만 백번은 올랐다고 한다. 또한 아주 많은 사람들이 함께 산행을 했는데, 그중에서 이효우의 산행 지식은 '빌군'이었다고 한다. 이 유명한 산행은 1994년부터 잦아들게 되었는데 그것은 김진균의 주례**가 계속 늘어났기 때문이었다(최갑수, 「김진균과 북한산」, 『벗으로 스승으로』, 문화과사, 2005, 296~298).

또한 4월 2일 '참교육 시민모임'이 창립했는데 김진균은 공동대표로 참여했다. 이 모임은 1989년 12월 전교조 가입으로 해직된 교사들을 지원하기 위해 만들어졌던 '해직교사 서울후원회'가 목표를 달성해서 해체되고 참교육을 위한 시민단체로 거듭난 것이었다. 김진균은 2001년까지 이 모임의 공동대표를 맡았다.

한편 6월의 전쟁 위기를 어렵게 넘기고 난 얼마 뒤인 8월 검찰이 경상대의 교양강의에서 교재로 사용하던 『한국사회의 이해』를 국가보안법 위반으로 규정하고 글을 쓴 교수들을 수사하는 사건이 발생했다. 이른바 '한국사회의 이해 사건'이다. 검찰은 김진균의 매제로서 1979년 크리스찬 아카데미 사건의 최대 피해자이기도 했던 장상환 교수와 서울대 사회학과 제자인 정진상 교수(서울대 사회학과 77)를 이적표현물 집필로 구속

---

* 서울대 민교협은 그 중요성 때문에 민교협 중앙운영위에 운영위원을 파견해서 유기적 연관을 맺도록 했다. 그러나 2000년대에는 이런 유기적 연관이 제대로 맺어지지 못했다.

** 김진균의 주례는 대단히 유명한데, 평생 모두 250회 정도의 주례를 선 것으로 추정되었다(정근식, 「청정 김진균의 삶과 학문」, 『벗으로 스승으로』, 문화과학사, 2005, 54). 김진균은 신랑과 신부에게 간략한 소개문을 써 오게 한 뒤 그들에게 맞는 주례문을 정성스레 준비했다. 그가 이렇게 해서 많은 주례문들을 남겼다.

하려고 했다. 김진균과 민교협은 문민정부에서 재연된 학문에 대한 탄압에 강력히 맞섰다. 사실 이 사건은 '학원족벌'로 군림하고 있던 '진주지역 수구 지배세력들이 기득권을 지키기 위해 국가보안법을 악용하여 민주 교수들을 공격한 것'이었다(장상환, '아직도 끝나지 않는 「한국 사회의 이해」 사건', 『오마이뉴스』, 2004년 9월 18일). 이 사건은 2005년 3월 11일 대법원이 1심과 2심의 무죄 판결을 확정지어 무려 11년 만에 끝났다.

세계화와 군산복합체

1994년에 김진균은 문민정부가 추진하는 세계화를 군산복합체 문제와 결합해서 적극 고민했다. 사실 그는 당시의 한반도 정세가 아니라 현대 자본주의와 탈냉전의 맥락에서 이런 고민을 하고 있었다. 그러나 그의 고민은 한반도 정세와 깊이 연관되어 있는 것이었다. 그는 현대 자본주의에 대한 연구의 결론으로 자본주의는 평화유지 능력을 갖고 있지 않고 미국의 군산복합체는 언제 어디서나 전쟁을 획책할 수 있다고 판단했다. 이런 생각은 1980년대 말 소련의 페레스트로이카에 대한 연구를 통해 심화되었다.

> 군사산업을 발전시키지 않아도, 즉 제국주의적 침략성에 따른 경제의 군사화 없이도 자본주의는 경제제도로서 기능하고 발전할 수 있는가 하는 점에서 소련은 국가독점자본주의의 평화능력 테제를 주장하고 있다. … 실제로 핵무기에 대해서만 본다면 이 주장은 상당히 정당성을 가질 수 있을 것이다. … 그러나 전쟁은 핵무기만으로 수행되는 것이 아니다. 그리고 국가독점자본주의에 평화능력이 있다고 해서 이 지구상에서 인종적·지역적 또는 계급적 갈등에 의한 전쟁이 사라지는 것도 아니다. 분단된 우리의 경우를 보더라도 남북한이 내부에 어떤 계기에 의해서만이 아니라 분단에 책임이 있는 강대국들의 부추김에 의해서 전쟁이 일어날 가능성이 항상 있는 것이 사실이다(김진균, 1990, 「자본주의는 평화유지 능력을 지니고 있는가」, 『민족현실과 사회과학2』, 한길사, 1991, 173).

1994년 상반기 김진균은 여러 활동으로 몹시 바쁜 와중에 군산복합체 문제에 대해 열심히 공부했고 세계화를 군산복합체 문제와 연관지어 연구한 논문들을 발표했다. 그는 정세와 사건에 대응하는 것을 중시했지만 그 기반인 경향과 구조에 대해 탐구하는 것을 더욱 중시했다. 그는 자신의 연구에 따라 현실을 인식하고 적극 대응하는 실천적 학자였다. 문민정부는 오랜 군사독재의 청산과 함께 새로운 세계화의 요구를 강조했다. 그 뒤의 역사를 보면, 전자는 제대로 이루어지지 않았지만 후자는 대단히 강력히 이루어졌다. 세계화는 사실 '지구화globalization'로서 사회주의의 몰락과 자본주의의 확대, 서구 대중문화의 지구적 확대, 지구적 생태위기의 확대 등을 핵심으로 하는 거대한 변화였다. 문민정부는 특히 자본주의의 확대에 따른 '무한경쟁 시대'의 도래를 강조하며 산업과 노동의 구조조정을 강행하고자 했다. 김진균은 세계화의 이면에서 군산복합체가 강력히 작동하고 있다고 지적했다.

　세계화는 세계 전역에서 새로운 군사화로 이어졌다. 그만큼 세계화에 따라 세계는 더욱 더 군사적으로 불안정해지기도 했다. 그 바탕에는 '선진자본주의 국가들'을 지탱하는 '경제의 군사화'가 놓여 있다. 이런 점에서 세계화는 노동의 불안정화·비정규화와 군사적 위험의 확대를 기반으로 하는 극히 위험한 변화였다. 김진균은 이 점을 거듭 강조했다.

<blockquote>

세계, 국가, 지역의 중층적 구조 속에서 '세계화'에 관한 담론으로 요즘 논란이 일고 있다. 이러한 담론은 주로 경제의 세계화 또는 '생산의 세계화'와 이에 상응하여 정치의 차원에서 '국민국가의 주권'을 넘어서거나 또는 이를 해체시키는 경향에 대해 초점을 맞추고 있다. 이러한 일련의 세계화는 구소련권의 해체에 의해서 자본주의와 사회주의의 대립적 체제라는 명제로부터 일방적으로 자본주의의 세계체제화 전환 추세로 이해되기도 한다. 이 글에서는 이러한 추세 또는 이에 관한 논의에서 한가지 축, 즉 세계군사체제의 변모를 개입시켜 논의해 보고자 한다. 왜냐하면 2차대전 후 미국을 선두로 한 선진자본주의 국가들의 발전은 무기의 개발, 생산 및 판매와 결부된 소위 '경제의 군사화'체제의 발전과 궤를 같이 해왔기 때문이다(김진균, 1994, 「세계화를 이해하기 위한 하나의 모색 ─군사기술적 체계를 개입시켜」, 『한국의 사회현실과 학문의 과제』, 문화과학사, 1997, 46).

</blockquote>

　사실 1980년대 말과 1990년대 초 김진균의 학문에서 볼 수 있는 가장 큰 특징은 '경제의 군사화'와 '군산복합체'에 대한 강조이다. 1990년대에 들어와서 김진균은 운동의 면에서 노동운동의 강화와 확대를 무엇보다 중요한 과제로 여겼고, 학문의 면에서 경제의

군사화에 대한 이해를 무엇보다 중요한 과제로 여겼다. 그가 이렇게 판단하게 된 것은 미국이 잘 보여주듯이 자본주의의 고도화는 경제의 군사화를 수반하며, 그것은 자본주의의 문제를 보여주는 궁극적인 예이며, 우리의 분단에도 가장 큰 영향을 미치는 문제이기 때문이었다. 그는 탈냉전과 함께 촉발된 1990년대 초의 세계화가 자본주의의 세계화일 뿐만 아니라 '군수 자본의 세계화'라고 지적했다. 이런 점에서 보자면 세계화는 일반적인 자본주의 착취의 세계화보다 훨씬 더 심각한 문제를 안고 있었던 것이다.[*] 요컨대 우루과이 라운드, WTO, FTA 등의 무역체제 변화와 함께 군사체제의 변화에도 큰 주의를 기울여야 했다.

'세계화'는 소위 '문민정부'의 슬로건으로서 언론에 회자하고 있지만, 객관적으로 보았을 때 한국에서 '세계화'는 다음과 같은 몇가지 패러다임으로 제시되어 있었다.

첫째, '세계경제론'이다. 자본의 국제화로부터 더 진전된 자본의 '세계화' 또는 생산의 '세계화' 패러다임이다. … 둘째, '기술경제 패러다임'으로서 장기파동이론이다. 이에 따르면 1990년대는 제5차 파동이 시작되고 그 핵심요소는 반도체칩이고, 이를 담지하는 산업부문은 컴퓨터, 통신장비, 소프트웨어, 광섬유, 로봇 FMS, 정보서비스이며, 하부구조는 정보통신망·통신위성이다. … 셋째, 군사기술적 측면에서 C³I패러다임이 제시될 수 있다. 전시경제에 의해 첨단무기를 압도적으로 발전시킨 미국은 제2차대전 후 세계군사체제도 주도하고, 소련을 '적'으로 가상한 냉전구도를 체계화하면서 핵무기 개발과 핵전쟁 체계에 기반한 전세계적인 방어망을 구축했으며, 이 과정에서 미국의 군수산업과 핵군사전략은 상호견인하면서 군사기술체계를 우주군사체계로까지 발전시켰다(김진균, 1994, 「세계화 패러다임과 한국」, 『한국의 사회현실과 학문의 과제』, 문화과학사, 1997, 60~61).

제2차 세계대전 중에 미국의 독점자본은 정부의 수주에 의해 무기를 개발하고 생산하고 판매함으로써 거대한 자본으로 발전해왔고, 대전 후에도 핵전쟁체제 구축 프로그램에 따라(미국의 억지적 핵전략에 따라) 첨단산업의 형태가 바뀌어왔으며, 그리고 이처럼 거대한 독점자본이 국가와 함께 '군산복합체'를 이룩하였다. 미국의 거대 독점자본은 완결된 무기의 생산·판매에 직접 관련되거나, 또는 무기의 개발·생산에 관련된 전략적 산

---

[*] 탈냉전 이후 세계에서 국지전이 끊이지 않고 있으며, 심지어 미국도 엄청난 군사공격을 당했고, 전쟁산업의 성장이 계속되고 있다. 이런 사실은 자본의 성장, 기술의 발달, 그리고 세계화를 새로운 군사적 위기의 증대라는 무거운 관점에서 파악할 필요가 있다는 것을 잘 보여준다.

업에 관련되어 성장했다. 이러한 미국의 거대 독점자본은 경제원조 및 군사원조로 구성된 대외정책과 '자본의 해외이동(투자)' 전략을 통해 초(다)국적기업으로 발전했다. 그리고 이 초국적기업은 대부분이 바로 군산초국적기업이므로, '자본'의 수출은 곧 무기와 관련된 자본의 수출을 의미한다고 할 수 있다. 따라서 '생산'의 세계화, 또는 자본의 세계화는 '군수'생산의 세계화 또는 '군수' 자본의 세계화를 동반한다(김진균, 1994, 「세계화 패러다임과 한국」, 『한국의 사회현실과 학문의 과제』, 문화과학사, 1997, 66).

산사연 10주년

산사연은 1994년 7월 창립 10주년을 맞아서 10월 15일 이화여대에서 심포지엄을 열었다. 이 자리에서 김진균은 「사회과학 인식의 전환문제」라는 제목의 논문을 발표했다. 그는 탈냉전, 고성장, 민주화 등으로 나타난 거대한 시대의 변화에 따른 '인식의 전환'에 관해 비현실적인 변혁론과 진화론을 모두 극복해야 하는 것을 강조했다.

1994년 10월 15일 한국산업사회연구회 10주년 기념 심포지엄

맑스주의적 두 계급 모델에 기계론적으로 집착하게 되는 경우, '생산직 노동자'에 대한 역사변혁(인식론적 우월성 및 실천적 중심성 및 혁명적 계급성)의 임무에 과잉결정론적 인식방법이 있었다. 이것은 곧 노동자의 운동·노동조합 그리고 혁명적 전위정당과 같은 정치운동의 사이에 있는 간격에 대해서 사회적, 문화적, 역사적 요인들이 무수히 개입할 수 있는 점을 고려하지 않은 채 일체성이나 통일성을 전제하는 것이었다. 이 경우 변혁론적 전망에 대해 프롤레타리아트 변혁과 그 독재의 예정성을 매개요인에 대한 고려 없이 과신할 수 있다(김진균, 1994, 「사회과학 인식의 전환문제」, 『한국의 사회현실과 학문의 과제』, 문화과학사, 1997, 25).

87년 노동자의 대투쟁에는 소위 '화이트칼라'의 참여가 있었고 비생산노동자 중에서 전문적 과학기술자의 '변혁 또는 개혁'적 역할에 대한 논의가 제기되면서 변혁적 또는 '전투적' 노동운동의 대안으로 '시민운동론'조차 제기되었다. 그렇다면 한국에 있어서 '시민사회'가 본격적으로 논의되어야 했다. 이것은 서구의 시민사회·국민국가에서의 시민권에 기반하여 발전해 온 노동계급의 운동과는 역진하는 사유의 딜레마를 제기하는 것이다.[*] 계급운동이 개량적인 시민운동에 의한 시민사회 진입을 예상해야 하는 인식의 모순, 동시에 실천영역에 있어서 계급운동이 개량적인 시민운동으로 대체되어야 한다는 '안이한' 진화론으로 나아가는 '비현실적인' 인식의 딜레마를 드러내었다(김진균, 1994, 「사회과학 인식의 전환문제」, 『한국의 사회현실과 학문의 과제』, 문화과학사, 1997, 26).

'반주변'으로부터의 탈피, '민족-국가' 형태의 동요와 '탈근대성' 그리고 남북통일의 전망이라는 문제는 한편으로 '상품화'의 세계적 전개와 다른 한편으로 근대 민족-국가 형태에서 벗어나는 인간의 기본적 권리의 확충, 이 두가지가 부딪치는 지점에 놓여 있다. 바로 이 지점에서 우리는 인식론적 전환과 이론적 실천이 개입하는 길을 찾아가야 한다(김진균, 1994, 「사회과학 인식의 전환문제」, 『한국의 사회현실과 학문의 과제』, 문화과학사, 1997, 32).

산사연은 심포지엄을 개최했을 뿐만 아니라 5권의 논문집을 출판했다.[**] '산사연 10주

---

[*] 이것은 당시 민주화와 함께 확산되기 시작했던 시민운동에 대한 비판이다. 한국에서 시민운동은 1989년에 경실련이 창립되며 본격적으로 시작되었고, 1993년 환경운동연합, 1994년 참여연대 등이 창립되며 급속한 성장기에 들어서게 되었다.

[**] 제목은 『한국사회의 변동』, 『현대한국 인문사회과학 연구사』, 『계급과 한국사회』, 『산업사회의 재조명』, 『변혁이론과 노동정치』이며 한울출판사에서 출판했다.

년 기념사업 준비위원회'는 5권의 논문집의 머리말에서 그 감회를 다음과 같이 밝혔다.

> 올해는 한국산업사회연구회가 창립된 지 10주년이 되는 해다. 10주년이 뭐가 그리 대단
> 한가라는 생각도 없진 않지만 우리 자신들을 나름대로 되돌아볼 수 있는 뜻이 깊은 시간
> 의 마디라고 여겨진다. …
> 돌이켜보면 한국산업사회연구회가 출범한 1984년의 시기는 정치적, 학문적으로 어두운
> 시대였다. 정치적으로는 오랜 군사독재체제가 무너지가 하였더니 더 지독한 군사독재
> 체제가 들어서서 암울하기만 하였고, 학문적으로는 진보적이고 비판적인 연구활동 자체
> 가 탄압의 대상이 되던 시기였다. 지금은 전설처럼 들릴지 모르지만 그 시기에는 맑스의
> 저작들을 지니고 있는 것만으로 감옥에 갇히는 신세가 되어야 했다. …
> 이제 우리 진보학문에도 많은 축적이 이루어졌다. 시대적인 분위기도 10년 전과는 많이
> 달라졌을 뿐만 아니라 우리의 내부적인 역량도 커져서 더 이상 총론적인 논의나 문제제
> 기 식의 연구는 큰 의미를 지닐 수 없게 되었다. 구체적이고 치밀하며 길 정리된 연구들
> 만이 우리의 진보학문의 발전과 사회적 실천에 도움이 되는 시대가 되었다. …(산사연
> 10주년 기념사업 준비위원회(1994), 「책을 내면서」).

한편 1994년 10월 21일 '민주와 진
보를 위한 지식인 연대'(준)[약칭 '진
보 지식인 연대(준)'가 발족했는데 김
진균은 이 조직의 대표를 맡았다. '진
보 지식인 연대'의 결성은 1993년 2월
의 문민정부 출범과 깊이 연관되어
있다. 문민정부의 출범은 민주화운동
의 중요한 성과였고, 이로써 민주화
운동의 상당한 분화가 이루어지게 되
었다. 민중운동과 시민운동의 분화가
그것이다. 문민정부의 출범은 민주화

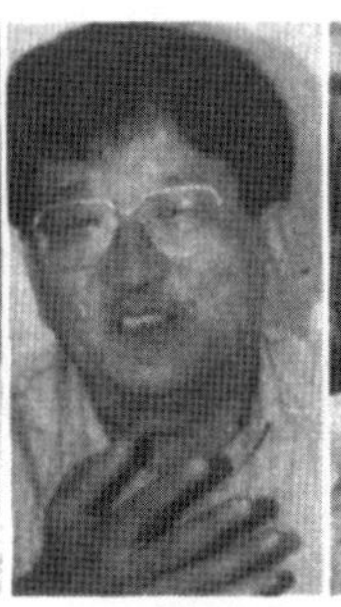

'진보 지식인 연대' 내일 발족

김진균씨 등 30여명 참여 "진보적 정책대안 연구"

'진보 지식인 연대(준)' 출범

출처 : 『한겨레』, 1994년 10월 20일

운동의 중요한 성과였지만 여전히 배제되고 억압받는 민중들은 많았다. 이 때문에 김진
균은 민중운동, 특히 노동운동을 경시하고 계급문제를 폄하하는 경향이 나타나는 것에
대해 크게 우려했다. 민교협의 교수들 중에서 이런 생각에 동의하는 교수들이 1993년

초부터 논의를 거듭해서 1994년 10월 '진보 지식인 연대(준)'가 발족했다.[*]

1994년 10월 21일 열린 '진보 지식인 연대(준)'의 발족식을 겸한 포럼에서 김진균은 「우리 시대 진보는 무엇인가」라는 제목의 발제를 했다. 그는 이 발제에서 정보화, 세계화 등의 변화 속에서 국내외적으로 자유와 평등을 강화하기 위해서 정치적 기본권의 확대와 사회적 연대를 강화해야 함을 다시 강조했다.

(7) 이제 변하고 있는 세계는 새로운 차원의 물질적·지적·도덕적 발전을 요구하고 있다. 이 세 가지 발전의 복합적 구성이 새로운 시대의 '질서' 양식일 수 있다. 이것은 '근대성', '이성', '이성적 인간'(전형적으로 '부르주아 기업가')으로 포장되었던 시대의 전환을 의미한다. 그러면서 기본적 권리인 자유와 평등이 초역사적으로 존재하는 것이 아니고 역사적인 것이기 때문에 그 기본적 권리가 전환의 세계 정세 속에서 재규정되어야 함을 뜻한다.
…

(10) 국민 국가 형태에서 자유와 평등은 계급적·성적·종족(민족)적 차이에 따라 분할 조정되어 있는데, 이러한 형태에서 벗어나게 하는 문제가 제기되고 있다. 국가 형태는 상당 기간 동안 존속한다고 하더라도 자유와 평등이(서로 근원적으로 다르지만 중첩되어 있는 분할에 의해) 국가 형태적 제약의 경계를 넘어설 수 있도록 재편하는 것이 요구되고 있다. 한편으로는 선진 자본주의 중심들의 연합·제휴에 의해 제3세계에 대한 압박은 강화되고 있는 반면, 자본·노동·기술·지식·정보의 확산은 정치적 기본권 확대에 의해서만 자본주의적 착취를 방어할 수 있음을 지시하고 있다.

(11) 한국의 정세에서는 더욱 절박하게 위와 같은 문제가 응축되어 다가오고 있다. '반주변'으로서 비동시대적 착취 형태들이 동시대적으로 작동하고, 국가와 소유 형태에서의 이념적 분할로서 남한과 북한이 대치하는 한편, 세계화에 의해 남북이 '통일' 지향적 추세를 보이고 민족주의의 쇼비니즘적 형태를 탈피하는 경향이 보이고 있다. 또한, 국가의 억압적 양태의 존속·반전, 분할 형태의 극화 등 대중적 노동자 형태와 비생산적 '사회적 노동자'의 분화 발전이 일어나며, 이에 따라 전 사회적 적대가 확산되는 등등의 문제가 제기되고 있다(김진균, 1994, 「우리 시대 진보는 무엇인가」, 『진보에서 희망을 꿈꾼다』, 박종철출판사, 2003, 17~18, 19~20).

---

[*] 그 직전인 1994년 9월 10일에 1년여의 준비를 거쳐 시민들의 참여와 연대로 민주주의를 심화하고 복지국가를 이룩하는 것을 목표로 해서 참여연대가 창립했다. 여기에는 김진균의 제자인 조희연과 김동춘을 비롯해서 다수의 개혁적, 진보적 지식인들이 참여했다.

과천으로 이사

1994년 12월 김진균은 독산동의 단독주택에서 과천의 아파트로 이사했다. 거의 22년 만의 이사였다. 독산동의 단독주택은 버스에서 내려 산꼭대기까지 골목길을 한참 올라가야 했다. 그러나 동네가 시원하고 마당이 넓은 편안한 집이었다. 김진균은 아파트가 마음에 들지 않았다. 그러나 가족들은 모두 좋아했다. 그런데 다행히 그의 집은 가장 안쪽에 자리잡고 있는 동이어서 거실의 창을 통해 청계산을 바라볼 수 있었다. 그는 그 풍경을 좋아하게 되었다. 그리고 과천의 아파트는 상당히 자연을 살려서 시범적으로 지은 것이어서 산책하기에 아주 좋은 곳이었다.

> 우리 가족이 아파트에 산 지 내년이면 10년이 된다. 마침 위치와 층수가 좋은 편이어서 마루에 앉아 밖을 보면 산이 바로 눈에 들어온다. 안방 창문에 가끔 밝은 달이 살며시 나타나서 얼굴을 어루만져 주고 가기도 한다. 몇 년 전 여름 새벽에 언뜻 들리는 소리가 요란해서 어쩐 일인지 살펴보니 장대같이 자란 나무숲에서 매미들이 소리를 지르는 것이다. 아파트 경내 사방에 불이 밝혀져 있으니 매미들이 밤낮을 가리지 않고 소리를 지르는 것을 알게 되었다(김진균, 2003, 「밤에도 소리치는 매미」, 『불나비처럼』, 문화과학사, 2005, 232).

이 해의 산사연 송년회는 여느 해보다 더 풍성한 자리였다. 10주년의 송년회였기에 여느 해보다 더 많은 사람들이 모여서 술과 정을 나눴던 것이다. 김진균은 부인, 딸과 함께 서울 시내에서 열린 산사연 송년회에 참석했다. 세 사람은 김진균의 후배, 제자 등 여러 사람들과 즐겁게 술을 마시고 얘기를 나누고 한밤에 돌아가게 되었다. 그러나 얼마 전에 과천으로 이사했기에 돌아가는 길은 한결 편했다. 지하철을 한 번만 갈아타면 갈 수 있게 되었다. 무엇보다도 이제 한밤에 어두운 골목길을 한참 걸어 올라가지 않아도 되었다.

21

민주노동운동의 발전을 향해
1995~97년

미국 군산복합체 연구

1995년 2월 중순 김진균은 미국 여행을 떠났다. 1994년 가을 교육부 해외지역연구로 신청한 미국의 군수산업에 관한 연구[*]가 선정되어 현지조사를 갔던 것이다. 김진균의 처음이자 마지막 미국 여행이었다. 김진균의 처남과 처제가 미국 워싱턴에 살고 있었다. 그래서 김진균은 부인과 2월 중순 미국으로 가서 처남과 처제를 만나고 며칠 유타 관광도 다녀왔다. 김환석, 이은진, 홍성태는 2월 하순 워싱턴으로 가서 김진균과 만났다. 네 사람은 미국 의회와 의회 도서관, 미국 의회 산하 기술평가국, 정부간행물청 등을 다니며 자료를 입수했고, 미국 국방부에 근무하는 공무원을 만나 미국 국방 정책의 변화에 대해 얘기를 나눴다.[**] 1993년부터 본격적으로 시작한 군산복합체에 관한 연구는 1995년의 미국 군산복합체에 관한 연구로 일단락되었다. 김진균은 홍성태와 함께 그 결과들을

---

[*] 연구책임자를 김환석으로 했지만 실제 주도는 김진균이었고 연구계획서 작성과 진행은 조교를 맡은 홍성태가 했다. 윤정로와 이은진이 공동연구원으로 참여했다. 이 연구에 대해 김진균은 뒤에 "사회학 전공자가 연구진을 구성해서 군수산업을 연구한 것은 이번이 처음일 것이다. 이 점에서 1994년은 사회학계에 새로운 기록이 추가된 해로 기억될 수 있을 것이다"고 썼다(김진균, 「머리글」, 김진균·홍성태, 『군신과 현대사회』, 문화과학사, 1996, 9).

[**] 워싱턴에는 미국의 무기를 수입하기 위한 한국 국방부의 군인들이 상주하는 작은 건물도 있다. 사무실과 숙소를 겸하는 이 건물로 찾아가서 그 군인들을 만나려고 했으나 거부당했다.

모아 1996년 3월에 『군신과 현대사회』라는 제목의 책을 출간했다.

미국은 세계 최강 군사력을 보유하고 있으며, 세계 최다 국방비를 사용하는 나라이다. 한국은 세계 제2위의 미국 무기 수입국이다. 1위는 사우디아라비아이다. 한국이 세계 제2위의 미국 무기 수입국이 된 것은 바로 분단과 독재 때문이다. 분단은 한국이 미국 무기를 수입해야 하는 강력한 구조적 조건으로 작용한다. 한편 독재는 분단을 악용해서 국민을 강력히 억압하는 방식으로 작동했다. 독재는 자기의 유지를 위해 분단을 계속 유지했고, 그 결과 미국 무기의 수입은 계속 늘어났다. 미국은 독재를 악용해서 낙후한 무기를 비싸게 팔기도 했고, 한국의 막대한 땅을 무기한으로 무상이용하고 있다. 미국에게 한국은 정말로 좋은 나라일 것이다. 한국은 미국의 가장 강력한 잠재적 적국인 중국과 러시아를 저지하는 최전선인데, 그곳의 땅을 미국이 원하는 대로 사실상 아무런 제한도 없이 자유롭게 사용할 수 있다. 한국은 미군 기지의 운영에 필요한 막대한 돈노 방위분담금이라는 넁목으로 사실상 미국이 원하는 대로 미국에게 준다. 그리고 미국이 안 쓰는 무기도 비싸게 사들이고, 미국이 원하는 무기 개발계획에도 많은 돈을 준다. 한국에게 미국이 이상향인 것이 아니라 미국에게 한국이 이상향인 것이다.

미국은 제2차 세계대전을 거치면서 군수 분야가 경제의 근간을 차지하게 되어 이른바 '군산복합체'가 미국을 지배하고 있다는 지적이 나오게 되었다. 이 지적을 처음으로 한 사람은 바로 제2차 세계대전의 영웅으로서 미국의 대통령이 되었던 드와이트 아이젠하워였다. 공화당원이었으나 민주적이고 진보적이었던 아이젠하워는 1961년 1월에 민주당의 케네디에게 대통령 자리를 넘겨주게 되었는데, 그는 퇴임 연설에서 미국이 군산복합체에게 지배되고 있다는 강력한 우려를 밝혔던 것이다. 군산복합체는 이익을 위해 군수산업의 무한 확장을 추구하고, 이를 위해 지구 전역에서 평화를 저지하고 전쟁을 획책한다. 제2차 세계대전의 가장 큰 문제는 이른바 선진국들에서 '경제의 군사화'를, 나아가 '전쟁의 산업화'를 강력히 확립시켰다는 것이다. 이 문제가 가장 강력히 나타난 곳이 바로 미국이다. 그런데 사회주의의 몰락에 따른 탈냉전과 함께 변화의 조짐이 보였다. 미국은 탈냉전이 탈군사화로 나아갈 수 있는가를 보여주는 핵심적인 국가였다. 그러나 미국에서 나타난 것은 탈군사화가 아니라 군비의 현대화로 추진된 신군사화였다. 미국은 전쟁을 전제로 유지되는 세계 유일의 전쟁국가이다.

한국통신 노조의 쟁의

1995년 5월 말~6월 초의 한국통신 노조의 쟁의는 여러 면에서 중요한 의미를 갖는 사건이었다. 이 사건은 노동권의 면에서, 나아가 민주화의 기반이라는 면에서, 문민정부의 문제와 한계를 여실히 보여주었다. 우선 잠시 그 경과를 보자.

한국통신 쟁의 일지

일자	내용
4월 25일	정보통신부와 한국통신, 노조 간부 64명을 공무집행방해로 경찰에 고발
5월 16일	한국통신, 노조 간부 64명 중징계 결정, 노조 철야농성 돌입
5월 17일	노조원 5천여명 농성
5월 18일	유상덕 노조위원장, 파업 불사 기자회견
5월 19일	김영삼 대통령, 한국통신 노조의 파업은 '국가전복 저의'라고 발언
5월 22일	노조 간부, 명동성당 농성 돌입
5월 27일	노조 간부, 조계사 농성 돌입
6월 2일	노조, 조건없는 대화 제의
6월 4일	정부, 노사안정 관계기관 대책회의 개최
6월 6일	검경, 오전 8시 명동성당과 조계사에 공권력을 투입해 노조 간부 연행

김영삼의 문민정부는 한국통신 노조의 당연한 임금인상 요구와 단체협상 요구를 무시하고 비법적 강경진압을 강행했다. 이에 대해 당시 노동과 법학의 전문가들은 정부가 나서서 부당노동행위를 강요했다며 정부의 '5대 비법적 대처'를 비판했다(「법리에 맞지 않는 정부의 한국통신 무리수」, 『시사저널』, 1995년 6월 22일). 이 점에서 문민정부는 이전의 독재와 크게 다르지 않았다. 그런데 문민정부는 명동성당과 조계사에 경찰을 투입해서 노조 간부들을 연행하는 초유의 작전을 강행했다. 이 점에서 문민정부는 오히려 이전의 독재보다 더 악랄한 모습을 보였다. 사실 김영삼 대통령이 노조의 파업을 '국가전복 저의'라고 말한 것 자체가 너무나 몰상식한 것이었다. 정부의 이런 강경책에 맞서 한국통신 노조는 당시 신기술로 널리 보급되고 있던 컴퓨터 통신망을 이용해서 서로 연락하고 투쟁했다. 정부는 이 신기술에 당황했다. 한국통신 노조는 컴퓨터 통신의 중요성을 사회운동 전반에 널리 알리는 선구적인 역할을 했다. 이런 노조와 사회운동 진

영의 컴퓨터 통신 활용이 배경이 되어 1998년 11월 진보네트워크센터가 설립되었다.

삼풍 백화점 붕괴

1995년 6월 29일 오후 5시 55분 무렵 삼풍백화점이 붕괴했다. 당시 삼풍백화점은 서울 서초구 법원단지의 옆에 있는 이른바 '명품 백화점'으로서 화사한 분홍빛 외장으로 잘 알려져 있었다. 그러나 그 화사한 겉모습과 달리 이 백화점은 최악의 비리로 세워진 건물이었다.

삼풍백화점의 이준 회장은 일제의 밀정으로 활동했다는 의혹이 제기되었고, 박정희의 중앙정보부에서 창설요원으로 활동했던 자로서, 그 경력과 인맥을 활용해서 1960년대 말 청계천의 평화상가 개발에 참여해서 큰 돈을 벌었다. 그리고 본래 미군 쓰레기 매립장이었던 삼풍백화점 부지를 불하받아 서초구와 서울시의 공무원들에게 뇌물을 주고 설계변경과 불법시공을 반복해서 삼풍백화점을 건축했다. 당일 아침에 붕괴가 진행되고 있다는 사실이 명확히 확인됐으나 이준 회장과 그 아들 이한상 사장은 자신들이 밖으로 도망가면서도 대피방송을 하지 않았다. 결국 삼풍백화점의 붕괴는 이준 회장과 그 아들 이한상 사장의 탐욕과 그들에게서 뇌물을 받고 그것을 묵인한 공무원들(이충우, 황철민, 정상기, 김재근 등)의 비리의 산물이었다. 이 사고로 삽시간에 모두 502명이 목숨을 잃었고, 937명이 부상을 당했으며, 6명이 실종됐다. 상당수 피해자들은 삼풍백화점에서 일하고 있던 노동자들이었다. 공무원들이 탐욕을 조장해서 발생한 사고이지만 공무원들은 모두 그저 솜방망이 처벌을 받았을 뿐이었다. 검찰은 명백히 살인죄를 적용했어야 할 이 사건에 업무상 과실치사를 적용했을 뿐이었다. 이준은 형기를 마친 후 자기 집에서 천수를 누렸고, 이한상은 형기를 마친 후 기독교 선교사가 되어 몽골로 떠났다(〈위키백과〉, '삼풍백화점 붕괴사고').[*]

삼풍백화점이 붕괴된 날은 1987년의 6월 항쟁으로 분출한 국민들의 직선제 개헌 요구를

---

[*] 이 참담한 사고에 대한 자세한 연구는 박동신·안홍섭·홍성태, 『삼풍사고 10년 교훈과 과제』, 보문당, 2006 참조. 이 사고는 박정희 개발독재의 '폭압적 근대화'가 비리와 부실을 조장한 필연적 결과였다(홍성태, 『대한민국 위험사회』, 당대, 2007).

어쩔 수 없이 수락한 노태우의 6·29선언이 발표된 지 8년이 되는 날이었다. 당시 많은 사람들이 노태우의 6·29선언을 '속이구 선언'이라고 비난하기도 했다. 겉은 그럴 듯해 보였지만 실제로는 신군부의 재집권 계획이었기 때문이었다. 삼풍백화점도 겉은 화사해 보였지만 속은 음침하기 짝이 없

삼풍백화점 붕괴(출처 : 연합뉴스)

었다. 삼풍백화점 붕괴사고는 박정희·전두환의 개발독재가 추구한 고성장 정책이 얼마나 엉성하고 무서운 것인가를 세계에 밝혀준 사건이었다. 개발독재의 폭압적 근대화는 군대, 경찰, 중앙정보부·안전기획부, 보안사·기무사 등을 동원해서 비리와 부실을 만연시켜 겉은 그럴 듯하나 속은 엉망인 경제 성장을 추구하는 것이었다.[*]

삼풍백화점이 무너지던 때, 김진균은 오후에 노중기의 박사학위논문 심사를 막 마치고 연구실에서 노중기, 홍성태와 함께 얘기를 나누며 쉬고 있던 참이었다. 김진균의 옆방은 동기인 신용하의 연구실이었다. 세 사람이 이런저런 얘기를 나누고 있는데, 신용하가 오더니 "김 교수, 조금 전 삼풍백화점이 무너졌대, 지금 라디오를 듣고 있는데 긴급 뉴스로 나오는구만"이라며 놀라운 소식을 전했다. 세 사람은 순간 할 말을 잃었다. 전 해인 1994년 10월 21일 오전 7시 39분 서울 한강의 성수대교가 붕괴해서 출근길 시민들과 등교길 학생들이 목숨을 잃었다. 세 사람은 그 사건을 떠올렸지만 백화점은 그보다 훨씬 규모가 커서 언뜻 감이 잡히지 않았다. 참으로 황망한 저녁이었다.

---

[*] 이런 점에서 1995년 6월 삼풍백화점의 붕괴는 1997년 11월의 'IMF 사태'와 겹쳐진다. 독재는 경제 성장을 내세워서 인권을 극력 억압했고, 그 결과 경제 성장의 이면에서 비리와 부실이 만연했다. 중견기업 삼풍은 건물의 붕괴사고를 일으켜서 1,400여 명을 죽거나 다치게 했고, 재벌들은 경제의 붕괴사고를 일으켜서 수백만 명의 사람들에게 실직, 자살, 가족 해체 등의 피해를 입혔다. 모두 극악한 폭력으로 비리와 부실을 만연시킨 박정희와 전두환의 개발독재에서 비롯된 것이다.

삼풍백화점 붕괴 사고는 한국 사회가 얼마나 큰 문제를 안고 있는지, 그것을 고치는 것이 얼마나 중요한지를 실감케 하는 무서운 사건이었다. 피해자들의 다수가 삼풍백화점에서 일하던 노동자들이었다는 데서도 잘 알 수 있듯이 비리를 척결하고 사고를 막는 것은 사회를 개혁하고 노동자를 보호하는 중요한 과제이다. 김진균은 전노협이 창립했을 때부터 노동운동이 비리의 척결, 위험의 해소, 약자의 보호 등 사회 개혁 과제에 적극 대응해야 한다고 생각했다. 민주노총은 강령과 기본과제에서 이런 과제를 명확히 제시했으나 여러 사정상 실제로 적극 대응해오지는 못했다. 삼풍백화점 붕괴 사고와 같은 참사를 막기 위해서는 노동운동의 적극적인 연대와 대응이 대단히 중요하다.

삼풍백화점이 무너지고 1달 반 정도 지난 뒤인 1995년 8월 15일 광복 50주년을 맞이해서 문민정부는 조선총독부 청사(1916년 7월 10일 착공, 1926년 1월 4일 완공, 10월 1일 낙성식)를 철거했다. 멀쩡한 것 같던 한 건물은 속이 썩어서 붕괴했고, 멀쩡한 한 건물은 내동렝의 정치적 욕심에 의해 철거됐다. 김영삼 정권은 '역사 바로 세우기'의 명목으로 이렇게 했으나 이것은 또 다른 '역사 바로 망치기'의 문제를 안고 있는 사건이었다. 조선총독부 청사는 다른 곳으로 옮겨져서 '식민지 역사관'으로 썼어야 했다. 엄청난 역사의 증거를 파괴해 없애면서 역사를 바로 세운다고 주장하는 것 자체가 큰 잘못이었다. 김영삼 정권은 이런 '정치 쇼'를 하면서 역사상 최악의 경제적 위기를 키우고 있었다.

민주노총의 창립

1995년 11월 11일 제8회 전국노동자대회에서 마침내 '전국민주노동조합총연맹'(민주노총)이 창립됐다.[*] 당시 전국 861개 노조에서 418,154명이 민주노총에 가입했다.[**] 이로써

---

[*] 민주노총은 7개항의 강령과 20가지 기본과제를 제시했다. 그 내용은 단순히 노동자의 권리를 옹호하는 것을 넘어서 약자를 지키고, 자연을 지키고, 사회 개혁을 추구하며, 세계 평화에 이바지하는 것까지 망라되어 있다. 민주노총은 민주노동운동의 결집체답게 사회개혁노조를 명백히 표방한 것이다. 물론 민주노총이 이런 강령과 기본과제를 충실히 실천하지는 못했다. 민주노총이 양적으로 성장하기 위해서도 질적으로 성숙하는 모습을 더욱더 적극적으로 추구해야 할 것이다.

[**] 민주노총의 홈페이지(www.nodong.org)에 따르면, 2012년 12월 현재 총 가입조합은 2,032개이고, 총 가입원수는 693,662명이며, 산별 전환율은 80%이다.

민주노총 창립 노동자대회

정경원, 「피로 쓴 노동해방의 역사, 전국노동자대회 ─ 1987년 노동자대투쟁에서 95년 민주노총 건설까지」, 2008

한국의 노동운동은 물론이고 현대 한국 사회의 새 장이 열렸다. 독재와 야합한 어용노조가 지배하던 한국 사회에서 노동자를 지키고 사회 개혁을 추구하는 조합원 수십만 명의 거대한 민주노조가 만들어졌기 때문이다. 어용노조와 민주노조의 구별은 아직도 대단히 중요하다. 민주노조는 조합원의 이익만을 지키는 것이 아니라 사회의 민주적 발전을 적극 추구해야 한다. 그 존립과 발전을 위해 민주노조는 사회 개혁에 적극 기여하고 그 결과로 사회의 지지를 적극 받아야 하기 때문이다.

민주노총의 건설 과정은 험난했다. 노태우 정권는 전노협을 파괴하기 위해 강력한 탄압을 자행했다. 그러나 민주노조를 지키고자 하는 노동자들의 열의는 더 강력했다. 많은 노동자들이 체포와 구속의 고통을 겪었고, 심지어 경찰의 직접적인 폭력을 당하기도 했다. 1987년 노동자 대투쟁부터 전노협을 거쳐 민주노총에 이르기까지 전국에서 무려 2,800명이 넘는 노동자들이 구속됐다. 그러나 노동자들은 계속 힘을 모았고 결국 민주노총을 창립할 수 있었다. 이은숙의 글을 통해 그 경과를 간략히 살펴보자.

민주노조운동은 90년과 91년의 대규모 파업투쟁을 거치면서(대표적으로는 현대중공업의 골리앗투쟁과 KBS파업투쟁으로 상징되는) 91년 하반기에 'ILO(국제노동기구)공대위'(ILO기본조약 비준 및 노동법개정을 위한 전국노동자 공동대책위원회)를 구성하여 전노협 창립과정에 합류하지 못한 업종 및 대규모 사업장 노조까지 포괄하게 된다. 이 ILO공대위는 전노협 이후 민주노조 '총단결'의 첫 조직적 결실인 셈이다. … 전노협은 90년대 초반기에 악전고투하며 '민주노조운동'을 지켜낸 대신에 91년 하반기에 들어오면 그 조직적 규모가 창립 초기의 절반으로 줄어드는 상황을 겪어야 했다. 한편 업종노조들은 또다른 의미에서 악전고투하기는 마찬가지였다. … 이들이 ILO공대위를 통하여 전노협과 한 테이블에 앉게 된 것은 그런 점에서 커다란 조직적 결의가 담겨 있었다고 볼 수 있다.… 이리하여 91년 하반기에 ILO공대위로 민주노조운동은 새로운 조직적 정비기에 들어서게 되는 것이다. 그러나 명칭이 말해주듯이 ILO공대위는 '공동대책위' 수준이었다. 결과적으로 볼 때 민주노조 총단결이라는 대의가 전국중앙조직으로 수렴되는 데는 4년이라는 세월이 더 필요했다. 94년 11월 민주노총 준비위가 결성될 때까지 '민주노조운동'은 그 내부적인 결합력 강화와 조직적 확대에 박차를 가하였다. … 93년 6월에 '전국노동조합대표자회의'(전노대)가 건설된 것은 민주노조 진영의 조직발전을 향한 또 하나의 전기이다. 이것은 이후 94년 11월 민주노총 준비위 결성과 95년 11월의 민주노총 건설로 이어지는 것이다(이은숙, 「1987년 이후 노동운동」, 1997).[*]

민주노총은 1996년 12월 26일의 노동법 개악 날치기 통과에 맞서서 바로 그 직후부터 1997년 1월 말까지 총파업 투쟁을 벌였다. 이 투쟁을 통해 민주노총은 그 존재를 널리 알렸고, 1999년 11월 23일 정부로부터 설립신고서를 교부받아 법적으로 인정되었다. 민주노총을 설립한 것은 1970년 11월 13일의 전태일의 분신으로부터 따져서 만 25년의 시간이 흐른 뒤였다. 그동안 수많은 노동자들과 지식인들이 땀을 쏟고 피를 흘려야 했다. 초대 위원장은 당시 언론노련위원장이었던 권영길이 맡았다. 김진균은 전노협의 중심이 민주노총으로 잘 이어지지 않은 것에 우려했으나 지도위원으로 민주노총에 참여했다. 이에 대해 권영길은 다음과 같이 회고했다.

실제 김진균 선생님이야말로 지도위원 중의 지도위원을 하셔야 할 분이었다. 김 선생님이

---

[*] 한국노동이론정책연구소 홈페이지, 출판/자료실－연구원마당 이은숙
http://kilsp.jinbo.net/publish/etc/files/eunsook33.html

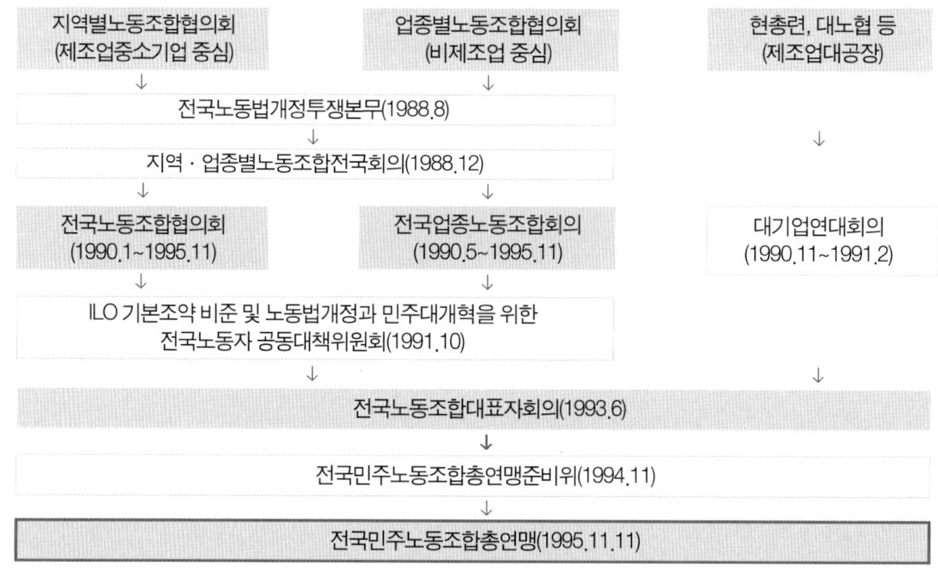

자료 : 김유선, 2004

민주노총의 건설 과정

이원보, 「한국노동운동사 [8] ― 한국 노동자계급, 역사의 전면에 도약하다」, 『노동사회』, 99호, 2005. www.klsi.org

민주노총 건설과 건설 이후의 민주노총 발전에 끼친 공로는 지대하다. 전노협 지도위원으로 있으면서 전노협과 사무·전문직노조의 업종회의를 결합시키는 숨은 주역으로 활동해 주셨다. 언론노련 위원장으로 업종회의 의장을 맡고 있던 나에게 생산직과 사무·전문직 노동자들의 결합을 역설하고 이끈 분이 김진균 선생님이었다.

전노협과 업종회의 연대체를 만드는 데 역할을 할 수 있는 가장 적격자가 김진균 교수였다. 전노협 사수에 온몸을 던졌고, 올바른 노동운동의 방향을 잡아온 교수로서 김진균 선생님의 말씀 한마디 한마디는 사무·전문직 노동자들에게 훌륭한 모범이었다. 그 역할은 'ILO공대위-전노대-민주노총'으로까지 쉼없이 이어졌다. 민주노총과 이 땅의 수많은 노동자들은 영원한 지도위원, 김진균 선생님을 가슴에 안고 살아갈 것이다(권영길, 「김진균 선생님과 함께 한 민중운동의 길」, 『벗으로 스승으로』, 문화과학사, 2005, 218).

김진균은 진보는 누구나 사람답게 사는 사회를 추구하는 것이라고 생각했다. 물론 그는 생태위기가 악화되는 현실에서 자연을 돌보는 것을 그 전제로 여겼다. 그는 자본주의 사회로서 한국 사회의 진보를 이끄는 것은 자본주의에 의해 구조적 약자로 규정되는 인구의 다수를 차지하는 노동자 계급이라고 생각했다. 그래서 그는 노동운동에 적극 참여하게 되었다.[*] 그에게 민주노총의 창립은 참으로 중요한 일이었다. 그런데 그는 민주노총과 전노협의 연속성을 더욱 강조하고자 했다. 전노협은 참으로 혹독한 상황에서 민주노총을 향한 길을 열었기 때문이었다. 심상정은 김진균의 회갑을 기념해서 열린 산사연의 좌담에서 다음과 같이 전노협의 의미를 제시했다. 전노협은 사회적 연대를 강화해서 발전할 수 있었고, 이것은 민주노총에서도 대단히 잘 지켜야 했던 소중한 유산이었다.

> 제가 보기에 전노협은 단순한 협의회 이상의 의미를 가졌던 것 같습니다. 당시의 전노협은 한국노총을 부정하는 자주민주노조운동의 구심이었을 뿐만 아니라, 실제 계급적 실천의 주체로서 자기 위상을 명확히 했었기 때문입니다. 그 대표적인 예로 추상적이기는 했지만 '평등사회 건설'의 슬로건을 내걸면서 노동해방이라고 하는 요구를 일반화시켰고, 기업별 수준을 뛰어넘는 연대투쟁을 방향으로 해서 전투적인 투쟁성과 헌신성을 실질적으로 확산시키는 데 중요한 역할을 했다는 점을 들 수 있습니다. 또한 전노협이 계급적 실천의 결집체라는 것을 입증하는 것으로는 전노협이 각계 각층과의 연대를 매우 중요시했고, 전노협의 결성 때부터 전노협지원공대위가 구성되어 부문별로 분산되어 있던 각종 부문운동이 결집되는 계기가 만들어졌다는 것을 들 수 있습니다. 민교협을 위시해서 건약, 건치, 인의협, 민변, 민예총…, 이런 식으로 각 분야의 지식인운동이 전노협을 중심으로 결집되었고, 이 결집의 의미는 당시의 전민련이라는 재야운동조직과는 다른 성격을 갖고 있었습니다. … 이 당시 각계각층의 연대의 틀로서 지원공대위가 구성되고 이후 후원회로 발전하는 데서 당시 민교협의 대표였던 김진균 선생님이 중요한 역할을 하셨습니다(심상정·안병욱·유초하·조희연·홍성태, 「진보운동과 진보적 지식인운동의 선 자리, 갈 길」, 『경제와 사회』, 1997년 겨울호, 14~15).

1995년 11월 11일 민주노총이 창립되고 얼마 뒤인 12월 3일 전노협은 해산했다. 그리고 같은 달에 김진균은 제자들과 함께 진행한 전노협 관련 연구의 결과를 『산업노동연구』 제1권 제2호(1995년 12월)에 발표했다.[**] 이 연구는 민주노조운동의 전개와 전노

---

[*] 그는 자본주의의 상황에서 노동자가 민중과 민족의 중심이라고 생각했다. 따라서 그는 통일의 면에서도 자본을 제어할 수 있는 노동자계급의 민주적 역량이 중요하다고 제시했다. 그리고 이를 위해 그는 무엇보다 먼저 '생체화된 반공 무의식'을 객체화시키고 해체시켜야 한다고 제시했다(김진균, 1995, 「민족, 민족국가, 민족계급」, 『한국의 사회현실과 학문의 과제』, 문화과학사, 1997, 85~87).

[**] 이 연구에는 김혜란, 김영수, 오건치, 권순원, 바몀준, 최경희 등이 참여했다

협의 활동에 대한 상세한 실증적 분석을 수행했으며, 그 결과 위에서 전노협의 의의를 다섯 가지로 정리했고, 민주노총의 과제를 여섯 가지로 제시했다(김진균, 1995, 「1987년 이후 민주노조운동의 구조와 특징」, 『진보에서 희망을 꿈꾼다』, 박종철출판사, 2003, 352~357). 여섯 가지 과제는 지금으로 보면 일반적인 내용인 것처럼 여겨지기도 하지만 그보다는 전노협을 통해 드러났던 원칙적인 과제들이라고 하는 게 더 옳을 것이다. 원칙만을 고수하면 고루해지고 말지만 원칙을 잊으면 목표가 사라지고 만다. 이런 점에서 김진균의 제안은 여전히 현재적 의미를 갖고 있다.

전두환과 노태우의 구속

1995년 12월 3일 전두환이 고향 합천에서 검찰 수사관들에게 12·12 군사반란과 5·17 군사반란의 주모자로 체포되어 구속되었다. 전두환은 뻔뻔스럽게도 전날 검찰 소환을 거부하는 골목 성명을 발표하고 고향 합천으로 도망가서 주민들의 환대를 받고 쉬고 있었다. 이에 앞서 노태우는 11월 16일 거액의 뇌물수수죄로 구속되었다. 이로써 김영삼의 문민정부가 널리 천명한 '역사 바로 세우기'가 이루어지는 듯이 보였으나 최종적인 결론은 그렇게 되지 않았다.

1995년 11월 16일 노태우 전대통령이 거액 수뢰혐의로, 12월 3일에는 전두환 전대통령이 12·12와 5·17 조사반란 주도혐의로 각각 구속수감되었다. 노태우 전대통령의 거액 비자금 사건은 10월 19일 민주당 소속 박계동의원이 국회에서 노태우 전대통령이 재임중 각계로부터 받은 거액의 비자금을 퇴임 후에도 감추어두고 있다고 폭로함으로써 검찰 수사가 시작되어, 대기업 총수 등 40여 명에게서 4,100억 원의 비자금을 만든 사실을 밝혀내고 노태우 전대통령을 서울구치소에 수감했다.
이 사건을 계기로 12·12 쿠데타 및 5·18 광주민주화운동 강경진압에 대한 국민의 진상규명 요구가 거세졌으며, 김영삼 전대통령은 이를 '역사 바로 세우기'로 규정했다. 국회는 12월 19일 신한국당·국민회의·민주당 3당합의로 '5·18 특별법'을 제정, 처벌근거를 마련했다. 이에 따라 검찰은 전두환을 비롯한 1980년 당시 신군부 측 핵심인사 11명을 군형법상 반란수괴죄를 적용, 구속기소했다. 재판 결과 이듬해 4월 17일 대법원 상고심에서 전두환 사형, 노태우 징역 12년의 형량이 확정되었으나 12월 22일 김영삼 전대통령이 국민대화합의 명분으로 관련자를 모두 특별사면했다(〈네이버 한국근현대사 사전〉, '전두환·노태우 구속').

전두환과 노태우의 구속에는 김영삼의 결단이 크게 작용했다. 그러나 그 뒤에는 각계 각층의 강력한 요구가 있었다. 1994년 5월 13일 5·18 광주민중항쟁연합 상임의장 정동년 등 616명은 전두환을 비롯한 5·18 당시 군 지휘관 35명에 대해 내란목적 살인 혐의로 고소·고발했다. 그러나 검찰은 1994년 10월 12·12 군사반란에 대해 기소유예로 처리했고, 1995년 7월 5·18에 대해 사법심사의 대상이 아니어서 공소권이 없다고 결론내렸다. 1995년 7월 22일 민교협(당시 상임의장 김상곤)은 창립 8주년 기념 성명에서 5·18 진상 규명과 특별법 제정을 요구했다. 이어서 7월 31일 고려대 교수 131명이 「5·18 검찰 수사와 결정에 대한 우리의 견해」라는 성명을 발표한 것을 시작으로, 8월 14일까지 70개 대학에서 1,317명의 교수들이 성명을 발표했다. 8월 24일 전국 대학 서명교수 대표자 모임은 '5·18 내란 주동자 구속 기소 및 특별법 제정을 촉구하는 전국 대학 서명교수 결의대회'를 열었으며, 대표 12명의 명의로 「광주 민주화운동 진상규명 등에 관한 법률(안)」과 「헌법 파괴적 범죄의 공소시효 등에 관한 법률(안)」을 입법청원했다. 1995년 11월 16일 노태우 구속, 12월 3일 전두환 구속, 12월 19일 「5·18 민주화운동 등에 관한 특별법」 제정은 이런 고된 노력들의 결과였다. 그러나 이 소중한 성과는 불과 2년여 만에 거의 수포로 돌아가고 말았다. 1997년 12월 22일 김영삼이 대통령에 당선된 김대중의 제안을 수용하는 방식으로 전두환과 노태우에 대한 특별사면을 행했기 때문이었다. 이로써 한국은 최악의 범죄자들이 죄를 사면받고 호사의 극치를 누리며 사는 이상한 나라가 되고 말았다.

군신과 현대 사회

김진균은 1996년 1월부터 군수산업, 군산복합체, 경제의 군사화 등에 관해 연구한 결과들을 모아서 책을 출판하는 작업을 시작했다. 글들을 모으고 필요한 자료를 정리하는 일은 홍성태가 맡아서 진행했다. 김진균과 홍성태는 1993년 가을 군수산업에 관한 공부를 본격적으로 시작한 이래 2년여의 시간 동안 거의 매주 세미나를 했고, 미국 군수산업 연구를 수행했고, 『경제와 사회』, 『이론』, 『문화과학』 등의 지면에 여러 논문들을 발표했다. 그리고 그 결과들을 모아 1996년 3월 김진균과 홍성태는 『군신과 현대사회 — 현대 군사화의 논리와 군수산업에 관한 연구』라는 제목의 책을 출간했다.[*]

김진균은 경제의 군사화를 핵심으로 현대 사회를 이해하고 한국 사회를 개혁하려 했다. 한국에서 군수산업, 군산복합체, 경제의 군사화 등에 관한 연구는 사실 아주 각별한 의미를 갖는다.[**] 한국은 거대 외세의 대립으로 말미암아 민족과 국가가 분단된 상태에 있으며, 그 분단은 세계 최고의 군사적 대치를 통해 유지되고 있기 때문이다. 남한과 북한은 국경선이 아닌 휴전선으로 나뉘어 있으며, 휴전선은 이른바 '비무장지대'로 이루어져 있다. 그러나 사실 '비무장지대'는 세계에서 가장 많은 무기와 병사가 배치되어 있는 '세계 최고 중무장지대'이다. 남한과 북한은 너무나 많은 돈을 국방비에 쓰고 있다. 만일 남한과 북한이 평화를 이룰 수 있다면, 남한과 북한은 모두 복지를 크게 개선할 수 있을 것이다. 경제의 군사화는 자본주의를 넘어서 사회주의를 포함한 현대 사회를 이해하기 위한 관건이며, 미국과 한국을 이해하기 위해서는 특히 중요한 의미를 갖는 구조적인 현상이다.

---

[*] 부제에서 알 수 있듯이, 이 책은 단순히 군수산업에 관한 연구가 아니라 '경제의 군사화'를 넘어서 '사회의 군사화'에 관한 연구이며, 군사 문제를 평화 문제를 넘어서 환경 문제와 연관지어 살펴본 연구이다. 오늘날 '경제의 군사화'는 다양한 방식으로 추진되는 '사회의 군사화'를 통해 관철된다. 이 책에 대해 리영희는 『이론』지의 요청을 받아 '서평'을 썼다. 그는 스스로 '감상문'이라고 밝힌 이 서평에서 이 책의 가치를 적극 긍정했으나 필자들이 미국 정부의 자료를 일방적으로 받아들여 미국의 국방비가 계속 줄어들 것이라고 썼다고 지적했다. 그러나 김진균과 홍성태는 1994년과 1995년에 간행된 당시의 최신 미국 정부의 자료에 의거해서 1990년대 초반 미국 국방비의 감축 추세와 관련 정책을 검토했다. 이어서 김진균과 홍성태는 1997년부터 정책의 변화에 따라 다시 미국의 국방비가 늘어날 것이며, '경제의 군사화'에 비추어 보더라도 미국의 국방비나 군비가 계속 감축될 것으로 보기 어렵다고 제시했다. 미국의 문제에 올바로 대응하기 위해서는 미국을 악마시하는 것이 아니라 미국의 변화를 세밀히 검토해야 한다. 사실 미국은 악마가 아니라 세계 최강 기술국가, 경제국가, 오염국가, 전쟁국가이다(홍성태, 『반미가 왜 문제인가』, 당대, 2003).

[**] 한국은 군사와 관련된 한 미국에 분명히 종속적이기 때문에 한국에서 군산복합체의 의미는 미국의 그것에 비해 부차적이다. 한국에서는 미국에는 없는 토건복합체가 더욱 강력한 위력을 발휘하고 있다. 요컨대 미국은 군산복합체의 나라라면, 한국은 토건복합체의 나라이다.

1990년대에 들어와서 사회주의가 몰락하고 탈냉전이 진행되자 탈군사화의 기대가 커졌다. 그러나 탈냉전은 탈군사화가 되지 않았다. 이 점을 김진균과 홍성태는 "군신은 잠들지 않는다"고 표현했다. 이 문구는 『군신과 현대사회』의 1장 제목이기도 하다. 미국, 일본, 한국, 러시아, 중국, 북한 등 여러 나라들에서 우리가 목격한 것은 신군사화일 뿐이었다.* 이른바 국지전은 오히려 더 많은 곳에서 일어나고 있으며, 대규모 핵전쟁의 위협도 제거되지 않았다. 김진균은 '경제의 군사화'에 의거해서 신군사화의 문제를 지적하고 전망했다. 그는 남한과 북한의 평화를 위해서도 군비의 변동에 초점을 맞추는 현상적 접근을 넘어서 '경제의 군사화'에 입각한 구조적 접근을 강조했던 것이다.

현대 군산복합체의 밑바탕에는 자본주의 세계체제를 작동시키는 초국적기업이 있다. … 선진자본주의 국가의 초국적기업들은 한편으로는 군산 초국적기업으로 성장하려는 성향과 다른 한편으로는 문화상품 초국적기업으로 성장하려는 성향을 동시에 지니고 있다. 정도의 차는 분명히 있지만 한국의 자본주의도 이같은 방식으로 설명될 수 있을 것이다. …

실로 분단된 이 땅에 사는 사람은 누구나 남·북한의 군사적 대치의 역사적, 정치경제적, 사회적 함의에 대해 생각하고 있을 것이다. 그러나 냉전과 분단 속에서 군사독재지배체제가 오랫동안 지속됨으로써 군사정치적 문제를 학문의 분석대상으로 다루기가 어려웠다. 그러던 중 1980년대 중반 출판계의 '무크'지 시대가 지나가면서 1988년 9월 한길사에서 월간지 『사회와 사상』을 창간하게 되었다. 여기에 리영희 교수가 '남·북한 전쟁능력 비교연구─한반도 평화토대의 구축을 위한 모색'을 기고하였다. 이 글이 아마도 남·북한의 군사전력을 객관적으로 대중에게 전달한 최초의 성과일 것이다. 그만큼 이 글은 획기적인 것이었다. 이 글을 통해 종합적 군사력에서 남한이 북한보다 월등하다는 사실이 비로소 공개되었고, 북한이 무력통일에서 타협정책으로 전환한 배경이 밝혀졌다. … 리 교수의 희망, 즉 남북이 군사력을 감축할 전망에는 소련의 페레스트로이카도 연관되어 있었다. 페레스트로이카가 전개되면서 소련은 '자본주의 평화' 테제를 주창하게 되었다. … 그런데 미·소 양국에서 핵무기를 감축한다고 해서, 이미 견고한 군수산업체계를

---

* 북한의 지속적인 군비 증강을 단순히 북한의 인민을 지키기 위한 방어적인 것으로만 보는 것은 잘못이다. 북한이 지속적인 군비 증강을 추구한 것은 공화국을 표방한 '유사 왕국'으로서 김일성·김정일·김정은을 정점으로 하는 지배세력을 지키기 위한 것이기도 하며 북한이 핵무기를 보유한 것은 방어적인 군비 증강을 훨씬 뛰어넘어서 명백히 공격적인 군비 증강을 실행한 것으로 인식해야 한다. 미국은 악마이며, 북한은 제물이라는 이분법은 틀린 것이다.

구축한 국가들이 무기생산과 군사력을 대폭적으로 줄일 수 있다거나, 남·북한도 군사력을 획기적으로 감축하고 평화적 통일을 전망할 수 있게 되었다고 하기에는 어려운 점이 있었다.

이 점은 이론적으로는 1980년대 사회구성체논쟁에서 활발히 토론되었던 국가독점자본주의론의 '경제의 군사화' 테제와 밀접히 연관되어 있으며, 한국이 '신식민지 국가독점자본주의'라는 규정은 이같은 논리의 연장선상에 있었다. 그런데 사회구성체논쟁에서 국가독점자본주의론이 제기되기는 했지만 그 핵심테제인 '경제의 군사화'에 대한 우리 학계의 실증적인 관심은 대단히 미미했다. 1991년 2월 월간지 『사회평론』에 이주희 씨의 논문 '90년대 한국군 전력증강사업'이 게재되었다. 이 논문은 한국군이 자본집약·기술집약적 체제로 전환하고 있음을 보여주었다. 이를 위해 한국군은 미국에서 많은 무기를 구입하고 있으며, 차세대 전투기 조립생산계획 등을 통해 자본과 군이 생산과정에서부터 융합하는 양상이 강화되고 있음을 알 수 있었다. 그래서 자본주의체제가 현재와 같이 크게 변하지 않는다면, 그리고 국민국가들 사이의 이해 갈등이 현재와 같이 끊임없이 제기된다면, 남·북한 사이의 접촉과 교류가 활발히 진행되더라도 전력증강사업은 조금도 축소되지 않으리라고 생각하게 되었다. 그러므로 평화·군축을 실현하고 남·북한의 공존과 번영을 바란다면 군산복합체를 자본주의 생산양식의 본질적 부분으로 이해하려는 노력이 있어야 한다고 생각하게 되었다(김진균, 「머리글」, 『군신과 현대 사회』, 문화과학사, 1996, 6~7).

김진균에게 1996년은 『군신과 현대사회』의 출간으로 군수산업, 군산복합체, 경제의 군사화 등에 관한 연구에서, 즉 자본주의와 사회주의를 넘어선 현대 사회에 관한 연구에서 한 매듭을 지은 중요한 해였다. 그는 1989년 1월 2일 저녁에 신년인사를 온 제자들이 올해 가장 하시고 싶은 일은 무엇이냐고 묻자 올해부터는 군산복합체 연구를 본격적으로 시작하고 싶다고 말했다. 그가 평생 추구한 민족과 민중을 위한 학문이 실현되기 위해서는 통일과 진보를 가로막는 근원을 올바로 이해해야 했는데, 그는 1980년대에 현대 자본주의에 대한 심층적인 연구를 통해 그것을 군산복합체로 파악하게 됐던 것이다.

김진균은 1996년 봄 『군신과 현대사회』를 출간하고 바로 홍성태와 함께 일본 군사정책의 변화에 관한 연구를 시작했다. 1996년 10월 18일 둘째아들 영진이 결혼했다. 그는 그 얼마 뒤에 일본의 도쿄로 가서 자료를 수집하고 사람들을 만났다. 당시 도쿄대학교에서 박사논문을 준비하고 있던 제자 이지원이 김진균 일행의 활동을 도왔다. 이 연구의 제목은 「일본의 신방위정책과 군수산업의 변화에 관한 연구 ─ 전역미사일방위구상을 중심으로」였다. 그 목적은 탈냉전 이후 미국의 군사전략을 배경으로 변화하는 일본의 방위전략과 군수산업에 대해 연구하는 것이었다. 여기서 주목할 것은 이 연구가 단순히 군사력의 변화에 주목하는 것이 아니라 경제적 및 기술적 영향을 함께 검토하는 방향으로 추진됐다는 것이다. 김진균은 크게 네 부분으로 이루어진 이 연구에서 '일본 방위전략의 변천사'를 맡았으며, 그 결과는 1997년에 홍성태와 공저로 「전후 일본 방위정책의 변천과정 ─ 전범국 일본의 군사적 부활」이라는 제목으로 집필되었다.[*]

1990년대에 들어와 일본의 방위정책과 방위산업은 큰 변화를 맞고 있다. 이같은 변화는 1976년에 확정되어 그 동안 일본의 군사정책을 규정했던 방위대강의 개정(1995년 11월)으로 집약되었다. 탈냉전을 배경으로 제출된 개정 방위대강에서 소련의 침공가능성을 상정한 주적개념은 아태지역 안보확보라는 더욱 적극적이고 포괄적인 개념으로 변화되었다. 클린턴 정부의 동아시아전략구상(이른바 나이 구상)과 연동되어 나타난 이같은 변화는 일본의 군사력 강화를 그 핵심적 내용으로 포함한다. 현재 미국의 전략방위구상은 국지적 공격에 대한 지구적 차원의 대응전략이며, 그 요체는 국지전 발발가능지역에서 전역미사일방위체제(TMDI)를 확립하는 것에 있다. 동북아의 경우는 상당한 미사일 공격력을 완비하고 있는 중국과 북한의 위협에 대처하는 것을 그 목적으로 한다. 미국의 군사적 부담을 줄이는 동시에 일본의 군사정치적 영향력을 강화하게 될 새로운 전역미사일방위체제는 일본의 경제력과 기술력이 보유한 군사적 잠재력을 잘 보여준다. 이러한 군사적 잠재력의 실상과 그 현실화의 논리를 연구하고, 그 경제적 및 기술적 파급효과를 검토하는 것이 본 연구의 주된 목적이다(김진균 외, 「일본의 신방위정책과 군수산업의 변화에 관한 연구의 연구계획서」, 1996).

재벌과 가족주의

1996년 김진균은 군수산업, 군산복합체, 경제의 군사화, 일본의 방위정책 등에 관한 연

---

[*] 이 논문은 김진균의 사후인 2005년에 '김진균기념사업회 총서1'로 발간된 『한국 사회와 평화』(김진균·홍성태 공저)에 실렸다.

구를 추진하는 동시에 가족 문제에 관한 짧은 글을 한 편 쓰고, 가족주의와 연관해서 재벌 문제를 검토하는 짧은 글도 한 편 썼다. 김진균이 평생 추구했던 중요한 연구주제로 근대화론의 근대와 전통에 대한 이분법의 문제가 있다. 김진균은 근대화에 따라 전통적인 가치, 관계 등이 사라진다는 근대화론의 주장은 틀린 것이라고 판단했다. 이에 대해 그는 이미 1960년대부터 계속 지적해왔으며, 그가 제시한 한국적 사회학은 바로 이런 인식에 바탕을 두고 있다. 그의 핵심적인 주장은 근대화가 되면서 근대적인 것이 전통적인 것을 대체하는 것이 아니라 전통적인 것의 변화가 이루어질 뿐이라는 것이다. 서구이건, 한국이건, 사실은 그의 주장이 옳다는 것을 입증한다. 그리고 어떤 사회를 이해하기 위해서는 사회에 따라 전통적인 것의 변화가 다르게 이루어지기 때문에 당연히 해당 사회에 대한 구체적인 연구가 무엇보다 중요하다. 김진균은 특히 가족과 연줄이라는 1차적 관계의 변화와 영향에 주목했다.[*]

사실 김진균은 한국에서 인구학을 시작한 이해영 교수를 지도교수로 인구 변화와 노동력의 관계에 대해 연구하고 석사논문을 썼다. 그만큼 그는 인구, 가족 등에 대해서도 잘 알고 있었다. 그가 거시 구조뿐만 아니라 미시 연줄에 대해 깊은 관심을 갖게 된 것도 이런 학문적인 배경에서 비롯되었을 것이다. 1990년대에 들어와서 한국 사회에서는 맞벌이 부부의 증대에 따른 자녀 양육 문제가 더욱 심각하게 구조화되었다. 이에 대해 김진균은 당시 제자들과 함께 열심히 공부했던 사회의 재생산이라는 관점에서 국가와 사회의 책임을 강조했다. 그는 양육 문제가 교육 문제로 이어져서 사회의 불평등이 구조적으로 더욱 악화되는 것을 크게 우려했다.

> 맞벌이 부부의 자녀 양육 문제는 우선 여성의 취업이 늘고, 그 중에서도 결혼한 여성의 취업이 늘어나고 있는 경향과, 자녀를 예전에 비해 훨씬 적게 한둘만 낳는 경향과 함께 어울려 문제화되고 있다. … 맞벌이 부부에 있어 자녀를 출산하고 양육한다는 것은 대체로 부인이 취업을 그만두고 전업주부로서 양육을 맡지 않을 경우, 심각한 문제에 봉착하는 일이다(김진균, 1996, 「맞벌이 부부, 대리모와 자녀 양육 문제」, 『21세기 진보운동의

---

[*] 군산복합체에 대한 관심도 사실 이런 관심의 연장선에 있는 것이기도 하다. 이런 점에서 1971년에 발표한 「한국의 생산조직체에 있어서 전통적 관계」, 1982년에 발표한 「한국사회의 구조적 역동성의 분석을 위한 몇가지 개념에 관하여」 등의 논문을 중요하게 살펴봐야 한다. 이 논문들은 모두 『비판과 변동의 사회학』, 한울, 1983에 실려 있다.

기획』, 문화과학사, 2003, 216~217).

우리나라는 맞벌이부부의 자녀양육을 사회적으로 대응해주는 제도가 발달되어 있지 않고 대체로 부부와 가족이 해결하도록 하고 있다. 경제적으로 넉넉한 가정은 양육인을 고용함으로써 해결할 수 있다. 그렇지 못한 가정의 경우는 심각하다. … 부부가 중산층 수준으로 살아가더라도 결국 양육과 교육을 개인적으로 책임지고 초중고 교육이 입시 위주로만 치닫는 추세에서는 '미리 예정된 낙오자'는 그 중에서 나올 수 있는 것이다(김진균, 1996, 「맞벌이 부부, 대리모와 자녀 양육 문제」, 『21세기 진보운동의 기획』, 문화과학사, 2003, 220~221).

한편 그는 재벌의 행태가 가장 전통적인 가족주의를 이용하고 있다는 점을 지적하면서, 다시 말해서 재벌의 행태가 재벌이 항용 주장하는 근대화론의 관점에서 가장 전근대적이고 비합리적이라는 점을 지적하면서, 가족주의를 넘어서 재벌이 '공적 영역'을 사유화하는 것에 적극 맞서는 운동의 중요성을 크게 강조했다. 그는 역사적으로 그 이름 값을 못한 사회주의의 몰락 따위에 좌절하지 말고 '가족과 국가 사이에 더욱 민주적이고 정의에 의해 연대하는 공동체 원리'를 찾아내자고 제안했다. 이러한 그의 제안은 공동체, 협동조합, 사회적 기업 등의 연대활동이 활발히 추진되는 오늘날에 더욱더 소중하게 다가온다.

근래에 진행되고 있는 '재벌' 총수의 후계 전승을 보면, 전통적인 분가와 상속, 그리고 거기에 내재해 있는 축적구조의 재생산, 나아가서 계급의 재생산구조를 원형적으로 보는 듯한 느낌을 갖게 한다. … 30대 재벌의 후계 전승이 이렇다고 한다면, 우리나라의 자본주의 생산관계가 재생산되는 메커니즘에 가장 핵심적인 것은 이 가족주의적 상속 분가 원칙이라고 지목할 수도 있을 것이다(김진균, 1996, 「재벌 문제를 바라보는 또 하나의 시각」, 『진보에서 희망을 꿈꾼다』, 박종철출판사, 2003, 133~134).

기업은 소유 형태에서는 '사적'이기는 하다. 그런데 흔히 사람들은 국가기구의 영역이 국가 영역, 국가의 투자에 의해 이루어진 영역이 '공공영역', 그 외에는 모두 사적 영역인 것처럼 인식하고 있다. 사실 따져보면, '주식회사' 형식의 기업은 '사적 소유 형태'로 인식되는 만큼 완전한 '사적 영역'이 아니다. 앞에서 논의한 대로 자본의 조성과 노동과정 구성의 측면에서 보면, 이는 바로 '공적 영역'이다. 그렇다면 재벌이 장악한 영역이 곧 거대한 '공적 영역'인 셈인데, 이 거대한 '공적 영역'을 몇몇 '가문'의 계승과 분가 및 상속의 대상으로 그대로 방치할 것인가? …

노동조합을 강고하게 조직해내는 일이나 국가권력을 민주화시키는 것은 재벌의 '공적 영역' 장악을 제어하는 데에 최소한의 조건일 뿐이다. 가족과 국가 사이에 더욱 민주적이고 정의에 의해 연대하는 공동체 원리를 개발하고, 그것이 우리나라의 가족주의 원리를 대체하도록 강구하는 것은 미래의 진보를 위한 과제일 것이다. 역사에 등장했던 모든 조직 원리와 그 형태에 대해서 연구·검토할 뿐만 아니라 민주노동운동이 체험하고 깨닫고 희구하는 연대의 조직 원리를 적극적으로 제기하고 추구해 가야 하리라고 본다. 지난 칠십년 간 사회주의의 세계사적 경험이 역사적으로 그 이름값을 못했다면, 그 이름으로 구태여 좌절할 것이 아니다. 우리 역사대로, 정세대로, 나름대로 그 길을 추구해 가야 옳지 않겠는가!(김진균, 1996, 「재벌 문제를 바라보는 또 하나의 시각」, 『진보에서 희망을 꿈꾼다』, 박종철출판사, 2003, 137~138)

세기말 블루스와 총파업

재벌은 이렇게 가족주의를 악용해서 거대한 공적 영역을 사유화하고, 그 힘으로 국가와 사회를 장악해서 한국 사회의 발전을 저지하고 있다. 민주화와 함께 재벌의 힘은 더욱 강화되었다. 1990년대 중반 이후 한국 사회의 이해에서 재벌은 핵심적인 위치를 차지하고 있다. 1996년 말 김진균은 세계화를 내세워서 재벌의 힘이 강화되고 노동자가 극심한 경쟁과 위기로 내몰리는 상황에서 민주노총으로 결집된 민주노동운동이 1997년의 대선을 맞아서 정치적 영역으로 나아가야 한다고 생각했다. 그는 1987년의 노동자 대투쟁 이후 10년이 세월이 흐른 시점에서 민주노동운동의 정치 세력화를 본격적으로 고민하고 있었던 것이다.

이제 1997년 마지막 며칠 동안 있을 노동법 개정을 앞두고 사용자는 정리해고제, 변형근

로시간제, 파업기간 중 무노동 무임금 및 동일사업 내 대체근로 허용 등을 도입하라고
압력을 가한다. …
이러한 문제는 민주노총의 합법화만으로 해결할 수 있는 것은 아니다. … 노조 자체가
경제적 이익의 경계를 넘어서서 정치적 정치적 인식을 넓혀가는 터전을 마련해 가야 할
것이다. 노조에 가입한 노동자나 또는 가입하지 못하고 방치되고 있는 다수의 노동자를
정치적으로 각성케 하는 프로그램이 필요하다.
지난 1987년 민주화운동이 일차 기초 다지기의 효과를 가져왔다면, 세기말, 1997년을 기
점으로 해서는 그 일차 기초 다지기에서 한 등급 올라간 이차 등급 높이기 운동을 조직
하고 추구해야 마땅하다. 우리는 결코 안주해서는 안 되는 시기를 맞이하고 있다(김진
균, 1997, 「이차 등급 높이기: 민주노동운동의 문제」, 『진보에서 희망을 꿈꾼다』, 박종철
출판사, 2003, 192~193).

　그런데 1996년을 겨우 닷새 남거 놓은 12월 26일에 신한국당은 국회에서 노동관계법
과 안기부법의 개악을 날치기로 통과시켰다. 이것은 기존의 지배세력인 친일·독재·비
리 세력을 지키기 위한 폭거이자 1990년대에 들어와서 새로운 지배세력으로 확립된 재
벌의 이익을 지키기 위한 폭거였다.

부도덕하고 퇴폐적인 '세기말 블루스'가 대한민국 중앙에서 연출되었다. 1996년 12월 26
일 새벽, 마지막 막이 국회에서 '신한국당'만의 날치기 법안 통과로 장식되었다. 노동관
계법과 안기부법이 개악되는 사태가 벌어진 것이다. 이런 사태가 '세기말'의 퇴폐적인 비
관주의 때문에 발생했던 것인가. 그 '블루스' 춤판에서 함께 춤춘 파트너는 재벌이라는
거대 독점자본, 원래부터 독단적이고 보수적인 정치인과 그 추종 세력, 나팔을 불어주는
보수 언론, 그리고 이를 총괄하는 '문민 정권'이다. …
1980년대와는 다른 다소 복잡한 문제 영역이 대두했고, 비록 문민 정권이 등장했다고 하
더라도 그 성격은 여전히 계급정치의 틀을 벗어난 것이 아니었기에, 지배 블록은 항상
위대한 각성을 체험한 민중, 노동자 계급의 성장을 억압해야 했다. 이번 노동관계법과
안기부법의 개악은 계급정치의 보수적 본색을 드러내 준 것이다(김진균, 1997, 「노동관
계법과 안기부법의 개악과 민주주의 전망」, 『진보에서 희망을 꿈꾼다』, 박종철출판사,
2003, 26·28).

사실 이 '세기말 블루스'는 문민정부가 추진한 신경제 정책의 결정판이었다. 문민정부는 탈냉전을 배경으로 세계화를 전면에 내세우고 신경제, 신경영, 신노사관계를 추진했다. 신노사관계의 핵심은 정리해고 완화와 변경근로제 실시 등 노동 유연화를 추진하는 것이었다. 문민정부는 1996년 12월로 예정된 OECD(경제협력개발기구) 가입을 앞두고 ILO(국제노동기구)의 노동규약을 수용해야 했으나 재벌을 비롯한 재계는 가능한 한 그렇게 하지 않으려고 했다. 문민정부는 4월에 민주노총을 상대로 협상을 시작하는 듯이 해 놓고는 사실은 국가경쟁력 강화론, 생산성 향상론 등을 내세우서 민주노총을 무력화하려고 했다. 이런 상황에서 8월 13일에 한총련 소속 대학생들이 서울 연세대에 집결해서 '제6차 범총학련 통일 대축전'을 열었다. 경찰은 문을 막고 해산을 요구했지만 학생들은 경찰에 맞서서 계속 싸우다가 경찰의 강경 진압작전으로 20일에 투항했다.* 문민정부는 이 사건을 계기로 5공 세력을 석방하고 경찰력을 강화하는 등 보수화, 공안화를 추진했으며, 12월 12일에 OECD에 가입한 직후인 12월 26일에 노동관계법과 안기부법의 날치기 통과를 강행했다.

그러나 다행히 이 '세기말 블루스'에 맞서 싸울 수 있는 주체가, 아직 많이 약하기는 했지만, 형성되어 있었다. 바로 민주노총이었다. 민주노총은 노동자들의 총파업으로 재벌과 신한국당의 '세기말 블루스'에 맞섰다. 1월 말까지 전국에서 연인원 300만 명 이상의 노동자들이 참여하여 전개된 민주노총의 총파업은 한국의 역사에서 최대의 총파업으로서 상당한 성과를 거두었다. 민주노총의 1997년 1월 총파업은 비록 노동관계법의 개악을 파기하지는 못했지만 노동자들이 단결해서 잘못된 정책에 맞서 싸울 수 있다는 사실을 널리 알렸다. 1997년 3월에는 OECD의 권고와 민주노총의 투쟁에 따라 노동법의 제3자 개입금지와 복수노조 금지가 개정되었다. 그러나 민주노총의 힘은 아직 많이 미약했고, 또한 당시 시민사회의 힘은 더욱더 취약한 상태였다. 이런 상태에서 국내외 거대 자본의 탐욕과 김영삼 정부의 무능은 결국 1997년 말 IMF 사태라는 엄청난 문제를 일으키고 말았다.

김진균은 1997년 1월의 총파업 투쟁에서 두 가지를 보았다. 하나는 많은 노동자들이 단결해서 열심히 투쟁하는 모습이었고, 다른 하나는 학생운동이 크게 약화된 모습이었

---

* 이 사건으로 1명의 경찰이 사망했으며, 5천 명이 넘는 대학생들이 연행됐고, 460여 명이 구속됐다. 이 사건을 계기로 대학에서 학생운동은 약세가 되었으며, 학생들의 개인화, 현실화 경향이 크게 강화되었다.

다. 이런 상황에서 김진균은 계급관계의 사회적 근원성을 다시 강조하면서 민주노동운동이 적극적으로 조직적 확대의 길을 모색하고 거기에 헌신해야 한다고 지적했다.* 이렇게 그는 기성의 정당에서 독립한 노동자와 민중의 독자적 정치세력화를 추구했다. 그 결과는 이후 '국민승리21'(1997)과 '민주노동당'(2000)으로 나타났다.

1996년 12월 30일 명동성당에 모인 총파업 노동자들
출처 : 노동운동사연구소 한내

이번 노동자 총파업은 임금 노동자 모두기 산업과 업종을 넘어서, 그리고 중간 계급이나 넥타이 부대라는 껍질을 벗고 정치적으로 하나의 '노동자 계급'임을 자각하고 선언한 것이라고 평가해도 좋을 것이다(김진균, 1997, 「운동은 중층적이고 받드는 골격은 계급관계 간이다」, 『진보에서 희망을 꿈꾼다』, 박종철출판사, 2003, 148).

1990년대 김영삼 정권의 구호, '세계화'는 사회의 모든 국면과 영역에 '경쟁'이라는 면도 날을 들이댔다. 경쟁을 평가하여 국가적 지원을 하겠다는 정책은 이전까지의 사회적 협동양식을 붕괴시키고 있는 바, 신경영 전략은 인원을 배제해 가는 '정리해고'의 불길한 징조를 잉태하고 있고 이제 곧 출산할 즈음에 와 있다. 종전에는 해고의 일상적 위협이 생산직 노동자, 그것도 중소기업 노동자의 것으로만 인식되어 왔다. 그러나 신경영 전략의 '경쟁' 원칙은 모든 피고용자의 경우에 해당되는 것이다. …

1997년 노동자 총파업으로 노동자 범주에 들어올 만한 노동자들이 계급적 인식에서 정치적으로 자기 존재의 권리를 선언했다고 판단된다면 이 주체 설정과 연대의 바탕을 아우르는 작업이 과제로 나올 것이다. 중심에 선다는 것, 이것은 간단한 말이 아닐 것이다.

* 그는 계급관계를 사회의 기초로 강조했을 뿐만 아니라 연대를 '삶과 운동의 기초'로 강조했다(김진균, 1997, 「연대는 삶과 운동의 기초」, 『진보에서 희망을 꿈꾼다』, 박종철출판사, 2003, 242~244).

중심에 섰다고 판단된다면 이 주체 설정과 연대의 바탕을 아우르는 작업이 과제로 나올 것이다. 민주적 노동 세력은 자체적인 민주적 조직 확대의 길을 모색해 가야 하는 한편 연대의 중심을 꾸리고 거기에 헌신할 조건을 스스로 만들어가야 하는 고비에 서 있고, 그 운동의 바탕에는 계급관계의 긴장을 한시라도 놓치지 않아야 하는 자세가 요구되는 것이다(김진균, 1997, 「운동은 중층적이고 받드는 골격은 계급관계 간이다」, 『진보에서 희망을 꿈꾼다』, 박종철출판사, 2003, 150~151).

22

환갑을 맞다
1997년

두 가지 상충된 흐름

1997년은 김진균이 환갑을 맞는 해였다. 아마도 김진균은 개인으로서 여러 감회가 적지 않았을 것이다. 그런데 그는 연초부터 나라에 두 가지 상충된 흐름이 나타나고 있다고 강하게 우려하고 있었다. 그것은 새로운 민주화의 흐름과 독재화의 흐름이었다. 민주화는 노동운동의 활성화로 나타났고, 독재화는 정보감시의 강화로 나타났다.[*] 민주화의 새 역사를 쓰겠다고 했던 문민정부의 한계와 문제는 이렇게 정보화의 면에서도 드러났다. 사실 김진균은 이미 1970년대 말에 정보기술의 발달과 정보감시의 문제를 '스파이체계'의 형성이라는 개념으로 설명했던 사회학자였다. 그는 지식인연대, 사회진보연대, 진보네트워크센터 등을 통해 정보감시의 문제에 대응하기 위해 1990년대 말에 나타난 새로운 사회운동에 적극 참여했다.

> 전자사회, 전자컴퓨터사회, 전자컴퓨터통신사회, 영상정보사회, 그리고 정보고속화도로
> 건설, 세계화시대, 선진사회… 이러한 말들은 우리로 하여금 21세기가 화려한 장밋빛으

---

[*] 후자의 문제는 이명박 정권과 박근혜 정권의 정치적 독재화에 의해 명확해졌다. 특히 이명박 정권은 방송통신에 대한 강력한 억압에 이어 국정원을 동원한 인터넷 여론의 조작을 저질러 세계의 정보사회학 교과서를 다시 쓰게 만든 '세계 초유의 인터넷 여론 조작 정권'이 되었다.

로 나아가고 있다고 느끼게 한다. 그런데 우리는 이 97년에 두 가지 상충된 흐름을 느끼게 된다. 하나는 민주노총이 주도한 노동자대투쟁으로서 민중이 우리 사회의 민주화를 한 단계 올려놓아 민중에 의한 민주화 발전을 밝게 하는 것이 있는가 하면, 반면 정치권은 정경유착으로 끝없이 추락하고 있다.

또 한 가지는 우리나라의 첨단산업으로 각광을 받고 있는 전자컴퓨터통신의 기술은 우리에게 민주화의 갈림길을 열어놓고 있다는 점이다. 세계에서 인권 척도로는 우리나라를 3등 국가로 평가받게 하고 있는 '주민등록증'을 전자컴퓨터통신영상의 선진된 기술로 산뜻하게 '전자주민카드'로 만들어 놓겠다고 정부와 재벌기업이 발벗고 나섰다. 냉전시대 이래로 너무나 익숙하여 그것이 인권을 침해하는지조차 잘 몰랐던 '주민등록증'과 전자카드의 시대로 너무나 익숙해진 듯한 전화카드, 지하철승차전자카드, 현금인출카드, 각종 현금환전카드, 도서관출입카드, 진찰권카드, 신분증카드, 호텔키카드 등등이 주는 편리성을 몽땅 합쳐 '전자주민카드'로 통합시켜 보겠다는 야심찬 기획이 국가 예산으로, 법적 근거조차 마련하지 않은 채 추진되고 있다. …

군사독재시대는 다시 올 수 없어도 '전자독재시대'는 곧 올 수 있다. 전자시대에 나올 수 있는 '독재시대·독재체제'를 미리 예방하는 데 정신을 쏟읍시다. 우리가 각종 전자카드를 편리하다는 이유 하나만으로 일상생활에서 무심코 사용해간다면, 그리고 편리하다는 단 한 가지 이유만으로 그 각종 카드를 한 장으로 만들었으면 하고 스스로 유혹한다면 (김진균, 1997, 「전자주민카드와 전자감시사회의 도래」 『21세기 진보운동의 기획』, 문화과학사, 2003, 224~225).

전노협 백서

김진균은 전노협의 청산이 진행되기 시작했던 1995년 봄부터 김종배를 비롯한 전노협 실무자들에게 『전노협 백서』를 발간해야 한다는 의견을 제시했다. 1995년 9월 23일에 열린 전노협의 간담회에서 『전노협 백서』에 대해 처음으로 구체적으로 논의되었다. 전노협 대의원대회는 '백서발간위원회'를 구성해서 전노협 실무자들이 직접 『전노협 백서』의 발간을 추진하기로 결정했다. 그러나 실제 추진은 어려웠다. 우선 백서 발간에 사용할 수 있는 돈이 아주 적었다. 그리고 전노협 실무자들이 민주노총에서 일해야 해서 인력을 확보하기 어려웠다. 1996년 3월 14일 전노협 청산위원회는 김종배를 전노협 백서발간위원회 발간팀장으로 임명하고 해산했다. 김종배와 정경원이 많은 자원 활동가들의 도움을 받으며 어려운 상황을 버텨서 끝까지 실무를 진행했다.

1997년 2월 28부터 7월 15일까지 네 차례에 걸쳐 『전노협 백서』가 발간되었다. 김진균은 『전노협 백서』의 초안을 꼼꼼히 검토했다.[*] 그는 노동자를 주체로 서술하는 것을 강조했다. 그는 항상 주체의 움직임이 없었다면 저들의 움직임도 없었다는 것을 강조했다.[**] 『전노협 백서』의 의미에 대해서는 그 서문의 끝부분에서 잘 살펴볼 수 있다.

역사는 방치되어서는 안 된다. 사실 전노협의 역사는 노동운동사의 근간이자 노동운동이 힘차게 뻗어나가기 시작한 출발점이었다. 그리고 1990년대 민중연대투쟁의 중요한 한 축이었다. 따라서 여타 민족민주운동 진영에서도 백서를 간행하고, 인명사전이나 사건사전들을 간행하게 된다면 우리나라 민중운동사, 현대사를 민중의 시각에서 제대로 구성할 수 있는 계기가 될 것이다.

이 백서는 어려웠던 시기 굽힘없이 투쟁했던 전국노동조합협의회의 투쟁기록이라는 점에서 운동을 실천하는 사람들에게는 자신을 성찰할 수 있는 거울로, 현장에서는 참고서로, 그리고 연구자들에게는 다양한 연구의 단초가 될 수 있을 것이다. 그리 된다면 전노협백서편집위원회로서는 더 할 나위없는 기쁨이 될 것이다(전노협백서 발간위원회, 「전노협 백서 서문」, 1997년 4월 4일. http://wbook.liso.net).

『전노협 백서』는 모두 13권으로 발간될 계획이었으나 약 400명의 인물과 200장의 포스터를 담을 계획이었던 『11권 노동운동 인명사전과 화보』가 여러 사정으로 발간되지 못해서 결국 모두 12권으로 발간되었다. 그것은 크게 두 부분으로 이루어져 있다.[***] "제 1~7권은 말 그대로 백서로서 전노협이 건설되기까지의 과정과 건설이후 해산까지를

---

[*] 1997년에 김진균은 역사와 관련된 활동을 많이 했다. 이 해에 그는 『전노협 백서』뿐만 아니라 『민교협 10주년 백서』와 『서울대학교 교수 민주화운동 50년사』의 발간에도 적극 참여했다.

[**] 김진균은 알뛰세르나 푸코의 '주체 없는 역사'라는 구조주의 역사에 대해 공감하기도 했지만 '주체 있는 역사'를 더욱더 강조했다(김진균, 1998, 「객관적 조건을 인식하는 비판적 안목의 문제」, 『21세기 진보운동의 기획』, 문화과학사, 2003, 244). 사회 구조도 결국 인간 주체가 만들고 바꾸는 것이다.

[***] 현재 첫 부분은 『인터넷 전노협 백서』로 제공되고 있다. 이에 대해 『인터넷 전노협 백서』의 '백서DB 활용방법'에서는 "현재 DB화되어 인터넷으로 제공되고 있는 백서는 7권까지이며 8권에서 13권까지는 '노동운동 역사자료데이터베이스'를 통하여 제공될 예정입니다'라고 설명하고 있다(http://wbook.liso.net).

크게 세 시기로 나누어 수록하였
다. … 두번째 부분에서는 1987년
이후 전노협 해산까지의 노동운
동 자료들을 일목요연하게 싣고
자 노력하였다"(「전노협 백서 서
문」).

　『전노협 백서』는 300질을 인쇄
했는데, 절판된 뒤에도 많은 사람
들이 찾았다. 그래서 발간팀은 울

「전노협 백서」 편집팀장 김종배

산에서 활동하는 노동자정보통신지원단(LISO)의 도움을 받아 『인터넷 전노협 백서』를 만
들었다. 2002년부터 노동운동역사자료실과 책동무 논장이 함께 재판 인쇄를 추진해서 다
시 많은 자원 활동가들의 도움을 받아서 오류를 수정하고 색인집을 새로 만들어서 2003년
1월에 모두 14권으로 『전노협 백서 재판』을 발간했다. 재판에 관한 논의가 시작될 무렵인
2001년에 김진균은 '김종배추모사업회' 소식지에 『전노협 백서』에 관한 글을 발표했다.

> 전노협 백서는 적어도 1987년 노동자 대투쟁 이후부터 전노협이 발전적으로 해산하고
> 민주노총이 탄생하는 시기에 해당하는 우리나라 노동운동 전반에 걸친 자료를 개략적으
> 로 집대성하고 있다. 당시의 노동운동이 물론 전노협에 집중되어 수행된 것은 아니지만,
> 해당 시기에 노동운동의 대명사처럼 인식된 전노협은 역사적으로 주어진 사명을 다하기
> 위해 투쟁했다. 전노협이 연대하고자 한 노동운동에 관한 자료도 일단 수집되었기 때문
> 에 당시의 노동운동 골격을 이 백서가 제시한 셈이다. …
> 어떤 사건이 어떻게 발생하고 어떻게 귀결되었는가를 인물과 활동의 기록으로 정돈하면
> 서 사건 사전도 만들어야 한다. 이 두 가지는 운동사의 기초 자료가 될 것이다. 그렇기 때
> 문에 활동가들은 스스로 자기의 활동을 기록으로 남겨야 한다. 이 일을 하지 않고는 어
> 떤 기초 자료도 충실히 마련했다고 할 수 없을 것이고, 이런 기록이 있어야 어떤 활동이
> 나 사건의 동기와 배경을 이해할 수 있을 것이다. 사건의 표피적 기록만 남는다면 그것
> 은 사후의 귀결만 기록하는 것이 될 것이고, 그 동기와 활동 내용은 폐기되기 쉽다(김진
> 균, 2001, 「노동운동의 연구를 위한 기초 자료 구축을 위하여」, 『진보에서 희망을 꿈꾼
> 다』, 박종철출판사, 2003, 194·196).

김진균은 전노협 자료의 보관에 계속 큰 관심과 우려를 갖고 있었다. 안정적인 공간을 찾지 못해 많은 자료들이 여기저기 떠돌아다니며 어렵게 보관되었다. 그리고 1999년 8월에 김종배가 사고로 운명한 뒤에 유족들이 기금을 전달해서 2003년 12월까지 노동운동역사자료실을 운영했으나, 2008년 1월에 '노동자역사 한내'가 만들어지면서 비로소 안정적인 공간을 찾게 되었다. 아마도 김진균이 살아 있었다면, 한내의 활동을 대단히 칭찬하고 적극 후원했을 것이다. 오늘날 역사는 저기 멀리서 역사가들이 쓰는 것이 아니라 바로 여기에서 역사를 만드는 사람들이 쓰는 것이다. 자신의 자료를 충실히 모으고 자신의 눈으로 그것을 기록하고 해석하는 일을 끊임없이 수행해야 한다. 이런 점에서도 『전노협 백서』는 단순히 전노협을 기어하는 것을 넘어서 노동운동과 민중운동의 훌륭한 역사적 자산이다. 김종배와 정경원은 이 사실을 유념하고 실천하기 위해 최선을 다했다(정경원, 「노동자 역사 기록, 왜 중요하고 어떻게 할까 — 노동자 역사 한내를 창립하며」, 『노동사회』, 135호, 2008년 9월).

6월 항쟁 10년, 노동자 대투쟁 10년

1997년은 오랜 독재가 끝나게 된 1987년 6월 항쟁의 10주년이었다. 1987년 1월 14일 전두환 정권은 갓 23살의 대학생을 불법연행해서 무참히 고문하다 죽였다. 그 사실이 어렵게 밝혀져서 6월 항쟁이 벌어지게 되었다. 1997년 6월 10일 서울대에서는 박종철의 영혼을 달래고 그의 희생을 알리는 기념비를 세웠다. 김진균은 제막식에 참석해서 박종철의 명복을 빌었다.

1987년 6월 항쟁은 7, 8, 9월 노동자 대투쟁으로 이어졌다. 이승만, 박정희, 전두

1997년 6월 10일 박종철 기념비 제막

환 독재에 억눌렸던 비정상적 상태가 마침내 해소되어 정상적 상태로 변모하기 시작했다. 반독재 민주화의 사회적 실체는 바로 이것이었다. 독재는 사회의 비정상화이고, 민주는 사회의 정상화이다. 노동자 대투쟁은 노동자가 국민의 다수를 이루고 있는 노동 사회에서 민주화에 따른 정치적 기본권의 확보를 사회의 정상화로 이어가는 역사적 실천의 핵심적인 과정이었다. 노동자 대투쟁은 민주화의 사회적 실질화였으며, 그 자체로 반독재 민주화의 심화였다. 1997년 6월에 김진균은 1987년의 노동자 대투쟁을 다음과 같이 설명했다.

> 한국의 분단과 장기적인 군사독재체제를 역사적으로 이해하지 못하는 사람들이 볼 때, 1970년대 초까지도 한국에서 왜 자주적인 변변한 노조 하나 없었는지, 취업 인구의 반 이상이 도시로 몰려나와 농업 외의 산업, 그 중에서도 제조업 종사 노동자가 전체 산업에서 25% 이상을 차지할 정도나 되었는데 노동자를 대변하는 정당 하나 없었는지가 의아스러운 점이었다. … 1985년, 노동자들은 거대 재벌회사 가운데 하나였던 대우자동차 회사에서의 임금 인상 요구 파업과 구로공단의 연대파업을 통해 기지개를 켜게 된다. 그리고 얼마 후인 1987년에 드디어 대학생들과 도시의 노동자들, 민중과 시민들이 함께 6월 항쟁을 일으키고, 바로 이어서 전국 공단의, 모든 규모의 노동자들이 대투쟁을 일으켰다.
> … 이같이 물샐틈없는 생산 흐름을 기름친 기계마냥 차질없이 돌아가게 하는 방법이 병영과 같은 감시와 통제였으며, '우리는 한 가족이다'라는 구호였다. 앞의 방법이 내적인 것이었다면, 외적으로는 반공 이데올로기와 서슬 퍼런 군사독재정치가 존재했다. 그러나 그처럼 잘 작도하던 기계가 어느 틈엔가 한번 정지되자 생산공정의 모든 흐름이 정지되어 버렸다. 더 이상 빨갱이로 몰아붙이는 것만으로는 기계를 잘 돌아가게 할 수 없게 되었다. 그것을 정지시킨 것이 바로 1987년의 노동자 대투쟁이었다(김진균, 1997, 「1987년 노동자 대투쟁과 오늘」, 『진보에서 희망을 꿈꾼다』, 박종철출판사, 2003, 93~94).

김진균은 이런 전제 위에서 민주노동운동이 ILO의 보편적 노동권 규약의 실현을 위해 노동자의 국제연대를 강화할 뿐만 아니라, 이런 점에서도 북한의 노동자와 국내의 외국인 노동자에게도 보편적 노동권 규약을 적용하는 운동을 적극 펼칠 것을 제안했다.

민교협 10년

1997년은 전두환 독재에 맞서 민교협이 창립된 지 10년이 되는 해이기도 했다. 6월 26일 민교협은 창립 10년을 맞았다. 김진균은 『민교협 10년사』의 발간에 적극 참여했다.[*] 그는 '민교협 창립 10주년 기념 학술대회'에서 민교협 활동 10년을 돌아보는 발제를 했다. 그는 해직교수협의회가 민교협으로 발전하는 데서 중심적인 역할을 했고, 민교협이 민주화운동의 핵심으로 발전하는 데서도 역시 중심적인 역할을 했다. 민교협은 민주화 10년의 핵심에 있었으며, 김진균은 가장 앞에서 민교협의 활동을 이끌었다. 김진균은 민교협이 계속 민족, 민중, 민주를 위한 활동에 적극 나설 것을 기원했다.

민교협이 연대활동을 하는 데 있어서 가장 우선적으로 연대하는 교육운동계를 제외한다면 가장 **중요한** 지향점을 둔 것이 기층민중을 이루는 노동자, 농민, 빈민 그리고 그 군사독재로 부터 가장 탄압을 받는 사람들의 가족의 모임인 민가협이다.[**] 그리고 그러한 운동단체가 연합하는 국민연합이나 전국연합에 대해서도 정책적 차원에서뿐만 아니라 그 외의 여러 차원에서 헌신적으로 연대했던 것이 이러한 배경을 가지고 있기 때문이다. 민교협은 민중에 대

민교협 10주년 기념식

---

[*] 이 해에 김진균은 역사에 관한 일을 많이 했다. 『전노협 백서』와 『민교협 10년사』의 발간과 함께 식민지 시대에 관한 연구과제의 결과인 『근대 주체와 식민지 규율권력』(김진균 외, 문화과학사)이 단행본으로 출간됐다.

[**] 김진균이 가장 마음속에 두고 돕고자 했던 단체는 '유가협', 즉 '민주화운동 유가족협의회'였다. 그는 언제나 민가협과 유가협을 최우선으로 존중하고자 했다.

해 '유기적 지식인'임을 자인한 셈이다. 민중운동 진영에서 본다면 자본과 지배블럭에 기능적으로 동원되고 있는 거대한 지식인층이 각계각층에 포진하고 있는 데 비해, 민중들에게 유기적으로 결합하고 연대하는 지식인 집단은 오직 민교협뿐임이 드러나는 것이었다.[*](김진균, 1997, 「한국사회 변동과 민교협」, 『21세기 진보운동의 기획』, 문화과학사, 2003, 254).

자본이 세계화의 전략에 따른 노동통제 전략과 전술을 구사하고 정보의 세계화를 통하여 대중 개인, 민족 구성원 개인의 창의적 주관성을 억누르고 감각적 자극에 반응토록 하는 욕망의 배치를 꾀하게 한다면 한국에서 군사파쇼독재권력을 타도하기 위해 총체적으로 변혁을 꿈꾸어 싸워온 효과는 의식되지도 못한 채 상실되고 말 것이다. 교수가 가질 수 있는 전문적 지식이 정보로 유통되어 그것이 민주화의 토대로 전환되는 것은 공동체라는 하나의 울타리에 융합하는 대중 민중의 주관적 창의성과 결부될 때일 것이다. 민교협은 새로운 차원의 시대환경을 맞이해서 다시 학문과 사상의 자유, 표현의 자유, 결사의 자유와 같은 정치적 기본권을 민족 차원에서 세계체제의 모순과 대결하는 위치로 올려 대결해가야 하는 일에 복무하지 않을 수 없을 것이다. 운동의 대상 영역은 민교협이 해 온 그것 그대로일 것이고, 비록 성과는 단지 개량적인 수준의 것일지라도 우리가 10여 년 체험했듯이 운동 자체는 변혁적인 치열성을 갖추지 않을 수 없을 것이다(김진균, 1997, 「한국사회 변동과 민교협」, 『21세기 진보운동의 기획』, 문화과학사, 2003, 259~260).

김진균이 밝힌 대로 민교협은 민중의 '유기적 지식인'으로서 적극 활동했다. 그리고 민교협을 통해 민중의 '유기적 지식인'이 되고자 했던 비판적 진보적 지식인들은 자신의 지식과 의지를 적극 실천할 수 있는 조직을 갖게 되었다. 김진균과 동료들은 세계적으로 유례를 찾아보기 어려운 교수 민주화운동 단체를 만들었다. 노동운동과 시민운동이 성숙하면서 '유기적 지식인' 단체로서 민교협의 역할은 축소되었으나 민족, 민중, 민주를 위한 교수들의 자유로운 결사체로서 민교협의 위상은 결코 축소되지 않았다. 2000년대 초반에 민교협이 중앙집행위원 교수들의 확보에 어려움을 겪고 있을 때, 김진균은 자기가 열심히 활동할 때도 그런 어려움이 있었으며, 우선 문제를 느끼고 활동할 수 있는 사람들이 적극적으로 활동하면 문제가 해결되기 마련이라고 조언했다. 김진균이 자신의 삶을 통해 성실히 실천했던 그 활동방식은 민교협을 지탱하는 강력한 기반이다.

---

[*] 이처럼 김진균은 안토니오 그람시의 '유기적 지식인론'을 염두에 두고 민교협을 조직하고 그 핵심으로 활동했던 것이다. 그는 열심히 공부했고, 옳다고 판단한 것을 적극 실천하고자 했다.

제1회 서울 국제노동미디어대회 개최

1997년 11월 10~13일에 걸쳐 서울의 연세대에서 특별한 국제행사가 열렸다. '제1회 서울 국제노동미디어대회'가 열렸던 것이다. 김진균은 이 행사에서 고영구와 함께 공동대표를 맡았고, 또한 집행위원장으로서 전체 실무를 관장했다. 이것은 빠르게 진행되는 정보화의 추세에 적극 대응하기 위해 미국의 LaborNet과 연대해서 국내 정보통신운동과 노동운동의 발전을 추구한 새로운 행사였다.

96~97년 초까지 민주노총이 중심이 되어 진행된 총파업투쟁 과정에서 남긴 가장 특징적인 활동이 바로 총파업 인터넷 홈페이지를 통한 국제연대의 확산 및 통신공간의 지지여론을 유도한 통신지원단과 총파업소식을 영상으로 담아 총파업 현황의 실제 모습을 국민들에게 생생하게 보여준 명동민주방송국의 활동을 들 수 있습니다. 물론 통신이나 영상매체를 운동에 활용하는 활동이 국내에서는 다소 생소한 활동이지만 미국, 영국, 독일 등 서구의 운동진영은 인터넷을 비롯한 통신기술뿐 아니라, 영상매체를 다양한 형태로 노동운동에 활용하고 있습니다. 미국을 중심으로 구성된 LaborNet은 250여개에 달하는 미국 내의 연맹노조와 국제노동단체 그리고 각국의 연맹노조를 서로 연결하고 있습니다. 영국의 경우 또한 LabourNet을 통해 각국의 주요투쟁소식을 지속적으로 전파하고 국제연대투쟁을 적극적으로 호소하고 있으며, 캐나다 공공노조의 경우 SoliNet이라는 자체의 네트워크를 만들어 2,200지역 400만명 조합원을 네트워크로 연결하고 있습니다(서울 국제노동미디어대회 조직위, 「서울국제노동미디어 1997」. http://act.jinbo.net/drupal/node/2227).

'노동 미디어 운동'은 자본이 주도하는 정보화에 맞서서 노동자가 주도하는 정보화를 추구하는 것이다. 미국에서 1993년에 LaborNet을 만든 스티브 첼처는 이것을 '지구적 조합주의'로 제시했다. 그런데 노동운동이 정보화에 적극 관여하는 것은 노동자의 권익을 보호하는 차원을 넘어서 민주화의 진척이라는 차원에서 대단히 중요한 시대적 과제이다.

자본의 국제화에 의존하는 정보화기술이 자본뿐만 아니라 노동단체들의 국제화를 앞당기고 있는 점은 주목할 만하다. 범지구적으로 구축되고 있는 정보통신망을 활용해 기업별 운동의 틀에서 벗어나 업종·산업별로 묶고, 나아가 범지구적 연대의 틀을 마련하고 있는 것이다. 미국의 노동자 네트워크인 레이버넷은 2백50여개의 미국 내 연맹노조와 국제노동단체·각국의 연맹노조를 유기적으로 연결하고 있다. 영국의 레이버넷은 각국의 투쟁소식을 전파해 국제연대를 조직하고 있으며, 캐나다 공공노조에서 만든 솔리넷(SoliNet)은 4백만 조합원을 묶는 거대한 네트워크로 자리잡았다. 1994년 북미자유무역협정(NAFTA)으로 생존권을 위협받는 멕시코 자파티스타 농민군은 미국 내 대학의 인터넷을 통해 세계적인 관심과 연대를 모으기도 했다. 우리나라의 경우도 노동법·안기부법 날치기를 반대하는 총파업 때 '총파업통신지원단'이 결성돼 인터넷과 컴퓨터통신을 활용해 30여개 나라의 노동·정치단체의 지지와 연대를 이끌어내기도 했다.

미국의 레이버넷을 93년에 만든 스티브 첼처는 인터넷이 초국적자본에 대항하는 노동의 세계화를 실현할 것이라고 밝혀 주목을 끌었다. "노동운동이 '지구적 조합주의Global Unionism'를 실현하기 위해서는 수준 높은 노동커뮤니케이션의 연계망을 가져야 한다. 세계 곳곳의 다국적기업 노동자들이 회사차원의 홈페이지를 개발해 서로 연결하면 중요한 활동수단이 될 것이다. '자본에 국경이 없다'는 사실을 상기해 '노동자에게 국경이 없다'는 구호를 내세워야 한다"(김수병, 「노동자의 미래 정보화에 달렸다」, 『한겨레21』, 183호, 1997년 11월 20일).

노동자가 자본의 침탈에 맞서기 위해서는 연대해야 하며, 이를 위해서는 우선 소통을 활성화하지 않으면 안 된다. 이런 점에서 발달된 통신 기술을 적극 활용하는 것은 극히 중요한 노동운동의 과제이며, 나아가 소통은 민주주의의 전제이므로 이것은 민주화의 핵심적인 과제이기도 하다. 김진균은 이 행사의 개막식에서 그 의의와 과제를 다음과 같이 밝혔다.

이번에 기획된 '노동운동과 미디어: 노동자, 정보기술, 연대'를 주제로 한 '97 서울 국제노동미디어' 행사는 노동운동의 조직화, 노동자 교육, 국제 연대의 활성화를 위해 정보통신 수단, 비디오, 라디오, 텔레비전 등 커뮤니케이션 수단들이 사용되고 있는 사례들을 모아 함께 토론하는 데 주안점을 두고 있습니다. 또한 기술의 활용 문제 이전에 '정보화된 기술'이 도입된 사회적 배경을 살펴보고자 합니다. 이러한 새로운 기술의 도입으로 새로운 형태의 노동 통제 및 사회 통제가 가능케 되어 노동자들이 고용 불안에 직면하고 있는 사실에 대해서는 노동운동 진영이 이를 분석하고 대응 방향을 모색해야 할 필요성이 있습니다. …

이번 행사는 실질적으로 1997년 초의 총파업 투쟁 과정에서 드러난 몇 가지 특징적 성과를 바탕으로 기획되었습니다. 인터넷과 통신 수단을 활용하여 국제 연대가 가능하도록 한 데에는 '총파업 통신지원단'의 활동과 파업투쟁 상황을 영상으로 담아서 속보로 제작·배포한 '영상지원단'의 활동이 있었습니다. 이는 국내 곳곳에, 그리고 세계 곳곳에 있는 노동운동의 현장의 관심과 환성과 감탄을 자아냈습니다. 이러한 효과가 우리로 하여금 간접적 접속이 아니라 이렇게 직접 만나는 자리를 마련케 한 것입니다. 그러한 효과를 국제적으로 공유하고, 또한 조직해 내는 문제를 직접 만나서 토의해 보자고 하는 것이 이 행사의 의도입니다(김진균, 1997, 「노동운동의 국제적 네트워크를 위하여」, 『진보에서 희망을 꿈꾼다』, 박종철출판사, 2003, 249~251).

민주와 진보를 위한 국민승리21

1997년은 제15대 대통령 선거가 치러지는 해였다. 민주화운동 진영은 1996년 12월 26일의 노동관계법 개악 날치기 사건을 겪으면서 독자 정치 세력화의 필요를 더욱더 절실히 느끼게 되었다. 그 결과 1997년 6월 무렵에 크게 두가지 흐름이 정립되었다. 하나는 '국민후보'를 추진하며 민주노총, 전국연합, 진보정치연합 등이 모인 '국민승리21'이었고, 다른 하나는 '노동자 민중 후보'를 추진하며 전국노련, 노진추, 노정연, 진보민청 등이 모인 '노동자 민중의 정치세력화 진전을 위한 연대'(정치연대)였다.[*]

'국민승리21'은 1997년 8월 18일 '국민승리21(가칭) 건설과 국민후보 추진을 위한 선언자 대회'를 열었고, 9월 7일 '국민후보 추대와 국민승리21(가칭) 준비위원회'(공동대표 이창복, 권영길) 발족식을 열어서 민주노총 초대 위원장인 권영길을 국민후보로 선출했다. 그리고 '국민승리21'과 '정치연대'는 계속 협상해서 10월 26일에 선거대책기구로서 '민주와 진보를 위한 국민승리21'을 발족시켰다. 김진균은 여기에 공동대표로 참여했다.[**] 이어서 11월 24일

---

[*] 1987년 이후 2007년까지 '진보정당' 운동에 대한 간략한 정리로는 정제혁, 「민노당 사실상 분당」, 『경향신문』, 2008년 2월 14일 참조. 본격적인 연구로는 임현진, 『한국의 사회운동과 진보정당』, 서울대 출판부, 2009와 조현연, 『한국 진보정당운동사』, 후마니타스, 2009 참고.

[**] 공동대표는 고영구, 권영길, 김진균, 이창복, 홍근수 등 5명이었다. 김진균은 '국민승리21'이 '민주노동당'으로 이어질 때까지 '민주와 진보를 위한 국민승리21'의 대표 직책을 계속 유지했다.

'국민승리21'은 '건설 국민승리21'(약칭 국민승리21)을 정당으로 등록했다.

김진균이 '국민승리21' 운동에 적극 참여한 이유는 명백했다. 그는 1997년 총파업 이후 민주노동운동은 중대한 전환의 계기를 맞았으며, 이에 따라 두가지 과제를 새롭게 적극 추구해야 한다고 생각했다.[*] 그것은 민주노동운동의 정치 세력화와 생활에 초점을 맞춘 문화적 확대이다. 그는 1997년 1월의 총파업을 겪고 한편에서 민주노동운동의 정치적 가능성과 필요성을 깊이 깨달았으며, 다른 한편에서 노동법의 개악에 따른 민주노동운동의 전환 과제를 깊이 깨달았다.

> 97년 초 한국의 노동자 파업을 지나면서 다시 노동법이 개정될 때 고용의 불안을 야기하는 몇가지 조건들이 개악되었다. … 이제 저임금 장시간 노동의 악령조차 축출되지 않은 채, 고용불안의 해고위험 악령으로 바뀌어 나타난 것이다. 우리는 이 점을 우리나라 노동운동에 전환을 주는 계기라고 파악해야 한다. 민주노동운동이 생산직 노동자에 집중적으로 근거하던 단계로부터 고용 일반, 노동자 일반, 국민 일반이 생각해 보지도 않았던 계급적 불안을 느끼게 된 사태를 잘 포착하여 민주노동운동의 저변을 확대해가는 계기로 삼는 전략과 전술이 필요하다고 본다. 전국적 파업이 흔히 말하듯이 국민들로부터 유리되지 않는다는 역사적·문화적 풍토의 구축이 바로 여기서 출발된다는 점을 강조해야 한다.
> 계급관계적 접근에 대치하여 문화과학적 접근이 자리잡는 것이 아니다. 계급관계도 계급투쟁도 한 사회가 구축해가는 생활양식이다. 문화과학적 접근은 곧 고용과 해고의 사회적 배치에 대한, 사회적 규정에 대한 생활양식적 접근이다. 그것이 아마도 삶의 질을 다루는 일일 것이다. … 한국의 민주적 노동운동은 바야흐로 한 단계 고양되는 계급문화 문제에 직면하게 된 것이다(김진균, 1997, 「문화, 생활양식, 그리고 노동의 조건」, 『21세기 진보운동의 기획』, 문화과학사, 2003, 149~150)

대통령 선거에서 '국민승리21'은 민주노총의 조합원 수만큼의 지지도 얻지 못하고 실패했다. 그러나 1998년의 지방선거에서 약진했고, 2000년 민주노동당으로 재편되어 2004년 총선에서는 무려 10명이 당선되는 비약을 이루었다. 1997년 8월 18일 발표된 '국

---

[*] 김진균은 1987년의 노동자 대투쟁부터 1997년 1월의 총파업까지 민주노동운동의 변화를 정리해서 그 의의와 과제를 제시하는 글을 발표했다(김진균, 1997, 「1987년 노동자 대투쟁과 오늘」, 『진보에서 희망을 꿈꾼다』, 박종철출판사, 2003, 93~107).

민승리21'(가칭) 건설과 국민후보 추진을 위한 선언자 대회의 선언문은 '국민승리21'의 지향을 잘 보여주었다. 여기에 그 주요 내용을 간추려 소개한다.

> 우리는 창조와 발전의 힘을 완전히 상실한 반민주·전근대적 부패 체제를 혁파하고, 국민의 자발적 참여에 기초 한 민주적 진보 사회를 건설하기 위하여 떨쳐 일어섰다. 이를 위해 우리는 (가칭) 〈국민승리 21〉을 건설하고, 이번 대통령 선거에 '국민후보'를 진출시킴으로써 21세기 국민적 대안세력으로 힘차게 나아갈 것을 선언한다. …
> 지난 수십 년 간 민주주의와 민족 통일을 위해 일선에서 노력해 온 우리는 나라와 민족이 처한 암울한 현실을 타개하기 위해서는 노동자, 농민, 중소 상공인을 비롯한 서민 대중이 국가 경영과 정치의 주역으로 과감히 떨쳐 일어서야 한다는 귀중한 교훈을 새삼 확인한다. 이에 우리는 역사가 우리에게 부여한 숭고한 과업을 성실히 수행키 위해 앞장서 나아갈 것이다. 우리는 이번 15대 대선을 우리 사회를 근본적으로 뜯어고치는 대장정의 출발점으로 삼을 것이다. 우리는 우선 위와 같은 취지에 동의하는 사회 각계의 협의, 연대하여 (가칭) 〈국민승리 21〉을 조속히 건설하고, 우리나라 민주주의를 진정으로 실현할 '국민후보'를 15대 대통령선거에 출마시킬 것임을 온 국민 앞에 선언한다. …[*]

1987년과 1992년의 대통령 선거에서 '독자 후보'를 강조했던 조직들과 개인들이 모인 '노동자 민중의 정치세력화 진전을 위한 연대'는 노동자·민중의 독자 정치 세력화를 강조하며 국민을 내세우는 것이 아니라 노동자·민중을 정면에 내세우고 노동자·민중의 현장투쟁과 연대투쟁을 통해 정당을 창당하고 선거에 임해야 한다고 비판했다. 1997년 8월 16일 발표된 그 발족선언문의 주요 내용을 여기에 추려 소개한다.

> 노동자 민중의 정치세력화를 위한 우리의 첫걸음은 과거 87년, 92년에 대한 성과와 한계를 분명히 하는 것으로부터 출발해야 한다. 남한 운동의 역사 속에서 87년과 92년 대선 시 독자적 민중후보 추대로 상징되는 정치적 실천은 보수야당에 대한 정치적 종속성으로부터 탈피하여 노동자 민중의 자기해방의 과제를 대중적인 차원에서 명확히 제기하였다. …
> 노동자 민중의 정치세력화는 '제도정치권으로의 진출'로 국한될 수 없으며, 상층 정치활동의 결과만으로 얻어질 수 없다. 진정한 정치세력화의 과정이란 오로지 노동자 민중의

---

[*] 한국노동이론정책연구소 『현장에서 미래를』, 1997년 9월호.
  http://kilsp.jinbo.net/publish/97/9709-13.htm

아래로부터의 정치적 경험과 실천을 통해서만 가능하다. 노동자 민중의 정치세력화란 자본의 신자유주의적 공세에 맞서는 노동자들의 현장투쟁 속에, 살인철거에 맞서는 철거민들의 투쟁 속에, 4천만 민중들의 굳건한 연대투쟁 속에 살아 숨쉬는 것이다. …[*]

IMF 사태

1997년은 대단히 심란한 한 해였다. 사실 봄부터 동남아의 외환위기 소식이 계속 전해졌고, 한국의 외환위기에 대한 우려도 계속 커지고 있었다. 그리고 1996년 말의 노동법 개악 날치기 통과로 정리해고제와 변형근로제도 강화되었다. 김진균은 탈냉전 이후 경제의 세계화 추세 속에서도 의연히 지속되는 남북한 분단의 문제에 계속 고심했다.[**] 이와 함께 그는 세계화를 내걸고 추진되는 노동유연화에 대해서도 더욱 고심하게 되었다.[***] 그는 당시의 세계화, 유연화, 고령화, 저출산 등의 추세를 올바로 인식하고 30년 뒤를 대비하는 개혁을 추구해야 할 필요를 강조했다. 그는 당시 한국이 급격한 해체적 상황에 있는 것으로 보고 이에 대응해서 정체성 확립의 과제를 제기하며, 그 구체적 내용으로 '노인, 어린이, 여성이 차별 없이 통합되는 정체성 전략', '인간다운 노동조건과 고용의 안정'을 제안했다.

세계적 보편화과정에서 남북통일에 의한 근대적 민족국가 형성은 시급한 과제로 대두되고 있다. 주변의 중국과 일본이 경제적, 군사적 대국으로 등장하고 있지만 그렇다고 세

---

[*] 한국노동이론정책연구소 『현장에서 미래를』, 1997년 9월호.
http://kilsp.jinbo.net/publish/97/9709-13.htm

[**] 1997년 초부터 민주노총은 북한 식량돕기를 적극 펼쳤다. 이런 변화를 보면서 김진균은 민주노총이 ILO의 노동권 규약을 도입해서 보편적 노동권을 실현하려고 하듯이 북한의 노동자와 국내의 외국인 노동자에 대해서도 보편적 노동권을 적용하려고 하는 노력을 펼치기 시작해야 한다고 강조했다. 이에 대해서는 「북한돕기와 노동자운동」(1997년 6월), 「동포애, 민족, 계급, 연대의 공동체」(1997년 7월) 참조. 두 글은 『진보에서 희망을 꿈꾼다』, 박종철출판사, 2003에 실려 있다.

[***] 이와 관련해서 그는 1990년대 초부터 민주노동운동의 국제연대를 적극 제안했다. 민주노동운동이 자본의 세계화에 맞선 노동의 세계화를 적극 추구해야 자신을 지키고 발전을 적극 추구할 수 있다는 것이었다. 이에 대해서는 예컨대 '97 서울 국제노동미디어' 행사의 개회사인 「노동운동의 국제적 네트워크를 위하여」(1997년 11월) 참조. 이 글은 『진보에서 희망을 꿈꾼다』, 박종철출판사, 2003에 실려 있다.

계적 보편화과정에서 그 국민국가로서의 형태를 해체할 기미는 나타나기 어려울 것이다. 따라서 한민족의 통일국가 형성은 그러한 정세에 대응하는 조건으로서도 요구되고 있는 것이다. …

한국은 내부의 여러 해체적 경향에 대응하여 국가 전체 차원에서 주체의 정체성 구성을 위한 조치가 필요하다. 노인, 어린이, 그리고 여성이 차별없이(또는 차이가 인정된 차원에서의 자유와 평등, 그리고 연대) 통합되는 정체성 전략이 정책적으로 추구되어야 한다. 그것은 일차적으로 사회보장제도의 확립일 것이다.

정체성 구축에 있어서 자본주의 축적과의 기묘한 교차점을 찾아 정체성의 경제적, 정치적 의미구조를 포착해야 한다. 시장에 따른 노동조건의 악화, 유연화 전략에 의한 정리해고, 해고위협, 실업의 만연, 파견제 또는 시간제 등 불안정노동에 따른 고용불안, 노조의 약화, 노동자와 민중의 정치적 요구의 통로 미비 또는 봉쇄 등은 정체성의 기반을 제거하는 것이다. 인간다운 노동조건과 고용의 안정이 우선적으로 한 공동체 삶에 가장 핵심적이고 기본적인 것이다.

2020년이나 2030년이 되면, 남북한 합쳐 인구 8천만에 노령인구는 지금의 두 배가 되고 어린이는 줄되 양육과 교육에 대한 사회적 배려는 더욱 요구될 것이다. 따라서 20~40대 경제활동인구의 부양 부담은 현재보다 더욱 가중될 것이다. 기술발전과 산업의 고도화로 생산성이 더욱 높아진다고 하더라도, 노동일의 단축요구와 경제적 부담의 가중은 공동체 전체 안정화와 정체적 구축의 원칙에 의하여 충분히 검토되어야 할 것이다. 그 핵심에는 고용안정 확립과 해고, 실업에 대한 민중의 불안에 대한 방책이 자리잡아야 할 것이다(김진균, 1997, 「한국의 정체성을 위하여」, 『21세기 진보운동의 기획』, 문화과학사, 2003, 77~78).

김진균의 제안은 실현되지 않았다. 이로부터 석 달 뒤 한국은 최악의 외환위기에 처했고, 결국 최악의 해체적 상태를 맞게 되었다. 1997년 10월에 접어들며 외환위기에 대한 우려가 급속히 커지기 시작하더니 11월에는 'IMF(국제통화기금) 구제금융'을 요청해야 한다는 급박한 논의가 계속 보도되었고 결국 12월 3일 정부는 IMF와 외환위기(국가부도위기)에 대응하기 위한 자금지원 양해각서를 체결했다. 이른바 'IMF 사태'가 현실화되었던 것이다. 'IMF 사태'의 원인은 경제의 침체나 불황에 있었던 것이 아니라 외국(특히 미국) 금융회사의 공격, 외환관리의 무능, 정경유착의 비리 등이 가장 큰 원인이었다. 한국은 IMF의 자금지원을 받는 대신 IMF의 요구를 받아들어야 했다. 그야말로 모든 것을 자본의 요구에 맡기는 '신자유주의'가 강력히 실행됐다. 금융시장이 대거 개방됐고, 공기업의 민영화가 추진됐고, 부실기업의 정리 명목으로 많은 기업들이 부도를 맞았고, 구조조정의 명목으로 노동유연화가 강행됐다. 실업자들이 크게 늘어나면서 가족 해체, 노숙자 등의 문제들이 크게 늘어났다. 핵심 원인인 재벌의 개혁이 이루어질 것이라고 기대가 컸으나 결국 재벌의 개혁은 실패하고 말았다. 재벌과 토건을 두 축으로 하는 기존의 박정희 체계에 자본의 지배를 극단화하는 신자유주의가 결합되어 사회적 신뢰는 더욱더 약화됐고 사람들은 더욱더 돈을 추구하게 됐다. 한국 사회는 깊은 사회적 위기를 겪게 되었다.

귀향, 환갑, 제15대 대선

1997년은 나라 전체에서 어수선하고 안타까운 일이 많았던 해였지만 김진균에게 개인적으로 중요한 일이 있었던 해이기도 했다. 그해 늦가을에 김진균이 1959년쯤에 사회심리학을 배운 이래 평생 존경하는 스승이자 선배로 관계를 맺고 함께 활동한 이효재 교

이효재 선생의 귀향 환송연
왼쪽부터 강만길, 변형윤, 김진균, 이효재, 정혜영, 박순경, 이효재 수양딸

수가 서울을 떠나 고향 진해로 귀향했다. 김진균은 이효재를 과천 집으로 모셔서 음식을 대접하고 얘기를 나누는 따뜻한 자리를 마련했다. 강만길, 박순경, 변형윤 등의 선배들을 모셔서 함께 즐거운 시간을 가졌다. 김진균은 이에 대해 정겨운 글을 남겼다.

벌써 3년이 넘었나 보다. 늦가을인지, 입맛이 나는 그런 추수의 계절이었다. 마침 그 계절에 이효재 선생이 서울 생활을 청산하고 고향인 진해로 내려가신다고 해서 아무래도 환송을 해드려야 도리라고 생각하여 집으로 초청을 하였다. …
이 선생과 함께 사시는 분도 오시고 동무도 필요해서 연배가 비슷한 박순경 선생도 초청하고 남성도 있어야 하겠기에 변모 선생과 강모 선생도 초청했다. … 여러가지 버섯과 나물을 가지고 음식을 장만하였다. 그리하여 매실주의 향긋한 술기운에 환송연의 분위기가 제법 즐거워지고 있었다.
그런데 이 선생이 새로 명함을 만들었다고 하면서 나누어주는데 보니 성이 두 자요 이름이 두 자나. 성이 '이이李李'이다. … 당시 여성운동 일각에서 일고 있는 부모 성 갖기 운동에 선도적으로 참여한 것이다. … 물론 변모 선생은 가당찮은 일이라고 비판하였다. 그런데 강모 교수는 한 술 더 떠서 나중에 자식들이 부모의 성을 선택케 해야 하리라고 의견을 내놓은 것이다. 변 선생이 열이 받쳐서 야단을 치곤 하였지만 이 두 성 갖기 운동의 의의가 절로 잘 드러난 셈이었다. …
그날 저녁 식사에는 밥과 게장을 내놓았다. 그 깔끔하게 짠 맛이 그 분들의 입맛을 돋우었다. 어느 영화에서 말하는 것처럼 한 평생 한번이라도 정성껏 차린 음식을 먹게 되면 한 평생 그 맛으로 해서 행복이 충만하다고 하던가. 이이 선생은 그 뒤에 안부를 물을 때마다 그 게장 맛을 들먹이신다. 우리 현대사에서 빛나는 자리를 차지하신 이이 선생은 따뜻한 정도 많을 뿐만 아니라 정성된 것을 알아내는 안목도 갖추신 분이다(김진균, 2001, 「게장 그리고 이이ㅇㅇ 선생」, 『불나비처럼』, 문화과학사, 2005, 36~41).

1997년 11월 20일 김진균은 환갑을 맞아서 옛 한국일보 사옥의 13층에 있던 송현회관에서 친구, 동료들과 회갑 축하 및 저서 출판 기념회를 열었다. 그의 회갑을 기념해서 그의 논문들을 모은 『한국의 사회현실과 학문의 과제』(문화과학사, 1997)를 출판했는데, 이 책의 뒤에 유초하가 '발문'을 써서 그의 학문과 실천을 정리했다.

인간 김진균의 삶에는 학문이 하나의 중심을 이룬다. 전공 영역에서 그가 수행한 연구와

회갑 축하 및 저서 출판 기념식
왼쪽부터 이상희, 리영희, 김찬국, 김진균, 케익 앞에 손자 순구, 정혜영, 이소선

저술은 풍부하고 그 폭 또한 넓다. 그의 작품들은 학술지를 비롯한 다양한 매체에 발표되었고, 그만큼 전공·비전공의 독자들에게 두루 알려지고 인용되어 왔다. …

김진균의 학문세계는 그러나 전공영역에 그치지 않는다. 해방과 함께 부당하게 고착된 분단체제의 구조와 역동을 전반적으로 해명하는 여러 방향의 학제적 작업을 그는 꾸준히 계속하고 있다. 분단현실의 형성요인과 구성요소를 밝히는 그의 연구는 분단을 넘어서는 통일된 민족국가의 모습을 그려내는 데로 나아간다. 이러한 학문적 접근에서 그는 사회구성 각 층위의 미시적 실증자료와 거시적 사회역사 인식틀을 함께 구사한다. …

김진균의 실천활동은 노동운동의 확대강화와 진보세력의 정치적 성장이라는 기조에서 진행된다. 이들 두 방향의 활동은 민족통일의 성취와 내용상 중첩되는 현재적 과업의 두 축으로 상정된다. …

선생에게서 후학들이 배워야 할 것은 학문과 실천의 올바른 통합만이 아니다. 선생이 보여주지 않되 우리가 엿볼 수 있는 일상적 삶의 태도 또한 거울이 된다. 특히 부문·지역·학연·연령의 어떤 측면에서도 경계선을 두지 않고 모든 사람들과 두루 허심탄회하게 어울리며 서로의 생각과 느낌과 삶을 나누는 태도야말로 선생에게서 배워야 할 대표적인 인격적 면모라 할 것이다(유초하, 「발문 ― 역사현실을 껴안는 통합학문의 길」, 『한국의 사회현실과 학문의 과제』, 문화과학사, 1997, 299~302).

또한 11월 22일 그는 과천 시민회관에서 조촐한 잔치를 열어 제자들과 함께 회갑을 축하하는 즐거운 시간을 가졌다. 그가 연구책임을 맡았던 『근대 주체와 식민지 규율권력』의 출판기념과 함께 많은 제자들이 그와 함께 술잔을 나누고 얘기를 나누며 밤을 지새웠다. 그런데 당시 한국 사회는 경제적으로 극히 심각한 상황에 처해 있었다. IMF의 강력한 통제를 받게 되고 수많은 사람들이 일자리를 잃게 되는 엄청난 경제위기가 바야흐로 폭발할 참이었다. 김진균은 즐거운 시간을 보내면서도 착잡했고 고심했다. 그는 제자들과 한국 사회의 문제와 개혁에 대해 많은 얘기들을 나눴다.

그런데 당시는 제15대 대통령 선거*를 앞둔 시점이기도 했다. 놀라운 사건들이 계속 일어났다. 김진균도 안기부의 큰 '공격'을 당했다. 회갑일이었던 11월 20일 오후 안기부는 서울대 사회학과의 고영복 명예교수(1928~2011, 1963~93년 서울대 사회학과 교수 재직)가 1961년부터 북한의 간첩과 접선해서 활동한 고정간첩이라는 수사결과를 발표했다. 안기부는 고영복이 민교협 의장인 김 모 교수를 포섭하려고 했다고 발표해서 미치 김진균이 고영복의 간첩 활동에 연루된 듯한 인상을 풍겨서 그의 명예를 심하게 훼손했다.

노년기

1998~2004년

㉓

새 천년을 위하여

1998~2000년

노년과 가족생활

1998년에 들어서면서 김진균은 은퇴 이후의 삶을 준비하고 기획하기 시작했다. 5년 정도밖에 남지 않은 현직생활 동안 할 수 있는 일들을 마무리하고자 하는 마음이 바빴고, 5년 정도로 생각한 정년퇴직 이후의 역할과 활동도 고민하고 있었다. 개인적인 작업으로는 35년간의 연구 및 활동을 정리하고, 노동운동사와 지식인운동사의 집필을 계획하고 있었고, 70세를 기점으로 사회활동에서는 완전히 손을 떼고, 자연인으로서 지내고자 구상하고 있었다. 나이가 들면서 생기는 아집과 노욕을 경계했기 때문이었다. 비록 IMF 사태로 말미암아 나라 살림이 어렵기는 했지만, 유학으로 외국에 나가 있던 큰아들네 식구들이 귀국하여 모든 가족이 과천의 자택 인근에 모여 살게 되면서, 김진균의 노년은 평화롭고 여유로운 분위기로 시작되었다. 그는 함께 가까운 곳에서 모여 살게 된 자식들에게 화목을 강조했으며, 며느리들에게 늘 자상하게 유대감을 심어주고자 노력했다. 위로는 아흔을 바라보는 노모로부터 아래로는 4살 손녀에 이르기까지 생일날이 되면 각자 집에서 다른 식구들을 초대해서 장만한 음식을 대접하고 선물을 주고받는 경험을 하도록 이끌면서 가족들이 서로 화목하게 지내고 존중할 수 있도록 했다. 매주 일요일 아침 자식들을 불러 모아 자신이 알고 있는 선대의 가족사 이야기를 전해

주면서 가족의 정체성을 일깨웠다.

김진균은 가족을 사회생활의 중요한 단위로 여겼으며, 집안 살림을 하는 여성의 역할을 존중했다. 여성의 손에 의해 전승되는 전통 생활문화의 가치를 존중했으며, 다른 가족 구성원을 보살피기 위해 희생되는 여성들의 수고를 적절하게 인정하고 예우하는 것에 대해 늘 고민했다. 이런 그의 태도는 평생 배우자를 존중하고 배려하는 것으로 나타났으며, 며느리들을 자상하고 친근한 태도로 대하며, 호를 지어 부르는 것으로 존중의 뜻을 나타내고자 했다. 6살이 되던 손자와 4살이 되던 손녀에게는 더 없이 친근하고 유쾌한 할아버지로서 따뜻하게 대했는데, 풍부한 감성과 창의력을 가질 수 있도록 흥미로운 이야기와 재미있는 놀이를 통해 함께 어울리곤 했다. 그는 이에 관해 「호랑이 꼬리로 분을 발라」라는 제목의 글을 쓰기도 했다.

우리 집에는 4살 짜리 손녀 녀석이 있는데 요즘 '싫어'라는 말에 묘미를 느끼는지 대꾸마다 '싫어'다. … 며칠 전에 저녁 무렵에 와서 식시시간이 되었다. 밥상을 차려 놓고 그 녀석더러 와서 먹어라 해도 '싫어' 소리만 해댄다.

그래서 내가 호랑이를 끄집어내어 이야기했답니다. "너 밥 먹지 않고 자다가 밤중에 배 고파요 하고 소리 지르면, 호랑이가 와서 꼬리를 들고 너 종아리에 회초리질을 하면 아프지요." 이렇게 말을 꺼내어도 '싫어' 소리만 낸다. "호랑이는 할아버지 친구인데 내 말을 잘 듣거든요. 호랑이가 먹물을 가져 와서 꼬리에 먹물을 찍어서 너 얼굴 뺨에 한쪽으로 이렇게 칠하고 저쪽에도 이렇게 칠하면 너 얼굴이 먹칠이 되어서 미워지겠지." 이 말에 약간의 주의를 보낸다. … 그러니 약간 주의를 더 준다. "네가 밥을 잘 먹고 자면 호랑이가 분을 가지고 와서 꼬랑지에 분홍색 분을 찍고, 빨간 분도 찍고 노랑색 분도 찍고 해서 너 얼굴에 토닥토닥 발라주면 아이구 참 예쁜 얼굴이 되겠네, 정말 예쁘게 되겠네." 이 말에 약간 구미가 당기나 보다. … 이렇게 해서 한 그릇을 잘 받아먹고는 신이 나서 여러 노래를 율동을 해 가면서 부른다.

할머니가 말한다. "네 할아버지 인내심이 대단하셔. 옛날 네 애비나 삼촌, 고모가 밥 먹지 않고 빈둥대었다가는 벌써 혼이 났을 건데. 끝내 구슬려서 밥 먹게 하시네." 다음 날 낮에 그 녀석이 전화를 해서 할아버지를 찾더라고 했다(김진균, 2002, 「호랑이 꼬리로 분을 발라」, 『불나비처럼』, 문화과학사, 2005, 165~167).

다시 출발을 하자

김진균은 1998년 1월 14일 고성진 안기부 대공수사실장을 상대로 1억 원의 손해배상 소송을 서울지법에 제기했다. 김진균의 환갑일이었던 1997년 11월 20일 안기부가 발표한 '고영복 교수 간첩 사건'에서 고성진은 기자들에게 김진균이 포섭대상이었다고 발표했다. 김진균은 소장에서 "당시 수사결과 발표에 이어 기자들과의 일문일답에서 고 실장이 아무런 관련이 없는 원고의 이름을 구체적으로 거론함으로써 마치 북한과 어떤 연계가 있으리라는 의혹과 함께 평생 동안 연구한 업적마저 의심받게 했다"고 밝혔다(『한겨레』, 1998년 1월 15일). 안기부는 김진균에게 심각한 '색깔론 공세'를 가했던 것이었으며, 김진균은 안기부의 이런 반인권적 행태에 단호히 맞서고자 했다. 안기부는 1991년 7월의 '서사연 사건'으로 김진균을 '이적행위'로 몰아 구속하려고 했으나 실패했고, 1997년 11월의 '고영복 사건'으로 다시 김진균에게 '이적행위'의 색깔을 덮어씌우려고 했던 것이다.

한편 1997년 말의 'IMF 사태'로 1998년 초의 한국 경제는 엉망진창이 되었다. 기업들의 부도가 잇따랐고 국민소득이 크게 줄어들었다. 가장 큰 문제는 부도와 구조조정에 따른 실업의 급증이었다. 김진균은 "일자리가 없다는 것, 그리고 살맛나는 일자리를 만들어내기가 어렵다는 것, 이것이 현실적으로 다가온 위기이다."라고 지적했다(김진균, 1998, 「다시 출발을 하자」, 『진보에서 희망을 꿈꾼다』, 박종철출판사, 2003, 254). 부자들은 폭락한 주식이며 부동산을 사들여서 오히려 더 큰 돈을 벌 수 있는 좋은 기회를 맞았다. 그러나 중산층과 서민에게는 엄청난 생존의 위기가 닥쳐왔다. 모든 언론 매체에서 매일같이 위기를 외치고 경쟁을 강조하는 상황에서 김진균은 차분히 문제의 원인을 살피고 경제, 사회, 국가의 개혁을 이루는 방식으로 대처해야 한다고 생각했다.

우선 마음을 가라앉혀 곰곰이 성찰하는 자세를 갖고 이 사태를 보자. 우리의 경제가, 그리고 그것에 의존해 온 전체 생활양식 속의 우리가 건강하다고 생각할 수 없는 경제 분야의 충동질로 인해 경제가 마치 '발전'하는 것처럼 유인되어 거품을 만들어냈음을 오늘 같은 위기에서 잘 살펴볼 수 있게 되었다. 다수 국민을 위해서가 아니라 소수의 돈벌이를 위해 국민에게 세금 부담을 강요한 적이 너무 많다는 사실이 드러났다. 우리는 공해 산업, 사치품 산업,

불필요한 군수 산업, 향락·퇴폐 산업, 중복투자된 분야와 열악한 노동 환경을 강요하는 산업 등에 과도하게 투자하고 인간적 필요를 충족시키고 삶의 질을 고양시키는 것을 외면해 온 경제구조나 산업구조를 이번 시기에 정확하게 볼 수 있었다. 따라서 일자리의 창출은 확실하게 인간적 필요를 충족시키고 삶의 질을 고양시킨다는 원칙에서 구상되고 추진되어야 한다. 또 그렇게 되도록 우리가 국가에 압력을 넣어야 한다(김진균, 1998, 「다시 출발을 하자」, 『진보에서 희망을 꿈꾼다』, 박종철출판사, 2003, 254~255).

김진균은 이렇게 개혁을 추진하기 위해서는 세 가지 선결 조건이 필요하다고 보았다. 금융 위기의 원인을 밝히되 정부의 담당 부서의 책임을 밝혀서 책임을 묻는 것, 대통령 선거 당시에 정치적으로 이용되어왔던 '북풍'의 진상을 밝히는 것, 오랜 군사독재로 생긴 응어리를 푸는 일 등이 그것이다. 이어서는 그는 희망을 만들기 위해 당장 해야 할 일로 다섯 가지를 제시했다. 실직 또는 해고된 사람, 혹은 사업에 실패해서 집을 나가 떠도는 사람들을 집으로 돌아갈 수 있도록 하고 재기할 수 있도록 돕는 것, 가난한 자가 가난한 자를 도울 수 있는 기반을 마련하는 것, 실업자 노동조합을 허용하는 것, 민중의 정치 세력화를 목표로 진보적 정당 건설을 추진하는 것, 국제적 민중 연대를 강화해서 초국적 자본에 맞서고 국내의 외국인 노동자들도 적극 보호하는 것 등이 그것이다(김진균, 1998, 「다시 출발을 하자」, 『진보에서 희망을 꿈꾼다』, 박종철출판사, 2003, 255~259).

또한 김진균은 'IMF 사태'가 경제위기를 넘어선 '국가·사회 위기'라는 사실에 주의했다. 그는 "97년 말 외환금융위기로 표출된 한국의 경제위기는 '국가·사회 위기'라는 총체적 모습으로 떠오르고 있다"(김진균, 1998, 「세계화와 98년의 한국 위기」, 『21세기 진보운동의 기획』, 2003, 67)고 지적했다. 'IMF 사태'는 단순히 외환 정책이나 경제 정책을 고치는 것으로 해결되는 문제가 아니라 국가와 사회를 총체적으로 고치지 않으면 안 되는 문제라는 것이다. 예컨대 이 문제를 일으킨 핵심적인 주체인 재벌은 가족주의와 정경유착을 강력히 악용하는 거대 독점자본이다. 이런 점에서 재벌의 개혁은 가족주의와 정경유착의 개혁과 밀접히 연관될 수밖에 없다.

따라서 김진균은 'IMF 사태'를 넘어서기 위한 구조개혁의 첫 번째 과제는 '가족주의적 자본운영의 원칙을 폐기하는 것'임을 노동자들이 각별히 유의해야 할 것이라고 제시했다. 여기서 나아가 그는 민주노동운동이 국내외에서 연대를 확대하고 정치적 요구를 위한 조직적 기반을 만들어야 한다고 제시했다. 이와 관련해서 김진균은 한국 사회가 외국에 비해 자연적 요소가 강한 '단순사회'여서 구성원들의 동일성을 더 강하게 요구하며, 이 때문에 국내의 개혁이나 국제적 연대가 잘 이루어지지 않는 면이 있다고 지적했다(김진균, 1998, 「단순사회에서의 중층적 삶의 훈련」, 『21세기 진보운동의 기획』, 문화과학사, 2003, 151~161). 그는 구조개혁의 두 번째 과제로 복지 증진과 통일을 염두에 두고 군비축소의 과제를 적극 제안했다. 이것은 평화와 복지를 동시에 이룰 수 있는 핵심적인 구상으로서 적극 논의해야 한다.[*]

> 오늘날 우리가 맞이하고 있는 경제위기는 두 가지 점을 고려해 보아야 한다. 첫째, 그 경제위기가 세계적으로 발생하고 있다는 점이다. … 그렇기 때문에 노동자의 운동에는 세계적 연대의 조건이 강화되고 있는 것이다. … 둘째로, 국내에서 쟁점으로 거의 떠올리지 않고 있는 문제가 하나 있다. 지난 대통령 선거 당시에 '민주와 진보를 위한 국민승리 21' 대통령 후보만이 한국의 경제위기를 극복하는 하나의 조건으로 국방비를 삭감하고 남북한 사이에 군축평화통일의 길을 찾자고 주장하였다. …
> 한국의 노동자들은 정리해고의 논란에 정신을 잃을 것이 아니라 조직적으로 이 군비축소 문제를 정면으로 거론하고 국가예산구성의 비중이 사회보장과 교육 쪽으로 옮겨가도록 주장하여야 할 것이다(김진균, 1998, 「세계화와 98년의 한국 위기」, 『21세기 진보운동의 기획』, 문화과학사, 2003, 71~73).

한편 1998년 4월 13일에는 1992년 8월에 간첩으로 구속된 김낙중의 석방을 촉구하는 '평화주의자 김낙중 석방대책위'가 창립되었다.[**] 김진균은 사회학과 선배이기도 한 김낙

---

[*] 복지국가라는 용어는 1941년 영국의 윌리엄 템플이라는 주교가 처음 사용했다. 그는 독일과 같은 전쟁국가warfare state 대신에 복지국가welfare state를 만들자고 주창했다(신광영, 「전쟁과 복지」, 『경향신문』, 2013년 12월 3일). 복지국가를 '요람에서 무덤까지'라는 유명한 문구로 정리한 것은 1942년 11월 영국 정부에서 발간한 보고서였다. 이 보고서는 연구책임자였던 윌리엄 비버리지의 이름을 따서 『비버리지 보고서』라고 부른다. 고용 안정, 소득 분배, 의료 보험, 노후 연금 등을 핵심으로 하는 복지국가를 영국의 국가 목표로 제안하고 추진한 사람은 당시 영국 수상이었던 보수당의 처칠이었다. 평화와 복지에 관한 최근의 연구와 실천으로는 참여사회연구소, 『평화복지국가』, 이매진, 2013 참고.

[**] 김낙중은 1998년 8월 15일 만 6년 만에 석방되었다. 그는 2005년에 아시아·태평양 지역 퀘이커교도 모임에서 자신의 삶에 대해 「나의 삶, 겨레의 운명」이라는 제목으로 강연했는 데, 이 강연에서 그는 평화통일을 추구하고 민중운동을 펼쳤다가 평생 네 번 구속되어 15년을 넘는 긴 세월을 감옥에서 보냈으며, 1992년 8월에 그는 고정간첩으로 구속되었으나 자신은 고정간첩이 아니라 당시 자신을 찾아온 북한 간첩을 신고하지 않고 토론했을 뿐이라고 밝혔다.

중의 석방을 위한 이 모임에 공동대표로 참여했다. 그는 이 모임의 소식지에 남미와 비교해서 분단과 반공에 짓눌린 우리의 현실을 성찰하는 글을 썼다.

> 어쩌면 이곳 민중의 열화같은 대중적 힘이 군사독재체제를 붕괴시키면서도 민중 친화적인 민주 정권을 바로 수립하지 못하는 이유는 바로 50년 동안 남북 분단을 둘러싼 내외 요인들의 복합적인 힘이 잘 풀리지 않는 실타래 같기 때문이라고 생각한다. 반공이라는 요소와 남북 상호 배제적 체제의 깊고 긴 역사가 우리의 민주화 발전과 통일된 민족적 발전의 발목을 붙잡고 있다고 보아야 할 것이다.
> 우리 일상생활의 도처에, 관청과 관련된 여러 일상적 일처리 과정에, 자유와 평등을 진작시키고자 하는 헌법과 일반 법률에서 '체제 전복'의 색깔 판단이 예사롭게 진행되는 그러한 일상적 관례들 속에 반공의 사회적 기계 장치(관료적 관습 일체가 레드 테이프라는 말로 표현되는데 더 넓게 보면 그러한 관습 일체가 그 뜻에 해당될 수 있다)가 알게 모르게 짜여져 있음을 아마도 의식적으로 골몰하여 생각하지 않으면 지각조차 하기 어려울 것이다(김진균, 1998, 「레드 테이프: 반공의 사회적 기계 장치」, 『진보에서 희망을 꿈꾼다』, 박종철출판사, 2003, 35~36).

또한 1998년 6월 말에는 『박종철 평전』이 출판되었다. 김진균은 이 평전에 박종철을 회고하며 1980년대 민주화운동에 헌신한 젊은이들을 기리는 글을 썼다. 사실 1987년 3월 초에 김진균은 서울대의 『대학신문』에 박종철을 기리는 글을 썼다. 그러나 『대학신문』은 그에게 알리지도 않은 채 그의 글을 빼버렸다. 김진균은 평생 박종철을 마음에 새기고 살았으며, 동년배인 박종철의 아버지 박정기 선생과 각별한 관계를 유지했다.*

> 서울대 교정에 박종철을 기념하는 기념비를 세웠다. 지나가는 이로 하여금 1980년대를 다시 생각하게 한다. 의롭게 살다가-의롭게 싸우다가- 간 젊은이, 이 사람을 생각하면 애처롭기만 하다. 그러나 다시 생각해 보자. 이 젊은이가 있어서, 의롭게 싸우다가 간 흔적이 있어서 1980년대를 우리는 '변혁을 꿈꾸는 시대'로 알게 된다. …
> 우리는 1990년대 말에 경제를 포함한 민족국가 전체의 위기를 맞이하고서야 1980년대의 변혁을 위한 꿈이 얼마나 큰 각성을 위한 몸부림이었는가를 깨닫게 된다. 나는 1980년대

---

* 김진균이 별세하자 박정기는 마석 모란공원에 가서 김진균의 묘소 자리를 잡았다. 김진균은 박종철의 옆쪽 양지바른 곳에 잠들어 있다.

의 젊은이들이 위대한 역사적 자산이라고 생각한다. 종철이의 평전을 보라! 거기에는 꿈을 키우는 젊은이들의 몸부림이 보인다. 개인의 안존한 자유로운 삶을 위해서라도 자기가 살아가고 있는 사회의 문제를 끌어안고 그것을 뒤집어 보려는 소망과 용기와 신의가 신비로울 정도로 무럭무럭 자라고 있다(김진균, 1998, 「의롭게 싸우다 간 그 젊은이의 흔적」, 『진보에서 희망을 꿈꾼다』, 박종철출판사, 2003, 105~107).

사람을 귀중하게 받들기

1998년 9월 18일 이화여대에서 제1회 비판사회학대회가 열렸다. 산업사회연구회가 산업사회학회로 발전했고, 다시 비판사회학회로 발전했다. 산업사회연구회의 창립회원이자 2대 회장을 맡았던 최장집 교수도 오랜만에 와서 강연을 하고 얘기를 나눴다. 김진균은 기조강연을 했다. 그는 혼란스런 상황에서 지식인의 책임에 대해 차분히 발표했다. 그는 인식론적 단절을 다시 강조했는데, 그에게 인식론적 단절은 '이론적 실천 또는 이론적 투쟁'으로 이어지는 것이다. 그는 '화이부동'의 자세로 민중의 편에 서서 적극적인 실천을 추구할 것을 후학들에게 강조했다.

> 지식인의 소임은 징후적 독해, 비판 그리고 인식론적 단절이라고 대략 말할 수 있을 것이다(우리 역사에서 선례는 조선조 후기 실학자 다산 정약용을 들 수 있을 것이다). 인식론적 단절은 기본적인 성격으로는 기존 모순의 중첩적 구조에 대하여 해방적 길을 모색하는 이론적 실천이다. …
> 지식인의 인식론적 단절은 치열한 역사의식에서 힘을 얻을 수밖에 없을 것이다. 그리고 인식론적 단절은 학문의 실제 상황에서 이론적 실천, 또는 이론적 투쟁을 수반할 것이다. 징후적 독해나 비판에 있어서 우리 학계는 지금까지 사회학적 상상력 차원…에서 진행되어 온 셈이다. 80년대를 되돌아보면 '주체없는 역사과정'으로부터 … '주체있는 역사과정'으로 문제의 소재 지점을 찾는 방식이 이동하면서도 동요해왔다고 볼 수 있다. 오히려 역사적 책임을 따지는 것으로 보면 '주체있는 역사과정' 방법이 더 유효할 것이다. 그런데 역사적 맥락은 한 연구자의 생애를 넘어서는 시기에 대한 성찰이 필요할 것이다.

그리고 살아가는 사람들의 역사가 또한 구조의 틀을 이루어내는 그 맥락을 살피는 대상
이 될 것이다. 그러므로 그 역사적 구조와 주체있는 역사를 이해하기 위해서는 일정하게
정신분석학적 접근방법의 도입이 필요할 것이다(김진균, 1998, 「객관적 모순을 인식하
는 비판적 안목의 문제」, 『21세기 진보운동의 기획』, 문화과학사, 243~244).

우리는 '화이부동和而不同'을 음미해 볼 필요가 있다. 화합하고 평화롭게 연대하고 관계를
맺지만 상대를 나와 동일하게 만들지 않는다는 말이다. 한 가지 기준을 가지고 모두를
동일화시키고자 한다면 그것은 억지이고 또한 폭력일 것이고 그 사회적 관계에서는 강
자와 노예가 있을 뿐이다. …
지식인의 인식론적 단절과 이론적 실천을 위한 노력은 피를 말리는 일일 것이다. 그리고
실천적 사회운동에 대한 투여는 그 이론적 실천을 더욱 현실적이 되게 하고 풍부하게 해
줄 것이다(김진균, 1998, 「객관적 모순을 인식하는 비판적 안목의 문제」, 『21세기 진보운
동의 기획』, 문화과학사, 245~247).

1998년 김진균은 무엇보다 실업 문제에 유의했다. 그렇지 않아도 1996년 말의 노동법
개악으로 정리해고제가 실시될 수 있게 된 마당에 1997년 말의 'IMF 사태'로 더욱더 많
은 사람들이 졸지에 일자리를 잃고 실업자가 되었다. 가장의 실직으로 말미암아 가족의
해체라는 크나큰 고통을 겪게 된 사람들도 속출했고, 거리에는 나날이 노숙자들이 늘어
나서 곳곳에 무료 급식소가 생겨났다. 김진균은 '일상생활의 비인간화'를 강력히 지적하
며 국민의 생존권을 방기하는 국가의 책임을 강조했고, '중산층'의 허구를 깨고 민중의
삶을 지킬 것을 촉구했다. 그리고 여기서 나아가 김진균은 '실업자를 주체'로 여기고 적
극 보호하고 연대할 것을 민주노동운동에 대해 적극 제안했다.*
이런 김진균의 생각은 '사람을 귀중하게 받드는 것'의 중요성을 강조하는 것으로 이어졌다.
그는 오랫동안 공동체를 유지해온 사회에는 사람을 존중하는 사상이 널리 퍼져 있게 마련인
데 "왜 이 사회에는 사람을 존중하는 사상이 널리 퍼져 있지 않은가"라는 아픈 물음을 던졌다.

어떤 형태의 공동체를 오랫동안 유지해온 사회에서는 그 공동체의 인적 토대를 유지하

---

* 이에 관해 「생존권을 위한 최후 보루는」(1998년 3월), 「일상생활의 비인간화: 정리해고의 불길한 삶의 터
전」(1998년 3월), 「실업자를 주체 범주로」(1998년 여름) 등 참고. 이 글들은 『진보에서 희망을 꿈꾼다』, 박
종철출판사, 2003에 실려 있다.

고 재생산하기 위하여 인명을 존중하고 귀중하게 하는 중심가치를 살려왔다. 그렇다면 우리나라도 역사가 반만년이라고 일컬어지는데, 거기에 상응해 그만한 인명존중 사상은 있었을 것이다. 그런데 지금 우리는 왜 이렇게 인간을 폭력적으로 몰아내는 지경으로까지 내몰리고 있는가?(김진균, 1998, 「사람을 귀중하게 받드는 것」, 『21세기 진보운동의 기획』, 문화과학사, 2003, 199)

김진균은 조선의 인본주의는 양반의 지배를 위한 가치로 변질되고 고착되어 동학의 인내천사상도 확산될 수 없었으며, 그 뒤에는 일제의 가혹한 지배, 독재의 혹독한 지배, 군사주의의 확산 등이 이어지며 사람을 존중하는 사상이 퍼지지 못했다고 설명했다. 그는 민주노동운동도 이런 문제에 제대로 관심을 기울이지 못했다고 지적했다. 그는 이제 실업자가 대량으로 발생하게 된 사태에 직면해서 민주노동운동은 '인간을 사회의 중심가치로 놓는 노력'을 적극 추구해야 한다고 제안했다.* 이것은 당대의 아픈 현실을 생각하면 더욱 절실하고 절박하게 다가오는 제안이다. 또한 이것은 이 사회가 진정한 성숙과 발전을 이루기 위해서는 지금 더욱더 열심히 성찰하고 추구해야 하는 제안이다.

실로 한국의 20세기 후반 자본주의 발전은 순전히 계급관계만의 장으로 진행되어 왔고, 그 정세의 마당에 군사주의적 지배가 계급갈등과 투쟁을 억압만 해 왔기 때문에 이 계급관계에 대하여 그 파국적 경향을 도덕적 지적 구상으로 억제할 수 없게 해 온 것이다. 80년대의 민주화운동과 노동자대투쟁은 일단 군사주의적 지배를 전면에서 배제시키는 효과를 가져왔다. 그 배제과정에서 정치적 기본권과 노동3권에 대한 인식을 각성하게 되었다. … 자본을 둘러싼 정치적 외피였던 군사주의를 제거하는 데 80년대의 민중민주화운동이 피흘리는 운동을 한 것이고 90년대에 이르러서는 자본주의의 계급적 구조화 문제에 정면으로 맞서게 되는 국면으로 바뀌었다. 군사주의 지배가 일단 배제되었다고 하여 인간의 가치에 대한 배려가 바로 정면으로 부각되거나 추구되는 것은 아니다. …

---

* 나아가 김진균은 민주노동운동이 세계화에 맞서는 대안운동의 성격도 가져야 한다고 제안했다. 그는 신자유주의가 퇴조하게 되자 초국적 자본이 다자간 투자협정을 추진하게 되었다고 보았으며, 이런 상황에서 한국의 민주노동운동은 "이제 직접적으로는 IMF에 대응하는 것으로의 대안적 세력운동으로 탄생하는 동시에 다중적인 '지구화'된 민주운동의 기수로서 또는 거점으로서 자리매김하기를 요구받고 있다. 곧장 북한에 대한 전략도 세워야 할 것이고, 또한 여기에도 앞으로 전지구적 전망을 하면서 이론적 기획이 세워져야 하는 것이다"라고 생각했다(김진균, 1998, 「21세기 세계질서와 아래로부터의 민중운동」, 『21세기 진보운동의 기획』, 문화과학사, 2003, 25, 44~45).

인간에 대한 배려는 인간 자체와 인간공동체의 물질적 지적 구성에 대한 인지적 인식과 판단에 이어 바로 도덕적 인식과 판단이 따라야만 가능할 것이다. 이 도덕적 인식과 판단을 단순하게 계급의 권력관계에 환원할 수 있는 것은 아니다. … 이제 실업자가 대량으로 발생하고, 따라서 실업자 문제를 사회적으로 대처해야 하는 상황에서 더욱 치열하게 인간에 대한 배려, 인간을 사회의 중심가치로서 가장 핵심적 위치에 놓는 노력을 경주해야 한다고 생각한다(김진균, 1998, 「사람을 귀중하게 받드는 것」, 『21세기 진보운동의 기획』, 문화과학사, 2003, 208~209).

진보넷과 사회진보연대

1998년 말 김진균이 대표를 맡은 두 개의 단체가 창립됐다. 하나는 '진보네트워크센터'였고, 다른 하나는 '사회진보연대'였다. 오늘날 진보네트워크센터는 정보민주주의를 위해 가장 중요한 단체가 되었으며, 사회진보연대는 신자유주의 비판에서 가장 중요한 단체가 되었다. 한편 이 무렵에 김진균은 스크린쿼터 축소 문제, 저작권 강화 문제 등에 대해서도 적극 대응하고자 했다. 김진균은 이 문제들을 문화운동의 차원을 넘어서 정의롭고 자유로운 정보사회의 형성이라는 맥락에서 성찰했다.[*]

모든 권력과 자본으로부터 독립된 자유로운 컴퓨터 통신망을 제공하는 것을 목표로 하는 '진보네트워크센터'(약칭 진보넷)는 1998년 11월 14일 창립됐다. 진보넷의 창립은 사실 컴퓨터 통신을 적극 활용한 1995년 5~6월의 한국통신 노조의 쟁의로 거슬러 올라가야 하지만, 직접적으로는 1996년 12월 26일의 노동관계법과 안기부법의 개악 날치기 통과 사건으로 거슬러 올라간다. 이에 맞서 펼쳐진 1997년 1월의 총파업을 지지하기 위해 '총파업 범국민운동본부'가 결성되었으며, 이때 '노동악법, 안기부법 전면철회를 위한 총파업통신지원단'이 구성됐다. 총파업통신지원단의 활동을 통해 한국의 사회운동은 컴퓨터 통신망의 가능성을 깨닫게 되었다. 그 결과 1997년 11월 10~11일에 서울 연세대에서 '제1회 서울 국

---

[*] 「스크린쿼터 논란과 밀레니엄 라운드」(1998), 「신자유주의시대 우리 문화산업의 대응방향에 관하여」(1999), 「저작권에 대한 인식을 새롭게 하자」(1999) 등 참조. 이 글들은 『21세기 진보운동의 기획』, 문화과학사, 2003에 실려 있다.

제노동미디어' 행사가 개최되었다. 이 행사를 계기로 사회운동 전반에 컴퓨터 통신망의 가치가 더욱 널리 알려지게 되었다. 진보넷 설립에 관한 논의는 1998년 2월 시작되어, 1998년 7월 1일 '진보네트워크센터 추진위원회'가 구성됐고, 1998년 11월 14일 진보넷이 창립됐다. 김진균은 대표를 맡아 2002년까지 활동했으며, 이종회가 실무책임을 맡아서 크게 애썼다('진보네트워크센터 설립과정'. http://act.jinbo.net/drupal/node/34).

사람들은 연로한 사회학 교수였던 김진균이 진보넷의 대표를 맡은 것에 대해 의아해했다. 그러나 내력을 살펴보면 전혀 의아해할 것이 아니었다. 그는 1960년대 서구의 사회과학에 널리 퍼졌던 사이버네틱스[*]에 대해서 공부했으며, 1970년대 그것을 적용해서 근대화에 관한 논문들을 쓰기도 했다.[**] 1973년 김진균은 여정동과 공저로 「근대화의 제조건과 사회조직에 관한 일고찰」이라는 논문을 발표했는데, 이 논문은 근대화, 근대성에 대한 기존의 주류적 논의에 대한 비판과 사이버네틱스에 대한 재해석을 통해 민주적인 경제발전과 사회조직의 방향을 제시한 것이다(김진균, 『비판과 변동의 사회학』, 한울, 1983, 81~107). 또한 김진균은 1970년대 당대의 주요 기술들의 사회적 의미에 대해 고찰하는 선구적인 논문도 썼으며, 이 논문에서 그는 정보기술이 감시기술로 사용되어 현대 사회를 '스파이체계'로 만들 수 있다는 사실을 지적했다.[***] 김진균은 제자 김현숙과 함께 1994년 2학기에 영상사회학 강의를 개설한 데 이어서 1995년 2학기에 서울대 사회학과의 영상동아리 불나비를 만들었으며(김현숙, 「비움으로써 새로움을 키워낸다」, 『벗으로 스승으로』, 문화과학사, 2005, 317~318, 322~323), 1995년 지식인연대에서 영상정보통신팀을 만들기도 했고, 1989년 1월 창립된 노동자뉴스제작단의 활동도 적극 지원했다. 김진균이 진보넷의 대표를 맡았던 것은 사실 당연한 것이었다.

한편 사회진보연대는 '민주와 진보를 위한 지식인연대'가 전환한 것이었다. 지식인연대는 김진균의 적극적인 참여를 통해 여러 공부 모임, 신자유주의에 대한 비판, 영상정보통신 활동 등을 펼쳤으나, 민중운동과 시민운동의 분화에 따라 전문가들의 참여가 저조해지고 단체들의 역량이 강화되어 독자적인 활동을 적극 펼치지 못했다. 김진균은 지

---

[*] '사이버네틱스cybernetics'는 정보기술의 발달을 배경으로 1948년에 미국의 수학자 노버트 위너Nobert Wiener가 제창한 새로운 학문이었다.

[**] 예컨대 「근대화의 제조건과 사회조직에 관한 일고찰」, 여정동과 공동집필, 1973, 『비판과 변동의 사회학』, 한울, 1983에 실려 있다.

[***] 김진균, 1978, 「테크놀로지적 사회구조론」, 『비판과 변동의 사회학』, 한울, 1983에 실려 있다.

식인연대에서 추구하는 지식인과 연대의 의미를 다음과 같이 밝혔다.

> 연대가 근대 국가에서 강조된 기반은 '정의'이다. 사실 민족국가 형태 자체가 '연대'의 한
> 형태인데, 여기서 정의가 강조된 이유가 있다. … '정의'는 추상적으로 파악되는 것이 아
> 니다. 사회 구성원 각자의 위치에서 구체적으로 인식되는 것이다. … 지식인은 자기의 처
> 지를 사회적으로 인식할 줄 알고 남의 처지를 자기의 것과 같은 것으로 공유할 줄 아는
> 사람이면서, 동시에 그 문제를 '정의'로써 풀어가고자 실천하는 사람을 일컫는 말이다.
> 우리는 새로운 세기와 새로운 통일된 민족국가를 전망해야 하고, '지구화'되는 조건에서
> 정의롭게 사는 공동체도 아울러 전망해야 한다. '지식인연대'는 그러한 전망과 실천적 과
> 제를 수립하는 데 힘껏 노력해야 할 것이다(김진균, 1997, 「연대는 삶과 운동의 기초」,
> 『진보에서 희망을 꿈꾼다』, 박종철출판사, 2003, 242~244).

지식인연대는 민중운동의 관점에서 다양한 연대활동을 상시화해서 민중의 권리를 올바로 지키는 사회를 만들고자 했으나 여러 애로가 있어서 실무력을 갖춘 진보적인 청년단체들과 결합해서 1998년 12월 4일 '사회진보를 위한 민주연대'(사회진보연대)로 전환했다.

지식인연대와 사회진보연대에 대해 당시 실무를 맡아 진행했던 유초하는 다음과 같이 회고했다.

지식인연대는 1992년 12월의 대통령 선거에서 김영삼 후보가 당선되자 진보운동의 존립공간이 협소해질 것을 우려하여 생겨난 소규모 논의집단이었다. 담론의 수준에서 진보 의제들을 체계적으로 정리해 나가고 민중운동 각 부문에서 진보적 인식틀을 확산해 나가자는 취지에서 출범했다. 김진균이 대표를 맡았고, 유초하가 실무를 맡았다. 같

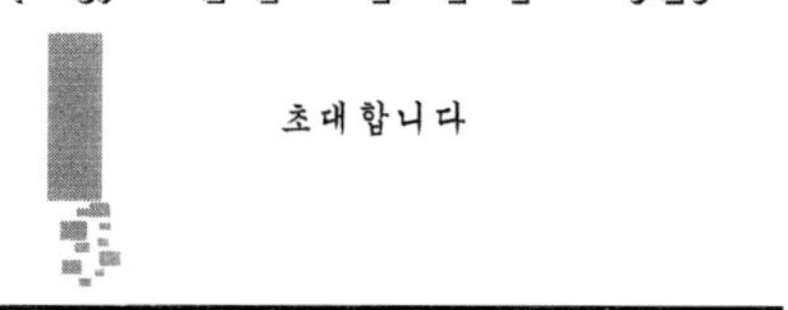

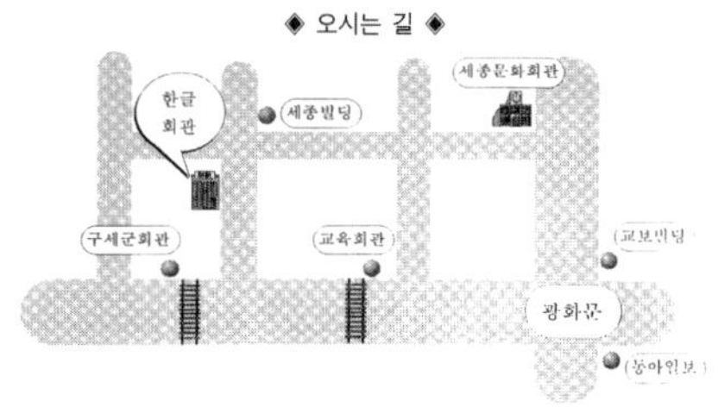

사회진보연대 창립총회 안내장

은 시기 박원순, 조희연 등이 준비하던 참여연대가 대중과의 소통을 위주로 한 데 비해 지식인연대는 상대적으로 조직활동가들의 네트워크를 강화하는 쪽에 무게를 두었다. 요컨대 참여연대가 진보적 시민운동들 지향했다면 지식인연대는 민중운동의 진보성을 유지·확산하는 노선을 모색했다. 그러한 활동을 지속해 나가던 지식인연대는 1998년 실무력을 갖춘 진보적인 청년단체와 결합해서 사회진보연대로 전환했다(유초하, 2014년 1월).

김진균은 2002년까지 사회진보연대의 대표로 활동했으며, 이종회와 홍석만 등이 사회진보연대의 정착을 위한 실무책임을 맡아 크게 애썼다. 사회진보연대는 진보적인 연구조직으로 확립되었다. 서관모는 "1990년대 말 이래 사회진보연대는 좌파 사회운동의 이론적 중심의 하나이자 실천 단위의 하나로서 그 지위를 확고히 하고 있습니다"라고 밝혔다(서관모, 「민중사회학자 김진균 선생님」, 『사회이론과 사회변혁』, 한울, 2003, vi).

김진균은 사회진보연대의 창립에 맞춰 그 과제와 의미를 밝히는 글을 썼다. 이 글에서 그는 김대중 정권과 시민운동을 강력히 비판하고 신자유주의에 맞서 민중을 위한 연대 활동을 강화할 것을 촉구했다. 그가 시민운동에 대해 이렇게 강력한 비판을 한 것은 김대중 정권의 신자유주의 개혁으로 고용 불안과 실업이 크게 악화되는 것에 대해 시민운동이 적극 맞서 싸우지 않는 것으로 판단했기 때문이었다.[*]

생각컨대, 진정한 진보의 정신과 행동이 필요한 때라고 생각합니다. 권력집단과 자본의 울타리 안에서 뿐만이 아니라 우리 주변에서조차 진보와 민주라는 이름 아래 온갖 거짓과 기만의 몸짓들이 우리를 혼란스럽게 하고 있습니다.
시상만능주의에 대한 어설픈 기대나, 합리적 시장구조에 대한 막연한 기대는 김대중 정권의 개혁에 대한 기대로 이어지고 있습니다. 시민사회단체의 많은 부분들이 이러한 환상 속에 헤매고 있습니다. 민주화운동과 진보적 운동에 관계했던 이전의 적지 않은 동지들이 이 신자유주의적 정책과의 연대를 이 시대의 진보라고 왜곡·선전함으로써 진정한 진보와 민주적 개혁에 대한 방향을 혼란스럽게 하고 있는 상태입니다. 그러한 왜곡된 논리 속에 김대

---

[*] 민중운동과 시민운동은 그냥 분화만 된 것이 아니라 상당한 대립의 성격도 가지고 있었다. 이 대립은 민중과 시민의 개념을 정의하는 것으로까지 거슬러 올라가서 검토될 필요가 있다. 민중은 시민을 포괄할 수도 있고, 시민도 민중을 포괄할 수 있다. 따라서 실질적인 대립은 구체적인 정책의 내용을 중심으로 파악되어야 한다. 이 대립은 좋은 사회라는 목표를 향한 과정의 차이일 수 있다. 여기서 민중운동과 시민운동의 연대가 중요한 과제로 떠오르게 된다.

중 정권의 참여민주주의와 노사정 합의주의가 대세인 양 추동하고 있습니다.

그러나 여전히 신자유주의 전략을 통해 자신의 기득권을 유지·확대하려는 국내외 독점 자본과 노동자·민중 사이에는 옛날보다 더욱 치열하게 대결구조가 형성되고 있습니다. 이 대립의 문제를 김대중 정권과 신자유주의를 넘어서 진보의 맥락으로 풀어가기를 요구합니다(김진균, 1998, 「민주와 진보를 위한 지식인연대 출범에 부쳐」, 『21세기 진보운동의 기획』, 문화과학사, 2003, 268~269).

김진균은 1987년의 노동자 대투쟁을 거치고 전교조와 전노협의 창립을 겪으면서 연대의 중요성을 깊이 깨달았다. 연대는 개체들이 자기를 버리고 전체를 이루는 것이 아니라 자기를 지키며 전체를 이루는 것이다. 연대는 차이를 전제로 한다. 사회적으로 연대는 주체들의 존중과 약자에 대한 배려로 이루어진다. 김진균은 연대를 단지 약자들이 자신의 힘을 강하게 하는 것을 넘어서 사회의 근원적인 구성원리라고 생각했다. 그러나 그는 연대가 '인간다운 삶의 진보'이기 위해서는 민중의 삶을 기준으로 다양한 가치들을 추구하는 방식으로 이루어져야 한다고 생각했다. 그가 추구한 '연대의 사회학'은 결국 '민족·민중의 사회학'을 전제로 하는 것이다.

차이를 인정하면서 평화롭게 연대해서 살아간다는 원칙은 '기층 민중의 삶'을 기준으로 삼아 그 문화적 질을 상승시키는 판단원칙을 의미해야 한다. 나는 이러한 원칙에 충실하게 사물을 인식하고 판단하는 것이 우리 앞에 오는 시대의 인간다운 삶의 진보일 것이라고 생각하는 것이다. 우리가 당면하고 있는 계급갈등, 성차별, 자연생태 파괴문제, 통일문제 등등이 이 기준에서 해법의 실마리를 찾아가는 것이 진보적인 전망이라고 보는 것이다(김진균, 1998, 「객관적 조건을 인식하는 비판적 안목의 문제」, 『21세기 진보운동의 기획』, 문화과학사, 2003, 246).

진보의 제도화

1999년은 1000년대가 끝나는 해라서 세계적으로 '새로운 밀레니엄'에 대한 논의가 활발히 이루어졌다. 그런데 우리에게 1999년은 진보 세력의 제도화라는 점에서 특기할 만한 해였다. 먼저 1월 6일 「교원의 노동조합 설립 및 운영 등에 관한 법률」이 국회를 통과해서 전교조가 합법화되었다. 이어서 8월 29일에 진보정당 창당준비위 발기인대회가 열려서 당명을 '민주노동당'으로 정했다. 끝으로 11월 23일 민주노총이 창립된 지 4년여만에 노동부에서 설립신고서를 교부받아 합법화되었다. 이로써 1987년 6월 항쟁을 통해 시작된 정치적 민주화에 의한 사회의 정상화가 한 고비를 넘어서게 되었다.[*]

　1999년 1월 6일 거의 10년 만에 전교조의 합법화가 이루어졌다. 김영삼 대통령의 문민정부는 OECD에 가입할 때 교원노조의 인정, 복수노조의 인정, 제3자 개입금지 조항의 폐지 등에 합의했다. 이에 따라 결국 1999년 1월 6일에 전교조의 합법화가 이루어진 것이다. 사실 전교조의 합법화는 이미 1998년 2월의 노사정 합의를 통해 계획되었던 것이기도 하다. 김진균은 이 계획이 과연 잘 실현될지에 대해 큰 경계심을 갖고 있었다.

　　전교조가 출발할 때 그 취지를 잘 이해했더라면 일천오백여 명의 교사를 해고시키는 불상사도 나지 않았을 것이고, 교육계의 민주화는 더욱 빠르게 진전되었을 것이다. 교총이 전교조 합법화를 반대하는 수천만 원의 광고를 게재하는 것을 보면 교육계에서도 돈을 펑펑 쓰는 세력이 있음을, 교육 민주화의 진전을 반대하는 세력이 만만치 않음을 알 수 있다. 1996년 말 국회에서 개악된 노동법이 1997년 초에 노동자들의 파업으로 개정되었을 때, 외국의 노동단체나 경제기구들은 한국이 OECD에 가입할 정도로 성숙했으니 당연히 기본적인 공무원 노조와 교사 노조는 합법화되리라고 믿고 있었다. 그런데 국회에서 이 두 가지 사항은 개정안에 아예 들어 있지도 않았다(김진균, 1998, 「전교조 합법화 문제」, 『진보에서 희망을 꿈꾼다』, 박종철출판사, 2003, 31~32).

　다행히 전교조의 합법화는 계획대로 이루어졌다. 그러나 정권이 바뀌자 역사를 거꾸로 돌리려는 시도가 강행되었다. 친일과 독재의 역사에 뿌리를 두고 있는 강대한 비리세력으로서 한국의 '보수' 세력은 민주화와 정상화를 최대한 무화하거나 약화하려고 한다. 2008년 2월 출범한 이명박 정권은 전교조를 무효화하려고 했으나 실패했다. 그러나 2013년 2월 출범한 박근혜 정권은 결국 2013년 10월 24일 전교조를 '법외노조'로 규정했다. 이 황당한 조치에 대해 세계교원단체총연맹(EI), 국제노동기구(ILO), OECD 등이 모

---

[*] 정치적 민주화는 사회의 정상화를 위한 전제라는 사실을 한국의 현대사에서 쉽게 확인할 수 있다. 정치적 민주화는 사회 발전을 위한 기본과제이다.

두 강력히 비판하고 나섰다.

4월 18일 진보정당 창당추진위의 결성대회가 열렸다. 이로써 '국민승리21'의 경험을 딛고 넘어서 2000년의 총선에서 진보세력의 의회 진출을 이루기 위한 민중운동의 실천이 본격적으로 시작되었다. 6월 13일에 김진균은 학계를 대표해서 진보정당 창당추진위의 공동대표로 추가 선출되었다. 그리고 8월 29일에 진보정당 창당준비위의 결성대회가 열려서 오랜 토론과 투표로 당명을 '민주노동당'으로 정했다. 민주노동당의 소식지는 그 주요 경과를 다음과 같이 전했다.

지난 8월 29일 여의도 63빌딩 국제회의장에서 전국에서 모여든 노동자·빈민·농민 2천여 명이 참석한 가운데 발기인대회를 갖고 출범한 (가칭)민주노동당 창당준비위원회(상임대표: 권영길 공동대표: 단병호, 양연수)는 하루아침에 태어난 정당이 아니다. 2년 전 대통령 선거에서 권영길 민주노총 초대위원장을 노동자·진보후보로 내세워 보수정치와 생존권 탄압에 맞서 싸웠던 민주진보세력이 그동안 깊이 있는 토론과 실천을 거쳐 탄생시킨 것이다.

98년 6·4 지방선거에서 민주노총·국민승리21 후보 23명이 당선돼 진보정당 창당에 대한 노동자·민중의 열망을 확인한 진보정당운동진영은 99년 초 제 민주진보단체 대표자들이 참여한 가운데 '진보정당 창당제안' 1,2차 원탁회의를 가지면서 논의를 본격화하기 시작했다. 이 과정에서 전국빈민연합 등의 대중조직이 조직적 참여를 결정했으며, 마침내 지난 4월 추진위원 5백명이 참석한 가운데 결성대회를 갖고 권영길 국민승리21 대표, 양연수 전빈련 의장, 이갑용 당시 민주노총 위원장, 김진균 서울대 교수를 대표로 하는 '진보정당 창당추진위원회'를 출범시켰다.[*]

진보정당 추진위는 당원 조직화에 박차를 가하는 한편, 기본 조직체계 구성과 강령·당명 제정 활동에 힘을 쏟았다. 이후 농민과 학생, 시민사회운동가, 주부 등 각계 각층 민중의 참여의 발길이 이어졌고, 마침내 1만명에 육박하는 당원이 직접 당명을 결정, '민주노동당' 창당을 온 세상에 선언했다(민주노동당, 「민주노동당 창당 추진경과」, 『호외 4호』, 1999년 11월 14일).

---

[*] 1999년 4월 18일 : 진보정당 창당추진위원회 결성대회, '노동자가 앞장서는 민중 중심의 진보정당 건설'을 결의, 권영길, 양연수, 이갑용 3인의 공동대표 선출.
1999년 6월 13일 : 진보정당 창당추진위원회 2차 대회, 학계를 대표해 김진균 교수가 공동대표로 추가 선출됨.

민주노총은 1995년 11월 11일에 창립되어 계속 합법화를 추진했으나 김영삼의 문민정부는 OECD와의 약속을 어기고 계속 거부했으나 김대중의 국민정부에서 합법화가 이루어졌다. 전태일 열사의 분신으로부터 25년 만에 전국의 수많은 민주노동조합들을 대표하는 전국민주노동종합총연맹이 결성된 것이다. 사실 민주노총의 중요성은 이미 세계적으로 잘 알려져서 5월 21일에는 미셸 캉드쉬 국제통화기금 총재가 민주노총 이갑용 위원장의 면담을 요청해서 두 사람이 만나 얘기를 나누기도 했다. 이 만남에서 이 위원장은 국제통화기금의 구조조정 요구가 과도해서 한국의 경제와 사회에 심각한 폐해를 끼친 것을 강력히 항의했다. 이에 대해 김진균은 다음과 같이 설명했다.

> 이번 캉드쉬 총재가 민주노총 위원장을 만나서 해명이나 변명을 늘어놓은 사실은 결국 민주노총 투쟁의 한 대상이 자기들임을 드러내는 일이며, 몇십 년에 걸쳐 자본주의 선진국가들의 노동조합이 체제편입의 폐쇄회로에 갇혀서 진보적 임무를 방기한 지 오래된 이 시점에 한국의 민주노동운동이 그나마 사회개혁적 노동조합운동을 줄기차게 전개함으로써 세계의 노동자들을 각성시키고 있음을 잘 알고 있기 때문인 것이다(김진균, 1999, 「민주노총 ─ IMF 구조조정 설전」, 『한국사회와 평화』, 문화과학사, 2005, 270).

그런데 김진균은 민주노총의 지도위원으로서 이미 1996년에 민주노총의 합법화에 관한 짧은 글을 발표했다. 그는 민주노총의 합법화가 전체 노동자의 단결을 강화하는 방향으로 이루어지기를 염원했다.[*] 당시의 노동 분화를 염두에 두고 쓴 이 글은 여전히 음미할 가치를 지니고 있다.

> 독립변수도 변할 수 있고 민주노총 자체도 여러 변수와 상호작용에 의해 변하게 될 것이다. 그 변하는 방향이 출범 때에 선언한 대로 전체 노동자계급의 이익을 대변하고, 그것을 정치적 세력으로 발휘하여 국민 혹은 민족 전체의 대의로 나아가는 바 진보를 향해 갈 수도 있을 것이고, 자본과 국가의 여러 작용, 그리고 노동자계급 내부의 분화와 통합 사이의 어떤 힘의 결합관계에 의해서 자본의 이익에 종속되는 통합으로 나아갈 수도 있을 것이다.

---

[*] 2002년에 발표한 글에서 김진균은 이 문제를 강하게 지적했다(김진균, 2002, 「작은 주체들의 존재 알림과 노동운동의 지형」, 『21세기 진보운동의 기획』, 문화과학사, 2003, 176~177).

...

근래에 임금협상을 두고 보면 대기업일수록 기업단위별로 협상을 빨리 끝내려는 경향이 보인다. 그러면서 해고노동자 복직문제는 임금협상과 분리해서 길게 끌고 가는 경향이다. 이것은 민주노총의 단결력, 혹은 산별노조로의 전화 의지를 약화시키는 효과를 노린 것이다. 한편 민주노총의 조직역량과 투쟁역량이 성장하면 국가와 자본은 '합법성'을 부여하는 방법과 동시에 '노총'강화 방책을 강구해서 노동계 전반을 분할통제하려는 방도를 강구할 것이다. 민주노총 자체가 변수이고 변하는 것이 강화방향이 되려면, 독립변수의 작동을 잘 살리는 동시에 상수들을 변수로 전화시키는 노력을 오직 조직역량의 강화에 초점을 두고 여러 변수의 현란한 작동에 현혹됨이 없이 나아가야 할 것이다(김진균, 「민주노총 합법화 문제와 관련하여」, 『월간 현장에서 미래를』, 9호, 한국노동이론정책연구소, 1996).

자유를 위한 기획

1999년 김진균은 다시 '민중 지향성'을 강조하고 나섰다. 1990년대 초의 '세계화' 이후 1997년의 'IMF 사태'를 겪고 1998~99년의 경제 회복에도 고용 불안과 실업이 크게 악화되어 노동자를 비롯한 민중의 삶이 크게 어려워졌기 때문이다. 김진균과 동료들은 이 상황을 무엇보다 신자유주의로 정식화하고 사회진보연대를 중심으로 이에 대해 적극 대응했다. 이와 함께 1990년대에 들어와서 계속 증가한 외국인 노동자에 대한 배려와 남북 교류 증진에 따른 북한 노동자에 대한 고려가 사회적으로 중요해졌다. 또한 IMF 사태로 더욱 확대된 탈냉전과 자본주의의 지구화에 대응하기 위해서 지구적 차원의 민중 연대가 중요해졌다. 이런 배경에서 김진균은 '민중의 연대 확장'을 강조하고 나섰다.[*]

김진균은 1999년을 맞아 한국의 지성사 100년을 성찰할 때 '근대적 기획'과 '정의'를 고려해야 한다고 생각했다. 그는 "근대 민족국가 안팎에서 정의의 문제가 제기되고 연대는 그 정의를 실현하기 위한 공동체적인 힘으로 제시되는 것"으로 파악했다(김진

---

[*] 이에 대해서는 『21세기 진보운동의 기획』에 실린 「민중 지향성과 정의에 기초하는 지성」과 『진보에서 희망을 꿈꾼다』에 실린 「평화권과 노동권을 쟁점으로 하는 새로운 통일운동의 모색」, 「민중의 연대 확장을 위한 계기로 삼자」 등 참조.

균, 1997, 「연대는 삶과 운동의 기초」, 『진보에서 희망을 꿈꾼다』, 박종철출판사, 2003, 242). 그리고 그는 정의와 연대를 모두 민중의 삶을 근거로 해야 하는 것으로 규정했다.

> 한국에서 100년 간의 지성사를 성찰하자면 두 가지가 고려되어야 할 것이다. 하나는 '근대적 기획'일 것이고, 다른 하나는 '정의'일 것이다. … '근대적 기획'이 한국에서도 우선 반봉건의 경향에 서는 것이라면, '정의'는 그 경향 속에서 민중이 저항하여 표출하는 것일 것이다. 민중의 저항이 항상 옳은 것은 아니지만, 그것을 공동체 차원에서 살펴야만 '정의'를 규정해나갈 수 있을 것이다. 그러지 않으면 지배세력에 의하여 지배되고 경색되는 정세가 지속될 것이다(김진균, 1999, 「민중지향성과 정의에 기초하는 지성」, 『21세기 진보운동의 기획』, 문화과학사, 2003, 233).

김진균은 1980년대를 '위대한 각성의 시대'라고 규정했는데, 그것은 이 시기에 이러한 민중적 정의와 연대를 적극 추구하는 주체들이 대거 등장했기 때문이지만, 그 바탕에는 이러한 주체들의 등장을 촉진한 인식의 전환이 이루어졌다. 그는 이것을 크게 두 가지로 나누어 제시했다.

> 1980년대 학계에서는 비판적 학문에 대한 지향이 나타나기 시작했는데, 이것은 물론 사회운동과 일정한 연계가 있었다. 그 하나는 한국 사회와 역사를 연구하는 데 연구대상에서 제외되어 왔던 현대사 부분과 동시에 사회주의 운동 및 민주운동 부분을 객관적인 연구대상으로 삼은 것이다. 다른 하나는 냉전-분단 체제에 의하여 금기시되었던 유물론적 인식론과 역사적 유물론을 중심으로 하는 맑스주의가 도입되었다. 이로써 세계의 현대에 존재하는 인식론, 이론, 그리고 사상이 연구의 대상이 되었으며, 또한 소원 혹은 편파적인 해석으로만 소개되던 사회주의 국가들의 역사와 사회 구성을 연구의 대상으로 삼게 되었다(김진균, 1999, 「1980년대: 위대한 각성과 새로운 주체 형성의 시대」, 『진보에서 희망을 꿈꾼다』, 박종철출판사, 2003, 70~71).

김진균은 1990년대에 들어와서 정치적 민주화와 경제성장의 효과로 이러한 인식의 전환이 크게 약화되고 진보의 목표와 전망이 크게 혼란에 빠지게 되었다고 생각했다. 그는 민주주의의 발전을 위해 민중을 중심에 두고 정의와 연대에 대해 올바른 인식의 전환을 이루어야 한다고 제시했다. 이를 위해 그는 우리가 당연하게 여기고 있는 사소한 것들과 규칙들에 대해 뒤집어 생각해보는 자세가 필요하다고 제시했다.[*] 이로써 그는 당연하게 여겨지던 다양한 분리와 배제의 구획들을 넘어서 계급, 지역, 인종, 성, 세대 등의 차이를 인정하면서 존중하는 '화이부동和而不同'의 사회를 적극 추구해야 한다고 제시했다.

> 지구촌 곳곳에서 삶의 뿌리가 뒤집혀 흔들리고 있는 민중들이 이러한 자본주의의 전체주의적 문명화 경향에 맞서서 투쟁하고 있다. 민주주의의 새로운 과제는 이러한 전체주의적 경향에 대하여 그 본질적 인식영역과 기획 차원에 새로운 인식의 전환이 일어나도록 하는 데 초점을 두어야 한다고 생각한다. …
> 일상생활에서 그 전체주의적 경향이 미세하게 규칙으로 또는 규칙성을 갖는 습속으로 규정성을 가지고 효과를 주고 있기 때문에, 사람들은 서로를 인정하고 존중해가는 삶의 방식을 찾기 위해서는 기존의 일상생활에서 사소한 것을 규정한 규칙들을 뒤집어 보는 일이 필요할 것이다. … 현재 지구촌 민중은 '지구촌' 차원에서 서로 연대해서 투쟁하는 문제를 깨닫고 있다. 실제로 20세기 국가 내에서 조절되었던 민중적 삶의 방식으로는 전 지구촌으로 뻗어가는 전체주의적 경향에 대항할 수 없음을 깨달아가고 있다. 이 대중투쟁은 계급과 인종, 지역, 성, 그리고 세대에 의하여 분리되거나 격리되어 있던 사람들을 하나의 연대로 인식케 할 것이다. 그 연대는 감성적이고 지적이고 도덕적인 정감을 갖게 하고 정의를 새롭게 인식케 할 것이다. 민주주의는 그러한 기초 위에서 차이를 인정하면서 화합해가는 새로운 생활방식(고전적으로 화이부동으로 표현되었다)을 추구하는 데서 꽃피울 수 있을 것이라고 생각한다(김진균, 1999, 「인식의 전환: 성찰적 전망」, 『21세기 진보운동의 기획』, 문화과학사, 2003, 136~137).[**]

김진균은 세계화 또는 지구화의 시대에 노동자계급보다 민중이 더욱 유효한 실천적 개념일 수 있다고 생각했다. 그는 자본주의의 지배가 지구 전역에서 전일화된 상황에서 자본에 의해 배제되는 실업자와 자본에 의해 착취되는 여성, 아동 등을 모두 포괄하는

---

[*] 이런 생각은 그가 인용하고 있듯이 미셸 푸코의 『감시와 처벌』에서 비롯된 것이다. 그런데 그는 푸코를 다산과 연결해서 다산도 푸코와 마찬가지로 세부와 규율을 강조했으며, 이런 점에서 다산도 근대를 향한 인식의 전환 또는 인식론적 단절을 추구했다고 설명했다.

[**] 이 글은 본래 「민주주의: 성찰적 전망」으로 발표되었던 것이며, 「사소한 것과 그 규율을 넘어 ― 개인의 자유로운 존재가 만인의 자유로운 존재조건이 되게 하기 위하여」를 크게 보완한 것이다.

개념으로서 민중 개념의 중요성을 강조했던 것이다. 민중의 연대를 확대하기 위해 그는 지구 전역의 다양한 사람들을 동일화의 논리로 파악하지 말고 차이를 존중할 것을, 그리고 노동자가 실업자와 연대하기 위해 '노동–소득–생계'의 연쇄를 해체시켜 생각할 것을 제안했다(김진균, 1999, 「민중의 연대 확장을 위한 계기로 삼자」, 『진보에서 희망을 꿈꾼다』, 박종철출판사, 2003, 231~241).

김진균은 이렇게 민중을 중심에 두고 민주주의에 대한 인식의 전환을 강조했으면서 다소 놀랍게도 '자유민주주의'의 가치를 강조하는 '자유를 위한 기획'을 발표했다. 이것은 두 가지 의미를 갖는 것이다. 첫째, '자유민주주의'는 모든 민주주의의 기초로서 대단히 중요하다. 둘째, '자유민주주의'조차 제대로 이루어지지 않은 상태에서 민주주의가 다 이루어진 것처럼 노동운동과 민중운동을 폄하하는 것은 대단히 잘못된 것이다. 그는 식민과 독재의 억압을 해체하기 위해 표현의 자유가 제대로 보장되어야 하고, 이런 점에서 사유민주주의가 자유와 평등과 연대를 위한 혁명의 가치를 갖고 있다고 생각했다.

나는 아직도 한국에서는 '자유민주주의' 이름으로 혁명을 꿈꿀 수도 있고 실행할 수도 있다고 생각한다. 기본권이 사회구조적으로 자리잡지 못하고 있다고 판단하기 때문이다. … 자유는 상상력의 무한한 능력이라고 생각된다. 표현의 자유는 그 상상력에 의한 결과물을 사회적으로 나타내는 자유일 것이다. 상상력이 있어야 꿈을 꿀 수 있고 그 꿈이 실현되는 사회적 개인적 조건을 상상하고 기획할 수 있을 것이다. 이 상상력이 있어야 자유와 평등과 연대라는 근대적 기본가치를 지적·정서적·도덕적 차원에서 적극적으로 추구할 수 있을 것이라고 생각한다(김진균, 1999, 「자유를 위한 기획을 꿈꾸며」, 『21세기 진보운동의 기획』, 문화과학사, 2003, 195).

전자통신 시대의 한 가지 장점은 민중의 기본권 차원의 문제를 두고 얼굴도 모르는 각국의 사람들과 교신을 하고 국제연대의 기회를 장만하고 연대회의를 단시일 내에 구성해낼 수 있다는 것이다. … 차단되어 배제되고 억압되고 적대시되던 것들이 민중의 생활 차원에서 서로 소통할 수 있는 기회가 열리고 있는 것이다. 그 열린 세상을 가자면 우리의 가슴과 마음을 열어야 한다는 생각이 절로 든다. 지난 50년은 우리를 너무 갇혀 있게 했다. 이제 스스로 풀려나도록 해야 한다. 변모하기가 너무 어려워도 갇혀 있는 데서 해방되도록 노력해야 한다고 애써 다짐해 본다(김진균, 1999, 「자유를 위한 기획을 꿈꾸며」, 『21세기 진보운동의 기획』, 문화과학사, 2003, 196~197).

민주노동당 창당

2000년 1월 초 김진균은 새 천년을 맞아 『교수신문』에 시론을 실었다. 이 짧은 글은 당시의 상황과 이에 대한 그의 인식을 압축적으로 정리해서 담고 있다. 그의 결론은 "민중적 삶이 인간적인 존엄성, 자연과의 상생적 존속성 그리고 차이를 넘어선 연대성을 확보할 수 있는 사상과 이를 추진할 세력의 형성"이었다.

19세기 후반, 서구에서는 자본주의가 부르주아 지배체제를 완성하고 세계를 자본주의권으로 편입시키고 있었다. 동시에 자본주의의 병폐와 모순을 극복하고자 하는 사상과 세력이 대두되어 결국 20세기에 접어들어 사회주의혁명이 일어났다. 자본주의에 대한 견제세력이 존재하게 된 것이다.

그러나 20세기가 지나면서 그 사회주의체제는 국가형태에서는 오히려 붕괴되고 말았다. 반면 자본주의는 이 지구촌을 완전히 장악하고 그나마 국민국가 형태에서 역사와 문화와 경제를 하나의 공동체로 조절하던 경계선마저 붕괴시키고 있다. 자본은 거대한 첨단기술의 적용에 힘입어 산업자본으로서의 위력보다도 투기적인 금융자본의 야만적 공격력을 가지고 이 세계의 온 인류의 삶을 그 기반부터 흔들어대고 있다. 자본의 세계적 지배 구상인 '다자간 투자협정안'은 OECD로부터 1999년 11월 30일 미국 시애틀에서 개막된 WTO 각료회담으로 넘겨져 지구촌을 미국에 근거한 초국적 자본의 기업이 지배하는 세상으로 추진하고 있다.

여기에 맞서는 세력은 오직 민중밖에 없다. 1998년 다자간 투자협정안을 OECD에서 체결되지 않도록 싸운 것도 세계 민중들의 연대였으며, 작년 시애틀에서의 WTO각료회담에 대항한 것도 세계 민중들의 연대였다. 이 민중 연대에는 거대한 자본이 망쳐버릴 것으로 보이는 대상과 영역, 즉 노동과 고용, 환경, 인권, 남녀차별, 인종차별에 속박되어온 민중들이 주도 세력으로 나타났다.

문제는 민중적 삶이 인간적인 존엄성, 자연과의 상생적 존속성 그리고 차이를 넘어선 연대성을 확보할 수 있는 사상과 이를 추진할 세력의 형성에 있을 것이다. 한 민족의 통일도 그러한 차원에서 진보성을 확보할 수 있도록 추구되어야 할 것이다. 과학과 기술이 인류에게 가해지는 야만적인 자본의 운동에 휩쓸려 가지 않도록 견제되어야 할 것이다. 인간이 가진 고유한 성능인 이성이 자유로운 감성과, 사람들이 함께 어울려 살아간다는 도덕성에 의하여 절제되어 이성의 폭력성이 제거되는 그러한 방향으로 세상의 구성을

살펴야 한다는 절실한 소망이 형성되어야 한다(김진균, 2000, 「새 천년을 위하여」, 『21세
기 진보운동의 기획』, 문화과학사, 2003, 222~223).

언제나 중요한 것은 올바른 인식과 실천이다. 그리고 더욱 중요한 것은 실천이다. 올바른 인식도 실천되지 않으면 결국 소용이 없다. 올바른 인식은 학자들이 주도할 수 있지만 올바른 실천은 운동가들이 중심을 이루어야 한다. 그리고 궁극적으로 양자가 모여 정당을 만들어야 한다. 김진균은 민중적 삶을 위한 정당의 형성에 힘을 쏟고 있었다. 그 결과가 새 천년의 초두에 맺어졌다. 2000년 1월 30일 마침내 민주노동당이 창당된 것이다. 민주노동당은 2000년 4월 13일의 제16대 총선에서는 원내 진출에 실패했으나, 2004년 4월 15일의 제17대 총선에서는 10명의 국회의원을 배출했다(지역 2석, 비례 8석). 2000년 총선을 앞두고 시민운동은 '낙선낙천운동'을 적극 실행했다. 이 운동은 그 자체로는 큰 성과를 거두었지만 결국 정당과 정치의 개혁에는 실패했다. 당시 김진균은 민주노동당에 대한 지지를 호소했으나 성과를 거두지는 못했다.

대장암 수술

김진균은 총선이 끝난 얼마 뒤인 2000년 4월 말 대장암 수술을 했다. 연구, 강의, 활동 등 수십 년 동안 바쁜 일정을 보내며 살았지만 그렇게 아픈 적이 없었고 건강을 잘 지켰다. 그런데 그렇지 않았던 것이다.

사실 김진균은 평생토록 병에 대해 걱정하지 않고 생활했다. 건강한 체질을 타고났고, 어린 시절부터 꾸준하게 운동을 해왔으며, 생활습관도 규칙적이고 부지런했다. 담배도 해직 초기에 끊었다. 복직 이후 활동 영역이 넓어지면서, 많은 사람들과 어울리며 과음과 과식이 우려되기는 했지만 건강을 잘 지켜냈다. 그의 건강이 악화되기 시작한 징후는 1999년부터 나타났는데, 세월이 지나감에 따라 자연스럽게 노화가 진행되어 전반적인 체력이 떨어지는 것으로 여겼을 뿐 병에 대한 우려는 하지 않았다. 2000년 3월 말의 어느 날 대장암에 걸린 것을 우연히 알게 되었다.

그날 김진균은 평소처럼 늦게까지 사람들과 어울려 얘기를 나누고 술을 한잔 하고 귀가했다. 손호철이 회의를 마치고 술을 한잔 사겠다고 해서 늦게까지 술잔을 나누게 되었다. 밤 12시가 넘어서 집에 돌아왔는데 배가 아파서 화장실에서 한참 시간을 보냈다. 그러나 계속 배가 많이 아파서 새벽에 과천의 병원으로 갔다. 그 병원에서는 진찰을 해보고는 빨리 큰 병원으로 가보는 게 좋겠다고 했다. 그래서 곧 서울대병원으로 갔다. 서울대병원의 진찰 결과는 놀랍게도 대장암 3기였다. 원체 건강해서 잘 느끼지 못했지만 그의 몸은 몇 해 전부터 심하게 병들어 있었던 것이다.[*] 서울대병원에 입원하고 사흘 뒤에 수술을 해서 대장 60cm 정도를 잘라냈다.

다행히 수술 뒤의 경과는 좋았다. 김진균은 빨리 회복해서 1주일 만에 퇴원했다. 그리고 술을 끊고, 식사를 조절하고, 규칙적으로 운동했다. 아침마다 부인 정혜영과 함께 서울대공원까지 2km 정도의 거리를 산책했다. 서울대공원 앞에는 단재 신채호 선생의 동상이 세워져 있는데 그는 이 동상 앞에서 잠시 묵념을 하고 왔다. 그런데 이 동상은 터무니없게도 1988년 『조선일보』가 주관해서 세운 것이다. 『조선일보』는 1920년대에는 민족지였으나 1933년에 방응모가 조만식으로부터 인수하고 친일과 독재의 길을 질주한 반민족·반민중·반민주의 대표 신문이다. 단재 선생이 살아 계신다면 아마도 『조선일보』의 가장 큰 적이 됐을 것이다. 『동아일보』는 단재 신채호 선생(1880~1936)의 동상 옆에 인촌 김성수(1891~1955)의 동상을 세웠다. 그는 『동아일보』의 창립을 주도했으나 1930년대 후반 이후 중요한 친일파가 되었다. 김진균은 이런 『조선일보』와 『동아일보』의 행태를 비판하는 글을 쓰기도 했다(김진균, 2001, 「어여쁜 아가씨」, 『불나비처럼』, 문화과학사, 2005, 32~35).

김진균은 수술 뒤 다시 활발히 활동했다. 그런데 8월에 좋지 않은 정기검진 결과가 나왔다. 암이 전이됐다는 판정을 받았던 것이다. 그때부터 더 조심하게 되었으나 그렇다고 당장 건강이 크게 나빠지는 것은 아니어서 그는 계속 활발히 활동했다. 한 달에 한 번 입원해서 항암치료를 받는다는 사실조차 주변에 알리지 않고 활동을 이어갔다. 주변 사람들이 암수술 이전의 건강한 상태인 것으로 믿고, 평소처럼 함께 활동하기를 원했던

---

[*] 아마도 원인은 잘못된 식습관과 스트레스였을 것이다. 그는 식사를 잘 했고, 환경을 생각해서 음식을 남기려 하지 않았다(최갑수, 「김진균과 북한산」, 『벗으로 스승으로』, 문화과학사, 2005, 297). 그러나 식습관보다는 스트레스가 더 큰 문제였을 것이다. 김진균은 잘 견디는 사람이었지만 워낙 안타까운 일들을 많이 겪어 큰 스트레스를 많이 받았다.

것이다. 그러나 그것은 큰 잘못이었다. 그때부터 활동을 거의 끊고 철저히 건강을 돌봤어야 했다. 그는 인내가 강한 사람이라서 치료에 성실히 임했다. 그러나 치료에 성실히 임하는 것만큼 일을 줄이고 스트레스를 줄이는 것이 중요했다. 세상을 위하는 마음이 그의 건강을 더욱 해치고 말았다.

한국통신 총파업

2000년 12월 한국통신의 노동자들이 파업투쟁을 벌였다. 그런데 이번에는 두 종류의 노동자들이 두 곳에서 싸웠다. 먼저 12월 13일 한국통신계약직 노조가 총파업을 시작했다. 한국통신에는 1만 명 정도의 계약직 직원들이 있었다. IMF 시태 이후 공기업의 구조조정과 민영화가 추진되면서 한국통신의 계약직 직원들은 더 늘어났다. 이런 상황에서 한국통신의 계약직 노동자들은 2000년 6월 10일에 한국통신계약직노동조합을 결성했다. 12월 초 한국통신은 7천 명의 계약직 노동자들에게 계약의 해지를 통보했다. 이에 맞서 12월 13일 한국통신계약직 노조는 계약 해지 철회, 정규직화, 동일노동 동일임금을 요구하며 파업을 시작했다.

　김진균은 한국통신의 구조조정과 민영화에 적극 맞섰지만 정규직과 비정규직의 분리에 크게 우려하면서 비정규직에 대한 지지를 더욱 강화했다. 그러나 한국통신 계약직 노조의 투쟁은 결국 좌절되고 말았다. 그 경과는 2002년 12월 간행된 『517일 간의 외침』(이운재, 정경원, 한국통신 계약직 노동조합 백서 발간위원회, 2002)이라는 제목의 백서로 정리되었다. 조합원 한 명이 517일간 매일 일기를 쓴 것이 대단히 중요한 자료가 되었다(정경원, 「노동자 역사 기록, 왜 중요하고 어떻게 할까 — 노동자 역사 한내를 창립하며」, 『노동사회』, 135호, 2008년 9월). 김진균은 이 백서의 추천사에서 이렇게 썼다.

517일 투쟁백서를 읽어 보라. 계약직 노동자들의 외로운 싸움을 읽어 보라. 노동자로 자임하는 모든 노동자들이여, 이 백서를 읽어보라. '노동자는 하나다' 이 구호가 참말인가? … 정규직 노동조합의 조합원은 현장에서 함께 일하는 사람들끼리도 차별을 즐겨하지 않았던가! 비정규직 노동자가 노동조합을 만들어 투쟁하는 데도 결코 하나로 뭉치지 않았다. '노동자는 하나다' 이 말은 거짓 구호이다. 사용자는 하나다. 사용자는 분명하다. 그것이 국가이건 사적 자본가이든. 노동자를 탄압하고 균열해서 조종하고 억압하는 데는 하나이다.

비정규직이 노동하는 사람들의 60%이다. 정규직이 다수의 비정규직을 만들어낸다면, 정규직의 부분에 기초하는 노동조합이 비정규직을 끌어안지 않는 한 '노동자는 하나다'가 아니다. 한국통신계약직노조의 투쟁과 종말은 노동운동의 정세와 나아갈 길을 시사하고 있다. 한국통신계약직노조의 투쟁을 돌이킬 수는 없어도, 그 싸움의 흔적에서 힘을 얻어야 한다. '노동자가 하나'로 되기 위해서는!!

한편 한국통신노조(정규직)는 12월 18일 처음으로 전면파업을 시작했다. 시내 대학에서 농성을 하려고 했으나 경찰의 봉쇄로 한국통신 노동자들은 명동성당에서 농성투쟁을 벌였다. 이 투쟁은 12월 22일 노사합의로 종료되었다. 한국통신노조가 전면파업 투쟁으로 큰 성과를 거두었던 것이다. 그 경위를 한국통신노조는 다음과 같이 정리했다.

총파업투쟁에까지 이르게 된 경과를 살펴보자. 한국통신노조 집행부는 2000년 단체교섭과정에서 상반기 민주노총 총파업투쟁 합류를 유보하면서까지 임금안에 대한 정부지침을 받아들였다. 이는 고용안정을 최우선 과제로 삼고 또한 이 문제를 노사 신의로 대화를 통해 해결하겠다는 집행부의 의지와 방침이었다. 이때 사장은 공개적으로 "인위적인 인력감축은 더 이상 없다"고 약속했다. 그런데 그 약속을 깨고 11월 18일 노조와 협의 없이 명예퇴직 시행공고를 낸 것이다. 이것은 무엇을 의미하는가. 이미 한국통신은 98~99년에 걸쳐 1만 2천명이 정든 일터에서 쫓겨났다. 98년 말 정부의 한국통신 구조조정 지침의 핵심은 1만 5천명의 인원감축이었고 이것을 무리하게 추진한 결과 현업에서는 일손이 달리고 노동강도는 늘고 통신서비스의 품질은 떨어져 갔다. 게다가 IMT2000·위성방송 등 신규사업으로 인해 오히려 7천명의 인원이 더 필요한 상황이었고, 2000년 한 해 당기순이익이 1조 2천억원에 이를 정도의 초우량공기업에서 더 이상의 인원감축이 불가한 상황이었다. 그런데 정부와 사측은 당초 계획인 3천명 추가 인원감축 목표를 채우기 위해 전국을 초토화한 것이다(이승민, 「한국통신노조 12월 파업」, 『노동사회』, 50호).

당시 민주노총은 성명을 발표해서 한국통신노조의 파업을 지지하고 정부와 회사의 즉각적인 개혁조치를 촉구했다. 신자유주의를 비판한 민주노총의 설명과 주장은 여전히 타당하다. 아니, '보수' 세력의 집권 이후 더욱더 타당한 것이 되고 말았다. 그러나 민주노총, 명동성당 등 각계의 연대를 받아 큰 성과를 거두고 끝난 2000년 12월 한국통신 노조의 파업은 한국통신계약직노조와 연대하지 못한 것을 비롯해서 큰 한계를 지니고 있었다. 결국 2001년 12월 한국통신은 KT로 바뀌어 민영화되었고 노조는 어용화되었으며, 많은 노동자들이 자살한 참담한 실정에 이르렀다. 김진균이 우려했던 대로 노동자들이 단결하지 못하면서 결국 문제가 계속 악화되어온 것이다.『진보평론』창간호에 발표한 글에서 그는 "노동자의 투쟁은 위대하지만, 항상 위대한 결과를 가져오는 것은 아니다"라고 썼다(김진균, 1999,「민중의 연대 확장을 위한 계기로 삼자」,『진보에서 희망을 꿈꾼다』, 박종철출판사, 2003, 240). 그의 지적은 곳곳에서 뼈아픈 사실로 확인된다.

24

진보와 통일을 위해

2001~03년

'상자이생相資以生'의 사회를 찾아서

2001년 봄 김진균은 『노나메기』 4호에 「내가 자주 읽는 시」라는 글을 썼다. 그는 사실 시를 즐겨 읽었다. 물론 단순한 서정시보다는 사회성이 강한 시들을 많이 읽었다. 그는 이 글에서 다산의 「애절양哀絶陽」이라는 유명한 시를 소개했다. 다산의 많은 사회시들 중에서도 이 시는 조선 후기의 삼정 문란을 보여주는 가슴아픈 시로 단연 손꼽힌다. 남도의 어느 가난한 평민 집에서 사내애를 낳았더니 아전이 애의 이름을 바로 군역 대상에 올려서 소를 끌고 가버렸다. 이에 그 아비가 자신의 남근을 잘라 버렸다. 다산은 이 시의 사연에 대해 다음과 같이 적었다.

이 시는 가경 계해년(순조 3년, 1803년) 가을에 내가 강진에 있으면서 지은 것이다. 갈밭에 사는 농민이 아이를 낳은 지 사흘만에 군역에 편입되고 이정이 소를 잡아갔다. 이에 그 농민이 칼을 갈아 양경을 베면서 "내가 이 물건 때문에 곤욕을 치른다"고 외쳤다. 그아내가 양경을 갖고 관문에 찾아 갔는데 아직 피가 뚝뚝 떨어지고 있었다. 그녀가 울며하소연했으나 문지기가 막았다. 내가 이 이야기를 듣고 이 시를 지었다(『여유당전서』, '애절양', 유초하 번역, 2014년 1월).

마침 길을 지나다가 이 모습을 본 다산은 '남근을 자른 것을 슬퍼한다'는 뜻의 이 시를 써서 못된 정치로 시달리는 조선 후기를 기록하고 비판했다.[*] 김진균은 다산이 "시적 감응성으로 현실을 감성적으로 인식하였고, 이에 바탕하여 세상을 개혁하는 실제적인 저서들인 『목민심서』와 경세유표』를 쓸 수 있었고, 더 나아가 형이상학적 세계도 열어갈 수 있었다고 생각한다"고 썼다. 그는 과학적 인식만 중요시한 것이 아니라 감성과 도덕도 중요시했는데 여기에도 다산의 깊은 영향이 있는 것을 알 수 있다(김진균, 2001, 「내가 자주 읽는 시」, 『21세기 진보운동의 기획』, 문화과학사, 2003, 80).

김진균이 다산의 수많은 시들 중에서 하필 「애절양」을 소개한 것은 그것이 유명한 시이기 때문만은 아니었을 것이다. 그는 비정규직과 실업자가 늘어나는 현실에서 조선 후기의 상황을 읽었던 것인지 모른다. 그리고 20년이 흘렀으나 그 진상조차 제대로 밝혀지지 않은 5월 광주 항쟁의 역사에 비감했던 것인지 모른다. 2001년 5월 광주 민중항쟁 20수년을 맞아 그가 쓴 논문이 발표되었다. 이 논문에서 그는 '근현대사를 더욱 자세하게 연구하고 밝혀서 민족 성원으로 하여금 원죄무의식과 반공무의식이 의식과 이성의 세계에서 바래지도록 할 과제'를 강조했다(김진균, 「5·18 민중항쟁과 국민국가 — 정체성과 일체성 차원에서」, 『저항, 연대, 기억의 정치1』, 문화과학사, 2003, 61). 그는 이 논문에서 친일·독재 세력에 의한 반공주의의 강요로 광주 항쟁의 역사조차 제대로 밝혀지지 않고 있을 뿐만 아니라 그 주체들이 변방화하고 있음을 찬찬히 추적해서 밝혔다.

이어서 여름에 김진균은 「자본과 근대 국가에 내재한 폭력을 인식하기 위하여」라는 제목의 논문을 『경제와 사회』에 발표했다. 이 논문은 자본과 근대 국가가 폭력을 내재하고 있는 것을 올바로 인식하고 그 전환을 적극 추구해야 한다고 제안하는 내용이다. 그가 이 논문을 쓰게 된 사회적 배경은 다음과 같은 두 가지이다. 그는 이런 상황이 착취나 배제를 악화시키는 것이 아니라 상생을 강화하는 쪽으로 이어지길 염원했다.

> 한국 사회가 당면한 문제는 크게 두 가지로 묶어 볼 수 있을 것이다. 하나는 현재 진행되고 있는 남북한의 통일 과정이다. 통일 과정이 어떤 경로나 어떤 형태로 진행될 것인가는 여러 가지 변수와 그에 따른 정세에 의해 결정될 것이다. 다른 하나는 전지구적 자본주의 전일화의 효과일 것이다. 그 직접적인 영향은 기업의 구조조정에 의한 실업자의 양산 혹은 비정규

---

[*] 「애절양」은 못된 정치는 도적보다 더 나쁘다는 말을 절절히 실감하게 해 주는 참으로 처절한 명시이다.

직 노동자의 양산과 생활의 불안정성이 고조되는 경향이다(김진균, 2001, 「자본과 근대 국
가에 내재한 폭력을 인식하기 위하여」, 『진보에서 희망을 꿈꾼다』, 박종철출판사, 2003, 111).

그런데 김진균은 이 논문을 보완해서 2001년 10월 29일에 열린 충북대 인문학연구원
주최 충북대학교 개교 50주년 기념 국제학술대회에서 기조강연으로 발표했다.[*] 그는 박
지원의 '상자이생' 사상에 의거해서 이 논문의 기조를 크게 보완했다. 본래 그는 서로 조
화롭게 평화롭게, 그러나 똑같지 않게 사는 '화이부동'을 결론으로 제시했었는데, 그것
을 서로 자원이 되어 서로 보호하고 사는 '상자이생'으로 보완했다. '화이부동'의 기반이
'상자이생'인 것이다. 이렇게 해서 김진균은 실학에서 현대 사회의 문제를 해결할 수 있
는 사상적 실마리를 찾아보고자 했다. 우리는 그가 제안한 '상자이생'의 사회관에 크게
주목할 필요가 있다. 이것은 복지국가, 협동조합과 실천적으로 깊이 연관된 것이면서
사상적으로 승화시키는 것이라고 할 수 있다.

조선조 18세기 말과 19세기 초 미래를 기획하고자 했던 일군의 실학자에 의하여 명쾌한
명제가 제시되었다. 오행은 모두 하늘이 부여한 것이고 땅이 비축한 것인데 어느 하나가
다른 것을 낳았다는 의미에서 상생이 아니라 상자함으로써 생한다. 즉 상자이생이라는
하는 것이라고 정식화하였다(『연암집』, 洪範羽翼序). 각 물질을 다른 물질의 자원이 되
게 함으로써 상생한다는 것이다. 그리하여 물이나 불, 쇠와 나무 그리고 흙의 성질을 잘
알아서 서로 자원이 되게 하면 이것을 사람은 이용하고 그리하여 후생할 수 있다는 것이
다. 사람들이 이 각 물질을 자기 이익에만 전용한다면 후생, 상생을 해 갈 수 없다고 지적
하였다. 실학자들이 제시한 민물民物이 상자함으로써 상생한다는 명제는 신분제에 의한
모순을 극복하고 새로운 사회를 구상하는 단초였다고 생각된다(김진균, 2001, 「자본과
근대국가에 내재한 폭력을 넘어 정의를 추구하기 위하여 — 상자이생을 검토함」, 『21세
기 진보운동의 기획』, 문화과학사, 2003, 62).

이성은 인간이 가진 다른 특성을 잘라내기 시작하였다. 동일화가 추구되었다. 그 동일
화 척도에서 인간을 차별화-서열화하였다. 이 이성적 판단이 자본과 근대국가 내에 동시

---

[*] 이 국제학술대회는 당시 충북대 인문학연구원 원장이었던 유초하 교수가 기획한 중요한 학술행사였으
며, 기조강연은 평화학의 창시자인 노르웨이의 요한 갈퉁 교수, 1997년 노벨 평화상 수상자인 미국의 평
화운동가 조디 윌리엄스, 그리고 김진균의 3명이었다.

에 배제와 강제 및 폭력을 내재화시켰다. … 전지구적으로 통합되는 자본주의체제와 국가형태는 상자이생의 사회구성관과는 엄청나게 괴리가 생기는 것이다. … 한쪽에 대한 착취는 상자가 될 수 없다. 생태계를 파괴하는 이용은 상자를 어긋나고 상자할 수 있는 자연적-사회적 조건을 파괴한다. 인간을 상품으로 동일화하고자 하는 자본의 운동은 그 자체가 배제와 폭력을 수반하고 있다. … 그러므로 상생의 가치는 시장과 화폐, 그리고 자본주의와 근대국가에 내재한 배제/폭력을 의심하는 데서 출발해서 검토되어야 할 것이다. 즉 상자가 살려지지 않는 상생은 불가능하다. 화이부동도 그 속에 어떤 패권이 존재한다면 불가능하다(김진균, 2001, 「자본과 근대국가에 내재한 폭력을 넘어 정의를 추구하기 위하여 ─ 상자이생을 검토함」, 『21세기 진보운동의 기획』, 문화과학사, 2003, 63).

자본제 생산양식과 근대국가에 내재한 배제/강제/폭력을 소멸시킬 수 있는 인식론적 방법은 어떻게 추구되어야 할 것인가? 현재 전지구적으로 일고 있는 세계적 민중연대의 투쟁에서 그 단초를 찾아야 할 것이다. 민중의 판단과 주장이 항상 옳거나 그 판단의 우월성이 보장되는 것은 아니다. 그렇지만 민중의 요구를 외면하면 정의를 인식해낼 수 없다. … 어떤 형태의 패권주의도, 그것이 계급지배이든 제국주의이든 이것이 배제되는 동시에 민중이 상자해서 살아가는 화이부동 사회를 형성해가는 문제가 인간이 인간의 도리를 하면서 살아가는 사회를 기획하는 일이 될 것이다(김진균, 2001, 「자본과 근대국가에 내재한 폭력을 넘어 정의를 추구하기 위하여 ─ 상자이생을 검토함」, 『21세기 진보운동의 기획』, 문화과학사, 2003, 66)

2001년에 일어난 가장 큰 사건으로는 아무래도 미국 뉴욕의 세계무역센터가 빈 라덴의 비행기 공격을 받아 파괴된 것을 꼽지 않을 수 없을 것이다. 민간 항공기를 납치해서 무차별적 공격을 가했다는 점에서 이것은 분명히 심각한 테러였다. 이 사건을 통해 세계에서 가장 강한 미국도 엄청난 공격을 당할 수 있다는 사실이 확연히 드러났다. 미국은 이런 사건에 대처하기 위해 자유를 억압하는 정책을 공공연히 강화했고, 감시기술과 군비확장을 더욱 적극 추구하게 되었다. 김진균은 '복수욕망의 세계화와 무기의 세계적 확산'이 민중의 삶을 더욱 어렵게 할 것이라고 지적했다(김진균, 2001, 「미국심장테러, 보복심, 그리고 정의를 위한 현자들의 지혜」, 『21세기 진보운동의 기획』, 문화과학사, 2003, 49). 이런 놀라운 사건을 겪고 연말에 발표한 글에서 다시 그는 세계의 민중이 서로 연대해서 살아가는 희망을 제시했다.

…결국 정의는 민중의 삶에서 그 뜻이 찾아진다… 생존권이 기본이고, 이를 지키고 확대하기 위해서는 정치적 기본권이 확대발전해야 한다. 일하고 살 권리뿐만 아니라 자기들이 규정한 대로 행복하게 살 권리가 보장되어야 한다. …
지구촌 민중은 각자가 살아온 가치가 있고, 또한 살아가면서 추구하는 가치가 있게 마련이다. 믿는 신도 결국 사람을 경건하고 가치있게 살게 하려는 구성물 중의 하나일 것이다. 서로의 필요에 의해 서로의 능력과 감성과 도덕성이 서로를 위한 자원이 되게 어울려 사는 방법이 추구되어야 할 것이다. … 국경을 넘어 서로 어울리는 지구촌이 되듯이 이 지구촌 안에 사는 민중은 서로 연대해서 살아가는 방식을 더욱 적극적으로 개발해야 할 것이다(김진균, 2001, 「연대해서 살아가기 — 그 진보적 의미를 살펴본다」, 『21세기 진보운동의 기획』, 문화과학사, 2003, 21).

강정구 교수 사건

2001년 8월 17일 평양에서 열린 '8·15 축전'에 참가한 강정구 교수가 만경대를 방문해서 방명록에 '만경대 정신 이어받아 통일 위업 이룩하자'라고 쓴 사실이 알려졌다. 8월 24일 검찰은 강정구를 비롯해서 남측 대표단 7명을 국가보안법 위반으로 구속했다. 위헌적인 국가보안법에서도 가장 문제가 큰 7조의 '고무·찬양'죄가 적용됐다. 강정구의 행위는 정부와의 서약을 어긴 것이고 방명록에 쓴 글도 논란이 될 만하다.[*] 그러나 이런 짧은 문구를 비롯한 사소한 행위들 때문에 국가보안법 위반으로 강정구를 비롯한 여러 사람들을 구속한 것은 명백한 잘못이었다.[**] 사실 한국이 OECD 회원국에 걸맞은 '선진국'이 되고자 한다면 국가보안법이라는 위헌적 괴물을 하루빨리 폐기하는 것이 옳다. 강정구의 구속은 『조선일보』가 앞장선 '햇볕정책' 중단 술책의 일환으로 이루어진 성격이 컸다. 친일·독재에 뿌리를 둔 비리 세력인 '보수' 세력은 분단을 배경으로 반공을 악용해서 이 나라를 지배해왔으며, 민주화 이후에도 계속 같은 방식으로 민주화를 무력화

---

[*] 만경대는 김일성의 생가로 알려져 있다. '만경대 정신'은 결국 '김일성 정신'을 뜻하는 것이라고 할 수 있는데, 이것을 김일성의 항일투쟁에서 비롯된 '독립 자주 정신'으로 볼 수 있지만, 전쟁을 일으켜서 수많은 사람들을 엄청난 고통 속으로 몰아넣은 사실을 은폐하고 미화하는 것으로 볼 수도 있다.
[**] 이 사건의 문제에 대해 김판수, 「만경대 정신과 비빔밥 정신」, 『오마이뉴스』, 2001년 9월 3일 참조.

하고 다시 독재화를 추구해왔다.

2001년 10월 산업사회학회는 강정구의 학문에 관한 토론회를 열었다. 이 자리에서 김진균은 한국에서 학문과 사상의 자유가 어떻게 억압되었으며, 민주화 이후에도 어떻게 억압되고 있는가를 간략히 정리하고 진보적 학문공동체의 과제를 제시했다. 이 짧은 글에서 그는 '보수' 세력의 반공 논리가 얼마나 허황되고 폭력적인 것인가를 담담하고 명확하게 설명해주었다. 진보 학문을 추구하는 후학들을 위해 여기에 그 내용을 길게 옮긴다. 자본주의, 착취 등의 용어를 사용하는 것만으로도 '이적'으로 몰렸던 야만의 시대가 있었다는 사실을 결코 잊어서는 안 된다.

1948년 이후 한국에는 차츰 민족, 민중, 무산/유산계급, 사회주의, 자본주의, 평화통일이라는 용어가 사라지기 시작했다. 1960년 4·19혁명기에 다소 복원되는가 하다가 1961년 군사쿠데타에 의하여 모두 반공이라는 국시에 의하여 청소되었다.

1970년대 법정에서 '미국은 자본주의 국가다'라는 응답을 한 피고인은 삼단논법에 의하여 '이적행위자'로 규정되었다. 다음과 같은 논리에 의해서다. 자본주의체제는 두 적대계급이 존재한다. 프롤레타리아계급의 폭력혁명에 의하여 전복된다. 이는 북괴에 동조하는 것이다.

1979년 크리스찬 아카데미 사건이 있었는데, 전말은 다음과 같다. 크리스찬 아카데미 중간집단교육 프로그램에서 한국의 노동자들이 비로소 처음으로 노동조합론, 노동운동사, 사회주의운동사 공부를 하게 되었다. 이 프로그램 담당자들이 자생적 사회주의 전복집단으로 구속 기소되었다. 사회주의가 무엇인가가 법정에서 논쟁되었다. 독일이 이적국가가 될 뻔하였다. 이 재판과정에서 '착취'라는 용어가 이적집단 규정의 단서가 된 것이 드러났다.

80년대에 들어와서 4·19 재평가에서 민중, 민족 단어가 복원되기 시작하였다. 서관모 교수의 박사논문이 한국의 계급구조를 구획하는 통계적 작업을 수행하였다. 이 작업에 힘입어 1983년 기독교사회문제연구소에서 『한국사회구조변동』을 발간하면서 '한국사회의 계급구조'가 총체적으로 기술되었다. 이로써 사회과학계에 계급연구가 폭발하였으며, 운동영역에서는 '사구체 논쟁'이 길을 열었다. 자본축적, 국가, 주변부 자본주의 그리고 소련, 중국, 북한이 연구 대상으로 들어오게 되었다 진보적인 학술연구회가 84년을 기점으로 하여 다양하게 조직되었다. 이들이 나중에 학술단체협의회를 구성하게 되었다. …

1991년 남북고위회담에서 남북 화해, 불가침, 교류협력 합의서가 이루어지고, 그 해 12

월에는 남북 비핵화가 합의되었다. 그렇지만 국가보안법은 개정되지 않았으며, 오히려 학계에 대한 감시탄압은 지속되었다. …

강교수 사건은 남북이 통일을 향해 가는 길목에서 어느 진행단계마다 그 길목에서 진행을 차단함으로써 지배블록의 실체를 인식케 하는, 말하자면 권력주체-남북관계를 규정하는 권력의 주체-를 인지케 하는 사건의 연속선상에 놓여 있다.

남북 통일과정도 민족구성원의 삶의 형태를 확대심화시키는 방향에서 새롭게 구성해 가는 과정이다. 이를 구성하는 데는 지배블록만의 규정으로 성립되는 것이 아니다. 삶의 공동체를 이루는 여러 구성원의 감정, 지성, 그리고 도덕성이 개입되는 것이다. 여기에서 지식인은 보다 객관적인 차원에서 이 새로운 구성적인 삶의 형태가 '진보적인' 것이 되도록 인식하고 판단하고 정식화시키는데 노력을 집중한다(김진균, 2001, 「학문 사상의 자유와 진보적 학문공동체의 사명」, 『21세기 진보운동의 기획』, 문화과학사, 2003, 272).

교수노조의 창립

2001년 11월 10일 서울대의 8동 대형 강의실에서 교수노조의 창립대회가 열렸다. 연세대 법대 김성한 교수는 이날의 행사를 열심히 동영상으로 기록했다. 그가 잠시 쉴 때는 홍성태가 비디오 카메라를 받아서 동영상을 찍었다. 교수 민주화운동의 새로운 출발이었다. 약간의 흥분이 없을 수 없었다. 교수노조는 민교협에서 새로운 교수 민주화운동의 핵심으로 추진했다. 1999년 전교조가 합법화되면서 전교조 대학위원회는 폐지되었고, 민교협은 독자적인 교수노조에 관한 논의를 시작했다. 여기에는 일단 두 가지 함의가 있었는데, 하나는 교수를 어떤 특별한 존재가 아니라 지식노동자로 인식해서 전체 노동운동의 내적 주체로 정립하는 것이고, 다른 하나는 사학재단이 83%를 넘는 한국의 기이한 대학 구조에서 피고용자로서 교수의 지위를 보장하는 것이다.

2001년 4월 출범한 교수노조 준비위의 위원장은 서울대 서양사학과의 최갑수 교수가 맡았고, 교수노조의 초대 위원장은 서울대 의대의 황상익 교수가 맡았다. 당시 황상익은 민교협 공동대표였으나 교수노조 위원장을 맡게 되면서 민교협 공동대표는 그만두었다. 황상익은 한국의 대표적인 의사학자이며 마라톤을 즐기는 '운동가'이기도 했다.

교수노조가 발족할 무렵에도 그는 한강에서 열린 100km 마라톤 대회에 참가해서 다른 교수들을 깜짝 놀라게 하기도 했다. 일부에서는 이제 민교협을 해체하고 교수노조로 전환해야 한다고 주장하기도 했다. 그러나 민교협과 교수노조는 긴밀하게 연결되어 있기는 하지만 그 성격과 과제가 크게 달라서 그렇게 하는 것은 잘못이었다. 김진균은 교수노조를 적극 지지하는 동시에 민교협이 계속 발전하길 원했다. 종래에 민교협이 수행하던 교권, 학교 운영 등과 관련된 문제는 모두 교수노조에서 맡게 되었으며, 민교협은 민중운동에 대한 지원을 비롯해서 민주화와 관련된 활동에 전념하게 되었다.

  김진균은 교수노조를 대단히 중요하게 생각했다. 사실 그의 2001년은 교수노조의 옹호로 시작해서 교수노조의 옹호로 끝났다. 그는 1월에 『민교협 소식지』에 「노동자로서의 교수 신분」이라는 글을 썼으며, 12월에는 「교수노조 탄압을 거두라」는 글을 『한겨레』에 썼다. 두 글은 재벌의 사학 지배와 사학재단의 비리가 갈수록 커지고 있는 현재의 상황에서 더욱더 현재성을 갖고 다가온다. 2001년에 교수노조와 관련해서 김진균이 느꼈던 고통과 그 고민은 지금 여기에서 생생한 의미를 갖고 있다. 교수노조의 창립을 본격적으로 추진한 대표자들이었던 최갑수, 황상익, 김윤자 등을 비롯해서 많은 교수들이 교수노조를 적극 지지하고 지원하던 김진균의 모습을 지금 여기에서 여전히 생생히 떠올리고 있다. 시간이 흐른다고 세상이 바뀌는 것은 아니라는 사실을 잊지 말아야 한다.

> 교수는 일단 '지식인'이라는 오래된 지위규정에서 벗어나기 힘들 것이다. 그렇지만 교수도 그 지위와 기능이 '고용된 것'으로 규정되는 면모가 드러나고 있다. 따라서 두 가지 중첩적인 자세가 요구된다. 우선 '고용된 자'로서의 자기 권리 인식과 권리함양이 과제일 것이고 동시에 교수 외의 '고용된 자'들에 대한 전반적인 인식도 필요할 것이다. … 현재 우리나라에서 교수들이 '노조'를 만들고자 하는데, 이 두 가지 차원의 문제를 과제로 삼아야 한다. 말하자면 '노조'라는 운동 차원을 도입하자면 '이론적 실천'을 넘어서는 그야말로 '사회 전반적 변혁'을 위한 실천의 영역을 과감하게 헤쳐가야 하는 과제에 당면한 것이다(김진균, 2001, 「노동자로서의 교수 신분」, 『21세기 진보운동의 기획』, 문화과학사, 2003, 200).

> 최근 교육인적자원부가 전국교수노동조합의 위원장단과 각 지역의 지부장들이 속한 대학의 총장들에게 공문을 보내 그들을 징계하고 그 결과를 보고하도록 지시했다는 보도

를 보고는 우리나라의 민주주의가 그토록 '후진적'인가 하는 부끄러움이 앞선다. 이러한 조치는 악몽같은 1970년대 유신 시절이나 1980년대 신군부 독재 시절의 권력 중심부의 변하지 않은 만용을 생각나게 한다. 아직도 우리나라 관료와 정치권 사람들은 헌법을 존중하고자 하는 의식이 이렇게 허약하기만 한가.

헌법에는 자유로운 결사권과 노동기본권이 명시되어 있다. 헌법에 명시되어 있다고 해서 일관성 있게 모든 법령이 체계화되는 것이 아니라는 논리는 반공을 국시로 내세운 지난 시대의 역사적 산물이었다. 그런데 민주화와 민족 대화합이 진행되고 있는 오늘에 와서도 국가 권력이 나서서 자주적인 노동조합의 건설을 탄압하는 건 자괴감마저 들게 하는 일이다. …

교수노조의 결성은 대학 교육을 바로 세우려는 교수들의 충정에서 비롯된 지극히 건강하고 상식적인 행동일 뿐이다. 그것은 비리와 반교육적 통제로 점철되어 이미 '대학이 아니게 된 대학'에서 교수들이 스스로 '대학의 위기'를 선언하고 대학 공동체를 살려 내려는 주체 선언이다. …

세계 10위권의 경제 수준이라면 그에 걸맞게 기본권 차원에서 인간의 행복을 보장하고 책임을 다하는 전통을 세울 수 있어야 한다. 대학을 무질서한 시장판으로 내몰고 민주화를 추구하는 교수노조를 탄압하는 것은 역사를 되돌리는 짓에 불과하다고 지탄받기에 충분하다(김진균, 2001,「교수노조 탄압을 거두라」,『진보에서 희망을 꿈꾼다』, 박종철 출판사, 2003, 52~54).

제자들과의 MT

2001년 12월 28일 김진균은 오랜만에 상도연구실 후기와 서사연 초기에 함께 공부했던 제자들과 만나 즐거운 시간을 보냈다. 감기에 걸리면 안 되었기에 김진균은 옷을 두텁게 입고 모자도 쓰고 나왔다. 여러 제자들이 모였다. 처음에는 안국동의 '동루골'에서 막걸리를 마셨고, 인사동의 '볼가'로 옮겨 맥주를 마셨다. 물론 김진균은 술을 전혀 마시지 않았다. 김진균과 제자들은 밤이 깊도록 즐겁게 많은 얘기들을 나눴다. 김진균의 건강을 걱정하던 제자들은 김진균이 술을 마시지는 못하지만 평소와 다름없는 모습으로 얘기

를 나눌 수 있어서 크게 안심했다. 그날 김진균과 제자들은 오랜만에 MT를 가기로 했다.

2002년 2월 7일 경기도 양수리 근처 북한강변으로 MT를 갔다. 서관모, 공제욱, 이경숙, 윤수종, 이지원, 박태호, 전효관, 홍성태, 안정옥, 한준, 김수진, 성기홍 등 여러 제자들이 모였다. 이지원이 상도연구실과 서사연의 사진들을 모으고 찍어서 그 변천을 보여주는 PPT를 만들어 발표했다. 어렵게 만들어진 PPT를 보고 모두 깊은 감회를 느꼈다. 1박2일 동안 김진균은 여러 사건들과 사람들에 대해 제자들에게 많은 얘기를 했다. 제자들은 그동안 듣지 못했던 김진균의 집안에 관한 이야기, 그가 만났던 사람들에 대한 이야기를 들을 수 있었다.

불안정 노동을 철폐하라

2002년 2월 26일 서울대 졸업식이 열렸다. 졸업을 축하하기 위해 모인 많은 부모·형제들로 학교가 시끌시끌했다. 그런데 그해의 졸업식은 여느 해의 졸업식과 달랐다. 발전노조와 사회보험노조의 노동자들이 경찰을 피해 서울대에서 농성하고 있었던 것이다. 아직 봄이 멀리 있는 추운 겨울에 발전노조와 사회보험노조의 노동자들은 구조조정과 민영화에 반대하며 파업을 벌였고, 가족과 함께 편히 있지 못하고 서울대에서 추위를 견디며 힘들게 싸우고 있었다. 김진균은 제자들의 졸업을 축하하고 발전노조와 사회보험노조의 집회에 참석했다. 이 자리에서는 그는 '민주노총 지도위원, 사회진보연대 대표, 서울대 교수'로 소개되었다. 그는 연대와 단결을 강조하는 연설을 했다.

여기 서울대학교는 민주노동운동의 기가 살아 움직이는 곳입니다. 여기 모이신 노동자 동지 여러분, 이 기운을 잘 타서야 합니다. 교수노조는 지난 2월 23일 대의원대회를 열고 상급단체로서 민주노총에 가입하기로 결의하였습니다.

교수는 일반적으로 말해지듯이 '철밥통'이 아닙니다. 전국 대학교 교단에서 강의하는 사람들 중에 60%는 임시직, 비정규직 노동자입니다. 그 40%인 정규직 교수도 재임용제에 의해 신분이 불안하게 흔들려 왔습니다. 교수도 여러분과 같은 반열의 노동자입니다. 이 점을 여러분이 이해하셔야 합니다.

교육은 철도 전기 가스 및 사회보험과 마찬가지로 공공성 기초에 관련된 것입니다. 지금 이 공공성이 심히 흔들히고 훼손되고 있습니다.

저를 아까 사회진보연대 대표라고 소개하였습니다. 사회진보연대는 몇 년 동안 공공성에 대해 고민하고 공공노동운동에 연대해 왔습니다. 발전노동자 여러분 중에는 요즘 사회진보연대의 활동가가 눈부시게 여러분을 연대하고 있는 사실을 아는 분도 계실 것입니다. 사회진보연대는 확실히 여러분과 연대하고 있습니다.

여러분, 제가 오랫동안 민주노동운동을 지켜보면서, 사회운동에 동참해 가면서 한 가지를 명확히 절실하게 인식하고 있습니다. 민주노동운동이 활력을 가지고 뚫고 나가는 데는 '단결 투쟁', 아까 여러분이 불렀던 노래, '철의 노동자'에 나오는 '단결 투쟁'만이 길이라는 것입니다. 여러분, 노동자 동지 여러분, '단결 투쟁'!!!(김진균, 2002, 「발전노조 연대사」, 『불나비처럼』, 문화과학사, 2005, 85).

김진균이 '노동자 동지'라고 말한 것은 결코 그럴 듯한 '수사'가 아니었다. 이미 1980년대 말부터 김진균은 자신을 노동자라고 생각했으며, 그가 교수노조의 설립에 적극 나선 것도 이 때문이었다. 백기완은 이에 관한 이야기를 생생히 글로 썼다.

벌써 열 다섯 해쯤 되어가는 싶다. 어느날 노동자대회에서 김 교수와 함께 이런 저런 이야기를 나누며 섰는데, 어느 노동자가 김 교수한테 말을 걸어왔다. "교수님, 교수님은 대학교수 아닙니까? 그런데 우리 노동자대회라면 늘 한번도 빠지질 않으시고, 꼬박 동참하시는 이유라도 있습니까?" 이때다 김 교수가 거침없이 대답을 하는데 뭐라고 하느냐. "내가 이 노동자대회에 동참을 하다니, 나도 노동자 아니요. 교수노동자. 그래서 노동자대회를 같이 열고 있는 건데…" 나는 그만 깜짝 놀라고 말았다(백기완, 「아, 김진균 교수」, 『벗으로 스승으로』, 문화과학사, 2005, 363).

이 무렵 김진균이 가장 고심하며 추진했던 것은 비정규직 문제에 대한 대응이었다. 그는 1990년대 중반부터 이 문제로 고심했고, 2000년 12월의 한국통신 파업을 거치며 적극 참여하기 시작했다. 2000년 12월의 한국통신 파업에서 정규직과 비정규직의 차별과 갈등이 크게 드러났다. 김진균은 사회진보연대를 중심으로 노동자의 단결을 위한 활동을 본격적으로 추진했다. 그 결과 2002년 9월 14일 '전국불안정노동철폐연대'가 창립했다. 김진균은 그 출발을 적극 축하했다. 그러나 그의 마음은 사실 너무나 무거웠다. 그가 계속 우려하고 걱정했던 사태가 전혀 약화되지 않았고, 결국 비정규직 노동자들의 독자적 운동이 적극 추진될 수밖에 없게 되었다.

그 날 오후 문래동 어느 장소에서 '전국불안정노동철폐연대'가 출범하였다. 2년여 준비 끝에 이제 정식으로 일을 시작한 것이다. 이제 취업하고 있는 사람들의 반 이상을 넘어서게 된 비정규직 노동자는 1997년 이후 급속히 증대되었다. 일용직, 임시직, 간접고용과 단시간 노동, 특수고용직, 이주노동자, 장애노동자 등의 형태로 일을 하는 사람들이 생계를 위한 먹이를 구하기 위하여 일터를 찾아 전전하고 있다. 평생 직장이나 평생 직업이라는 이름이 이제는 급속히 사라지고 있다. 일하는 사람, 일하고자 하는 사람들의 3분의 2가 불안정한 노동과 생활로 가게 되는 세상이 곧 닥치고 있다. 먹이를 찾아 유랑하는 사람들로 가득 차게 되는 세상이다. …
이 불안정노동자들이 안정된 생활, 사람다운 생활을 찾아가고 또한 확보하고 그들의 삶의 질을 높이는 데 있어서 종전의 노동조합 형태의 운동만으로는 감당하기에 너무 문제가 큰 것이다. 그렇기 때문에 불안정노동을 하는 사람들이 조직을 하고 자기들의 생존적 요구를 정치적으로 조직적으로 제시해야만 한 것이다. 그 출발이 시작된 것이다(김진균, 2002, 「찔레꽃 향기는 너무 슬퍼요 — 불안정으로 내몰리는 노동자들의 삶에」, 『불나비처럼』, 문화과학사, 2003, 148~149).

　김진균은 비정규직이 늘어나는 문제에 대해 민주노총이 적극 대응해야 한다고 생각했다. 그는 민주노총이 이 문제에 적극 대응하지 않아서 "노동자끼리 연대의 힘조차 길러내지 못하고 있다"고 판단했다. 사실 그는 민주노총을 비롯한 민주노동운동이 비정규직 문제에 적극 대응하는 것을 넘어서 고성장과 민주화의 성과 위에서 나타나는 '작은 주체들'의 운동들이 큰 연대의 강물을 이룰 수 있도록 해야 한다고 제안했다. 그의 제안은 시대의 흐름을 올바로 인식한 것이었다. 그러나 그로부터 10년이 넘는 세월이 흐른 지금도 그의 제안을 제대로 이루어지지 않았다. 그것은 단지 '보수'의 힘이 강하기 때문만은 아닐 것이다. 이에 대한 성찰과 개혁은 참으로 중요한 과제이다. 김진균은 계급과 민중의 개념을 새롭게 구성해서 이 문제를 적극 돌파해야 한다고 제안했다.

민주노조로 조직된 노동자들도 97년 이후 전개된 구조조정 앞에서 그 대오가 흩어지고 균형을 일으키고 노동자끼리 연대의 힘조차 길러내지 못하고 있다. 특히 정규직과 비정규직의 균열은 자본의 운동 앞에서 더욱 깊어만 간다. 비정규 불안정노동자들은 개별 회사 차원의 투쟁을 일으키고 있으나 아직 그 자체의 전국적 차원의 조직을 만들어내지 못하고 있다. 불안정노동철폐를 위한 활동가들이 겨우 연대조직을 만들었을 뿐이다. …
큰 주체들을 중심으로 정치적 요구를 제기하던 조직형태와 사회적 메커니즘이 작은 주체들의 존재론적 요구를 담아내기가 어려운 상황으로 빠져들어 가고 있다. 사회운동진영은 이 딜레마에 직면하고 있다. 특히 산별노조 형태로 노동운동을 집결해 보조가 노력했던 민주노동운동 진영은 직접적으로는 비정규직 노동자 문제에 딜레마를 느끼고 있을 뿐만 아니라 작은 주체들의 그 변덕스러운 흐름에는 속수무책이다. 그들이 산만하게 뿜어내고 있다고 판단되는 에너지를 함께 연대의 강물에 들어오도록 하는 데는 어떤 방책도 모색하지 못하고 있는 것이다.
이제 '노동문제'를 다루는 연구소는 이러한 상황에서 민중과 계급의 구성에 대하여 진지하고 엄밀한 재규정 작업을 시작해야 한다고 생각한다. 민중을 계급 차원에서 구성했던 것은 80년대의 사회변혁적 운동지형성에 근거하였다. 그렇게 함으로써 민중연대의 운동방향을 잡아나갈 수 있었고, 그 튼튼한 기반으로서 민주적 산별노조 형태를 추구하였다. 이제는 자칫 대기업 노조가 중심이 되는 산별노조는 '노동귀족'의 모습으로 보일 수도 있게 되었다. 노동자계급에도 균형이 생기고 자본이 필요한 만큼 보장해 주는 이익에 안주해서 다른 범주의 계급적 주체를 외면하는 상황에서는 새롭게 계급과 민중의 구성을 시도해야 한다. 작은 주체들이 계급연관으로 해석되면서도 그 존재의 의의를 살려서 한 강줄기에 모여서 흘러가는 큰 줄기를 만들어내야 한다고 본다(김진균, 2002, 「작은 주체들의 존재 알림과 노동운동의 지형문제」, 『21세기 진보운동의 기획』, 문화과학사, 2003, 176~177).

원통적 사고를 하자

2002년 6월 그야말로 전국을 뜨겁게 달궜던 '한일 월드컵'이 열렸다. 김진균은 이 월드 컵에서 불필요한 동작을 최소화하는 과학적 관리법과 현지에 최대한 적응하는 마오쩌 뚱식 관리법을 읽었다. 그리고 그는 월드컵을 즐기기 위해 서울 시내에 모인 젊은이들 이 과연 '독재 타도'를 위해 모였던 1980년 5월과 1987년 6월의 젊은이들처럼 개혁을 위 한 주체가 될 수 있을 것인지 걱정했다(김진균, 2002, 「붉은 악마의 축구」, 『불나비처 럼』, 문화과학사, 2005).

그런데 이 무렵 그가 무엇보다 염두에 두고 있었던 것은 민주화운동의 성과를 올바로 정리하고 그것이 더욱더 발전시키는 것이었다. 그것은 2002년 10월 민주화운동기념사 업회가 주최한 국제 학술 심포지엄에서 「분단 반세기와 민주화운동」이라는 제목의 논 문으로 발표됐다. 그는 이 논문에서 민주화운동의 형성, 전개, 성과를 역사적으로 정리 하고, 그 과제를 '큰 주체'와 '작은 주체'의 관점에서 정리한 뒤, '원통적 인식'을 제시하고 있다. 이 논문에서 우리는 그의 사상이 원숙한 단계에 이르러 이 세상에 대한 새로운 인 식의 길을 열어가고 있었던 것을 느낄 수 있다. '원통적 인식'과 '상자이생'의 실천이 바 로 그것이다.

1980년대 후반에 드디어 큰 범주의 주체가 사회적으로 출현했다. 노동자가 가져야 할 기 본적인 노동 3권 가운데 우선 자주적인 노동조합의 결성이 가능해지면서 1990년에 전국 차원의 자주적이고 민주적인 노동운동 조직이 결성되었다.
…
1990년대 중반, 1980년대에 큰 범주로 나타난 주체들의 정치적 요구가 민주주의 발전의 기제를 확실하게 만들어내지 못하고 있는 사이에 큰 범주 아래 여러 범주의 '주체'들이 출현하기 시작했고, 이들은 '소수'이지만 자신들의 생존을 위해 독자적으로 필요로 하는 사회적 요건을 주창하기 시작했다. 국민, 민족, 계급, 여성, 어린이라는 큰 주체들이 통상적으로 '근대적 인간'의 형성이라는 정치적 규정으로 억압해 왔던 작은 주체들의 정치적 요구가 사회적으로 제기되기 시작한 것이다(김진균, 2002, 「분단 반세기와 민주화운동」, 『진보에서 희망을 꿈꾼다』, 박종철출판사, 2003, 278~280).

…

민주화운동은 거대구조에서의 주체 형성과 관련하여 한 순환을 거쳤고, 세계화된 자본주의가 새롭게 한민족 전체 사회에 미치는 거대효과에 대응하는 새로운 과제가 제시되고 있다. 이는 특별히 한민족에게 통일의 과제와 함께 제기되고 있다는 사실을 드러냈다(김진균, 2002, 「분단 반세기와 민주화운동」, 『진보에서 희망을 꿈꾼다』, 박종철출판사, 2003, 284).

…

세계화와 지구화를 '지구는 둥글다'라는 명제에서 생각해 보면, 이는 '원통圓通'적 인식 차원에 있기도 하다. 지구 어느 위치에서든지 그 위치가 주축이다. 이 원통적 사고는 지구촌 인류를 수평적 관계로 사고하게 한다. 자본주의가 전 지구적으로 획일화된다는 것은 인간을 수직적으로 위계화한다는 뜻이다. 더구나 제2차 세계대전 후에 발전한 핵무기의 우주적 관리체제를 이용해 우주공간 수만 킬로미터 상공에서 지구를 군사적으로 통제하고자 하는 시스템은 세계화를 통한 수직적 위계조직의 완성과 정치적 패권체제를 지향한다. 자본주의는 원통적 관계에 있는 사람들 사이에 '착취'가 있게 한다. 지구가 하나의 우주를 유기적으로 구성하는 한 개체라고 생각하고 원통적 단일 개체라고 인식한다면 그 속에 있는 구성요소로서의 주체들은 차이로써 균형을 이룰 것이다.

…

지구화의 어떤 위치에 있는 큰 주체들, 그리고 무수한 작은 주체들은 그들의 존재능력으로 존재영역을 확보하려 할 것이다. 작은 주체들이 자신들의 존재를 자주적으로 확보하고 집단적 창의력을 발휘하고자 하면 할수록 전체에의 획일적 일체성을 재생산하려는 기존 지배질서, 즉 세계적 통합 자본주의의 생산과 재생산 질서를 타격하는 효과를 자아낼 것이다. 차이를 인정하되 원통적 사고를 해 나가는 것이 필요하다. 그리고 작은 주체들조차 '민중'의 개념에 넣는다면, 아직은 민족국가 형태 안에 있는, 그리고 한민족처럼 통합되어야 하는 미완성의 민족국가 형태 안에 있는 민중들 사이의 연대를 통해 주체들 사이에 정치적 패권과 경제적 착취가 배제된 상자이생相資以生의 길을 뚫어갈 수 있으리라 생각해 본다(김진균, 2002, 「분단 반세기와 민주화운동」, 『진보에서 희망을 꿈꾼다』, 박종철출판사, 2003, 286~287).

마지막 강의

2002년 12월 19일 김진균은 1968년 1월부터 시작된 35년에 걸친 교수생활을 마치는 마지막 강의를 했다. 마침 그날은 제16대 대통령 선거가 실시된 날이었다.[*] 교수로서 김진균의 일은 12월 30일에 기말성적을 제출하고 석사논문을 심사한 것으로 모두 마쳤다. 그는 이 과정을 2002년 12월 31일 글로 써서 발표했다. 학자로서의 자신의 일생을 요약하고 있는 것이기에 그가 남긴 마지막 강의의 기록을 여기에 옮긴다.

젊은 시절 우리 사회가 발전해야 한다는 강박감에 사로잡혀 있었는데 하나는 민주화이고 하나는 자립경제의 발전 문제였다. 이것이 어느 정도 이루어지면 남북통일도 가능할 것이라고 믿었다. 60년의 4·19혁명은 이러한 생각에 강한 충동을 주었다고 생각된다. 전통과 합리성을 이해하는 인식문제로부터 사고가 시작되었다. 현실적으로 합리적이어야 하는 산업조직에서, 혹은 외형적 근대조직체에서 전통적인 요소들이 약화되는 것이 아니라 강화 존속되는 문제에 대하여 그냥 '과도기적 현상'이라고 설명하기는 곤욕스러운 것이었다. 이러한 딜레마를 해설하는 단서를 준 것이 70년대 말과 80년대 초기에 도입된 '생산양식' 과 한 사회구성에서도 '생산양식들간의 결합'이 가능하다는 이론이었다. 즉 자본이 잉여노동을 추출하고 잉여가치를 더 생산하기 위해서는 비 혹은 전前 합리성을 아주 교묘하게 채택하고 이를 강도높게 이용한다는 것이다. 이로써 근대화론에서 제거시켜야 한다고 강조된 연고관계, 이것이 우리 역사 문화에서는 가족주의에 근간을 두고 있는 혈연, 지연 그리고 나중에 이 성격으로 전환한 '학연'이 경제발전계획에 의하여 성장하고 있는 대기업구조에 자리잡고 있었던 것이다. 이 연고관계는 기업에서 자본의 효율성 제고에, 즉 노동자를 전통적 연고관계로 통제하는 체제로 발전하였다. 이것이 정치적으로 병폐가 된 '지역주의'로 전화 발전되었다.

이 연고주의를 해결하는 문제를 인식하기 위해서는 다른 사회적 관계의 설정을 인식해야 했다. 여기에 우리가 80년대 초반에 '계급'이라는 개념을 채택하게 되는 배경이 있다. 한국사회는 국가 전체 수준에서 자본주의가 군사독재체제와 더불어 발전하여 내부적으로 계급분화가 격심하게 진행되고 정치적 갈등이 성장하고 있는데, 이의 분출을 억제하는 방식으로 연고

---

[*] '노사모'와 같은 최초의 '정치적 팬덤'이라는 현상이 나타나면서 민주당의 노무현 후보가 한나라당의 이회창 후보를 이기고 대통령에 당선되었다. 민주화가 더욱 깊고 넓게 추진될 것이라는 기대가 커졌으나 사실은 그렇게 되지 못하고 큰 문제를 드러내고 말았다.

주의적 통제방식과 군사주의와 국가보안법을 이용한 반공이데올로기가 서로 융합하여 사회 전반에 걸쳐 억압구조를 만들어 내었다. 연고주의, 연줄망의 결속적 힘이 계급구조 전반을 횡단하여 지배하였다. 노동자 민중의 삶을 제고하고 민주화를 진행하자면 이 세 가지 억압축을 전복시키는 인식방법과 운동방향을 추구해야 했다. 우선은 계급의식이 사회 전반에 횡단해서 보편화되어야 한다고 보았다(이것은 강단이나 학계에서만의 이론적 투쟁이 아니라 사회 전반에 걸쳐서 지식을 규정하는 이데올로기 투쟁을 수반하는 것이기도 하다). 우리는 80년대 운동을 이러한 맥락에서 '변혁'을 지향한 것이라고 평가할 수 있다. 85년 대우자동차 노조의 파업이 준 충격, 그리고 87년 노동자대투쟁은 단지 노동운동 영역에서의 것처럼 보였지만 사회 전반의 전체주의적 억압구조를 균열내는 것이었다. 전노협은 87년 이후 연고주의와 반공이데올로기 통제방식을 전복시키고 나온 노동자 계급의 전국적 출현이었다. 이제 한국에서 경제영역에서 연고주의의 전통적 관계에 의한 통제방식은 계급적 출현으로 나타난 자주적 노동조합에 의하여 거의 효력을 다하고 있다. 그리고 정치영역에서도 그 효력의 수명이 다했음을 보여주고 있다.

나는 민중과 계급 개념을 지금도 폐기시키지 않고 있다. 아직 자본주의는 전지구적으로 획일화되고 있고 불안정 노동이 확산되고 있으며 남북통일의 과제에 있어서 이 개념들이 유효하다고 생각하기 때문이다.

30여 년에 걸친 인식의 변화문제와 개념의 생성과 채택문제들을 학문 내적 논리와 사회적 정세와의 관계에서 설명하였다. 학문하는 사람은 자기가 보고 있는 지식과 이론이 기층 민중의 삶에 어떤 효과를 주는가를 가늠해야 한다고 본다. 그가 한번 채택하는 개념과 이론에 대해서는 이 맥락에서 책임을 져야 하는 윤리가 있어야 한다. 기층 민중의 삶에 인간적 존엄성을 훼손하고 오직 상품으로서만 혹은 생명을 위협하는 권력의 대상자로서만 강요하는 이데올로기적 효과를 갖는지에 대해 학자가 직면하는 이론과 개념에 대해 진지해야 하고 책임을 져야 한다고 강조하였다. 이런 문제의식 때문에 그리고 이를 함께 인식하는 사람들이 출현함으로써 산업사회연구회를 한 축으로 하는 학회운동과 민교협, 사회진보연대 및 진보네트워크센터로 연결되는 사회운동이 자본과 노동을 두고 유기적 구성으로 될 수 있도록 노력할 수 있었다.

이러한 인식의 흐름에 관하여 기회가 있으면 정리해 보고자 한다. 참석자의 질문에 답하면서 이렇게도 말하였다. 앞으로 여성과 어린이를 중심에 놓지 않은 개념이나 이론은 그것이 아무리 완성도가 높더라도 반쪽에도 미치지 못할 것이다(김진균, 2002, 「마지막 강의」, 『불나비처럼』, 문화과학사, 2005, 169~173).

이렇듯 마지막 강의의 내용은 자신의 학문을 요약하는 것이었다. 여기서 우리는 그가 처음부터 강한 실천 의식을 지니고 있었던 것을 알 수 있다. 그는 강한 실천 의식을 지니고 있었기에 우리의 현실과 맞지 않는 근대화론의 이론적 문제를 예리하게 포착할 수 있었고, 우리의 현실을 개혁하기 위한 '이론적 실천'의 과정에서 민중과 계급의 개념을 만나서 적극 추구하게 되었다. 김진균은 1980년대 중반 이후 민주화 과정에서 서울대 교수인 실천가로서 널리 알려지게 되었지만 그의 실천은 학문의 발로였으며 실천을 통해 학문을 더욱 깊이 벼렸다. 그는 학문과 실천을 자신의 삶 속에서 하나로 융합시킨 사람이었다. 이 점에서 그는 남명 조식과 다산 정약용의 후계라고 할 만할 것이다. 그는 '마지막 강의'에 관한 기록을 다음과 같이 맺었다. 그가 무엇보다 원한 것은 자신이 후학들을 위한, 이 세상의 발전을 위한 거름이 되는 것이었다.

> 이렇게 마지막 강의를 했다 해서 35년간의 행적이 모두 응납되는 것은 아닐 것이다. 후학들과 젊은 활동가들이 그냥 두지 않을 것이다. 아마도 밟고 지나갈 것이다.
> 이제 극소전자기술은 모든 자료를 잘 구축해 주고 있고 인터넷은 소통망을 넓게 만들어 주고 있다. 나의 모든 자료가 한 곳에 구축되도록 해서 '밟고 지나가는 길'에 뿌려지도록 해야겠다고 돌아오는 길에서 생각한다(김진균, 2002, 「마지막 강의」, 『불나비처럼』, 문화과학사, 2005, 173).[*]

정년퇴임

2003년 2월 말 김진균은 35년에 걸친 서울대 교수생활을 모두 마치고 정년퇴임했다. 그는 자신이 서울대 교수가 되어 35년의 교수생활을 하고 정년퇴임하게 된 것을 행운으로 생각했다. 그는 정년퇴임식을 두 번 했다. 먼저 1월 10일 서울대 호암관에서 서울대 차

---

[*] 김진균의 말은 물론 소월의 시 「진달래 꽃」을 인용한 것이지만 그 내용은 사실 그람시의 말을 떠올리게 한다. 그람시는 「대화」라는 글에서 다음과 같이 썼다. "아무도 역사의 '거름'이 되고 싶어 하지는 않았다. 그러나 먼저 땅에 거름을 주지 않고 경작을 할 수가 있을까? 그러므로 경작자와 거름은 둘 다 필요한 것이다. 사람들은 추상적으로는 모두 이 사실을 인정했다. 그러나 실제에 있어서는? '거름'은 희미한 그림자로 사라져 버리곤 했다"(그람시, 이상훈 옮김, 『옥중수고』, 거름, 1986, 103). 김진균은 적극적으로 '거름'이 되고자 했다.

원의 공식적인 정년퇴임식을 했다. 이어서 1월 22일 서울대 동창회관에서 가족들, 친지들, 제자들과 함께 두번째 정년퇴임식을 했다. 그는 정년퇴임사에서 한국 사회의 과거와 현재를 돌아보고 진정한 진보를 위한 '민중-계급' 패러다임의 중요성을 다시 강조했다.* 그의 정년퇴임을 맞아 그의 글들을 모은 『21세기 진보운동의 기획』, 『진보에서 희망을 꿈꾼다』가 출간되었고, 그가 기획을 주도한 편저 『저항, 연대, 기억의 정치』 1과 2**가 출간되었으며, 또한 제자들의 정년기념논총인 『사회이론과 사회변혁』, 『노동과 발전의 사회학』이 출간되었다.

김진균은 다양한 형태의 글들을 꾸준히 써서 발표했다. 『21세기 진보운동의 기획』과 『진보에서 희망을 꿈꾼다』의 머리말에서 거듭 밝히고 있듯이, 그에게 글은 단순히 자신의 생각을 표현하는 수단이 아니라 민중이 자유롭게 살 수 있는 세상을 만들기 위한 '이론적 실천'의 발로였다. 그래서 그는 모든 글을 조심해서 중요하게 생각하고 썼다. 이제 우리가 그의 글들을 조심해서 중요하게 생각하고 읽어야 한다. 김진균은 정년퇴임사에서 민중과 계급이라는 두 개념을 여전히 핵심으로 생각하고 있으며 그 두 개념에 대해 책임을 지기 위해 최선을 다하고 있다고 밝혔다. 이런 인식 위에서 그는 분단, 장기수, 민주 열사, 노동자, 비정규직, 실업자, 여성, 어린이 등의 주체들에 대해 고민하고 진보를 이루고자 했다. 이런 관점에서 그가 말년에 핵심으로 생각한 과제는 민주주의의 확대와 심화였고, 이를 위해 그는 자본과 국가에 대한 발본적인 연구를 계속 추구했다. 그는 다음과 같이 밝혔다.

> 이제 우리는 새로운 시대를 가늠하고 대비하기 위해, 민주주의를 넓고 깊게 검토하고 실현키는 데서 실마리를 찾아가야 한다. … 인권의 범위가 넓고 깊어져야 한다는 뜻이다. 나에게는 인식을 위한 탐색의 길이 두 가지 축을 이루고 있다. 하나는 자본과 이에 동전의 양면을 이루어 온 국가를 발전적 차원에서가 아니라 모든 대상을 차별화하고 배제하고 통제하고 폭압하는 맥락에서 인식해야 한다는 것이다. 즉 자본과 국가에 내재된 폭력

---

* 김진균의 '정년퇴임사'는 그가 별세한 다음 해에 '김진균기념사업회 총서 1'로 출간된 김진균·홍성태, 『한국사회와 평화』, 문화과학사, 2005에 실려 있다. 이 평전에도 부록으로 싣는다.

** 이 두 권은 1997년에 김진균의 화갑을 축하하기 위해 한국산업사회학회(현재 비판사회학회)에서 엮어 한울출판사에서 출간한 두 권의 편저 『사회이론과 사회변혁』, 『노동과 발전의 사회학』처럼 제자들이 김진균의 정년퇴임을 축하하기 위해 글을 써서 출간한 정년퇴임 기념서의 의미를 갖고 있다.

을 철저히 인식해야 한다는 것이다. 다른 하나는 일상생활에서 혹은 이에 기반하고 있는 사회운동 맥락에서 이러한 모순이 어떻게 표출되고 있고 이를 제어하거나 극복하기 위해서는 어떻게 해야 하느냐 하는 문제를 따져 사회운동을 만들어 내거나 생성시키는 일에 관한 논의이다. 그래서 자본과 국가에 내재한 폭력을 인식하고 이를 넘어서기 위해서는 정치적 패권과 경제적 착취가 제거된 상자이생의 길이 추구되어야 한다는 명제를 세우기도 한다(김진균, 「서문」, 『21세기 진보운동의 기획』, 문화과학사, 2003).

청정서실

김진균은 정년퇴임 후 과천의 한 오피스텔에 연구실을 열었다. 연구실의 이름은 '청정서실'이었다. 그의 호인 '정정薾丁'에 대해 이반열은 '신주 출신의 장사'라는 뜻으로 해석했고, 유초하는 '무우밭의 장정'이라는 뜻으로 해석했는데, 유초하의 해석은 민중적인 의미를 강조한 것이다. 김진균은 평생 아침마다 학교의 연구실로 출근했던 것처럼 아침마다 '청정서실'로 나가서 연구하고 사람들을 만났다.

청정서실은 부인 정혜영이 평생 아껴 모은 저축으로 그의 정년퇴임에 대비해서 몇 해 전에 마련해둔 것으로서, 현직 때 사용하던 연구실과 거의 같은 면적의 작은 크기였지만, 집필과 독서에 쾌적하게 꾸며져 있었다. 김진균이 계획했던 퇴직 이후의 연구와 집필을 위한 최적의 공간이었다. 그곳에서 김진균은 병세가 악화된 2003년 여름까지 여유로운 은퇴생활을 즐겼다. 찾아오는 친구들이나 제자들을 맞이하기도 하고, 가까운 자택이나 단골 음식점에서 점심 식사를 즐긴 뒤 아내와 함께 과천 인근을 산책하기도 했다. 거의 바깥 출입을 하지 않는 대신, 매일 아침 청정서실에 출근해서 저녁까지 머물면서 독서와 집필에 몰두하며 건강관리에 힘쓰는 생활이 1년 정도 이어졌다.

김진균은 정년퇴임 뒤에도 그 전과 마찬가지로 계속 성실히 연구하고 글을 썼다. 그러나 2003년에 그가 쓴 글들은 여름을 고비로 크게 두 종류로 나뉜다. 전반기에 그는 평소와 같이 논문을 쓰고 발표하는 데 주력했다. 그러나 여름이 지나면서 병세가 다시 악화되기 시작해서 가을부터 그는 더 이상 논문을 쓰기 어렵게 되었다. 그러나 그는 2001년 8월 1일부터 진보넷에 '불나비'라는 필명으로 연재하고 있던 칼럼을 별세하기 얼마

전까지 계속 썼다. 이 칼럼들은 그의 인생 전체를 돌아볼 수 있는 귀중한 자료이자 기록이기도 하다. 그가 2003년 전반기에 쓴 논문들 중에서 「지식인 — 인식론적 단절과 사회운동」, 「사회운동의 새로운 과제」가 중요하다. 전자는 『진보평론』 15호, 2003년 봄호에 발표된 것이고, 후자는 6월 5일에 열린 '6월 항쟁 기념 토론회'에서 발표된 것이다. 전자에서 그는 민중을 위한 세상을 만드는 데서 지식인의 독자성을 강조했으며, 후자에서 그는 민주화를 위한 연대의 중요성을 크게 강조했다. 두 글은 그의 학문과 실천이 농축된 것으로서 여전히 큰 울림을 갖고 있다.

한국은 전지구적 통합자본주의에 휩쓸려 들어가고 있고 지구촌은 바야흐로 '투자의 제국'으로 치닫고 있다. 그리고 이 과정에서 세계에서 가장 마지막 단계의 통일된 '민족국가'의 건설을 맞이하고 있다. 이에 지식인 혹은 비판적이고 급진적인 지식인은 종래 냉전과 분단과 자본주의 일반의 모순을 뛰어넘는 전망을 위해 다시 '인식론적 단절'을 감행해야 할 즈음에 와 있다 .미래를 인식하는 지식인은 민중의 삶에서 인식론적 단서를 찾을 수밖에 없다고 본다. 맑스주의자들이 프롤레타리아트의 삶에서 인식의 방법을 배웠듯이 전지구적으로 획일적 지배로 가고 있는 투자의 제국에서 고통받고 있는 민중들의 삶에서 인식의 단초를 얻어야 한다. 이 인식론적 단절은 정치적 진영 안에서는 진행되기 어렵다. 진보적 정치세력이 사회적으로 자리를 잡는다고 해도 기본적이고 급진적인 인식을 담당하는 지식인은 독자적 위치를 찾을 수밖에 없을 것이다(김진균, 2003, 「지식인 — 인식론적 단절과 사회운동」, 『한국사회와 평화』, 문화과학사, 2005, 232).

우리나라 사회운동에서 가장 발전하고 있는 모습이 연대일 것이다. 87년 민주화운동과 노동자대투쟁은 사회적 연대 기반을 형성하지 못하였다. 이후 운동의 전선을 구축하는 여러 가지 실험이 있었고, 그 전선이 이끌어낸 효과도 만만치 않았다. 가장 주목되는 것은 우선 민주노동운동의 전국적 조직 발전이었다. 이에 기반하여 진보적 정치정당도 구성하였으며, 민중연대조직도 강고하게 발전해 온 것이다. 통일운동도 지평을 넓히면서 연대조직을 강화하여 남북 민간교류의 핵심을 구성하고 있다. 그 동안에 시민운동 형태도 발전하여 시민운동의 연대조직도 발전하고 있다. 물론 민중운동과 시민운동이 분화·발전하면서도 연대의 기회를 자주 만들어내고 있는 것도 한국 사회운동의 역동성을 살려주고 있다. 인권과 반전평화 문제는 어느 운동주체와도 연대할 수 있는 기반을 넓혀주고 있다.

이러한 연대는 인간의 삶 자체의 존재론적 근거이기도 하고, 따라서 사회가 형성되고 역사와 문화를 지속하는 근거이기도 하지만, 사회운동의 기반이기도 하다. 이 연대는 사람이 다른 사람의 고통을 자기의 것으로 감내하는 자세에서 나온다. 연대가 강하면 강할수록 민주화의 전망은 밝은 것이다(김진균, 2003, 「사회운동의 새로운 과제」, 『한국사회와 평화』, 문화과학사, 2005, 237~238).

김진균의 삶은, 『21세기 진보운동의 기획』 서문에서 스스로 돌이켜보고 있듯이, 일제, 해방, 분단, 전쟁, 이승만 독재, 4·19 혁명, 5·16 군사반란, 박정희 독재, 유신 쿠데타, 12·12 군사반란, 5·17 군사반란, 전두환 독재, 6월 항쟁, 민주화, 사회주의의 몰락, 자본주의의 확대, 신자유주의의 강화 등 무섭고 거대한 변화들이 계속 전개된 과정이었다. 그는 말년에 서울대의 요청으로 학생들을 위해 자신의 인생과 학문을 돌아보고 정리하는 글을 썼다. 이 글에서 그는 자신이 현실의 고통을 보면서 평생 "조심스럽게 반성하는 마음으로 지내왔다"고 썼다.

꿈이 모두 실현되지는 않는다. 또 꿈이 모두 옳았던 것도 아닐 것이다. 내가 학문해 온 길이 과연 옳았는지 그렇지 않은지도 모른다. 허물이 많았을 것이다. 4·19기념탑을 볼 때마다, 그리고 불안정한 삶에 내몰린 민중-노동자의 처절한 싸움을 볼 때마다, 이 시기에 내가 교수로서 소임을 다하고 있는지 언제나 조심스럽게 반성하는 마음으로 지내왔다면 스스로 조그만 위안이 될는지! (김진균, 「살아 숨쉬는 학문을 일구기 위해」, 『끝나지 않은 강의』, 서울대 출판부, 2003, 263)

즐거운 가족여행

2003년 여름에 김진균은 몇 차례 가족여행을 했다. 사실 김진균은 1999년부터 매년 형제들과 여행을 해서 2000년에는 통영과 거제도를, 2001년에는 남해와 지리산을, 2002년에는 대천 해수욕장을 다녀왔다. 어머니가 살아계실 때 남매들이 어머니를 모시고 많이 다녀보자는 뜻으로 이렇게 다녔다. 그러나 2003년 여름에는 김진균 자신의 삶을 정

일두 고택에서

2003년 7월 홍천 가족여행

리하는 의미가 더 컸던 것 같다.

2003년 7월 18, 19일에 미국의 워싱턴에 살고 있는 처남의 가족들이 처음으로 식구들과 함께 방한해서 함양의 본가에 들렀다. 그래서 김진균도 처남의 가족들과 함께 함양 처가(일두 정여창 고택)-지리산 콘도-화엄사의 여정으로 여행을 했다. 그는 마당을 바라보는 바깥채 툇마루에 앉아 아주 오랜만에 보는 조카와 얘기를 나눴다.

2003년 7월 28, 29일의 이틀 동안 김진균은 가족들과 홍천 여행을 했다. 가장 오랜 친구이자 매제인 박용문도, 막내 매제인 장상환도 함께 갔다. 아흔한 살이 되신 어머니와 두 살짜리 손주까지 많은 식구들이 모여서 홍천의 산골에서 즐거운 시간을 보냈다.

이어서 8월 22~24에 걸쳐 김진균은 또 가족여행을 갔다. 이번에는 진주-삼천포(1박)-함양 처가(일두 정여창 고택)-화엄사(1박)-지리산 뱀사골의 여정이었다. 이 여행은 김진균의 마지막 추억 여행이라고 할 수 있었다. 진주에 도착해서 진주성과 촉석루를 둘러보았다. 점심 식사는 진주에서 가장 좋아했던 음식인 진주 비빔밥을 진주 중앙시장 안에 있는 비빔밥 전문 식당 제일식당에서 먹었다. 진주 비빔밥은 전주 비빔밥만큼 많이 알려지지는 않았지만 시장 안에 있는 제일식당의 옆집인 기름집에서 바로 짠 참기름이 밥맛을 더욱 고소하게 느껴지게 한다. 비빔밥과 함께 나오는 쇠고기국도 별미라고 할 수 있다. 삼천포에는 부인과 여러 번 갔고 가족들과도 함께 갔던 복국집이 있다. 김진균은 삼천포의 복국집을 참 좋아했다. 삼천포에서 잠을 자고 다음날 함양의 처가로 갔다. 아이들은 대청마루며 잔디 마당에서 뛰고 뒹굴며 신나게 놀았다.

함양을 떠난 후 구례의 화엄사 앞에서 잠을 잤다. 화엄사 앞에는 욕쟁이 할머니 산채정식집이 있다. 이 집에서 저녁을 먹고 다음 날 아침에 김진균은 손주들과 화엄사를 구경했다. 김진균은 평소에는 손주들에게 군것질 거리를 잘 사주지 않았는데 이 여행에서는 음료수나 과자를 많이 사주었다. 점심 식사는 뱀사골로 들어가서 계곡에서 삼겹살 돌구이를 먹었다. 2002~03년 김진균은 지리산을 몇 번 갔는데, 그는 마지막 가족여행도 지리산에서 끝냈다. 지리산은 그에게 진정한 마음의 안식처가 아니었을까? 추억의 장소로 추억의 음식을 사먹으며 다닌 가족여행은 이전에는 없었다. 아마 김진균은 가족들과 마지막으로 하는 여행이라고 생각했던 것 같다.

김진균이 제대로 된 마지막 나들이를 한 것은 10월 13일에 작은아들과 함께 양주 회암사 터를 둘러본 것이었다. 이후 김진균은 병원에서 치료를 받느라 제대로 나들이를 할 수 없었다. 양주의 회암사는 태조 이성계가 이방원에게 권력을 내어주고 칩거를 했던 아주 큰 절이었다. 삼남매(태진, 영진, 지인)가 1999년 겨울에 고고학의 정보화를 중심으로 하는 '진인진'이라는 회사를 설립했고, 회암사 터는 '진인진'에서 정보화 사업을 진행했던 현장이기도 했기 때문에 김진균은 자식들이 어떤 사업을 하고 있는지에 대해 구체적으로 알고 싶은 마음도 있어서 그곳을 찾았던 것이다.

장임원 댁 민교협 모임

2003년 7월 김진균의 민교협 후배이자 동지인 장임원 교수가 한강 옆에 마련한 자신의 집에 민교협 교수들을 초대해서 즐거운 시간을 가졌다. 어느덧 민교협이 창립되고 16년의 세월이 흘렀다. 중년의 교수들은 흰 머리의 노년으로 접어들기 시작했다. 김진균의 건강이 가장 크게 염려되는 일이었지만 그날 김진균은 아주 편안하고 즐겁게 함께 식사하고 노래했다. 참으로 유쾌하고 즐거운 시간이었다. 저녁 무렵에 2002년 대선에서 사회당 후보로 나섰던 인하대의 김영규 교수도 합류했다. 홍성태는 초대를 받고 사진을 잘 찍어둬야 한다는 생각을 갖고 갔다. 장임원 댁에 모인 동료와 후배들은 김진균이 암을 이기고 건강을 되찾은 것으로 생각했다.

　9월의 추석 때 서울대 사회학과 85학번 제자들 몇 명이 오랜만에 선생님을 뵙고 싶다고 청정서실로 찾아갔다. 김진균은 제자들을 데리고 청계산 자락의 오리구이 집으로 갔다. 자신은 술을 안 마시고 고기도 잘 안 먹었지만 제자들에게 편하고 좋은 식당을 안내하고 평소처럼 부드럽게 얘기를 나눴다. 얘기는 산자락의 맥주집으로 옮겨서 계속 이어졌다. 그날 사정을 잘 모르는 제자들은 그의 건강이 많이 좋아졌다고 생각했지만 사실은 그렇지 않았다. 그날의 사진을 유심히 살펴보면 그의 얼굴이 이미 상당히 검어진 것을 알 수 있다. 그의 병세는 계속 악화되었다.

　2003년 10월 초순 민교협의 사무실을 신문로로 옮기고 집들이를 했다. 그런데 민교협 집들이에 온 정현백이 김진균의 안부에 대해 걱정하는 말을 했다. 최근에 병세가 많

장임원 댁 근처 한강가 언덕에서, 2003년 7월
장임원, 고철환, 강남훈, 박거용, 고철환 부인, 박영근, 유초하, 김진균, 최갑수

장임원 댁 근처의 식당에서

장임원 댁 거실에서 〈예성강〉을 열창하는 김진균

이 악화되었다는 말을 들었다는 것이었다. 다들 걱정하며 그의 건강을 빌었다. 얼마 뒤 상지대에서 차기 총장 추대에 관한 논의를 하던 중에 김진균을 추대하자는 의견이 많이 나와서 그에게 연락했다. 그러나 그 무렵 그는 건강이 악화되어 더 이상 바깥 활동을 하기 힘든 상태였다. 홍성태가 오랜만에 김진균에게 전화를 걸어 상지대 교수협의회의 의견을 전했더니 그는 "홍 교수, 내가 몸이 안 좋아서 아무것도 하기 어렵다, 그렇게 전해다오"라고 말했다. 그 무렵 김진균은 이미 전이된 암 때문에 급격히 병세가 악화되었다.

그러나 그는 열심히 치료를 받으면서 하던 일을 놓지 않았다. 2003년 12월 김진균은 정경원의 민주노총 취직을 위해 장문의 추천서를 작성했다. 그는 악화된 건강을 걱정하여 미안해하는 정경원을 위로하며, 정경원 개인을 위한 일이기도 하지만 민주노총 간부

들에게 노동운동 자료 보존의 필요성을 전하기 위한 뜻도 있었음을 밝혔다. 그는 평소
에 생각했던 것들을 적극 실천하기 위해 최선을 다해 애썼다. 우리가 결코 잊지 말아야
할 것은 그가 참으로 성실하게 올바른 인식을 위해, 그리고 인식과 실천의 통일을 위해
최선을 다했다는 것이다. '김진균의 힘'은 여기서 비롯되는 것이었다.

송두율 교수 사건

2003년 9월에 독일에서 송두율(1944) 교수가 귀국했다. 그는 보수 세력에 의해 대표적
인 국외 '친북 인사'로 규정되어 귀국을 하지 못하고 있었다. 그가 귀국하자 보수 세력은
'주체사상'의 실질적인 정립자인 황장엽*의 일방적인 주장에 근거해서 송두율에 대해 거
센 '색깔론' 공격을 가했다. 김진균은 '송두율 대책위'에 참여했다. 우리는 국가보안법의
문제를 잊어서는 안 되며, 북한을 일방적으로 긍정해서도 안 된다. 어떤 민주주의의 원
리에 비추어 보더라도 북한은 민주주의가 아닌 '유사 왕조'에 가깝다. 김진균은 자유민
주주의의 기초인 사상, 학문, 표현의 자유를 옥죄는 국가보안법이 폐지되고 개방적인
토론이 이루어지기를 바랐다.**

> 국가보안법이 끈질긴 생명력을 유지하고 있는 데 대해 대한민국의 어떤 체질을 감탄하지
> 않을 수 없다. 우리나라에 국가권력 순위가 있는지는 모르겠지만, 국가 운영을 책임지고 있
> 는 숱한 정치인이 북한을 알게 모르게 가서 인사하고 반가워하고 약속하고 다짐하고 했는
> 데, 그리고 재벌급 경제인이 가서 이런 사업 저런 사업에 투자도 하고, 숱한 역사학자들이
> 가서 단군 왕릉의 단군의 뼈도 보고 오고, Korea를 Corea로 표기하자고 학술 심포지엄도 열
> 고, 정치학자들이 주축이 되는 통일학술회의가 거의 정기적으로 개최되기도 하는데, 이에

---

* 황장엽은 자기의 죄를 은폐하고 독일에서의 한국 민주화운동을 약화시키기 위해 송두율 교수를 엄청나
게 과장해서 제시했던 것으로 보인다. 1960~80년대 남북 대립의 주범이자 '주체사상'의 정립자인 황장엽
은 한국의 국립묘지에 안장되어 있다. 이것도 역시 한국 '보수' 세력의 반민족적·반민주적 문제를 잘 보
여주는 대표적인 사례이다.

** 김진균의 태도는 자유민주주의의 기초인 존 스튜어트 밀의 『자유론』(1859)에 입각한 것이다. 김진균은
사상과 표현의 자유를 보장한다는 점에서 자유민주주의의 중요성을 크게 강조했다.

대하여 이미 '국가보안법'은 실체적 효능을 내려놓은 지 꽤나 오래되었다. 그런데도 불구하고 아직 우리나라에는 '국가보안법'이 효능을 억지로 발휘할 때가 있다.

독일에서 37년 만에 조국을 찾아온 송두율 교수에 대해 국가보안법 저촉여부를 따지는 듯한 수사당국의 처사를 일방적 정보에 기초해서라도 작성해 낸 김형태 변호사의 법리적 해석의 의견서를 의의있게 이해하고 있다. 사실 그 법리적 해석을 넘어서서 허울만 남은 듯한 '국가보안법'에 매달리는 일부 정치인과 수사 당국, 그리고 창피하기조차 한 일부 언론이 낡은 반공 이데올로기의 그림자를 드리우고 송 교수에 대하여 인격적으로까지 음해하는 작태에 한심한 생각이 든다.

나는 사실 한 국가의 이성적, 인간적 성숙성은 한 사람의 개인을 자유롭고 평등하게 존재케 하는데서 가름이 난다고 본다. 우리는 그 동안 반독재 민주화운동을 전개해 왔고 북한과 만나고 접촉해서 새로운 '민족의 미래'를 만들어 내어야 하는데 전심전력 노력해 왔는데도 불구하고 아직 인간의 존엄성을 무자비하게 허무는 국가보안법을 철폐시키지 못하고 있다. 나는 줄곧 먼 타향 독일에서 조국의 배제와 냉대를 받아 오면서도 민족의 통일을 세계사적 차원에서 사고하고 진지한 학자적 자세로 이를 실천하고자 하는 송 교수의 조국에 대한 사랑을 의심치 않는다.

우리가 당면하고 있는 역사적 과정은 민주와 민족을 둘려 싸고 전개하고 있는 정세의 변화과정이 '형용모순'을 보이고 있지만, 그 과정 자체는 시대에 뒤떨어진 문제영역을 떨구어내면서 상향적 나선형의 움직임으로 나가가고 있음을 감지한다. 그렇지만 민족의 발전을 민주적으로 그리고 진보적으로 인식하는 사람들은 구체적으로 벌어지고 있는 반민주적·반역사적 성격의 사건을 척결하는 데 힘을 모아야만 이 진전이 가속할 수 있을 것이다. 그 기미를 송두율 교수 문제에서 감지하는 것이다(김진균, 2003, 「형용모순을 극복하는 과정 — 송 교수 문제」, 『한국사회와 평화』, 문화과학사, 2005, 290~292).

2003년 10월 14일 보수 세력의 거센 '색깔론' 공세에 대응해서 서울의 프레스센터에서 '송두율 교수 사건에 즈음한 사회원로 기자회견'이 열렸다. 이 자리에 참석한 송두율은 북한 노동당 탈당 및 독일 국적 포기의 뜻을 밝혔다. 그러나 그에 대한 보수 세력의 '색깔론' 공격은 그치지 않았다. 결국 그는 체포되어 구속되었고, 2004년 6월 2심에서 집행유예로 석방되었으며, 2008년 대법원에서 국가보안법 위반 혐의에 대해 무죄 판결을 받았다. 김진균은 평생 '반공주의'를 내세운 친일·독재 세력의 정치 공세를 강력히 비판했다. 2003년 10월 14일의 기자회견과 관련한 언론 인터뷰에서 그는 송두율이 마지막 희생자가 되기를 바랐다.

보도에 따르면, 수사당국이 송 교수의 저서를 용공혐의가 있는지 분석한다는 발표가 있었다. 학자로서 가장 가슴을 뼈아프게 만드는 게 바로 이 대목이다.

주로 학자들이 정보기관에서 조사받을 때는 주로 문건이나 책을 가지고 국가보안법 혐의로 탄압하는데, 사실 나는 송 교수의 저서를 통해 세계적 차원에서 남북문제나 민족문제를 바라보고 인식하는 데 도움을 많이 받았다. 송 교수는 아마도 한국에 머물면서 한국에서 민주화운동 하던 사람들이 얼마나 많은 고통을 받았을지 절감했을 것이다.

지금 우리는 더 넓은 마음으로 송 교수를 포용하면서 국가보안법이 낡은 껍데기에 불과하다는 것을 알게 될 것이다. 반공이데올로기와 국가보안법으로 사람을 옭아매는 건 송 교수가 마지막이 되기를 바라고, 이 땅에서 좋은 활동을 했으면 좋겠다(『오마이뉴스』, 2003년 10월 14일).

25

민중의 스승

2004년

민중의 스승

김진균은 세상을 떠나는 마지막 순간까지 자신을 보살피는 가족들에게 누가 되지 않도록 스스로를 다스렸으며, 의연하고 담담하게 무서운 병과 맞섰다. 혼미해가는 두뇌를 살리기 위해, 펜을 손에서 놓지 않고 계속 짧은 글이라도 메모하려고 했으며, 마지막 입춘을 맞이해서 立春大吉 넉 자를 붓글씨로 쓰기도 했다. 점점 짙게 다가오는 죽음의 그림자를 보면서도 그는 평생토록 가져온 당당한 자세를 흩트리지 않았고, 평상심을 유지하려 애썼으며, 삶의 의지를 포기하지 않았다.

2004년 2월 14일 오전 10시 김진균은 세상을 떠났다. 김진균은 가족들에게 마지막 말을 남기지 못했으나, 병을 견디는 과정에서 아내와 딸에게 구술과 메모를 통해 자신의 뜻을 전해두었다.

그의 시신은 곧 서울대 병원의 영안실로 옮겨졌다. 이상희, 강만길, 성대경, 이지형 등의 선배와 동료들이 후배·후학들과 논의를 한 끝에 '민중의 스승' 장으로 치르기로 했다. 사람이 죽어 그 시신을 관 속에 넣은 뒤에 관 뚜껑을 덮고 그 위에 명정銘旌이라고 하는 천을 덮는데, 명정에 쓰는 문구가 관 속에 들어가 있는 사람의 일생을 요약해서 제시하는 것이 된다. 김진균의 삶에 대한 논의의 결론이 바로 '민중의 스승'이었다. 그는 평생 민중을 위해 연구와 실천에 매진했으니, 그리고 민중의 태도로 성실히 삶을 살았으니, 그에게 가장 적합한 명정의 문구가 아닐 수 없었다. 다산연구회에서 함께 공부한 그의 친구 이지형이 '민중의 스승'이라는 문구를 명정에 썼고, 그의 관은 이 명정으로 덮여서 많은 사람들의 애도 속에 경기도 마석의 모란공원 묘지로 향했다.

많은 사람들이 서울대병원 영안실에 마련된 그의 빈소를 찾았고, '참세상'에 마련된 사이버 분향소에도 많은 사람들이 글을 남겼다. 2월 17일 아침 서울대학교 영안실을 나선 운구 행렬은 혜화동 로터리를 통해 마로니에 공원에 이르렀고, 마로니에 공원에서 많은 사람들이 모인 가운데 영결식을 치렀다. 손호철이 울부짖듯 외치는 조사에 많은 사람들이 눈물을 흘리고 말았다. 그의 몸은 전태일, 문익환, 계훈제, 박종철 등이 잠들어 있는 경기도 마석의 모란공원 민주화묘역에 안장되었다. 박종철 열사의 부친인 박정기 선생이 박종철의 묘 옆 쪽 양지 바른 언덕에 그의 묘지를 잡았다.

2005년 2월 14일 김진균의 1주기를 맞아서 '김진균기념사업회'가 발족했다. 장임원이 이사장을 맡았고, 서관모가 운영위원장을 맡았으며 홍성태가 총무를 맡았다. '김진균기념사업회'는 2005년부터 매년 학술부문과 운동부문으로 나누어 '김진균상'을 시상하고 있으며, 김진균의 학문과 실천이 널리 퍼져 상자이생의 대동사회를 만들기 위해 애쓰고 있다. 사람은 가도 기억은 남는다. 김진균의 사상을 응축한 상자이생의 대동사회는 길이 전해야 할 우리의 소중한 자산이다. 김진균은 다산을 평생 깊이 존경하고 배우고자 애썼다. 그는 다산처럼 여러 분야에서 많은 연구업적을 남기지는 않았으나 다산만큼 민중을 위해 열심히 연구하고 실천했다. 다산은 병든 사회의 개혁을 위해 연구에 매진했다. 이 점에서 김진균은 다산의 참제자였다.

2005년의 1주기를 맞아서 여러 사람들의 글을 모아 『벗으로 스승으로』라는 제목의 추모문집을 발간했다. 여기에 실린 글들은 김진균의 삶을 돌이켜 보는 중요한 자료들이다. 이제 여기에 서울대 사회학과의 후배 교수였던 임현진의 글, 박종철의 아버지 박정기의 글, 영원한 민중의 청년 투사 백기완의 글, 다산연구회의 오랜 선배이자 동지였던 강만길이 『교수신문』에 실었던 추모 글을 여기에 옮긴다.

김진균 선생님은 개인의 이익이나 목적을 마다하고 사회발전과 진보를 위해 자신을 헌신하신 분이다. 보통사람을 자처했지만 보통사람이 아니다. 선생께서는 강단의 학자로서 후학

대학로에서 열린 김진균의 영결식 - 2003년 2월 17일

김진균의 1주기 추모 행사 - 이날 비석을 세웠다.

을 가르치고 학문을 지피면서도 우리 사회의 어두운 곳곳을 찾아 빛과 소금의 역할을 주저하지 않았다. 민중의 어려움이 있는 현장이면, 그들이 학생이건 노동이건 농민이건 빈민이건 간에, 서슴지 않고 찾아 위무하고 도움을 주려 노력하였다. 역경에 처했을 때 항시 말 없이 앞장섰지만 말을 아끼었다. 자기를 내세우거나 자랑하지 않았다. 참으로 겸손하면서도 굳건한 신념을 가진 분이라고 본다. 신실하고 고담한 인품의 소유자였다(임현진, 「우리 시대의 대인 김진균 교수」, 『벗으로 스승으로』, 문화과학사, 2005, 265~266).

돌이켜보건대 선생님은 힘들고 어려웠던 시절에 노동자와 민중의 다정한 벗으로 세상을 떠나시는 날까지 함께하셨습니다. 그의 온화한 인품은 누구라도 따뜻이 맞아주었고, 그의 깊은 학문과 지혜는 억압자들의 오금을 저리게 하였으며, 태산같은 신뢰와 세상을 전망하는 혜안은 모든 사람들에게 진보라는 역사의 수레바퀴를 멈출 수 없게 하였습니다. 거목이 사라진 자리에 숲이 채워진들 그 그늘이 만분의 일이나 하겠습니까. 산허리가 잘린 듯 그저 공허하기만 합니다. 떠나신 빈 자리가 세월 따라 메워지는 것이 아니라 오히려 커지기만 하는 것은 선생님의 발자국이 넓고 깊게 우리를 감싸고 있기 때문일 것입니다(박정기, 「김진균 선생님을 추모하면서」, 『벗으로 스승으로』, 문화과학사, 2005, 190~191).

대학교수라는 지위를 이용해 출세를 좇고 지식인이라는 지위를 이용해 돈벌이와 사회적 계층 상승을 노리는 오늘의 작태들은 모두 조작된 인간상들이다. 아니 파리한 낱매(개체)로 바사진 허깨비에 다름 아니다. 여기서 우뚝 선 노동자 대학교수가 하나 있었다. 창조적 지식인이 하나 있었으니 그것이 누구일까. 바로 김진균 교수라면 이에 고개 저을 딱선이가 있을 수 있을까. 그렇다. 김 교수는 자본주의 문명의 분열공작에 정면으로 맞서 이를 분쇄하면서 통일의 알기둠을 바로 세워왔으니, 아, 김진균 교수, 김진균 교수야말로 참 통일의 알기다. 아니 세계 통일의 스승이라고 외치며 붓을 놓자고 하니 꽁꽁 언 손잔등 위에 무언가 뜨거운 것이 뚝뚝 떨어진다(백기완, 「아, 김진균 교수」, 『벗으로 스승으로』, 문화과학사, 2005, 367~368).

청정! 우리가 유명을 달리하고 당신을 추모하는 글을 쓰게 된 이 현실이 아무래도 믿어지지 않습니다. 9순 노모와 사랑하는 가족들, 그리고 좋은 벗들과 아끼던 제자들을 두고 어찌 눈을 감을 수 있었단 말입니까. 그 우람한 모습과 넉넉한 마음씨를 다시는 대할 수 없게 되었다니 회자정리나 생자필멸이 아무리 거역할 수 없는 일이라 해도 정말 안타깝고 원통하기조차 합니다.

목민심서를 번역하면서 맺어진 우리의 우정이 어느새 30년이 되었군요. 벗들이 지켜본 당신의 고난과 영광의 길은 군사독재 아래서의 크리스찬 아카데미사건 뒷바라지로 시작되어 '해직교수'로, 그리고 장례위원회가 명정에서 밝힌 대로 '민중의 스승'으로 이어졌습니다. 유족들의 슬픈 모습에 가슴이 메어지지만, 그 많은 조문객에서 거인으로서의 당신의 삶을 새삼 되새길 수 있었습니다.

청정! '해직교수' 시절 전국의 명산을 두루 찾았던 일이 어제 일처럼 생생합니다. 그럴 때마다 당신은 언제나 대열의 제일 후미에서 모든 뒤처리를 감당하는 자상한 살림꾼이었습니다. 지리산을 좋아해서 종주를 여러 번 했지요. 언젠가 산 속에서 태풍을 만나 흠씬 젖은 몸으로 유서 깊은 당신의 처가에 들려 폐를 끼치기도 하고요. 이런 일들이 다시는 되돌릴 수 없는 추억거리가 되고 말았다니 다산연구회 벗들의 당신 그리움이 한층 더해지기만 합니다.

대부분의 '해직교수'들이 학교로 돌아간 후에는 양심적 지식인으로 사는데 한정되었지만, 청정! 당신은 계속 민주화운동 및 노동운동의 현장에서 제 할 일을 다해 왔습니다. 민주화를 위한 교수협의회의 책임을 맞고 민주노총지도위원 등을 맡으면서 한편으로 제 세계관 및 역사관을 뚜렷하게 또 날카롭게 세워가기 시작했습니다. 현장 참여 자체가 학문의 선진화 및 첨예화를 가져오는 전형적인 예를 당신에게서 볼 수 있었습니다.

청정! 당신은 참으로 심지 깊고 가슴 넓은 사람이었습니다. 지금의 우리 사회에는 반민주가 보수를 사칭하고 진보가 불온이나 불측으로 오해되기도 하지만, 그런 상황에서도 진보가 곧 양심이요 정의요 평화요 나아가서 관용이나 포용이기도 함을 몸으로 보여준 사람이 당신이었습니다.

우리의 짧은 근대학문사에서는 아직 지성사가 성립되지 못하고 있습니다. 생각만이 정리된 사상사가 아니라 생각과 행동이 일치된 학문 업적을 중심으로 지성사가 엮어지는 날 '한국의 사회과학과 학문의 과제', '21세기 진보운동의 기획'등 당신의 업적은 그 뚜렷한 봉오리가 될 것이라 확신합니다.

청정! 인간의 자연수명이 길어진 지금 20년 이상 앞당겨 당신을 잃은 것은 민족사회의 장래를 위해 크나큰 손실이며 그래서 우리의 슬픔이 더하기만 합니다. 그러나 당신이 뿌려놓은 학문과 실천의 씨앗은 도도한 역사의 강을 이루고 말 것입니다. 남은 우리 모두 그 진리를 믿으면서 삼가 명복을 빕니다. 고이 잠드소서(강만길, 「菁丁 金晉均교수를 추도함 – 당신이 간 길, 역사의 강이 되어」, 『교수신문』, 2004년 2월 17일).

안녕하십니까. 날이 차갑습니다.
청정 선생님의 몸이 우리 곁을 떠나신 지 1년이 가깝습니다.
하지만 추모의 정은 더욱 깊어지기만 합니다.
임을 기리고자 하는 뜻이 모아져 지난 해 9월 '김진균기념사업회준비위원회'가 꾸려지고 많은 분들의
성심을 모으는 작업도 진행되고 있습니다.
그 결과로 꼭 1주기가 되는 2월 13일 '김진균기념사업회'를 창립하고 묘역에서는
모비제막을 겸한 1주기 추모식을 갖습니다.
그리고 선생님의 영전에 유고집 불나비처럼 과 추모문집을 헌정합니다.
선생님의 밝고 넉넉한 모습은 우리들 가슴에 여전히 민중의 스승으로 남아있습니다.
여러분을 모시어 함께한 자리에서 선생님을 추모하고 희망을 만들어 내고자 합니다.
많은 참여를 삼가 부탁드립니다.

2005. 2. 김진균기념사업회준비위원회 대표 장임원 드림

김진균기념사업회 창립총회
2005. 2. 13. 일요일 오전 11시 서울대 보건대학원 강당
(지하철4호선 3번출구)

청정 김진균 선생 추모식 및 묘비제막식
2005. 2. 13. 일요일 오후 2시 모란공원 묘역

12시 30분 서울대 보건대학원에서 기념사업회 창립총회 후 차량으로
모란공원까지 이동합니다.
당일 준비에 필요하오니 참석하시는 경우 전화나 메일로 연락 부탁
드립니다. 11일 오전까지 알려주십시오.

홍성태 011-387-2027 / rayhope@chol.com
정경원 016-786-3782 / jkw@nodong.org

김진균기념사업회의 안내장 속지

김진균은 이 세상을 떠나는 순간까지 민중의 고통을 생각했다. 2003년은 민주화가 한층 심화될 것이라는 큰 기대를 받던 때였다. 그러나 현실은 그렇지 않았다. 세상을 자본의 먹이로 만드는 신자유주의의 공격과 손해배상 가압류라는 너무나 잘못된 반인권 정책에 시달린 노동자들의 분신이 잇따랐다. 김진균은 날로 병이 악화되고 있었으나 이 처절한 상황에 대해 분노하는 글을 썼다.[*]

정말 행복하게 이 세상을 떠나는 지인이야 친구들이 모여서 오순도순 그의 생애를 기리고 살아 있는 자들이 서로 격려한다면야 흐뭇하기조차 할 것이다.

이런 장례가 아니다. 세상을 바꾸기 위해서가 아니라 작은 잘못된 일을 고치고자 분신을 하고 끝내 죽음으로 가는 그런 사람들의 장례이다. 그 작은 사회적 모순은 억울하게 사는 사람들에게는 온 가족의 목숨을 잡아 쥔 그런 무게의 억압이자 숨통 막히게 하는 일이고 '가진 자'에게는 하루 한끼 밥값에도 해당되지 않는 작은 돈이 드는 것인데도 인간에 대해, 이웃에 대해 인색한 단지 그 이유 때문에 생기는 그런 문제인 것이다.

올해만 해도 그런 이유로 분신하고 세상을 떠난 사람들이 있다. 모두가 노동자들이다. 그리고 세상을 떠나는 나이는 아직 30대와 40대이다.

…

올해 배달호, 김주익, 곽재구, 이용석, 이해남, 이현중-이런 사람들이, 노동자들이 이 세상을 분신으로 해서 떠났다. 이역만리 멕시코에서는 농민운동활동가 한 분이 분신자살[**]하였다.

…

비정규직을 철폐하라는 절규, 그리고 손해배상청구를 철회하라는 피맺힌 절규에도 사회의, 국가의 책임 있는 자리에 있는 어느 누구도 귀를 기울이지 않았다.

---

[*] 민주화의 심화를 이룰 것으로 기대되었던 '참여정부'가 크게 실패하고 '보수'를 내세운 친일-독재 세력이 권력을 잡자 문제는 더욱 더 심하게 악화되었다. 이명박 정권의 경찰은 2009년 1월 용산에서 철거민들을 죽음으로 내몬 것에 이어 2009년 8월 평택의 쌍용자동차에서 노동자들을 죽음으로 내몰았다. 국정원, 기무사 등이 나서서 국민들을 사찰하고 여론을 조작했다.

[**] 농민운동활동가인 이경해는 멕시코 칸쿤에서 신자유주의 지구화를 강행하는 WTO에 항의해서 자신의 가슴에 칼을 찔러 자결했다.

...
아무리 장례가 엄숙하고 장엄하다고 해도 분신은 해서는 안 될 일이다. 한국 사회가 사람 목숨을 이렇게 가볍게 대접하는가? 살아 있어서 절규하는 이야기를 왜 귀담아 들으려고 하지 않는가? 우리나라가 어느 지경까지 추락하고자 하는 것인가? 내가 장례위원 명단에 들어갈 때마다 소름이 끼치는 것은 이런 연유에서이다(김진균, 2003, 「장례위원 명단이 신문 광고에 나올 때마다 소름이 끼친다」, 『불나비처럼』, 문화과학사, 2005, 248~252).

김진균은 세상을 떠나기 얼마 전인 2004년 1월 28일에 마지막 칼럼을 썼다. 이 때는 이미 스스로 펜을 잡거나 컴퓨터를 칠 수 없을 정도로 병세가 악화된 상태여서 딸 지인에게 구술해서 이 칼럼을 썼다. '덕담'이라는 제목으로 짧은 두 편의 글을 썼는데, 첫번째는 '참외 꼭지'라는 제목의 글이고, 두번째는 제목이 없이 조선시대 조희룡의 『호산외기』에서 김수팽의 일화를 옮긴 것이다. 첫번째 글에서 그는 '키다리 아저씨'의 우정에 대해 따뜻한 감사의 인사를 전했다.

키다리 아저씨는 설을 며칠 앞두고 좋아하는 친구에게 선물을 하고 싶었다.
평소에 화려하고 값비싼 것을 싫어하는 친구에게 무엇을 선물할까 궁리하다가 그가 요즘 '참외꼭지'를 좋아하는 것을 알게 되었다. 그래서 그 흔하고 흔한 참외를 사다주면 '꼭지'는 좋아하는 대로 먹으면 되리라고 생각하고 '가볍고 기쁜' 기분으로 과일 가게를 찾아 나섰다.
아뿔싸! 지금 계절이 엄동설한! 요즘 날씨가 푸근해졌다고 해도 '엄동설한'이다. 그 많이 출하되던 '성주' 참외는 거리 가게에서 눈을 씻어봐도 보이질 않는다. 그래서 평생 물건 사러 가 보지도 못한 백화점에 갔다. 그곳 가게에는 참외가 있었다.
그런데 문제는 바구니에 색깔의 구색을 맞추기 위해 빨간 '사과' 몇 개에 노란 참외 5개가 배치되어 있는 것이었다. 점원의 말로는 맛은 별로 없다고 했다. 부득이 한 바구니를 사 친구에게 가서 자초지종 이야기를 하고 양해를 구하며 선물을 내놓았다.
아, 그런데 그 참외 '꼭지' 말린 것을 찾는다는 것을 알게 되었다. 그런데 참외도 출하되지 않는데 말린 것을 또 어디서 구한단 말인가! 난감했다. 옆에서 말한다. 경동시장 한약재 거리게 가면 '없는 것이 없다'는 것이다.
이 이야기는 옛날 엄동설한에 잉어나 죽순이나 딸기를 구하는 '오륜행실도'의 이야기가

아니다. 요즘 다정한 친구에게 정성을 다하는 우정의 이야기다!(김진균, 2004, 「덕담」,
『불나비처럼』, 문화과학사, 2005, 253~254).

이 글에서 '키다리 아저씨'는 바로 전노협 초대 의장이었던 단병호를 가리킨다. 단병
호는 김진균의 병에 '참외 꼭지'가 좋다는 말을 듣고 '엄동설한'에 '참외 꼭지'를 구하기
위해 동분서주했던 것이다. 우리 선생님은 이렇게 자신을 생각하는 이들의 정성에 깊이
감사하며 따뜻한 마음으로 이 세상을 떠났다. 2004년 2월 14일 오전 10시 무렵이었다.

참고

참고

1. 1937년의 조선 주변 정세

일본은 중국과 전쟁을 시작해서 사실상 세계대전을 준비하고 있었다. 1937년 7월 7일 일본은 기습작전을 펼쳐서 베이징의 시내로 들어가는 길목에 있는 다리인 루거우차오(蘆溝橋, 노구교)를 점령했다. 흔히 '노구교 사건'으로 부르는 이 사건은 일본이 중국 침략을 본격화하기 위해 벌인 것이었다. 결국 닷새 뒤인 1937년 7월 12일 중국과 일본은 전면적인 전쟁을 시작하게 되었다. 이에 따라 일본은 한국을 병참기지로 만드는 정책을 더욱 강화하게 되었고, 한국인의 생활은 더욱 어려워지게 되었다.

2. 진주사범학교

1929년 일제 총독부는 각 도별로 관립 사범학교를 1개교씩 설치하도록 초등교원 양성 제도를 개편했다. 이에 따라 연차적으로 각 도에 관립 사범학교가 설치되었다. 진주사범학교는 1940년 4월 23일에 개교했고, 부속 소학교는 같은 해 5월 1일에 개교했다. 일제 총독부는 1941년 4월 소학교를 '국민학교'로 개칭했다. 진주사범학교는 1963년 진주교육대학으로 바뀌었고, 진주사범 부속 국민학교는 현재 진주초등학교가 되었다. 진주시 봉곡동에 자리 잡고 있는 진주초등학교는 본래 1895년 고종의 교육입국 조서로 설립된 유서 깊은 학교이다.

3. 4·19 혁명

"4·19 혁명은 대한민국에서 제1공화국 자유당 정권이 이승만을 대통령에 당선시키고
이기붕을 부통령으로 당선시키기 위한 개표조작을 하자, 이에 반발하여 부정선거 무효
와 재선거를 주장하는 학생들의 시위에서 비롯된 혁명이다"(〈위키백과〉, '4·19 혁명').
이승만 정권은 1960년 3월 15일의 부정 선거에 대한 시민들의 비판을 '공산당'의 조종에
의한 것이라고 비방했고, 4월 18일의 고려대 학생들의 시위를 '반공청년단'이라는 이름
의 깡패들을 동원해서 폭력으로 제압하려 했고, 이승만 정권의 부정과 폭력에 맞서 일
어난 '4·19 혁명'을 시민들에 대한 무차별 발포로 진압하려 했다. 1960년 4월 19일 아침
부터 밤까지 불과 10여 시간 동안 전국에서 무려 186명의 사망자와 6,026명의 부상자가
발생했다.

4. 국민계몽대

국민계몽대는 전국에서 4·19정신의 보급과 신생활운동을 펼치려고 했다. "사월혁명의
주역이었던 학생들은 이승만 독재정권의 유지가 가능했던 것은 근본적으로 국민의 무
지 때문이라고 판단, 이를 계몽하기로 결의하고 7월 6일 서울대 국민계몽대를 결성, 8일
부터 11일 사이에 7천여 명을 전국 각지로 파견했다. 국민계몽대는 △4월 혁명정신의
보급 △국민 정치의식과 주권의식의 고양 △경제복지의 추구 △신생활체제의 수립 △
민족문화의 창조를 강령으로 하고, '조국과 민족의 복지달성의 근본은 신생활, 신도덕
에 있으며…조국과 민족의 장래가 영원히 빈곤과 무지의 심해 속에 버림받지 않으려면
그 근본방책이 4월 혁명정신의 완수와 국민계몽에 있음을 확인하고 여기에 국민계몽대
를 조직한다'고 선언했다"(〈네이버 지식백과〉, '국민계몽운동'(『한국근현대사사전』, 가
람기획, 2005).

5. 박정희 정권의 '한일협정' 추진과 6·3운동

1964년 초부터 박정희 정권이 매국적인 내용의 한일국교 정상화를 위한 '한일협정'을 추
진하는 것이 알려져서 3월부터 거센 반대운동이 시작됐다. 3월 24일 서울대 문리대 대

학생 300여 명이 반대 시위를 벌였는데 이것은 5·16 군사반란 이후 최초의 반정부 학생 시위였다. 박정희 정권의 회유에도 굴하지 않고 학생들의 시위는 계속 거세져서 6월 3일에는 18개 대학의 15,000명을 넘는 학생들이 서울 시내에서 시위를 벌였다. 이른바 '6·3사태' 또는 '6·3운동'이다(박태순·김동춘, '한일국교정상화와 6·3운동', 『1960년대의 사회운동』, 까치, 1991, 175~196). 이에 맞서 박정희 정권은 미국과 협의해서 비상계엄을 선포하고 학생들을 체포하고 구속했다. 이어서 8월 24일에 중앙정보부는 이른바 '인민혁명당 사건'을 발표했다. 중앙정보부는 '인민혁명당'이 북한의 지령을 받아 국가 사변을 기획했다고 발표했다. 그러나 2002년 이 사건은 박정희 정권이 조작한 것이었다는 사실이 밝혀졌다. 일제의 만주군 출신 박정희는 군사반란을 일으켜서 권력을 찬탈하고 정치자금을 마련하기 위해 막강한 군사력과 경찰력을 동원해서 학생들과 국민들을 억압하고 매국적인 한일협정을 추진했던 것이다. 결국 한일협정은 1965년 6월 22일 체결되있다.

6. 동베를린 간첩단 사건과 민족주의비교연구회

1967년 5월 3일의 제6대 대통령 선거에서 박정희는 폭력성으로 악명을 떨친 김형욱 중앙정보부장을 앞세운 무자비한 공작정치로 재선되었고, 6월 8일의 국회의원 선거에서도 역시 중앙정부보를 앞세워 대대적인 부정을 저질렀다. 부정선거에 대한 국민의 비판이 거세지자 박정희 정권은 7월 8일 '동베를린 간첩단 사건'을, 7월 11일 '민족주의비교연구회 사건'을 발표했던 것이다.

　"1967년 대대적인 부정선거를 통해 가까스로 재집권에 성공한 박정희는 국민들에 대한 탄압의 강도를 높이기 시작한다. 이 해 7월에 김형욱 중앙정보부장은 유럽에 거주하는 유학생을 중심으로 대규모 간첩단을 적발했다는 발표를 한다. 이른바 '동베를린 간첩단사건'(동백림 사건)이다. 그리고 이어서 2차 발표를 통해 서울대 학내 서클인 민족주의비교연구회가 북한의 지령을 받고 간첩행위를 했다고 발표했다. 지도교수인 황성모와 이 서클의 구성원이었던 이종률, 김중태, 현승일, 김도현 등이 북의 지령을 받아 한일회담 반대시위를 조직하여 3·24시위 등을 주동했다고 발표했다. 재판을 통해 김중태와 황성모 교수는 징역 2년을 선고받고 복역했으며, 나머지는 무죄로 풀려났다. 이들은 대부분 6·3 시위에서 주도적인 역할을 했던 인물들이어서 민비련이 당국의 주목을 받고 있었다"(민주화운동기념사업회, '민족주의비교연구회').

김도현, 김중태, 현승일(모두 서울대 정치학과 61)은 경북 출신으로 '민족주의비교연구회'로 뭉쳐서 학생들의 한일회담 반대시위를 주도했다. 현승일은 박정희와 전두환에 뿌리를 두고 있는 한나라당의 국회의원이 되었고, 김중태는 2012년의 대통령 선거에서 박근혜 선거대책위원회의 부위원장을 맡았다. 학생들의 한일회담 반대시위를 주도했던 또 다른 대표자인 김덕룡(서울대 사회학 60, 당시 서울대 문리대 학생회장, 이어서 서울대 총학생회장)은 한나라당 원내대표를 지냈고 2012년 대통령 선거에서는 박근혜를 비판했다. 1964년 5월 20일의 '민족적 민주주의 장례식'을 주도했던 김지하(김영일, 서울대 미학 59)는 2012년 대통령 선거에서 박근혜를 적극 지지했다.

7. 노동자 전태일 분신

전태일(1948~70)의 분신은 박정희 군사독재 정권의 '조국 근대화'가 노동자들을 강력히 착취해서 이루어지고 있다는 것을 세상에 알린 커다란 사건이었다.

"1964년 17세의 나이로 평화시장 피복공장 미싱사보조로 취직했다. 1969년 재단사들의 친목모임인 '바보회'를 조직하는 한편, 근로기준법을 탐독하면서 평화시장의 노동실태를 철저히 조사, 그 개선방안을 노동청(지금의 노동부)에 제출하기도 했다. 이러한 일련의 행동으로 해고를 당했지만 1970년 9월 다시 재단사로 취직해 '삼동친목회'를 결성했다. 이들은 곧바로 설문지를 돌렸으며, 그 결과를 분석해 노동청에 '평화시장 피복제품상 종업원 근로개선 진정서'를 제출, 선처를 약속받았다. 그러나 시정을 약속한 기한인 11월 7일에도 아무런 소식이 없자, 그는 동료들에게 "아무짝에도 쓸모 없는 근로기준법 책을 화형하자"고 제의하여 13일을 시위날짜로 잡았다. 1970년 11월 13일 피켓 시위를 벌이기 직전에 경찰에 의해 강제해산을 당하게 되자 전태일은 분신을 감행, 화염에 휩싸인 채 "근로기준법을 준수하라", "우리는 기계가 아니다"라고 절규하며 병원으로 옮겨졌으나 숨을 거두었다"(브리태니커, '전태일').

8. 1974년의 정세 – 민청학련, 인혁당 재건위, 언론자유수호선언

1974년은 박정희 정권이 유신독재를 강화하기 위해 '민청학련'과 '인혁당 재건위' 사건을 조작해서 발표했고, 그에 앞서서 1월에 '긴급조치 1호'를 공포해서 언론의 자유를 본격적으로 억압하기 시작했던 해이다.

"정부는 1974년 1월 8일 개헌운동의 금지와 이의 보도를 못하도록 규정한 '긴급조치 1호'를 공포했다. 또한 10월 19일 각 신문사 편집국장·방송국장을 소집하여 협조요청이란 명목으로 보도통제지침을 시달했다. 1974년 10월 24일 동아일보사 편집국·방송국·출판국 기자 200여 명은 이러한 조치에 대한 반발로 … '자유언론실천선언문'을 채택했다. 같은 날 조선일보사 기자 150여 명도 유사한 내용의 '언론자유회복을 위한 선언문'을 채택했다. 이후 한국일보사를 비롯한 전국의 11개 신문·방송통신사 기자들이 '언론자유수호선언'을 하는 등 전국적으로 확산되어 선언에 동참한 언론사는 11월 7일까지 모두 35개사에 이르렀으며 기자협회와 각 도지부도 합세하기 시작했다. 이러한 자유언론운동이 계속 확산되자 정부는 1974년 12월 16일부터 실천운동에 가장 앞장선 동아일보사의 광고주들로 하여금 광고철회를 하도록 강제하여 언론탄압을 시작했다. 이 사건의 여파로 1974년 12월부터 1975년 4월까지 동아일보사에서는 134명이, 조선일보사에서는 33명이 회사를 떠나게 되었다. … 1975년 3월 해직기자들을 중심으로 '동아자유언론수호투쟁위원회'가 결성되어 유신체제가 끝날 때까지 재야언론운동을 전개했다"(〈브리태니커〉, '동아조선자유언론실천선언').

9. 국립서울종합대학안과 서울대학교 이전

"1946년 7월 13일 미 군정청 문화교육부는 '국립서울종합대학안'을 공식 발표했다. 서울대학교에 따르면, 조선교육심의회에서 현대적 국립대학을 건립할 때 경성대학을 중심으로 여러 관·공립 및 사립의 전문학교를 통합하자는 구상이 있었다고 한다. 1946년 8월 22일에 '국립서울대학교 설립에 관한 법령'이 공포됨으로써 서울대학교는 공식적으로 설립되었다. 이 법령의 내용은 경성대학을 중심으로 여러 관·공·사립 전문학교를 통합하여 종합대학을 설립하는 것이었다. 초대 총장으로 해리 엔스테드(Harry B. Ansted) 미국 해군 대위가 취임하였다. 그러나 설립 과정에서 기존 대학에 있던 교수,

직원, 학생들은 반대 운동을 강렬히 전개했으며, 이를 '국대안 파동'이라 부른다. …

1970년대 중반까지 서울대학교 단과대학들은 서울특별시 종로구 동숭동(문리과대학, 법과대학), 연건동(의과대학, 간호대학, 치과대학), 을지로(사범대학), 노원구 공릉동(공과대학, 교양학부), 성북구 종암동(상과대학), 경기도 수원시(농과대학) 등 곳곳에 나뉘어 있었다. 이에 서울대는 종합화 계획을 세우고, 1975년에 농과대학(현재 농업생명과학대학, 수의과대학)과 의과대학 본과만을 제외하고 단과대학들을 모두 새로 세운 관악캠퍼스로 이전하였다. 새로 지은 관악캠퍼스의 상징인 교문은 1978년에 설치가 완료되었다. 수원에 남아 있던 단과대학도 2003년에 관악으로 이전하게 됨에 따라, 현재와 같이 관악과 연건 캠퍼스만 남게 되었다"(〈위키백과〉, '서울대학교').

10. 장준하

1975년 8월 17일 장준하 선생(1918~75)이 포천의 약사봉에서 시체로 발견됐다. 당시 그는 등산하다가 실족사한 것으로 처리됐으나 유족들과 시민들은 박정희 유신독재 정권이 암살한 것으로 추정했다. 장준하는 일제의 군대를 탈출해서 광복군 장교가 되었으며, 귀국해서 김구 선생의 비서로 활동했고, 1952년에 『사상계』를 창간해서 이승만과 박정희의 독재에 강력히 맞섰다. 세상을 떠날 당시 장준하는 언론인이자 민주화 운동가로서 국민들의 큰 신망을 받고 있었으며, 이 때문에 박정희는 장준하를 극히 미워하고 있었다. 박정희는 장준하를 긴급조치 위반으로 압박했으나, 2013년에 이 혐의들은 모두 무죄로 판결되었다. 2012년 여름 장마로 장준하의 묘가 붕괴되어 그의 유골이 드러나서 '장준하 선생 사인진상조사 공동위원회'가 구성되어 이에 대한 감식을 실시했다. 2013년 3월 26일에 '장준하 선생 사인진상조사 공동위원회'가 발표한 이정빈 서울대 의대 명예교수의 감식 결과는 '타살 후 추락'이었다. 박정희는 1973년 8월 8일 김대중을 일본 도쿄의 호텔에서 납치해서 현해탄에서 살해하려다가 실패했고, 1979년 10월 자신의 심복 중의 심복이었던 김형욱 전 중앙정보부장도 프랑스에서 납치해서 살해했다는 의혹도 받고 있다.

11. 박정희 군사독재 정권에 맞선 서울대학교 학생들의 저항

박정희 군사독재 정권이 1972년 10월 17일 선포한 '유신'에 맞서서 1973년 10월 서울대 문리대와 법대의 학생들이 저항을 시작했다. 그러자 중앙정보부는 1973년 10월 19일 서울대 법대 최종길 교수를 고문해서 살해하고 시신을 서울 남산의 중앙정보부 건물 7층에서 내던져 자살로 위장하는 만행을 저질렀다. 그리고 이어서 1974년 1월부터 '긴급조치'를 계속 선포했다. 이에 대한 대학생들의 저항이 이어지는 가운데 1974년 4월 3일 '민청학련' 사건이 발표됐는데, 서울대 사회학과 68학번인 유인태와 이철은 '사형'을 선고받았고, 72학번인 이해찬은 징역 10년형을 선고받았다. 1975년 4월 8일 긴급조치 7호를 발동해서 고려대의 휴교와 교정에 군대 주둔을 강행했고, 다음 날인 4월 9일 새벽에 '민청학련'의 배후로 날조된 '인민혁명당' 8명을 사형했다. 4월 11일 서울대 농대 교정에서 열린 유신 반대 집회에서 서울대 농대생 김상진이 할복해서 죽는 사건이 발생했다. 이 사건으로 서울내를 비롯 주요 대학들이 모두 휴교됐다. 박정희 군사독재 정권은 민주회 요구를 억누르기 위해 5월 13일에 악명높은 '긴급조치 9호'를 발동했으나 서울대 학생들은 5월 22일 김상진 추모집회를 열어서 박정희 군사독재 정권에 계속 강력히 저항했다. 박정희 군사독재 정권은 1975년 5월 20일 '학도호국단 설치령'을 발표해서 해체된 지 15년이 지난 학도호국단을 부활시켜 '대학의 병영화'를 강화하고 학생들의 민주화 요구를 억압하려 했다.

12. 긴급조치 9호 선포 후 비판적 교수의 해직

"1975년 5월 긴급조치 9호 선포 이후 전국의 고교와 대학은 학도호국단으로 편성되어 학내 군사교육 체제를 갖추게 된다. 교육관계법 등 소위 4대 전시입법의 국회 통과와 함께 교수 재임용제가 신설되었다. 곧이어 9월 서울대는 학생집회, 데모, 농성, 등교거부, 마이크 사용 등을 일절 금지하는 새 학칙을 선포한다. 76년 새 학기에는 전국 98개 대학에서 416명의 교수가 재임용 심사에서 탈락함으로써 강제 해직되었다. 문교부(현 교육부)는 유신통치에 조금이라도 비판적인 교수들을 합법적으로 남김없이 학내에서 추방해버렸다. … 이런 분위기에서 78년 6월 27일 마침내 전남대에서 민주교육, 인간교육을 주창하는 선언문이 채택된다. … '우리의 교육지표' 선언에 서명한 교수들은 송기숙 · 명노근 등 11명의 전남대 교수들이었다. 그러나 이 선언은 애초에 전국의 대학 교수들이 참여하기로 계획되어 있던 것이었다. … 송기숙은 서울대 영문과에서 이미 해직되어 있던 백낙청을 78년 초 찾아갔다가 그의 소개로 교수선언에 동의해줄 만한 몇몇 현직 또는 해직교수들을 만난다. 해직교수협의회 대표인 성내운(전 연세대 교수), 서울대 교수 안병직 등이 그들이었다. … 6월 서울에 온 송기숙은 선언의 대표자를 맡겠다는 사람이 없는 데다 별도로 선언문을 채택하겠다는 학교가 많다는 소식을 들었다. 선언문 채택은 지연될 수밖에 없었다. 송기숙은 낙심한 채 6월 26일 광주로 내려왔다. 그런데 이튿날인 27일 광주에 온 성내운이 뜻밖의 말을 하는 게 아닌가. 박정희 정권의 정보 수집능력으로 보건데 계획을 모를 리가 없을 것이고, 그리되면 주동자 몇 명이 쥐도 새도 모르게 '제2의 최종길 교수'가 될지도 모른다는 불안감에서 성내운은 그예 일을 터뜨리고 만 것이다. 그는 전남대 교수 11명의 이름으로 된 선언문을 AP통신 아사히 등 언론사에 보내고, 서울대를 비롯한 몇몇 대학교수들에게도 이를 우송했다. … 성내운은 6개월여의 잠행 끝에 79년 1월 체포되어 광주교도소에 수감되었다"(민주화운동기념사업회, '실록 민주화운동 ― 우리의 교육지표 사건', 『경향신문』, 2003년 11월 23일).

13. 박정희 군사독재 정권의 영구집권 책략

박정희 군사독재 정권은 1971년 4월 27일의 제7대 대통령 선거에서 김대중 후보에게 사실상 패하고는 박정희의 영구집권을 위한 책동을 강행했다. 1971년 10월 15일 위수령 발동, 1972년 10월 17일 '유신' 반란, 1973년 8월 8일 일본에서 김대중 납치, 1974년 1월 8일 긴급조치 1호 시행, 1974년 4월 3일 긴급조치 4호 시행 및 '전국민주청년학생연맹'(민청학련) 날조 발표, 1975년 2월 12일 유신헌법에 대한 찬반 국민투표 실시, 4월 8일 긴급조치 7호 발동으로 고려대 휴교, 4월 9일 새벽 '민청학련'의 배후로 날조된 '인민혁명당' 8명에 대한 사형 집행, 5월 13일 긴급조치 9호 시행 등이 이어졌다. 그러나 박정희 군사독재에 대한 저항은 사그라지지 않았다. 1974년 12월 25일에 전국적인 국민운동조직으로서 '민주회복국민회의'가 발족했다. 1975년 4월 11일에는 서울대 농대의 김상진이 유신 반대 집회 중 할복했다. 1976년 3월 1일에는 김대중과 함께 학계, 종교계의 인사들이 명동성당에서 '3·1 민주구국선언'을 발표했다. 이런 저항은 결국 1979년 10월의 '부산.마산 민주항쟁'으로 폭발했고, 박정희의 암살로 귀결되었다.

14. 박정희 군사독재 정권의 정보·공작 정치

박정희는 1961년 5월 16일 군사반란을 일으켜서 권력을 찬탈하고 중앙정보부를 설립해서 이른바 '정보 정치', '공작 정치'를 실시했다. 중앙정보부 청사는 남산의 북사면에 있었고, 그곳에서 '동백림 간첩 사건', '최종길 교수 고문 살인 사건', '민청학련 사건', '인혁당 재건위 사건', '크리스찬 아카데미 사건' 등의 수많은 간첩 또는 공안 사건들이 혹독한 고문을 통해 조작되었다. 30여 년의 세월이 흘러 이 사건들은 법원에서 모두 무죄 판결을 받았다. 중앙정보부와 함께 국군 보안사령부(1971년 청사를 사간동에 설치), 치안본부 대공분실(1976년 설립, 남영동 대공분실) 등이 경쟁적으로 민주주의를 요구하는 정치인, 종교인, 시민, 학생 등을 감시하고, 구속하고, 고문하고, 살인했다. 이런 어두운 시대가 이승만, 박정희, 전두환(노태우)에 의해 계속 이어졌다.

15. 크리스찬 아카데미

"1963년 강원용 등이 조직한 한국기독교사회문제연구소가 1965년 한국기독교학술원으로 발전했다가 같은 해 12월부터 한국 크리스찬 아카데미라는 이름으로 활동했으며 2000년 5월 지금의 명칭으로 바뀌었다. 그동안 선교·학술 단체인 크리스찬 아카데미와 호스텔 형태의 회관인 아카데미하우스로 구성되어 있다가 명칭이 바뀜과 동시에 대화문화네트워크, 크리스찬 아카데미, 바람과 물 연구소의 3개 기관으로 재편되었다. 대화문화네트워크는 갈등의 합리적인 해소를 위한 노사 간의 대화, 여야 간의 대화, 국내외 정치사회 현안에서 중요 쟁점을 여론화하기 위한 대화 등을 중심으로 활동하고 있다"(브리태니커, '크리스찬 아카데미').

16. YH 사건

1979년 3월 30일 YH무역이 돌연 폐업하고 사장이 미국으로 도망가는 사건이 발생했다.

8월 9일 생계 위협에 내몰린 YH무역의 여공들이 신민당사로 들어가서 농성을 시작했다. 8월 11일 새벽 2시, 박정희 유신독재는 1천 명이 넘는 경찰을 신민당사로 난입시켜 여공들을 연행했고 이 과정에서 YH무역의 젊은 여성 노동자 김경숙(1958~79)이 신민당사의 4층에서 창 밖으로 떠밀려 추락사했다(KBS 인물 현대사, 〈여공, 유신을 몰아내다 – YH 사건 김경숙〉, 2005년 2월 4일 방영).

박정희 군사독재의 1970년대는 1970년 11월 13일의 전태일 분신자살로 시작해서 1979년 8월 11일의 김경숙 추락살인으로 끝났던 것이다. 이 사건에 대해 당시 신민당 총재였던 김영삼은 강경히 맞섰고, 박정희 유신독재는 김영삼의 의원직 제명을 강행했다. 그 결과 1979년 10월 16~20일에 부산·마산 민주항쟁이 벌어졌고, 마침내 10월 26일 중앙정보부장 김재규가 박정희를 궁정동의 안가에서 암살하는 것으로 유신독재는 끝났다.

17. 전두환 정권의 폭력·유혹 독재

전두환 정권이 폭력만으로 권력을 휘둘렀던 것은 아니었다. 당시 한국 사회는 1960~70년대의 고성장을 통해 이른바 중진국, 소비사회에 이르러 있었다. 한국 사회는 더 이상 폭력만으로 통치될 수 있는 상태에 있지 않았다(신한종합연구소, 『7089 우리들』, 고려원, 1991; 홍성태, 『현대 한국사회의 문화적 형성』, 현실문화, 2006). 박정희와 전두환의 독재는 분단을 악용한 반공 폭치였으며 개발로 사람들을 현혹한 개발독재였으나 시대의 변화에 따른 중요한 차이를 갖고 있었다. 요컨대 박정희 정권은 폭력·개발과 교도를 기본으로 했고, 전두환은 폭력·개발과 유혹을 기본으로 했다. 칼라 TV 방송(1980년 12월 1일), 통금 해제(1982년 1월 5일), 〈애마부인 1〉 개봉(1982년 2월 6일), 프로야구 개막(1982년 3월 27일), 한강 유람선(1986년 10월 25일) 등은 전두환 정권의 폭력·유혹 독재를 잘 보여주는 대표적인 예이다.

18. 한국 산업사회연구회와 한국사회연구소

산업사회연구회와 가장 비슷한 연구모임으로는 1988년 4월 16일에 문을 연 '한국사회연구소'를 들 수 있다. 여기는 경제학자 정윤형, 박현채의 제자들을 중심으로 사회학, 정치학 등의 소장 학자들이 모였는데, 고성국, 백욱인, 이상영, 정건화, 정관용, 정대화, 정태인 등을 들 수 있다. 한국사회연구소는 사회운동에 적극 기여하기 위해 1988년 5월부터 『동향과 전망』을 펴내기 시작했다. 현재 1년에 3번 발간되고 있는 『동향과 전망』은 『경제와 사회』와 함께 한국의 비판적, 실천적, 진보적 학계를 대표하는 사회과학 학술지로 확립되었다. 김진균과 마찬가지로 80년 해직교수로서 김진균이 존경하는 동지였던 정윤형은 『동향과 전망』 창간호의 「권두언」에서 "본인은 연구소의 문을 열면서 '학문은 현실의 요구에 부응해야 하고 한 사회를 분석하는 사회과학은 총체적이어야 한다'는 믿음을 표명한 바 있습니다. 이러한 믿음은 우리 연구소 구성원들이 공유하고 있는 것이기도 합니다"고 밝혔다. 김진균은 한국사회연구소에 이사로 참여했으며, 서관모는 연구기획위원으로 참여했다. 산업사회연구회의 2대 회장인 최장집은 한국사회연구소에 이사이자 연구기획위원으로 참여했고, 3대 회장인 이종오는 연구기획위원으로 참여했다. 『동향과 전망』은 1988년 9월에 발간된 2호에서 편집원칙을 발표했는데, 그 내용은 『경제와 사회』와 비슷하게 실천적이며 정세 분석을 크게 강조한 것이 다르다. 당시 편집위원회는 김세균, 김용기, 서관모, 이병천, 조희연 등으로 구성되었다.

19. 서울대 민주화의 길

1981년 5월 27일 서울대 아크로폴리스 광장에서 광주항쟁 추모 침묵시위가 열렸다. 곧 학교 안에 주둔하고 있던 전투경찰들이 몰려와서 주동자를 잡고 시위를 해산시키려고 했다. 그때 도서관 창문이 열리더니 한 학생이 베란다로 뛰어나와 '전두환은 물러가라'고 외치고 바로 아래로 투신했다. 당시 경제학과 4학년이었던 김태훈이었다. 1960년의 4·19혁명으로부터 1988년까지 모두 19명의 서울대생들이 독재에 맞서 민주주의를 요구하며 투쟁하다가 목숨을 잃었다. 2009년 11월 17일에 이들을 기리기 위해 만들어진 '서울대 민주화의 길'이 개통됐다(한종수, 「서울대 민주화의 길」, 민주화운동기념사업회, http://iminju.tistory.com/977).

독재에 맞서 민주주의를 요구하며 투쟁하다가 목숨을 잃은 19명의 서울대생

고순자·김치호·안승준·박동훈·손중근·유재식(1960), 김상진(1975), 김태훈(1981), 황정

하(1983), 우종원(1985), 김성수(1986), 박혜정(1986), 김세진·이재호(1986), 이동수(1986), 박종철(1987), 최우혁(1987), 조정식(1988), 조성만(1988).

20. 박정희와 전두환의 학원 감시

박정희와 전두환은 대학 안에 경찰들을 항상 주둔하게 해서 학생들과 교수들을 감시하고 억압했다. 조지 오웰의 『1984』에서 잘 그려졌듯이 독재는 모든 사람들을 감시하고 억압하고자 하며 박정희와 전두환은 그 명확한 예였다. 전두환 정권은 1981년 초에 이른바 '무림', '학림' 사건을 일으켜서 대학생들을 대거 체포해서 강제징집했으며, 나아가 강제징집된 학생들을 대상으로 이른바 '녹화사업'(휴가를 나가서 친구들의 동향을 파악해서 보고하게 하는 것)을 실시하기도 했다. 1985년 9월 김근태의 고발로 세상에 알려지게 된 '고문 기술자' 이근안은 무자비한 고문으로 '무림', '학림' 사건을 만드는 데 크게 이바지한 공으로 1계급 특진했다.

21. 삼청교육대

'광주 학살'에 이어 전두환 일당의 반인권성을 잘 보여준 끔찍한 인권 유린 사건이다. 1980년 8월 1일부터 1981년 1월까지 전국에서 60,755명이 연행되어 가혹행위와 강제노동을 당했으며 그 과정에서 최소 57명이 살해됐다. 여자와 미성년자들도 연행되어 가혹행위와 강제노동을 당했다.

"삼청교육대三淸敎育隊는 전두환 보안사령관이 내각을 조종·통제하기 위해 설치한 국가보위비상대책위원회에서 1980년 8월 4일 사회악일소특별조치 및 계엄포고령 제19호에 의한 삼청5호계획에 따라 설치된 군대식 기관을 뜻한다. 대상자에는 학생과 여성도 포함되어 있었으며, 전체 피검자의 3분의 1 이상이 무고한 일반인이었다. 일반적으로, 그 설치 목적과는 달리 정부에 의한 조직적인 폭력 및 인권유린의 대표적인 사례로 여겨진다. 이 작전은 대외비로 진행되어 구 전과자 및 폭력배의 목록을 미리 조사한 뒤 진행됐다. 첫 목표는 20,022명으로 정해졌으나, 파출소, 경찰서들 사이의 경쟁이 붙어 후에는 머리 숫자 채우기 식으로 검거가 진행됐다. 군·경 합동으로 영장 없이 검거된 시민들의 수는 6만 명을 넘었다"('삼청교육대', 〈위키백과〉, 2013년 10월).

22. 민정당 중앙정치연수원 점거 농성

"1985년 11월 18일 전학련 '민중민주정부 수립과 민족자주통일을 위한 투쟁위' 산하 파
쇼헌법철폐투쟁위원회 소속 서울지역 14개 대학생 191명(여학생 56명)이 민정당 중앙
정치연수원 본관 건물을 점거하고 6시간 30분 동안 농성을 벌였다. 이들은 "독재 타도",
"미국은 물러가라" 등의 구호를 외치며, 내외신 기자회견과 국민 대토론회 개최를 요구
하였다. … 이이 사건은 군사독재 정권에 대한 항거일 뿐만 아니라 군사정권에 형식적
정당성을 부여하고 있는 민정당에 대한 항거였으며, 군부독재체제를 뒷받침하는 정당
구조에 대한 항거였다. 이 투쟁을 통해 군부독재를 타도하기 위해서는 그 제도적 안정
장치인 파쇼헌법을 철폐하는데 총역량을 결집해야 한다는 대안을 제시히여 후일 야당
과의 연대투쟁을 통한 개헌운동으로 발전했다"(민주화운동기념사업회).

23. 1986년 자민투 · 민민투와 전방입소 교육 반대 투쟁

1984~85년 대학생들은 전두환 정권에 대한 저항과 그들을 방조한 미국에 대한 저항을
감행했다. 1985년 겨울방학 동안 대학생들은 1980년과 1984년의 운동 논쟁에 이어 세
번째 운동 논쟁을 전개했고, 그 결과 '반미자주화와 반파쇼민주화 투쟁위원회'(자민투)
와 '반제반파쇼 민족민주투쟁위원회'(민민투)의 두 정파로 분립되었다. 전자는 '민족해
방파'(NL파)였고, 후자는 '제헌의회파'(CA파)였다. '자민투'는 '반미' 투쟁에 초점을 맞췄
는데, 서울대 자민투는 전방입소 교육을 '미제의 용병교육'으로 규정하고 전면 거부하는
투쟁을 전개하기로 했다. 원래 서울대 자민투는 그 며칠 전에 서울대 의대의 강당을 점
거하려고 했다. 그러나 그 계획이 새어나가 실패하고 말았다. 그래서 서울대 2학년 남
학생들이 전방입소 교육을 떠나는 1986년 4월 28일 오전 9시 서울 신림동 네거리에서
거리 농성을 벌이는 것으로 계획을 바꿨다.

24. 애학투(건대사태)

전두환 정권은 1986년 2월에 서울대에서 삼민투 연합집회가 열렸을 때 완전한 봉쇄와 연행 작전을 펼쳤다. 비슷한 작전을 1986년 10월에 건국대에서 또 펼쳤다. 10월 28일 건국대에서 2,000여 명의 대학생들이 모여 '전국 반외세 반독재 애국학생투쟁연합'(애학투) 결성 집회를 열었다. 경찰은 그 사실을 미리 알고도 학생들을 막지 않았고 아무것도 모르고 있던 많은 건국대 학생들도 갇혀 있어야 했다. 10월 31일 경찰의 강력한 폭력 진압과 연행이 실행되었다. 연행자는 모두 1,525명이었으며, 그 중에서 1,290명이 구속됐다. 전두환 정권은 이런 식으로 학생운동을 완전히 무력화하고자 했던 것이다.

25. 남영동 대공분실과 김근태 고문사건

1976년 1차 준공된 이 건물은 박정희 시대를 대표하는 건축가 김수근의 작품이었다. 그는 아주 정교하게 비밀 심문 건물을 설계했다. 이 건물의 시행자는 1976년 당시 치안본부를 관할하는 내무장관이었던 김치열이었다. 김치열은 일제 말기에 검찰이 된 친일파로서 이승만, 박정희의 독재 때 승승장구했다. 김치열은 최종길 교수 고문살인, 인혁당 재건위 조작 사법살인 등을 주도했다.

1985년 가을에 전두환 정권은 1983년에 창립된 '민주화운동청년연합'을 이적단체로 규정하고 대표인 김근태(1947~2011)를 체포해서 남영동 치안본부 대공분실 512호에서 1985년 9월 4일부터 20일까지 수시로 집단폭행을 가한 것은 물론이고 극악한 물 고문과 전기 고문을 수십 차례 자행했다. 당시 고문을 가한 주범은 얼굴 없는 고문기술자로 불렸던 이근안이었다. 이런 사실은 김근태가 고문 증거를 극적으로 부인 인재근에게 전달하고 초인적인 기억력으로 고문의 상황과 고문범들의 이름을 기억해서 밝혀졌다. 김근태는 결국 고문 후유증인 파킨슨 병으로 2011년 12월 30일 세상을 떠났다.

26. 박종철 고문치사 사건

"박종철은 서울대 언어학과 3학년에 재학 중이던 1987년 1월 13일 자정 경 하숙집에서 치안본부 대공분실 수사관 6명에게 연행되었다. '대학문화연구회' 선배이자 '민추위' 지도위원으로 수배받고 있었던 박종운(서울대 사회학과 81)을 잡기 위해 연행한 것이었다. 취조실에 연행해 간 공안 당국은 박종철에게 박종운의 소재를 물었으나, 박종철은 순순히 대답하지 않았다. 이에 경찰은 잔혹한 폭행과 전기고문, 물고문 등을 가하여 끝내 1987년 1월 14일 치안본부 대공수사단 남영동 분실 509호 조사실에서 사망했다. … 다음날 당시 치안 본부장 강민창은 "냉수를 몇 컵 마신 후 심문을 시작, 박종철 군의 친구의 소재를 묻던 중 갑자기 '억' 소리를 지르면서 쓰러져, 중앙대 부속 병원으로 옮겼으나, 12시경 사망하였다"고 공식발표했다. … 당시 전민련 상임의장이었던 이부영과 천주교 정의구현 전국사제단의 노력으로 1987년 5월 18일 광주민주화운동 7주기 추도미사 도중 김승훈 신부가 박종철 고문치사사건의 진상이 조작되었음을 폭로하였다. 대공경찰의 대부라는 치안본부 5차장 박처원의 주도 아래 모두 5명이 가담한 고문치사사건을 단 2명만이 고문에 가담한 것으로 꾸미고, 총대를 멘 2명에게는 거액의 돈을 주었다는 사실이 새롭게 밝혀졌다. 박종철 고문치사사건을 계기로 성공회 서울 주교좌 대성당(대한 성공회 서울교구, 주임사제: 이한우 바우로 신부)에서 6월 항쟁이 시작되었기 때문에, 박종철 고문치사 사건은 6월 항쟁의 직접적인 도화선이 되었다고 평가받는다"(〈위키백과〉, '박종철').

전두환 정권 때에는 민주화운동을 하던 사람들의 의문사가 많았는데, 전두환 정권이 고문하다 죽이고는 시체를 내다버리고 자살이나 사고를 위장했던 것으로 추정된다. 경찰은 14일 밤에 박종철의 시신을 화장할 계획이었으나 최환 부장검사가 화장하라는 압박을 뿌리치고 사체 보존과 부검을 지휘해서 진상이 밝혀졌다. 이 사건을 통해 박정희와 전두환 독재정권이 고문과 살인을 자행했다는 사실이 명백히 밝혀졌다. 박종철을 죽음에 이르게 한 장본인인 박종운은 한나라당과 새누리당의 주역이 되고자 애썼다.

27. 6월 항쟁

1987년 6월 10일 서울 정동의 성공회 대성당에서 '6월 항쟁'이 시작되었다. 같은 시간에 전두환 정권은 장충동의 장충체육관에 모여서 노태우를 대통령 후보로 추대했다. '6월 항쟁'의 직접적인 발단은 다음과 같다.

"5월 18일 명동성당에서 광주항쟁 7주년 미사에 정의구현사제단 김승훈 신부가 박종철 고문 치사 사건이 경찰에 의해 축소·은폐되었음을 폭로하였다. 이에 제5공화국 정권을 비판하던 국민들은 전두환 군사독재 정권의 옳지 못함에 크게 분노하였고, 이후 민주화를 요구하는 시위가 전국에서 자주 일어났다. 이후 5월 23일 "박종철 고문살인은폐조작규탄 범국민대회 준비위원회"가 결성되었고, 이들은 6월 10일에 규탄대회를 갖기로 결정하였다"(〈위키백과〉, '6월 항쟁').

'6월 항쟁'은 박종철과 이한열의 죽음 위에서 전개되었다. '6월 항쟁'이 시작되기 하루 전인 1987년 6월 9일 연세대 학생들이 교문시위를 벌이던 중 2학년 이한열(1966년 생, 연세대 경영학과 86)이 경찰이 수칙을 어기고 얼굴을 향해 발포한 최루탄에 뒷머리를 맞아 쓰러졌다. 이한열은 급히 병원으로 옮겨졌으나 결국 7월 5일에 숨지고 말았다. 7월 9일에 거행된 그의 장례식에 서울에서만 100만 인파가 모여 그를 추도했다.

28. 1980~90년대의 민주화운동단체

1980년대 초에서 1990년대 초에 이르는 시기 동안 중요한 민주화운동 단체들이 계속 만들어졌다. 우선 정치적 민주화와 관련해서 민주화운동청년연합(민청련, 1983년 9월), 민중민주운동협의회(민민협, 1984년 6월), 민주통일국민회의(국민회의, 1984년 10월), 민주통일민중운동연합(민통련, 1985년 3월), 전국민족민주운동연합(전민련, 1989년 1월), 민주주의민족통일전국연합(전국연합, 1991년 12월) 등이 만들어졌다. 전두환 정권의 악랄한 탄압에 맞서 가족들도 민주화에 나서지 않을 수 없게 되어 민주화실천가족운동협의회(민가협, 1985년 12월), 전국민족민주유가족협의회(유가협, 민주화운동유가족협의회로 시작, 1986년 8월)가 만들어졌다. '유가협'은 독재의 악랄함을 가장 극명하게 보여주는 단체로서 김진균은 평생 '유가협'을 가장 존중하며 지원했다. 또한 교사들이 교육의 민주화를 위해 적극나서서 전국교사협의회(전교협, 1986년 9월), 전국교직원노동조합(전교조, 1989년 5월)을 만들었다. 그리고 민주화를 위한 전국교수협의회(민교협, 1987년 7월), 민주사회를 위한 변호사 모임(민변, 1988년 5월), 한국민족예술인총연합(민예총, 1988년 12월) 등이 만들어졌고, 1987년 6월 항쟁과 그에 이은 7, 8, 9월 노동자 대투쟁의 성과로 마침내 전국노동조합협의회(전노협, 1990년 1월)가 만들어졌다. 이로써 한국도 서구처럼 계급과 사안에 따른 갈등의 조직화를 기본으로 민주화의 진전이 이루어지는 것으로 보였다.

29. 제1회 전국노동자대회

제1회 전국노동자대회는 1988년 11월 13일 서울 연세대에서 열렸다.

"11월12일 서울 신촌에 있는 연세대에 저무는 해를 등지고 노동자들이 속속 모여들었다. 전국투본이 주최한 '전태일열사 정신계승, 노동악법 개정 전국노동자대회' 전야제로 가는 사람들이었다. 전야제는 저녁 8시부터 시작하여 전태일 노동상 시상식, 전태일열사 정신계승 노동법개정 전국노동자 웅변대회, 노조탄압분쇄 및 노동악법개정투쟁 전국선봉대 발대식 그리고 악덕자본과 정권을 형상화시킨 것에 대한 화형식으로 이어지며 다음날 새벽 4시까지 이어졌다. … 다음 날 11월13일 12시경부터 연세대 앞은 노동자의 발길로 가득했다. 연세대 노천극장은 발 디딜 틈이 없었다. 감격! 5만여 노동자들은 서로 부둥켜안은 어깨들에서 자신의 힘을 느꼈다. … 드디어 행진을 시작했다. 의장단과 선봉대를 선두로 하여 '노동법을 개정하자', '전·이(전두환/이순자)를 구속하자'. '군부독재 타도하자', '선경련을 해체하라' 등의 구호를 외치면서 거리로 거리로 쏟아져 나왔다. … 신촌을 지나 한강다리를 건너는 대오는 깃발의 물결을 이루었다. 선두가 거의 여의도에 다다랐을 무렵 전경이 최루탄 몇 발을 터뜨렸으나 무리 없이 광장을 지나 국회의사당 앞에 도착했다"(정경원, 「전국노동자대회의 역사(4) 88~89년 전국노동자대회」, 『참세상』, 2002년 11월 13일).

제1회 전국노동자대회에서 '전태일 노동상'이 제정되었고, 1회 수상자는 당시 현대엔진 노조위원장으로서 감옥에 갇혀 있던 권용목이었다. 권용목은 1987년 노동자 대투쟁의 상징이었고 초대 민주노총 사무총장을 지냈으나, 2000년대 초에 크게 변절해서 2002년 11월에는 정몽준의 노동특위 정책위원을 맡았고, 2006년 6월에는 아예 뉴라이트 신노동연합을 만들었다. 권용목은 2009년 2월 심장마비로 죽었다.

30. 3당 합당(민주정의당, 통일민주당, 신민주공화당)

'3당 야합'은 민주화운동의 대표였던 김영삼이 친일·독재·비리 세력의 정당성을 인정하는 것이었으며, 많은 민주화운동 인사들이 친일·독재·비리 세력과 같은 편이 되어 정치를 하게 되는 것을, 친일·독재·비리 세력이 더 강하다는 점에서 많은 민주화운동 인사들이 친일-독재 세력에게 투항하는 것을 뜻했다. 독재 세력과 민주 세력이 뒤섞임으로써 독재-민주의 대립이 크게 왜곡되었고, 그 뒤 민주를 포섭한 독재 세력이 보수를 참칭하게 되면서 보수-진보의 대립도 크게 왜곡되었다. 1980년 봄의 야권 분열은 전두환의 반란으로 이어졌으며, 1987년 겨울의 야권 분열은 노태우의 당선으로 이어졌고, 1990년의 '3당 야합'은 야권 분열을 정당 대립으로 확립시켰다. '3당 야합'은 1950년대 이래의 정치 구조를 왜곡하고 개악하는 참으로 중대한 정치적 사건이었다.

지역 대립을 기본으로 하는 한국 정치의 구도에서 3당 야합의 정치적 핵심은 '거대 영남당'의 등장이었다. 실로 이로써 '영남 정치 세력'이 한국 정치를 계속 주도할 수 있는 정치적 기반이 만들어진 것이다.

31. 단병호

단병호는 1949년 포항 출생으로 전노협을 대표했던 노동운동가로서 2004년에 민주노동당의 비례대표 국회의원이 되어 활동하기도 했다.

"동지상업고등학교를 중퇴한 이후 부모님과 함께 농사일을 하다가 1980년에 상경했다. 젊은 시절의 단병호는 민주공화당의 청년 당원이었으며, 박정희 대통령을 존경했다. 또한 1980년 광주항쟁 당시에는 '광주 사람들 다 때려 죽여야 한다'고 말했다고 한다. 그러나 이후 어린 시절의 친구로부터 진상을 전해 듣고 나서 조금씩 생각이 바뀌었다고 한다. 1982년 동아건설에 입사하였으며, 1986년 연말 상여금 문제로 처음으로 파업에 참여하게 되었다. … 1987년 7월에는 이러한 문제인식을 발전시켜 노동조합을 결성하였다. 이후 민주노조 운동이 가속화되면서 그는 1988년 지역업종 노동조합 전국회의 의장을 거쳐 서울지역 노동조합협의회 위원장으로 선출되었다. 1990년에는 전국노동조합협의회(전노협) 위원장이 되어 보안사령부의 민간인 사찰 대상이 되기도 하였다. 또한, 전노협 결성 당시 한 번, 위원장직 수행 당시 2번 구속되기도 하였다"(〈위키백과〉, '단병호').

32. 주체사상

주체사상은 북한의 공식적인 국가 사상이다. 주체사상은 사람과 민족을 강조하지만 주체사상에서 사람과 민족을 규정하는 것은 '수령', 즉 김일성이다. 이런 점에서 주체사상은 김일성주의이다. 북한은 김일성주의가 맑스-레닌-모택동주의를 이어받은 새로운 사상이라고 주장하지만 아무런 근거도 없는 그저 일방적인 선전적 주장일 뿐이다. 주체 사상은 김일성만을 주체로 인정하고 다른 모든 사람들을 비주체로 여기는 반주체사상 이다. 그러나 김일성은 동족 전쟁을 일으켰고 북한을 극단적 독재 상태로 만들었다. 이 런 점에서 김일성은 전혀 존중할 만한 존재가 아니다. 김일성을 신격화한 주체사상은 김일성이 아니라 그 부하 황장엽에 의해 체계화되었다. 그런데 황장엽은 남한으로 귀순 해서 국립묘지에 안장됐다. 대단히 잘못된 일이다.

33. 하나회

"하나회는 1963년에 전두환, 노태우, 정호용, 김복동 등 대한민국의 육군사관학교 11기 생들의 주도로 비밀리에 결성한 조직이다. 이후 육군사관학교의 각 기수를 내려오면서 주로 경상도 출신 소장파 장교들을 대상으로 3~4명씩 회원을 계속 모집하였다. 국방부 는 육군사관학교 22기~23기를 마지막으로 더 이상 공식적으로 구성되지 않았다고 발 표하였다. 하지만 육사 31기까지도 계속 모임이 결성되었고, 1993년 초에는 육사 31기 생이 동기회장을 놓고 난투극을 벌인 끝에, 서울 용산의 군인아파트에 회원 명단이 살 포되기도 하였다. 1979년에는 육사 11기, 12기생을 중심으로 신군부로 발전하여 12·12 군사반란, 5·17 쿠데타를 주도하고 5·18 광주민주화운동진압 과정에도 참가했으며, 1995년 12·12 및 5·18 사건 재판에서 신군부 핵심 인사들이 유죄 판결을 받았다"(〈위 키백과〉, '하나회').

　1993년 4월에 서울 용산의 군인아파트에 하나회 명단이 살포된 사건을 계기로 문민 정부는 하나회를 해체하게 되었다.

34. 1997년 12월, 제15대 대통령 선거와 '총풍 사건'

'총풍', '세풍' 등의 술책에도 불구하고 김대중이 평생의 '원수' 사이였던 김종필(박정희의 부하이자 조카사위)과 연대해서 한나라당의 이회창을 이기고 대통령에 당선되었다. 그 런데 김대중은 당선 직후 김영삼에게 화합을 내세워서 전두환과 노태우의 사면을 요청했고, 김영삼은 이 요청을 받아들여 12월 22일 전두환과 노태우를 사면했다. 전두환과 노태우의 사면 요청은 김대중이 저지른 잘못 중에서 가장 큰 잘못일 것이다. 이 사면은 조선총독부 청사의 철거보다 더 잘못된 '정치적 쇼'였다. 이로써 전두환과 노태우의 세력은 더욱 기세등등해졌으며, 민주화를 약화(또는 역전)시키기 위해 더욱 적극적으로 치밀하게 나서게 되었다.

 가장 놀라운 사건은 '총풍'이었다. 12월 10일 청와대 행정관 오정은, 대북사업가 장석중, 진로그룹 고문 한성기 등 3명이 베이징에서 북한 아시아태평양평화위원회 박충 참사를 만나 이회창에 대한 지지율을 높이기 위해 북한에게 휴전선에서 총격전을 벌여달라고 요청한 이른바 '총풍' 또는 '북풍' 술책을 저질렀다. 이 사건은 1998년 9월 밝혀져서 세상을 놀라게 했다. 당시 안기부장 권영해는 '총풍 3인방'이 베이징에서 북한 참사를 만난 것을 알고도 수사하지 않았다. 이 때문에 안기부가 추진한 사건이라는 의혹이 제기되었다.

참고문헌

김진균,『비판과 변농의 사회학』, 한울, 1983.

______,『사회과학과 민족현실』, 한길사, 1988.

______,『사회과학과 민족현실 2』, 한길사, 1991.

______,『한국의 사회현실과 학문의 과제』, 문화과학사, 1997.

______,『21세기 진보운동의 기획』, 문화과학사, 2003.

______,『진보에서 희망을 꿈꾼다』, 박종철출판사, 2003.

______,『불나비처럼』, 문화과학사, 2005.

김진균·홍성태 공저,『군신과 현대사회』, 문화과학사, 1996.

______________,『현대사회와 평화』, 문화과학사, 2005.

김진균 엮음,『제3세계와 사회이론』, 한울, 1984.

________,『현대 자본주의의 이론적 인식』, 한울, 1984.

________,『저항, 연대, 기억의 정치1』, 문화과학사, 2003.

________,『저항, 연대, 기억의 정치2』, 문화과학사, 2003.

김진균, 정근식 엮음,『근대 주체와 식민지 규율권력』, 문화과학사, 1997.

강만길,『고쳐 쓴 한국 현대사』, 창작과비평사, 2006.

경남대 극동문제연구소 엮음,『전환기의 맑스주의』, 공동체, 1991.

김동춘, 『한국사회 노동자 연구』, 역사비평사, 1995.

김영수 외, 『전노협 1990~1995』, 한내, 2013.

김원, 『여공 1970』, 이매진, 2005.

김진균기념사업회 엮음, 『벗으로 스승으로』, 문화과학사, 2005.

김창우, 『전노협 청산과 한국노동운동』, 후마니타스, 2007.

루이 알뛰세르 외, 김진엽 역, 『자본론을 읽는다』, 두레, 1991.

리영희, 『우상과 이성』, 한길사, 1977.

＿＿＿, 「서평 ― 김진균, 『군신과 현대사회』」, 『이론』 15호, 1996.

미셸 푸코(1966), 이광래 역, 『말과 사물』, 민음사, 1987.

＿＿＿＿＿(1975), 오생근 역, 『감시와 처벌』, 나남출판, 1994.

민주화를 위한 전국교수협의회, 『민교협 10년사』, 1997.

＿＿＿＿＿＿＿＿＿＿＿＿＿＿＿＿, 『민교협 20년사』, 2007.

＿＿＿＿＿＿＿＿＿＿＿＿＿＿＿＿, 『걸어가면 길이 된다 ― 민교협과 나』, 2007.

민주화운동기념사업회 엮음, 『한국 민주화운동사 연표』, 2006.
이 책은 민주화운동기념사업회에서 PDF 화일로 내려받을 수 있음.

민주화운동기념사업회 엮음, 『한국 민주화운동사』 전3권, 돌베개, 2010.
이 책은 민주화운동기념사업회에서 PDF 화일로 내려받을 수 있음.

박상현, 『신자유주의와 현대 자본주의 국가의 변화』, 백산서당, 2012.

박태순·김동춘, 『1960년대 사회운동』, 까치, 1991.

박현채, 『한국경제구조론』, 일월서각, 1986.

변형윤, 『한국경제의 진단과 반성』, 지식산업사, 1980.

서관모, 『현대 한국사회의 계급구성과 계급분화』, 한울, 1988.

서울대학교 교수 민주화운동 50년사 발간위원회, 『서울대학교 교수 민주화운동 50년사』, 서울대 출판부, 1997.

서울대학교 교수 민주화운동 50년사 자료집 편찬위원회, 『서울대학교 교수 민주화운동 50년사 자료집』, 한모임, 2001.

서울대 출판부 엮음, 『끝나지 않은 강의』, 서울대 출판부, 2004.

신한종합연구소, 『7089 우리들』, 고려원, 1991.

유인호, 『나의 경제학』, 양서원, 1991.

이병천, 이광일 엮음, 『20세기 한국의 야만』 1, 2, 일빛, 2001.

이성형, 『대홍수 ― 라틴아메리카 신자유주의 20년의 경험』, 그린비, 2009.

이운재, 정경원, 『517일 간의 외침』 상, 하, 다짐, 2002.

이행자, 『시보다 아름다운 사람들』, 지성사, 1999.

______, 『아, 사람아!』, 지성사, 2006.

이효재, 『분단시대의 사회학』, 한길사, 1985.

전노협 백서 발간위원회, 『전노협 백서』, 1997, http://wbook.liso.net.

정약용(1818), 다산연구회, 『목민심서』, 창작과비평사, 1985.

______(1762~1836), 송재소, 『다산 시선』, 창작과비평사, 1981.

조돈문, 이수봉, 『민주노조운동 20년』, 후마니타스, 2008.

조희연, 『박정희와 개발독재시대』, 역사비평사, 2007.

지주형, 『한국 신자유주의의 기원과 형성』, 책세상, 2011.

최문환, 『민족주의의 전개과정』, 삼영사, 1982.

한국 산업사회연구회, 『탈현대 사회사상의 궤적』, 새길, 1995.

한국 산업사회학회, 『사회이론과 사회변혁』, 한울, 2003.

______________, 『노동과 발전의 사회학』, 한울, 2003.

홍근수 외, 『발자욱』, 녹두, 1990.

홍성태, 『현실 정보사회의 이해』, 문화과학사, 2002.

______, 『개발주의를 비판한다』, 당대, 2007.

______, 『대한민국 위험사회』, 당대, 2007.

황성모, 『한국 공업노동의 사회학적 고찰: 제일모직·락희화학·대한중공업 및 대한석공 장성탄
        광 — 실태조사보고서』, 1963.

______, 『지성과 근대화』, 서울대 출판부, 1986.

______, 「근대화이론의 탈신화화」, 『정경연구 120호/1975년 1월호 창간 10주년 기념 특호 — 근대화
        의 현단계』, 1975.

무크 『한국사회연구』.

무크 『산업사회연구』.

무크 『현실과 과학』.

계간 『경제와 사회』.

계간 『동향과 전망』.

계간 『문화과학』.

월간 『노동사회』.

부록

'해직교수협의회 이야기' 에서
정년퇴임사
청정 김진균 교수 비문
저술목록
연표

'해직교수협의회 이야기'에서

〈발자욱〉, 녹두, 1990, 124~125쪽의 '해직교수' 운동에 적극 참여했던 교수들에 대한 회고

6월 당시 협의회 회원은 38명, 그 중에 서남동 교수(연세대)는 정년을 넘어 학교로 돌아가지도 못하고 곧 이 세상을 떠나셨다. 광주 전남대의 송기숙, 명노근, 이광우, 김동원, 이방기, 노회관 교수들은 80년의 한맺힌 굴욕을 어떻게 참아낼 수 있었을까.

　조선대 임영천 교수의 처절한 투쟁, 콧수염의 이상신 교수(고려대)의 솟구쳐 오르는 열정, 노총각 중의 노총각, 나중에는 귀중하고 현숙한 아내를 맞이했던 이명현 교수(서울대)의 분출하는 분노, 힘차게 뻗쳐 주었던 김윤환, 조용범, 김용준, 이문영 교수(고려대)와 이석영(전북대), 이선영(연세대), 탁희준(성균관대), 김윤수(영남대) 교수들, 미국에 갔다가 가족과 함께 고생만 했던 한완상 교수(서울대)와 그곳에 머물러 있던 문동환 교수(한신대), 가끔 웃음의 청량제를 주며 열심히 챙기고 보급했던 김찬국 교수(연세대), 슬기와 용기를 함께 배급했던 강만길 교수(고려대), 가난한 자가 서로 위로해 가야할 길을 제공하는 고결한 지혜의 이만열 교수(숙명여대), 능소능대하게 사태에 대처하는 안병무 교수(한신대)와 서광선 교수(이화여대), 김찬국 교수가 그래도 이름만을 넣어서 지켜준 김동길 교수(연세대), 지켜 갈 양심을 확인해 주곤 했던 정윤형 교수(홍익대), 늦게 나타났지만 가장 힘있어 보이던 이수인 교수(영남대), 순발력이 뛰어나고 돌파력이 강했던 장을병 교수(성균관대), 정확히 짚고 명예를 지키고자 했던 리영희 교수

(한양대), 군화로 목을 짓밟아 성대를 망가지게 한 군부파쇼가 살아 있는데 어찌 학교로 돌아갈 수 있겠느냐고 복직을 거부해 버린 김병걸 교수(경기여전), 잔잔하게 웃으며 열심히 감당해 준 이우정 교수(서울여대)의 복직거부(옛날 70년대에 일차로 해직되어 복직하려 할 때 거부했던 학장이 그대로 있는데 거기에 왜 다시 돌아가고자 하겠는가 하면서), '겨울공화국', '꿈을 비는 마음' 등 민족민주 시를 낭송하던 성내운 교수(연세대)의 감동과 애정(그 분도 80년대를 마감하면서 이 세상을 하직하였다), 부푼 희망에 용기를 키워 주던 유인호 교수(중앙대), 대쪽 같은 선비의 절개로 곧은 이우성 교수(성균관대), 책임으로 떠맡아 할 일을 마다하지 않았던 변형윤 교수(서울대)의 일의 추진과 절제, 그리고 '용기의 원천이었고 위로의 샘줄기 같았으며 아름다움의 원본' 같았던 이효재 교수(이화여대).

이 분들로부터 내가 살아가는 숨결과 힘과 신념을 배우고 얻어서 그 험난했던 80년대 초반을 지탱해 낼 수 있었고, 오늘에 이르기까지 귀중한 자산으로 삼고 있다.

정년퇴임사

"4·19탑 앞에서보다도 박종철 등의 기념비 앞에 서면 더 가슴이 무거웠다"

여기에 이소선 여사께서 오시는 않았습니다만, 제가 이소선 여사를 1979년 크리스찬 아카데미 사건의 일심 공판 대법정에서 처음 뵈었습니다. 당시 사진을 보면 참 젊은 모습이었습니다. 그 법정에는 청계피복노조의 노동자들이 많이 방청하였습니다. 대중노동운동의 앞장에서 운동하였고 지금은 사이버노동대학을 운영하고 있는 김승호씨는 제가 서울대학교 상과대학에 재직하던 때 학생이었는데 그가 운동에 앞장섰던 모습이 눈에 남아 있었습니다.

언젠가 그에게 어떻게 노동운동에 헌신하게 되었냐고 물었더니, 그것은 1970년의 전태일 분신에 정신이 번쩍 들어서였다고 대답하였습니다. 그 해 전태일 때문에 많은 젊은 학생들이 청계천으로 뛰어갔습니다. 이소선 여사가 지금도 저를 만나면 첫 인사가 '김세균 교수 잘 있어요?' 합니다. 이소선 어머니는 70년 당시 만났던 젊은이들을 기억하고 계신 것입니다.

71년 군사정권은 다음해의 유신을 준비하면서 전국에서 6천여 학생들을 징계하였는데 제가 있던 서울대학교 상과대학에서도 16명을 제적했습니다. 저는 그것을 막지 못했습니다. 1987년 민주화를 위한 전국교수협의회를 만들 때 나중에 보니 71년의 사람들

중에서 대학에 재직하고 있는 사람들이 출연하여 꾸린 것을 인정하게 되었습니다. 민교협 학단협뿐만 아니라 민주화운동 전 영역에서 그 71년의 사람들이 무거운 짐을 지고 활동하고 있습니다.

71년 당시 상대 학생이었고 제적된 김상곤 교수가 민교협의 기둥을 세웠고 지금도 교수노조의 사무총장을 맡고 소임을 다하고 있습니다. 민교협 공동의장인 손호철 교수도 71년의 사람입니다. 저는 87년에 71년의 사람들을 무더기로 만나는 운이 있었습니다. 제가 사회운동에 참여할 수 있었던 것도 이 기반이었습니다.

87년을 생각하면 참 아득합니다. 박종철이라는 학생의 고문치사은폐사건이 폭로되어 바야흐로 장기적 군사정권체제에 균열이 일어나고 무너지지 않을 것 같던 안보지배체제의 거대한 둑이 무너지기 시작하였습니다. 박종철이 고문받던 그 곳에 수많은 젊은이가 친구들의 이름을 말하라는 강압을 받으면서 신음하고 있었습니다. 그 무렵의 젊은이들이 또한 이 세상을 바꾸어 볼 꿈을 꾸고 있었습니다. 이들이 또한 71년의 사람들의 뒤를 잇고 있습니다.

박종철의 아버지 박정기 선생은 종철의 일주기 때에 뵙게 되었습니다. 이한열을 생각해도 가슴이 미어집니다. 강경대 때는 거리에서 살았습니다. 자식들 때문에 세계관이 바뀌고 사회운동에 태평양보다 넓은 마음으로 뛰어든 어머니-아버지가 유가협과 민가협을 만들어 활동하고 있습니다. 이 분들은 젊은이들의 운동을 떠받치는 터전이 되고 있습니다. 민교협 교수들은 이 어머니와 아버지를 존경하고 있습니다. 그 자식들은 운동현장에서 알아볼 수 없어도 어머니와 아버지는 알아봅니다.

저는 학교 경내에 있는 4·19탑 앞에서보다도 박종철, 김세진, 이재호 등 젊은 학생들의 기념비 앞에 서면 더 가슴이 무거워집니다. 사람들은 저를 4·19세대라고 합니다. 맞습니다. 1960년 4월에 대학 마지막 학년이었습니다. 역사의식이 약했던 저는 4·19를 제대로 이해하기도 전에 61년 군사 쿠테타을 맞이하여 그 세월, 청장년시기를 군부독재 아래에서 살아 왔습니다.

4·19세대를 그냥 그때 그 학생들이라고 하면 대부분의 사람들은 살아가는 터전을 경제개발과 독재의 체제에 흡입되어 살아갔습니다. 한편 4·19를 민중혁명이라 인식하고 혹은 남북통일의 대의를 위해 나섰던 4·19세력이 있었습니다. 그 분들은 역사적 선각자였습니다. 장기적인 군부독재에 온갖 핍박을 받으면서도 사월혁명의 대의를 살리고

전파하고자 노력한 분들이 있습니다.

이 분들이 88년에 사월혁명 30주년을 준비하자고 모여서 사월혁명연구소를 창설하였습니다. 그 분들이 저를 불러서 소장의 소임을 맡도록 요청하였습니다. 저는 송구스럽게도 그 일을 맡아 30주년 기념행사를 치르고 사월혁명의 대의가 반독재 민주화운동과 통일운동에 연결되도록 사월혁명연구소의 회원들과 마침 사무소를 함께 사용하던 민교협과 함께 노력하였습니다.

우리나라 교수들은 좀 독특합니다. 세계 어느 나라에서도 전국적 규모의 교수 운동단체가 드뭅니다. 우리나라 역사의 특수적 성격의 발로이기도 하고 교수 지식인에게 주어지는 역사적 소임이 크고 이를 마다하지 않고 짊어진 교수들이 경이롭기도 합니다. 80년대의 변혁기를 그냥 지날 수 없는 그 시기에 전국의 교수들이 사회와 대학의 민주화 기치를 내세우고 '민주화를 위한 전국교수협의회'를 결성하여 한국의 정체성 규정과 지식의 내용을 규정하는 치열한 이데올로기 투쟁을 감행했습니다.

저는 이 운동에 참여하였습니다. 처음 일년간을 간사제로 하여 힘써 주신 오세철, 김대환, 유초하 교수들의 노고는 빛났습니다. 다음해 대표제를 채택하였는데 송기숙 교수, 김상기 교수가 나섰고 박영근, 김상곤, 여운승, 박거용 등등 빛나는 분들이 초기에 그리고 지금도 열심히 복무하고 있습니다. 역사적 안목이 투철하고 용기와 정의로운 자세를 갖춘 교수들과 연구자들이 엄혹한 군부독재 아래서도 자라고 나타났던 것입니다. 이분들의 힘과 지혜에 저는 몸을 많이 의탁하였습니다. 연대의 기축을 생성-성장하고 있는 민중의 운동에 두었습니다.

민교협은 87년 노동자 대투쟁 이후 생성한 민주적이고 자주적인 '전노협'을 지원하면서 연대의 폭을 넓혀 갔습니다. 당시 전노협을 만들었던 많은 선진노동자들의 투쟁은 한없이 핍박을 받았습니다. 지금도 단병호 동지는 감옥에 갇혀 있습니다. 더구나 97년 이후 노동자들이 구조조정의 미명 하에 직장에서 내보내지고 비정규직 노동자가 양산되어 불안하고 가난한 삶을 살아야 합니다. 이 문제가 지금 우리나라 현안의 가장 핵심적인 문제로 등장하였습니다.

민교협의 출범할 즈음에 전국의 교사들이 참교육 이념을 내세우고 전교협을 만들고 이를 전교조로 성장 전화시켰습니다. 반지성적이고 반민주적인 군사독재는 이 교사들을 핍박하였습니다. 민교협 교수들은 전교조에 가입도 하고 지원도 아끼지 않았습니다. 초기의 윤영규·정해숙 선생의 투쟁 선봉이 빛났고 이부영, 이수호 선생 및 여러 분들이 투쟁의 기운을 떠받들었습니다. 이 분을 보면 교육도 혁명과 투쟁을 함께한다는 명제를 확인하게 되는 것입니다. 민교협이 노동, 민중, 통일, 교육, 법, 여성 등의 여러 영역에서 연대를 해 왔듯이 저도 그 물결에 따라 연대의 영역에서 많이 다녔습니다. 삶의 바탕이 연대이듯이 운동의 바탕도 역시 연대입니다.

여러분, 우리 민족이 인류에 참으로 불명예스럽게 감옥에서 평생을 보내는 장기수들을 양산하였습니다. 아무리 분단에 의하여 남북이 적대하는 세월을 보낸다고 하더라도 인간의 양심이라는 차원에서 이 분들을 구제하는 어떤 방도도 그 장기수의 수감세월동안에 전혀 추구되지 않았습니다. 장기수 분들이 즐겨 모였던 양심수 후원의 자리에 보면 거기 나와 있는 60여 명의 감옥 연수를 40년, 30년, 20년 그리고 부끄러워하는 10년을 셈해 보면 간단히 천년이 넘었습니다.

이는 참으로 기가 막히는 것이었습니다. 민족통일에서 우리가 진보적 세상을 꿈꾸어야 하는 그 가장 밑바탕에서는 인간에 대한 겸허한 자세와 인간의 존엄성을 존중하는 것이 깔려야 한다는 점을 일깨워 줍니다. 이 맥락에서 우리는 남북의 통일과정에서 이 가치가 추구되어야 한다고 봅니다.

저는 말하기조차 부끄럽게도 80년부터 4년간 해직되었습니다. 해직교수협의회가 늦게 결성되었지만 독재에 맞서기로 하였습니다. 84년 봄 해직교수들이 외부 단체 사람으로서는 처음으로 광주 망월동 묘지를 참배하고 80년 광주를 비통한 마음으로 생각하였습니다. 저를 위해 후배들이 연구실을 장만해 주어서 거기서 내부 세미나도 하고 월례발표회도 하였는데, 여기에 참석했던 젊은 연구자들은 70년대 군사독재 하에서의 경제발전이 근대화론자들이 설정한 민주화와 사회적 합리화를 가져온다는 명제가 부당하다는 것을 어떻게 검증할지, 또 이를 극복할 이론적 지향이 무엇인지 등을 고민했습니다.

이를 공론화하기 위하여 1984년 산업사회연구회(지금은 산업사회학회)를 창설하여, 말하자면 '진보적이고 변혁적인 인식과 실천'을 토론하는 자리로 만들었습니다. 이로써 지금 학술단체협의회에 가입한 진보적 학회들이 연관하여 출현했던 것입니다. 70년대 말과 80년대 초반 그리고 중반에서 우리 젊은 학도들은 봉건적 유제와 식민지지배의 유물 그리고 장기적 군사독재가 엉켜서 현대 한국사회를 구성하고 있는 틀과 그 유동적인 과정을 이해하기 위하여 사상의 폭을 전지구적으로, 다시 말하면 부당하게 닫혀 있었던 사회주의 국가의 사상과 이론 및 제3세계의 현실과 전망을 고찰하기 시작하였습니다.

더구나 우리 민족이 분단되어있다는 사실을 이러한 맥락에서 이해하기 위한 치열한 인식의 과정을 지나면서 새롭게 탄생하는 몸부림을 쳤던 것입니다. 이 과정에서 변혁이론이 도입되고 추구되고 한편으로 '인식론적 투쟁'이 진행되는 동시에 이와 유기적 관계 설정을 고민하게 되는 변혁운동 그리고 반독재 민주화운동의 진행을 추진해야 했습니다. 많은 연구자와 활동가들이 생성하여 이 소임을 맡았습니다.

아마도 80년대는 이전의 역사를 전복케 한 새로운 순환을 예기하는 것이었습니다. 87 이후의 역사는 대중적이고 봉기적인 반독재투쟁을 사회의 여러 영역과 수준에서 적극적인 차원에서 민주화를 위해 조직화시키는 과정이었습니다. 이 조직화차원의 투쟁이 오히려 치열하고 끈질긴 것이었고, 지금도 계속되고 있습니다.

당시 우리는 민족 통일 과제와 동시에 민족해방적 과제 그리고 계급운동을 통한 변혁적 과제를 중심에 놓고 '민족-민중 지향적 학문'을 주창히었던 것입니다. 어기에 전략적으로 민중의 개념이 설정되기도 하였습니다. 민중과 민족, 민중과 계급의 관계가 정밀하게 검토되고 사회운동에서 이들이 유기적 긴장관계를 갖도록 노력했습니다.

이러한 과제는 일국적 수준에서만 검토될 수 없다는 판단에서 자본주의 일반 그리고 자본주의 세계체제의 중심과 주변 그리고 반주변을 세계적 차원에서의 축적 문제를 천착하게 하였습니다. 이 축적에서 '국가'의 위상도 검토되어야 했습니다. 이러한 과제는 우리 역사를 더 반공의 장벽에 가둬 두었던 현대사에 남북한 전체를 아울리게 하는 연구방향으로 인도하게 하였습니다.

90년대를 지나면서 변혁적 과제 혹은 계급-민중적 과제 혹은 민족적 과제가 마치 완화된 듯한 풍조가 나타나기도 하였습니다. 저의 입장에서 보면 민족통일을 통한 동아시아의 안정적이고 진보적 관계가 설정될 때까지는 '민족 지향적 인식'이 발전적이고 진보적인 맥락에서 추구되어야 한다고 봅니다. 한편 한국이 더 철저하게 편입되었듯이 전 세계가 자본주의 획일적 체제에 편입되고 있는 상황에서 이에 따라 투자 제국이 건설되고 있는 마당에 노동자와 일반 민중은 지구촌 어디를 떠돌아도 불안정한 삶에 내몰리고 있으므로 확대된 민중-계급의 패러다임도 동시에 진보적인 전망에서 추구되어야 한다고 봅니다.

저 개인적으로 보면 비판적 근대론으로부터 80년대 중반 민중-계급론을 도입하여 민족사회학 내지 민중사회학 구성을 위해 노력했던 긴장을 지금도 놓칠 수 없습니다. 제가 위에서 널어놓은 정세에서는 민족/민중/계급의 개념을 더 활용하고자 합니다. 연구자는 학문의 길에서나 실천적 차원에서 채택하는 이론과 개념에 대한 윤리적 책임을 가져야 한다고 봅니다.

자본주의 모순이 지탱하거나 증폭하고 있는 사태에서는 자기가 채택하는 이론이나 개념이 우선 불안정한 삶에 내몰리고 있는 노동자/민중에게 어떤 효과를 주고 있는가에 대하여 판단해야 합니다. 노동력을 착취하거나 이를 위한 국가권력의 행사에 도움을 주고 있는 것인지 혹은 이를 알려 내고 억제하고 제거하는데 도움이 되는 것인지를 살펴야한다고 봅니다. 이것이 지식인-교수-연구자의 윤리적 책임이라고 생각합니다. 저는 이를 위해 노력해 보았고 또한 이런 차원에서 연구자들, 교수들 그리고 활동가들과 한 방향으로 갔던 길이 저 생애에 무척 귀중한 것이었습니다.

노동/비노동-고용/비고용-임금소득/사회적 소득-생계와 안정된 삶의 터전이라는 인식방법을 생각해 봅니다. 비정규직이 보편적 현상이라면 이를 안정적인 인간적 삶의 방식으로 이르게 하는 인식론적 문제가 제기되고 이를 위한 기획이 개발되어야 한다고 봅니다. 여기에 새롭게 인식되어야 할 여성(이도 여러 차원에서 세분됩니다), 어린이, 외국인 노동자, 탈북자, 동성연애자 등을 이 맥락에 놓고 사고해야 한다고 봅니다. 저는 젊은 활동가들이 모인 사회진보연대와 진보네트워크센터가 기존의 운동단체에 더 붙여져서 새로운 세상을 만들어 가리라고 믿습니다.

저는 이제 마지막 인사를 드리고자 합니다. 저는 이 나이까지 학술적 차원이나 실천적 마당에서 저지른 허물이 당연히 있었습니다. 이를 너무 탓하지 마시고 그것을 살짝 밟고 넘어가 주시길 바랍니다. 저는 민중대회에나 노동자 대회에서 인사하는 방식를 잠간 빌리고자 합니다. "뜨거운 동지애"로 감사의 말씀을 올립니다.

청정 김진균 교수 비문

菁丁金晋均教授之墓

여기 민주성지 양지바른 곳에 영원한 청년, 만인의 따뜻한 벗, 민중의 스승 청정김진균교수 고이 잠들다. 一九三七년十一月二O일 진주에서 상산 김공문희선생과 광주 안씨판환여사의 장남으로 태어나 二OO四년二월十四일 향년 六十七세로 별세하였다. 一九六一년 서울대학교문리과대학사회학과를 졸업한 후 대학원과정을 수료하고 一九六八년부터 二OO三년까지 서울대사회학과의 교수로서 많은 인재를 양성하였다.

一九八O년七월 군부독재체제의 폭압으로 강단에서 쫓겨나 四년 동안 민중과 고통을 함께하였다. 실학을 계승한 내생적 변동논리 위에서 민족적 민중적 학문을 지향하는 민중사회학을 구축함에 힘을 기울였고, 자본과 근대국가에 내재하는 민중배제의 폭력과 강제를 넘어서고자 비판적 맑스주의와 탈근대 반근대 사회이론의 지평을 탐구하였다. 그 소산으로서 『비판과 변동의 사회학』, 『사회과학과 민족현실』, 『군신과 현대사회』, 『근대주체와 식민지규율권력』 등 다수의 저작을 남겼다. 이 바탕에는 한국산업사회학회 등의 학술활동이 있었고, 『역주 목민심서』는 다산연구회 회원들과의 뜨거운 동지애의 산물이었다.

이 모든 지적 작업은, 고결한 윤리적 책임의식에 매개되어, 개개인의 자유로운 발전이 만인의 자유로운 발전의 조건이 되는 협동사회, 민중이 상자相資해서 살아가는 화이부동和而不同의 대동사회를 이룩하려는 사회적 실천으로 이어졌다. 정의에 바탕하여 저항하고 삶의 바탕이 연대이듯이 운동의 바탕도 연대를 원리로 해야 함을 설파하고 실천하는 민중운동, 곧 민주화를위한전국교수협의회 전국노동조합협의회 전국민주노동조합총연맹의 활동에 온 몸을 바쳤다. 그는 이곳에 묻혔으나 민중은 그를 보내지 않고 그들의 가슴에 묻었다.

二〇〇五年 二月 一周忌에 茶山硏究會 짓고 쓰고 金晋均紀念事業會 세우다.
遺族 아내 鄭惠英 아들 台鎭 永鎭 딸 知仁 며느리 李娗炫 安宣姝 손자 淳九
淳明 손녀 英芝 淳娗

저술목록

1. 저서

【저서】『비판과 변동의 사회학』, 한울, 1983.

【저서】『사회과학과 민족현실I』, 한길사, 1988.

【저서】『사회과학과 민족현실II』, 한길사, 1991.

【저서】『한국의 사회현실과 학문의 과제』, 문화과학사, 1997.

【저서】『진보에서 희망을 꿈꾼다』, 박종철출판사, 2003.

【저서】『21세기 진보운동의 기획』, 문화과학사, 2003.

【저서】『불나비처럼』, 문화과학사, 2005.

【공저】『조직행위론』, 서울대출판부, 1973.

【공저】『경영조직론』, 법문사, 1974.

【공저】『제3세계와 한국의 사회과학』, 돌베개, 1985.

【공저】『군신과 현대사회 : 현대군사화의 논리와 군수산업에 관한 연구』, 문화과학사, 1996.

【편저】『제3세계와 사회이론』, 한울, 1983.

【편저】『독점자본주의의 이론적 제문제』, 한울, 1984.

【편저】『저항, 연대, 기억의 정치 1 : 한국 사회 운동의 흐름과 지형』, 문화과학사, 2003.

【편저】『저항, 연대, 기억의 정치 2 : 한국 사회 운동의 흐름과 지형』, 문화과학사, 2003.

【공편】『근대주체와 식민지 규율권력』, 문화과학사, 1997.

2. 역서

【공역】『근대화: 저항과 변동』, 탐구당, 1972.

【공역】『권력과 갈등: 갈등론적 사회학의 전개』, 법문사, 1979.

【공역】『사회학 이론의 구조』, 한길사, 1980.

【공역(다산연구회)】『譯註牧民心書』I~VI, 창작과비평사, 1985.

【공역】『조직사회학』, 풀빛, 1987.

【공편역】『혁명의 사회이론』, 한길사, 1984.

3. 저작 총목록

1962년

【논문】「입과 손발 간의 경쟁-인구, 노동과 연령구조」, 서울대 문리대 사회학과, 『사회학보』 5집, 1962.

1964년

【석사논문】「한국의 인구와 노동력에 관한 인구학적 접근」, 『사회학논총』 제1집, 사회학연구회, 1964, 82~132.

【휘보】『사회학논집』, 제1집, 196년4, 175~176.

【신문】「생산적 사회적 성격의 형성을 위하여」, 『새세대』, 제58호, 1964년 9월 26일.

1965년

【공저】「신문독자에 관한 사회조사보고」, 『신문평론』 13호, 1965(공저자 유재천).

【휘보】『사회학논집』, 제2집, 1965, 156~157(사회학연구회 간사).

【논문】「인구정책의 실효화」, 『청맥』 제2권 제7호, 1965년 8월, 131~139.

1966년

【논문】「한국 중간도시에서의 가족의 크기에 관한 가치-태도」, 『한국사회학』, 제2호, 한국사회학회, 1966, 72~83(공저자 이해영·권태환).

【논문】「소아마비 못 면한 사회학」, 『청맥』 제20호, 1966년 8월, 64~73.

【서평】「Loren Baritz, The Servants of Power: A History of The Use of Social Sciences in American Industry」, 서울대 사회학과, 『사회학보』 제9집, 1966.

1967년

【논문】「가족가치 변용에 관한 일 고찰―중간도시 이천을 중심으로」, 『진단학보』 제31호, 1967, 143~164 (공저자 이해영·권태환).

【논문】「근대화와 사회통합」, 『政經研究』 제28호, 1967년 5월, 148~155.

【시평】「낳지 않는 사회의 미래」, 『女像』, 1967년 4월호.

1968년

【논문】 "Family-Size Value in a Korean Middle Town, Ichon Eup, Journal of Marriage and The Family," Vol. 30, No. 2, *The National council on Family Relatims*, USA. 1968, 329~337 (공저자 이해영·권태환).

【논문】「공업화과정의 사회에 있어서의 전통과 합리성」, 『경제논집』 VII-2, 서울대학교 한국경제연구소, 1968, 49~77.

【논문】「기업체 종사원의 합리적 시스템의 적응평가", 『경영논집』 II-2, 서울대학교 한국경영연구소, 1968, 100~131.

【시평】「사람은 이미 많아졌다」, 『우리시대』 창간호, 1968년 11월, 62~64.

【산문】「殘念」, 『경영실무』 2권3호(68 추계호), 서울대 상과대학 한국경영연구소, 78~79.

【시평】「民主軍隊의 理想과 現實」, 『사상계』 16권 6호, 1968년 6월, 54~60.

1969년

【논문】「생산조직체의 집합지향적 요소」, 『경영논집』 III-2, 1969, 54~65.

【논문】「기술변동과 자동화」, 『經營實務』 제3권 제1호, 1969년 춘계호, 23~26.

【논문】「한국 사회구조변동의 문제」, 『形成』 제4권 제1호, 서울대 문리대, 1969.

1970년

【논문】「조직적 카리스마에 대하여」, 『경영논집』 IV-3, 1970, 1~21.

【논문】「사회변동에 있어서 1940년대 出生集團」, 『정경연구』 66호, 1970년 7월, 27~39.

【논문】「경제행위에 관한 사회학적 접근—서설」, 『경제논집』 IX-2, 1970, 83~108.

【신문】「잠재적인 敵」, 이화여대 사회학과, 『사회학보』 제6호, 1970년 6월 15일.

【서평】「W. E. Moore, The Impact of Industry」, 『한국사회학』 5집, 1970, 76~98.

1971년

【논문】「한국의 생산조직체에 있어서 전통적 관계」, 『경영학 논문집 I』, 서울대학교 경영대학원, 1971, 75~135.

【논문】「농촌에 있어서 생산과 소비행위의 사회적·심리적 요소」, 『경제논집』 10-2, 1971, 49~79.

1972년

【논문】「카리스마, 엘리트와 근대화」 『경제논집』, 제11-2호, 1972, 123~148(계엄당국에 의해 삭제됨).

【논문】「한국 가족계획 사업의 회고와 전망」,『한국 가족계획 연구 활동의 사회학적 평가』, 한국사회
　　　　학회, 1972, 5~15.

【논문】「조직의 저항흡수문제」,『경영학 논문집』 2-1, 1972, 39~51.

1973년

【공저】『조직행위론』, 서울대출판부, 1973.

【논문】「근대화의 제조건과 사회조직에 관한 일고찰」,『경제논집』 제12-2호, 1973, 79~101.

【논문】「조직행위론」,『財政』, 1973년 1월호.

1974년

【공저】『경영조직론』, 법문사, 1974.

【시평】「테크놀로지와 조직의 상황에서 본 직업」,『새물결』 64호, 1974년 4월호, 19~22.

1975년

【논문】「분업과 조정통제체계」,『경영논집』 제9-2호, 1975, 51~62.

1976년

【논문】「전통」,『商友』, 商友會, 1976.

1977년

【논문】「체제 내재적 변동의 분석에 관련된 문제점」,『한국사회학연구』 제1호, 서울대 사회학 연구
　　　　회, 1977, 59~74.

【논문】「박지원의 사회학적 안목에 관하여」,『진단학보』 제44호, 1977, 81~94.

1978년

【공저】『사회체계로서의 농촌사회의 통합과정에 관한 연구』(최홍기 교수 농촌조사연구 보고서),
　　　　1978.

【논문】「테크놀로지적 사회구조론」,『현상과 인식』 제2~3호, 1978, 21~35.

【논문】「産業社會의 구조」,『政經研究』 155호, 1978, 100~114.

【논문】「인력개발」, 이해영·권태환 편,『한국사회: 인구와 발전』, 서울대 인구 및 발전문제 연구소,
　　　　1978, 389~450.

1979년

【공역】『권력과 갈등:갈등론적 사회학의 전개』, 법문사, 1979.

【논문】「발전과 내생적 변동이론의 필요성」,『한국사회학연구』 제3호, 1979, 11~31.

1980년

【공역】『사회학 이론의 구조』, 한길사, 1980.

1981년

【논문】「산업민주주의: 그 배경과 몇 가지 명제에 관하여」, 『사회과학과 정책연구』 III-2, 서울대 사회과학연구소, 1981, 269~290.

【서평】「이만열, 『한국근대역사학의 이해』」, 『정경문화』 제195호, 1981년 5월호.

【서평】「브란트위원회, 이원재 역, 『남과북, 생존을 위한 전략』」, 『정경문화』 제199호, 1981년 9월호.

【해설】「사회학」, 이가원·이우성 편, 『한국학연구 입문』, 지식산업사, 1981, 615~620.

1982년

【논문】「사회과학에 있어서 이데올로기와 사실판단문제」, 『역사와 인간』, 두레, 1982, 56~72.

【서평】「Michael Poole, Worker's Participations in Industry, Routledge & Kegan Paul, 1975」, 『노동경제론집』 제5권, 1982년 9월.

【논문】「유어비어의 역기능과 영향」, 『월간 조선』, 1982년 9월호.

【논문】「이데올로기와 사회과학」, 『政經文化』 204호, 1982년 2월호.

1983년

【저서】『비판과 변동의 사회학』, 한울, 1983.

【편저】『제3세계와 사회이론』, 한울, 1983.

【논문】「한국사회의 구조적 역동성을 분석하기 위한 몇가지 개념에 관하여」, 서울대학교 사회학 연구회 편, 『한국 사회의 전통과 문화』, 범문사, 1983, 351~362.

【논문】「한국 사회학, 그 몰역사성의 성격」 『한국 사회연구 I』, 한길사, 1983, 87~107.

【논문】「제3세계 이론의 전개와 그 평가」, 김진균 편, 『제3세계와 사회이론』, 한울, 1983.

【서평】「"산업사회를 보는 새로운 시각," 한국기독교사회문제연구원 편, 『노동운동과 산업민주주의』, 민중사, 1983」, 『기독교사상』, 1983년 1월, 184~187.

【신문】「현대 산업사회에 있어서의 직업활동의 의미」, 『방송통신대학보』 396호, 1983년 10월 24일.

【논문】「산업사회와 규범의 문제」, 『월간 조선』, 1983년 9월호.

【발문】「이론과 실천을 결합하는 고통의 승화」, 이문영, 『민주사회를 위하여』, 청사, 1983, 309~312.

【해설】「사회과학은 어떤 학문인가?」, 월간 『진학』, 1983년 5월호.

1984년

【편저】『독점자본주의의 이론적 제문제』, 한울, 1984.

【공편역】『혁명의 사회이론』, 한길사, 1984.

【논문】「역사현실과 대결하는 사회과학」, 계간 『오늘의 책』 창간호, 1984년 봄호, 한길사, 1984, 74~83.

【논문】「한국 산업사회 구성체와 가치의 비일관성」, 송건호·변형윤 외, 『민족통일해방의 논리』, 형성사, 1984, 282~298.

【논문】「한국사회의 계급구조」, 한국기독교사회문제연구원 편, 『한국사회 변동연구 I』, 민중사, 1984, 105~181.

【논문】「한국의 교육문화에 관한 사회학적 접근」, 한국기독교사회문제연구원 편, 『한국사회 변동 연구 I』, 민중사, 1984, 185~252.

【서평】"한반도 상황 극복할 주체적 자세 제시," 리영희, 『분단을 넘어서』, 1984」, 한길사, 『동아일보』, 1984년 11월 20일.

【서평】"체험으로 엮은 '인권절규'", 이문영, 『민주사회를 위하여』, 1983」, 『동아일보』, 1984년 10월 8일.

【서평】"현장에서 실험하고 있는 삶의 방법," 한국기독교사회문제연구원 편, 『농촌현실과 농민운동』, 민중사, 1984」, 『학원』, 1984년 10월.

【서평】「심윤종, 『산업사회학』, 경문사」, 『월간 조선』, 1984월 5월.

【권두언】『한국사회변동연구 1, 2』, 민중사, 1984.

【서평】「한국기독교사회문제연구원 편, 『분단현실과 통일운동』, 1984」, 『중앙일보』, 1984.

【서평】「신용하 편, 『한국현대사상연구』, 지식산업사, 1984」, 『중앙일보』, 1984.

【서평】「한국기독교사회문제연구원 편, 『분단현실과 통일운동』, 1984」, 『기독교사상』, 1984.

【서평】「송건호, 『한국현대인물사료』, 한길사, 1984」, 『오늘의 책』 제2집, 한길사, 1984.

【서평】"완성이 추구되는 4·19민주혁명"- 강만길 외 저, 『사월혁명론』, 한길사, 1983년; 한완상 외 저, 『4·19혁명론』, 일월서각, 1983; 신경림 편, 『사월혁명기념시전집』, 학민사, 1983년; 백낙청, 염무웅 편, 『한국문학의 현단계』, 1984, 창작과 비평사」, 『창작과비평』, 1984, 502~511.

1985년

【공역(다산연구회)】『譯註牧民心書』 I –VI, 창작과비평사, 1985.

【공저】『제3세계와 한국의 사회과학』, 돌베개, 1985.

【논문】「분단과 사회상황의 상관성에 관하여」, 『분단시대와 한국사회』(이효재 교수 화갑기념 논문집), 까치, 1985, 397~436.

【논문】「한국 사회의 하층계급에 대한 연구」, 김진균 외, 『한국 사회의 계급연구(I)』, 한울, 1985, 177~194.

【논문】「1980년대 한국 사회과학의 과제」, 한국산업사회연구회, 『산업사회연구』 제1집, 한울, 1985, 7~21.

【논문】「한국사회 발전을 위한 조직 형성과 그 전망」, 한국기독교산업개발원 편, 『한국 사회발전과 민주화운동』, 정암사, 1985, 145~154.

【서평】「이효재, "분단시대의 사회학", 한길사, 1985」, 『신동아』, 1985년 12월호.

【발제】「사회발전이론의 주체적 탐구」, 한길사, 『한길』 2, 1985년 10월호.

【신문】「분단시대 민중운동의 論理와 方向」, 『대학신문』 1176호, 1985년 9월 23일.

【서평】「현장수기의 문학사회학적 인식-장남수 '빼앗긴 일터', 1984」, 『오늘의 책』, 1985년 여름(김병걸·채광석 편, 『민중, 노동 그리고 문학-1980년대 대표 평론선 3』, 지양사, 1985, 335~344쪽에 「최근 현장수기에 대하여」로 전재).

【시평】「버려진 사람들」, 『실천문학』 제7호, 1985년 여름.

【시평】「한국산업사회에서의 노동과 쉼」, 카톨릭성서모임, 『성서와 함께』 112호, 1985년 7월호, 19~22.

【서평】「"저항의 역사 통해 분단극복의 길 제시", 강만길, 『한국민족운동사론』, 한길사, 1985」, 『동아일보』, 1985년 4월 8일.

【토론】「분단시대의 지식인과 민중」, 『한국사회연구』 3집, 한길사, 1985년 3월, 7~59.

【토론】「과학기술과 인류의 미래」, 『신학사상』(김용준, 김한구, 서남동, 소흥렬, 장회익), 1985.

1986년

【논문】「한국사회의 계급연구」, 김진균 외, 『제3세계와 한국의 사회학』, 돌베개, 1986, 145~167.

【논문】「노동통제의 복합적 구조와 노동자 계급문제」, 장을병 외, 『우리시대 민족운동의 과제』(유인호 교수 회갑기념논총), 한길사, 1986, 307~327.

【논문】「한국의 민족운동과 사회과학의 방향」, 『한국 민족운동의 이념과 역사』(한길역사강좌 1), 한길사, 1986, 199~225.

【논문】「현대 한국의 계급구조와 노동자 계급」, 성균관대학교 사회과학 연구소, 『한국사회의 변동』, 1986, 55~83.

【서평】「김낙중, 『사회과학원론』」, 『홍대신문』 537호, 1986년 10월 30일.

【논문】「빈민문제 해결을 위한 이론적 고찰」, 『연세춘추』 1044호, 1986년 5월 26일.

【시평】「4·19는 미완성 혁명」, 『월간조선』, 1986년 4월호, 304~311.

【토론】「지역운동의 방향모색」, 한국기독교사회문제연구원, 『지역운동과 지역실태』, 1986, 민중사.

【강좌】「한국의 민족운동과 사회과학의 방향」, 『한국 민족운동의 이념과 역사』, 한길사 1986, 199~225.

1987년

【공역】『조직사회학』, 풀빛, 1987.

【논문】「대학신입생들의 계급 및 계층 판별능력에 대한 일연구」, 『한국 사회학연구』 제9호, 1987년 12월, 35~63.

【논문】「노동자의 의식과 행동」, 서울대 사회학연구회 편, 『현대 자본주의와 공동체 이론』(최홍기 교수 회갑기념논집), 한길사, 1987, 291~314.

【논문】「민중운동과 분단극복의 문제」, 리영희 외, 『한국의 민족주의 운동과 민중』(송건호 선생 회갑기념논총), 두레, 1987, 67~85.

【작품해설】「이호철 '南風北風': 분단구조와 자본주의 전일화 과정」, 중앙일보사, 『오늘의 역사, 오늘
　　　　　의 문학』28. 〈외〉, 1987년 12월, 410~415.

【시평】「민족민주운동의 총체적 분석시각」, 『대학신문』1224호, 1987년 11월 30일.

【기록】「한국사회에 대한 사회과학의 인식」, 『역사비평』제1집, 1987년 가을, 368~376.

【시평】「자식에 대한 투자—가족주의와 개인주의」, 『참교육학부모회 신문』, 1987년 4월 23일.

1988년

【저서】『사회과학과 민족현실(1)』, 한길사, 1988.

【논문】「사관계의 구조적 토대변화의 문제-87년 중반기 노사분규에서 나타난 특징적 현상을 중심으
　　　　로」, 『是隱 탁희준 박사 정년퇴직 기념논문집』, 정암사, 1988, 372~395.

【논문】「사회학이 본 한국 자본주의와 분단문제」, 역사문제연구소 편, 『한국 현대 연구 입문』, 역사비
　　　　평사, 1988, 171~200.

【좌담】「새로운 대학공동체를 위하여」, 『창작과 비평』, 1988년 겨울.

【기조발제】「민족적 민중적 학문을 제창한다」, 학술단체공동심포지엄, 『1980년대 한국 인문사회과학
　　　　　의 현단계와 전망』, 역사비평사, 1988, 13~25.

【발제】「민중사회학의 전망」, 한신대학교 제3세계문화연구소 제9회 심포지엄, 『한국 민중론의 학문
　　　　적 정립을 위한 대토론회』, 1988년 11월 7일(「민중사회학의 이론화전략」으로 『사회과학과
　　　　민족현실 2』에 확대수정해서 전재함).

【대담】「대학에 대하여」, 『사회와 사상』 제2호, 1988년 10월(대담자 김우창).

【격려사】「영원한 청년으로 거듭나자」, 『청년』 창간호, 1988년 10월 8일.

【역자후기】『조직사회학』, 풀빛, 1988.

【서평】「『한국노동운동의 이념』, 한국기독교산업개발원 편, 정암사, 1988」, 『대학신문』1226호, 1988
　　　　년 3월 7일.

【서평】「민주화운동, 학술운동으로서의 회갑기념 논집 총평」, 『역사비평』 2집, 1988년 봄호, 364~377.

【머리글】「고영복 교수의 회갑을 기리며」, 『사회운동과 사회계층』, 전예원, 1988.

【강의】「한국사회의 구조와 성격」, 전·진·상 교육관, 『여기 내 조국의 진실』, 햇빛출판사, 1988,
　　　　361~388.

【시평】「진보세력 배제문제」, 『월간 中央』 복간호, 1988년 3월호.

1989년

【논문】「민족주의의 이론화 전략에 따르는 문제」, 성균관대학교 사회과학연구소 편, 『한국 민족주의
　　　　의 이상과 현실』, 大永文化社, 1989, 108~142(김진균·조희연 편, 『한국사회론—현대 한국사
　　　　회의 구조와 역사적 변동』, 한울, 1990, 276~300에 후반부 수정전재).

【논문】「민중사회학의 이론화 전략」, 한신대 제3세계 문화연구소 편, 『한국 민중론의 현단계』, 돌베
　　　　개, 1989, 61~80.

【논문】「민족 민중지향적 학문의 전개」, 『李泳禧 선생 화갑기념 논문집』, 두레, 1989, 301~326.

【논문】「남한의 독재정권과 독점재벌의 구조적 성격」, 계간 『비평과 역사』, 1989년 봄호, 4~23.

【시평】「민중 자신의 역사인식 확산 - 특집: 1980년대를 말한다」, 월간 『藝鄕』, 1989년 12월호, 52~56.

【축하사】「어서 일간지로 발전하라」, 『노동자신문』 창간호, 1989년 10월 10일.

【축하사】「『새벽열음』의 창간을 축하합니다」, 『새벽열음』 창간호, 1989년 9월 5일.

【서평】「한국농어촌사회연구소 편, 『한국농업·농민문제 1, 2』, 연구사, 1988, 1989」, 『대학정론』 소식지 3호, 1989년 9월 22일, 8.

【좌담】「진보적 대중정당 결성은 필연이다」, 『사상문예운동』 창간호, 1989년 가을.

【시평】「남북교류 문제와 민족공동체적 삶을 생각함」, 『사회와 사상』, 1989년 8월.

【시평】「공동체적 삶에 참여의 기회를 확대해 나가는 것」, 주간 『관악신문』 창간준비1호, 1989년 7월 13일.

【산문】「깨달음을 위해 거듭나다」, 『노동문학』, 1989년 5월호, 20~22.

【산문】「자본주의와 공동체적 삶」, 『사회와 사상』, 1989년 5월호, 382~389(제4회 단재상 수상연설).

【시평】「사월혁명」, 『말』, 1989년 4월호.

【시평】「'4·19'는 계속되고 있는가」, 『月刊中央』, 1989년 4월호, 134~141.

【시평】「남북한의 사화구소를 함께 연구합시나」, 『사회와 사상』, 1989년 3월호, 84~90.

【좌담】「민중은 누구인가?」, 『월간 朝鮮』, 1989년 2월호.

【격려사】「서로가 서로에게 힘이 됩시다」, 『청년』 2호, 1989년 1월 4일, 청년학교 학우회, 3~4.

【신년사】「민주 자주의 시대적 과제에 헌신하자」, 『사월혁명회보』 제5호, 1989년 1월, 2.

【대담】「1989, 이 고비를 넘기자—2000년대를 가는 좌표 탐색, 민주화가 통일이다」, 『국민일보』 제19호, 1989년 1월 1일.

1990년

【논문】「한국 사회에 대한 과학적 인식을 위하여」, 한국산업사회연구회 편, 『새로운 사회학 강의』, 미래사, 1990, 13~24.

【논문】「한국사회변혁운동과 사월혁명」, 사월혁명연구소, 『한국사화변혁운동과 사월혁명』, 한길사, 1990, 353~393.

【논문】「광주 5월 민중항쟁의 사회경제적 배경」, 한국현대사 사료연구소 편, 『광주 5월 민중항쟁』, 풀빛, 1990, 63~114.

【논문】「한국 사회의 구조와 발전방향」, 숭실대 기독교 사회연구소 편, 『사회발전과 사회운동』, 한울, 1990, 129~154.

【서평】「한국사회연감」, 『말』, 1990년 6월, 212~213.

【축사】「폭넓은 기반과 자주성 확보를」, 『새누리신문』 창간호, 1990년 5월 5일.

【논문】「자본주의는 평화유지 능력을 지니고 있는가?」, 『민족지평』, 1990년 5월호, 2~9.

【권두언】「새로운 세기를 예비하면서」, 『동향과 전망』 제7호, 1990년 봄호, 6~13.

【서평】「한국산업사회연구소, 『한국자본주의와 자동차산업』, 풀빛, 1990」, 『건국대신문』, 1990년 3월.

【서문】「기념논문집을 내면서」, 사월혁명연구소, 『한국사회변혁운동과 사월혁명(1)』, 한길사, 1990.

【시평】「노동자운동과 사상의 자유를 생각한다」, 『사회와 사상』 제19호, 1990년 3월, 26~35.

【좌담】「머리좌담－편집위원(김진균·리영희·박현채·고은)」, 『사회와 사상』, 1990년 1월호.

【발제】「사회운동 및 이데올로기 개방과 전노협, 교협 공개 심포지엄, 『전노협 건설의 당위성 평가』, 1990년 1월 18일.

【좌담】「신년특집 좌담」, 『대학정론』, 1990년 신년호.

1991년

【저서】『사회과학과 민족현실 (2)』, 한길사, 1991.

【논문】「남북한 관계의 상황변화와 통일을 위한 민중민주화운동의 전개」, 『민족통일과 민중운동』, 한백사, 1991, 435~444.

【논문】「한국사회의 교육과 지배이데올로기」, 한국산업사회연구회 편, 『한국사회와 지배이데올로기』, 녹두, 1991, 227~257.

【시평】「한국사회는 어디로 가고 있는가?」, 『사회평론』, 1991년 12월호, 80~87.

【대담】「사람과 사상－김진균」, 『사회평론』, 1991년 11월호.

【서평】「박호성 『수령의 정치: 수레바퀴의 정치학』, 한울, 1991」, 『출판저널』 제90호, 1991년 9월 15일.

【대담】「5월 투쟁 평가와 전망」, 『東亞大學報』 735호, 1991년 6월 10일.

【시평】「상황변화는 우리에게 연구 지평의 확대를 요구하고 있다－축적, 군비 생산체제, 정보산업, 사회구조」, 『경제와사회』, 1991년 겨울호, 8~11.

【강연】「1991년 민족민주운동의 과제」, 사월혁명연구소, 『사월혁명회보』 제16호, 1991년 9월, 4~5.

【서평】「『제국주의와 한국사회』, 한울, 1991」, 『말』, 1991년 5월.

【논문】「30년 후에 되새겨보는 5·16 군사쿠데타의 정치문화적 의미」, 『역사비평』, 1991년 봄호, 129~154.

【축사】「임금억제 노조탄압 어떻게 대응할 것인가」, 전노협·연대회의·업종회의 주최 합동공청회, 1991년 4월 3일.

1992년

【논문】「민중민주주의 전망」, 한국사회학회·한국정치학회 편, 『한국의 국가와 시민사회』, 한울, 1992, 360~375.

【논문】「'인식론적 단절'을 위한 초보적인 질문」, 『학회평론』 창간호, 1992년 가을호, 8~11.

【발제】「정치세력 구조의 변화전망」, 『사월혁명회보』 제21호, 1992년 9월, 4~17.

【좌담】「현단계 자본주의 문화현실과 과학적 문화이론의 모색」, 『문화과학』 창간호, 1992년 6월, 8~67.

【서평】「박재환 『사회갈등과 이데올로기』, 나남, 1992」, 『부대신문』, 1992년 6월 1일.

【시평】「총선거와 민주화 전망」, 『민교협 월보』 8호, 1992년 5월, 8~11.

【발제】「총선결과와 민주화의 진로」, 민교협 제2회 시민토론회(광주), 1992년 4월 11일.

【시평】「남북합의서 발표와 14대 총선거」, 『경제와사회』 제13호, 1992년 봄호, 10~12.

【격려사】「졸업생들에게」, 서울대 사회대학생회 졸업준비위원회, 『졸준위신문』 제5호, 1992년 2월 23일.

【산문】「현모양처론」, 도서유통개선협의회, 월간『책』, 1992년 1월, 6~7.

【축사】한국노동당(가칭) 창당 발기인대회, 1992년 1월 19일.

【논문】「'민족사회' 재구성을 위한 모색」, 월간『말』, 1992년 1월, 18~19.

【논문】「'민족사회' 재구성을 위한 모색」, 『사월혁명회보』 제1호, 1992.

1993년

【논문】「중국 사회주의 초급단계론:개혁과 시장경제론」, 장경섭 편, 『현대 중국사회의 이해』, 사회문화연구소, 1993, 11~37.

【논문】「중국의 군과 군수산업」, 장경섭 편, 『현대 중국사회의 이해』, 사회문화연구소, 1993, 357~140.

【논문】「1990년대 한국군수산업의 동향과 '경제의 군사화' 문제」, 계간『이론』 제3호, 1993년 겨울호, 310~337.

【논문】「육체노동, 그 자본주의적 의미」, 계간『문화과학』 제4호, 1993년 겨울, 11~34.

【논문】「경향적 추세와 인식의 전환문제」, 『경제와사회』, 1993년 봄호, 16~27.

【시평】「새 정권의 개혁을 구조적으로 이해하기 위한 정세분석」, 현대신학연구소, 『민족과 신학』 제1호, 1993년 8월, 303~311.

【발제】「시민운동의 문제」, 민교협/대전·충남민교협 주최, 제8회 정책토론회, 『개혁과 시민운동의 방향』, 1993년 6월 30일.

【시평】「다시 시작한다는 것―민민운동은 언제나 건재해야 한다」, 사월혁명연구소, 『사월혁명회보』 제5호, 1993년 4월, 4~6.

【서평】「비판적 학문틀과 역사의식의 결합:산업사회연구회 편, 『산업사회학 강의』, 한울」, 『한겨레』, 1993년 4월 16일.

【격려사】「건강한 충격으로서의 연극」, 사회대 연극당 제3회 정기공연 '거기 날씨가 어때?' 지도교수의 말, 1993년 4월 28~30일.

【축사】「장을병 교수―'심산상' 수상을 축하함」, 1993.

【시평】「민족의 창조적 에너지를 모아야 한다」, 주간『뉴스메이커』, 1993년 3월. 26~27,

【시평】「새로운 순환을 위하여」, 대구사회연구소, 『대구·경북지역동향』 제6호, 1993년 1월, 10~13.

【발제】「진보사회를 향하여」, 지식인연대(준) 토론회 발표, 1993.

1994년

【논문】「사회과학 인식의 전환문제」, 한국산업사회연구회 편, 『한국사회의 변동: 민주주의, 자본주의, 이데올로기』, 한울, 1994, 9~25(산업사회연구회 10주년 기념논집).

【논문】「현행 국민교육헌장의 정치적 교육적 문제」, 서울대 사범대학 교육문제연구소, 『국민교육 헌장에 관한 종합연구』, 1994, 90~99.

【논문】「민족주의를 다시 생각함: 노동자계층의 민족계급으로의 성장 전화 문제」, 『동향과 전망』, 1994년 가을호.

【논문】「세계화 패러다임과 한국」, 『경제와사회』 제22호, 1994년 여름호, 28~45.

【논문】「브레이버맨: 노동과 독점자본」, 『사회학의 명저 20』, 새길, 1994, 277~292.

【논문】「세계화를 이해하기 위한 하나의 모색 – 군사기술적 체계를 개입시켜」, 『공간과 사회』 제4호, 1994, 10~19.

【축사】「진보적 대학 정신이 살아 숨쉬는 지적 요람」, 『성공회신학대보』 제56호, 개교기념 축사, 1994년 4월 30일.

1995년

【논문】「민족·민족국가·민족계급」, 사월혁명연구소, 『1995년: 변혁과 통일』, 133~148.

【논문】「87년 이후 민주노조운동의 구조와 특징 – '전국노동조합협의회'의 전개과정과 주요활동을 중심으로」, 한국산업노동학회, 『산업노동연구』 제1권 제2호, 1995년 12월, 197~255.

【발제】「전노협 6년의 활동평가와 역사적 의의」, 산업노동학회·한국노동이론정책연구소 공동토론회, 1995년 12월 16일.

【축사】「바른 정치 이렇게 해야 한다」, 바른정치연구회 출범식(회장 한경남), 1995년 12월 7일.

【발제】「전노협운동 6년 평가와 한국노동조합운동의 과제」, 전노협 대의원대회 기념토론회, 전노협 후원회, 민교협, 학단협 주최, 1995.

【발제】「전노협의 활동평가와 민주노총의 과제」, 전노협해산결의대의원대회, 1995년 12월 2일.

【격려사】「수십 개의 실험 소극장을 설치하자」, 서울대 사회대 연극반 제3회 워크숍('알마의 즉흥극'), 지도교수의 말, 1995년 12월 1일.

【좌담】「역사적 의의: 민주노조운동 '일대전진' 주역」, 『전국노동자신문』, 1995년 11월 27일(종간호).

【발제】「영상과 사회학의 만남」, 서울대 사회학과 콜로키움, 1995년 11월 22일.

【발제】「독일국제회의 참가기 – 분단 속의 만남」, 서울사회과학연구소 월례발표회, 1995년 11월 13일.

【논문】「복제인간 – 노동통제 관점의 한 해석」, 계간 『학회평론』, 1995년 가을·겨울호, 12~19.

【서문】『1995년 상반기 발표논문 모음집』, 서울사회과학연구소, 1995년 11월, 3.

【서문】「민주노총출범에 붙여 – 민주노동운동의 조직적 과제」, 『현장에서 미래를』 제3호, 1995년 10월, 5~7.

【발제】「세계화와 한국사회」, 민주와 진보를 위한 지식인연대(준) 5차 공개포럼, 1995년 10월 27일, 3~16.

【인터뷰】「인터뷰: 김진균 전국대학서명교수모임 공동의장, "공동체적 삶의 가치실현에 지식인 앞장서는 것은 당연", 『교수신문』 75호, 1995년 10월 23일.

【발제】「해방 이후 한국 사회과학: 비판과 과제」, 창원대학교 사회과학연구소 창립기념학술대회, 1995년 10월 11일.

【시평】「확충되고 심화시켜야 할 '기본적 인권'~ 해방 후 50년을 되돌아본다」, 격월간 『공동선』, 1995년 7·8월호, 118~127.

【산문】「세상이 던지는 책무」, 『청년노동자』 제4호, 1995년 7월, 2.

【격려사】「『현장에서 미래를』에게 바란다」, 『현장에서 미래를』 창간호, 1995년 7월, 4~5.

【발제】『대학 학제와 학문체계의 문제점』, 민예총 토론회, 1995, 4.

【발제】「노동조합 노동계급의 정치세력화」, 전국사무노동조합 세미나, 1995년 6월 2일.

【창간사】「노동운동의 이론과 실천이 유기적으로 융합해야」, 『노동사회연구』 창간호, 1995.

【창간사】「청년노동자가 바로 서야 민주주의가 바로 선다」, 『청년노동자』 창간호, 1995.

【연대사】『전교조6주년기념 및 교육개혁을 위한 전국교사대회』, 1995년 5월 28일.

【축사】「리영희 교수– '단재상' 수상을 축하함」, 1995년 5월.

【축사】「이효재 교수–'심산상' 수상을 축하함」, 1995.

【시평】「'전자통신망' 시대의 인권신장을 위하여」, 인권운동사랑방, 『인권하루소식』 합본 3호, 1995년
　　　　4월, 3~4.

【발간사】『산업노동연구』 제1권 제1호, 한국산업노동학회, 1995년 4월, 3~4.

【논문】「군산복합체와 전쟁」, 『이론』 11호, 1995년 봄·여름 합본호, 새길, 1995, 55~78.

【인터뷰】「해방 50년–출발과 평화」, 월간 『책』, 1995년 1월, 10~11.

【시평】「현시기 1995, 노동탄압의 성격」, 『사월혁명회보』, 1995, 3~4.

1996년

【공저】『군신과 현대사회 : 현대군사화의 논리와 군수산업에 관한 연구』, 문화과학사, 1996.

【논문】「극사실, 가상현실, 그리고 사이버전쟁: 정보기술의 발달과 군사적 연관」, 『경제와사회』, 제32
　　　　호, 1996년 겨울호.

【논문】「87년 이후 민주노조운동의 구조와 특징–'전국노동조합협의회'의 전개과정과 주요활동을 중
　　　　심으로」, 『산업노동연구』 1권 2호, 1996년 겨울호.

【논문】「한국에서의 '근대적 주체'의 형성–식민체제와 학교 규율」, 『경제와사회』 제32호, 1996년 겨
　　　　울호.

【환영사】『겨울나기 '97』, 참교육시민모임, 1996년 12월 19일.

【시평】「통합전자주민카드: 관리, 통제, 감시의 총체적 구상과 그 추진」, 『현장에서 미래를』 제16호,
　　　　1996년 12월호, 4~8.

【조사】「고 이균영 교수 영전에」, 1996년 11월 23일.

【강연】「한국사회 진보운동 전망」, 건강사회를 위한 보건의료단체 고동수련회, 1996년 9월 21일.

【격려사】「서로 돕고 가꾸는 청소년이 되자」, 제2회 청소년 열린학교 교장 인사말, 1996년 6월.

【시평】「새로운 세기: 하나의 한국사회 담론」, 장로교 신학대학교, 『제1회 여름 목회자 아카데미: 2000
　　　　년대를 향한 한국교회의 진단과 전망』, 1996, 230~ 233.

【산문】「'한국학' 총본산을 구축하는 일: 茶山 '목민심서' 필독을 권장하면서」, 『관악』 제12호, 1996년
　　　　여름호, 204~205.

【시평】「보수지배세력의 대동단결」, 『사월혁명회보』 제45호, 1996년 8월, 5~7.

【시평】「교원노동조합이 활성화되고 합법화되어야 하는 이유」, 참교육시민모임, 『그루풀』 제23호,
　　　　1996년 6월, 6~8.

【시평】「연대는 삶과 운동의 기초」, 민주와 진보를 위한 지식인 연대『회보』1호, 1996년 4월, 4.

【시평】「민주노총 합법화 문제와 관련하여」, 『현장에서 미래를』제9호, 1996년 4월, 5~8.

【좌담】「한국 고등교육개혁의 방향」, 『문화과학』제9호, 1996년 봄호, 113~137.

【인터뷰】김진균 교수; 세계 자본주의는 북한경제를 그대로 놔두지 않을 것입니다」, 『통일샘』, 자주
　　　　평화통일 민족회의, 1996년 2월호, 44~49.

【서평】「목민심서 Ⅰ-Ⅳ」, 『북매거진』, 1996년 2월 10일.

【시평】「재벌문제를 바라보는 또 하나의 시각」, 『노동사회연구』제5호, 1996년 1월, 7~11.

【발간사】「연구소의 역사적 임무」, 『역사문제연구소 회보』제30호, 1996년 1월.

【서평】강정구, 『통일시대의 북한학』의 뒷표지 글, 당대, 1996.

【논문】「과천시 새로운 교육공동체의 갈등」, 『한국교육연구』제3권 제2호, 52~73.

1997년

【저서】『한국의 사회현실과 학문의 과제』, 문화과학사, 1997.

【공편】『근대주체와 식민지 규율권력』, 문화과학사, 1997.

【공저】『서울대학교 교수민주화운동 50년사』, 서울대학교 출판부, 1997.

【논문】「한국의 학문 기반 조성을 위한 하나의 성찰- '세계화'와 한국학 본거지 구축 문제」, 『문화과
　　　　학』11호, 1997년 봄호, 36~47.

【논문】「운동은 중층적이고 받드는 골격은 계급관계이다」, 『비판』창간호(1997년 봄호), 13~25.

【강의】「'세계화' 패러다임문제」, 한일신학대학 교수 세미나, 1997년 12월 15일.

【인터뷰】「세계화 속에 '우리학문 찾기' 시급」, 『교수신문』127호, 1997년 12월 22일.

【신문】「학생운동에 바란다」, 『대학신문』제1456호, 1997년 9월 22일.

【발제】「한국과 일본: 극복해야 할 문제를 성찰하기 위하여-한국민주화운동의 입장에서」, 조선사연
　　　　구회 주최 토론회, 『한국과 일본이 극복해야 할 과제』, 일본 동경, 1997년 8월.

【좌담】「한·일-극복해야 할 과제는 무엇인가」, 『월간 世界』, 1997년 9월호(강만길, 이또).

【발간사】『서울사회과학연구소 소식지』, 1997년 9월 30일.

【인사말】「노동사회연구소 2년차 총회를 맞이하면서」, 1997년 9월 30일.

【신문】「반공이데올로기-반공무의식」, 『전북대신문』, 1997년 8월 27일.

【권두언】「동포애, 민족, 계급, 연대의 공동체」, 『민주와 진보』제5호, 1997년 7월.

【권두언】「87년 노동자 대투쟁과 오늘」, 『노동사회연구』13호, 1997년 7월.

【신문】『『서울대학교 교수 민주화운동 50년사』발간에 즈음하여」, 『한국일보』, 1997년 7월 5일.

【논문】「교육학술지식정책」, 『문화과학』12호, 1997년 여름호.

【강연】「87년 민중대투쟁과 오늘의 과제」, 민중의료연합, 1997년 6월 23일.

【시평】「북한돕기와 노동자운동」, 『현장에서 미래를』22호, 1997년 6월호.

【발제】'민교협 10주년 기념학술대회', 1997년 6월 26일.

【시평】「87년 민주대투쟁: 10년」, 『교수신문』, 1997년 6월 4일.

【시평】「87년 민중대투쟁과 오늘의 과제」, 『의료와 진보』17호, 1997년 6월.

【토론】「6월민주항쟁 10주년 기념학술대회 종합토론」, 1997년 5월 26~27일.

【머리말】『전자주민카드와 전자감시사회의 도래』, 1997년 4월.

【축사】「이효재 선생님의 居鄕을 축하합니다」, 1997년 4월 11일.

【좌담】「계획과 전망을 크고 넓게」, 전남대학교 5·18연구소, 『5·18연구』 창간호, 1997년 3월, 8~14 (송기숙, 리영희, 김진균).

【축사】「전집 발간을 축하함」, 박종철출판사, 『맑스 엥겔스 저작선집』 출판기념회, 1997년 3월 28일.

【강의】「한국사회의 교육실천과 논술교육의 방향」, 서울문화이론연구소 논술지도자과정, 1997년 3월 6일.

【축사】「한국이론정책연구소 제3차 정기총회 축사」, 1997년 2월 28일.

【축사】「한국정보센타 발기인대회를 축하합니다」, 1997년 3월 20일.

【서문】『전노협백서』 1권, 전노협출판사, 1997.

1998년

【발표】「21세기 세계질서와 아래로부터의 민중운동」, 동국대 사회과학연구소 학술토론회, 『21세기 세계질서와 국가 패러다임』, 1998년 11월 6일.

【신문】「영화독점 반대 국제연대 필요」, 『동아일보』 1998년 12월 11일(원제는 「스크린쿼터 논란과 밀레니엄 라운드」였음).

【축사】「민예총 10주년을 돌이켜 바라보니」, 『민예총 10년사: 1988~1998』, 1998년 12월.

【축사】「학술단체협의회 10주년을 축하함」, 학술단체협의회 10주년 기념 인사말, 1998년 11월.

【인사말】「진보네트워크 출범」, 1998년 11월 14일.

【격려사】「사회대 연극당 '막차를 놓친 사람들' 공연에 붙여」, 1998년 11월 25일.

【축사】「노동과 영상이 만나서 세상을 바꾸는 꿈을 꾼다면」, 노동자뉴스제작단 창립10주년 기념영화제, 1998.

【권두언】「사람을 귀중하게 받드는 것」, 『현장에서 미래를』, 1998년 10월호.

【강연】「객관적 조건을 인식하는 비판적 안목의 문제」, 제1회 비판사회학대회, 1998년 9월 18일~19일.

【신문】「학문의 자유와 정치적 실천 사이」, 『교수신문』 145호, 1998년 11월 9일.

【발제】 National and International Political Economy of the Korean Progressive Workers Movement, 臺灣淸華大學 亞太文化硏究室 主催, INTER-ASIA CULTURAL STUDIES CONFERENCE: PROBLEMATISING ASIA, 1998년 7월 13일~16일.

【논문】「단순사회에서의 중층적 삶의 훈련」, 『비판』, 1998년 여름호.

【논문】「실업자를 '주체' 범주로」, 『경제와사회』 제38호, 1998년 여름호.

【추도사】「안병무박사」, 1998년 8월 6일.

【권두언】「버림받는 사람이 없는 사회」, 『전해투 소식지』, 1998년 6월 8일.

【추천사】『박종철 평전』, 1998년 5월.

【신문】「진리를 위한 투쟁을 제안한다」, 『교수신문』 133호, 1998년 4월 20일.

【권두언】「생존권을 위한 최후의 보루는?」, 『현장에서 미래를』, 1998년 3월호.

【시평】「일상생활의 비인간화 – 정리해고의 불길한 삶의 터전」, 『노동사회』, 1998년 3월호.

1999년

【논문】「1980년대; ‘위대한 각성’과 새로운 주체형성의 시대」, 이해영 편, 『1980년대: 혁명의 시대』, 새로운세상, 1999, 11~24.

【논문】「근대적 시·공간의 사회이론을 위하여」(공저자 정근식·공제욱), 『경제와사회』, 1999년 봄호.

【산문】「자유를 위한 기획을 꿈꾸며」, 『문화과학』 제20호, 1999년 겨울호.

【인사말】「소시민의 결혼」(사회대 연극당 연극공연), 1999년 11월 25~26일, 서울대 문화관에서 공연.

【시평】「소주세, 왜 인상하려 하는가?−소주세 인상에 대한 문화적, 공동체적 문제」, 『사회화와 노동』 제7호, 1999년 10월 22일.

【시평】「신자유주의시대에 우리 문화산업의 대응방향에 관하여」, 『민족예술』 1999년 9월호.

【발제】「미사일방어망 구축과 한반도」(공저자 임필수), 제2회 비판사회학대회, 1999.

【강의】「진보정당의 필요성」, 민주노총 서울본부 제3기 지도자과정, 1999년 9월 1일.

【시평】「민중의 연대 확장을 위한 계기로 삼자」, 『진보평론』 창간호, 1999년 7월호, 11~20.

【인사말】『진보평론 발간모임 통신문』 제2호, 1999년 6월 30일.

【칼럼】「새마을과 제2건국의 깃발이 줄지어 휘날리다」, 『PD연합회보』 169호, 1999년 6월 17일.

【권두언】「민주노총−IMF 구조조정 설전」, 『현장에서 미래를』 44호, 1999년 6월호, 4~9.

【권두언】「민주주의: 성찰적 전망」, 『문화과학』 제18호, 1999년 여름호, 15~23.

【칼럼】「저작권에 대한 인식을 새롭게 하자」, 『PD연합회보』 165호, 1999년 5월 6일.

【격려사】「안톤 체홉: 갈매기 공연에 붙여」(사회대 연극당 연극공연), 1999년 6월.

【토론】「민중지향성과 정의에 기초하는 지성」, 교수신문 창간 7주년기념 학술세미나, 1999년 6월 4일 (“한국지성사의 회고와 성찰−종합토론,”『한국지성 100년−개화사상가에서 지식게릴라까지』, 민음사, 2001, 300~307).

【격려사】「일상적 노동과 상상력 그리고 욕망」, 서울대 총학생회 및 ‘불나비’ 등 주최 현대자동차 98 고용안정투쟁 영상토론회, 『1998년 현대자동차에서 도대체 무슨 일이 있었을까?』, 1999년 5월 27일.

【권두언】「사소한 것과 그 규율을 넘어서−개인의 자유로운 존재조건이 만인의 자유로운 존재조건 이 되게 하기 위하여」, 『그날에서 책읽기』, 1999년 4월호(창간1주년 기념).

【기조강연】「한국사회의 민주화와 교육과제」, 상지대학 교수협의회 창립10주년 및 학원민주화승리 6주년 기념 학술행사, 『1990년대 교육민주화운동의 회고와 전망』, 1999.

【축사】「시보다 아름다운 사람들−이행자 시인을 말한다」, 이행자, 『시보다 아름다운 사람들』, 지성사, 1999, 5~8.

【인사말】「연대와 차이의 자세를 기대하며」, 『사회진보연대 소식』, 1999년 3월 25일, 2.

【권두언】「변화와 함께 하는 교육의 중요성 −교육운동은 왜 지속적으로 해야 하는가」, 『그루풀』, 1999년도 3월호.

【신문】「통합적 시청각문화산업—우리의 대응, 『PD연합회보』 161호, 1999년 2월 25일.

【축사】「역사를 기록하는 일」, 마창노련사 발간위원회 김하경, 『내사랑 마창노련 상·하권』, 갈무리, 1999.

【축사】 죽산 조봉암선생기념사업회, 정태영 오유석 권대복 엮음, 『죽산 조봉암전집 1~6권』, 세명서관, 1999, 1권의 16~17.

【시평】「거듭 만들어야 하는 진보정당」, 『진보정당 소식지』, 1999년 3월 21일.

【발간사】「킴 무디 『자본의 세계화와 노동의 새로운 전망: 사회운동조합주의를 향하여』 출간에 붙여」, 1999년 1월 23일.

【발제】「한국의 '위기'와 그 대안적 이론 모색」, 독일 브레멘 대학 주최 학술회의, 『한국과 독일의 위기와 대안』, 1999년 2월 23일.

【인사말】「진보는 정보를 타고 연대의 강물을 저어간다」, 『진보네트 참세상 소식지』, 1999년 1월 20일.

【머리글】「평화권과 노동권을 통일운동의 핵심쟁점으로 삼기 위하여」, 『한반도위원회 소식지』, 1999년 1월 20일.

2000년

【논문】 "Rethinking the New Beginning of the Democratical Union Move-ment in Korea: from the 1987 Great Worker's Struggle to the Construction of the Korean Trade Union Council(Chunnohyup) and the Korean Confederation of Trade Unions(KDTU), *Inter-Asia Cultural Studies*, vol.1, no.3(December 2000), 491~502.

【시평】「새 세기에 대한 단상」, 계간 『황해문화』, 2000년 봄호, 118~130.

【시평】「의사이야기」, 『청년의사』 35호, 2000년 8월 3일.

【시평】「한국변혁, 그 참 모습을 찾기 위하여」, 『노나메기』 창간호(2000년 봄호), 102~110.

【산문】「내 청춘을 돌려다오」, 『삶이 보이는 창』 14호(2000년 4~5월호), 4~5.

【시평】「합리적으로 이야기하고 듣는 소통형태를 위하여」, 『통일시론』 제3권 제1호, 2000년 봄호, 12~20.

【신문】「고용승계」, 『노동과 세계』, 2000년 3월 24일.

【신문】「전략적 구상을 위한 모임이 있어야」, 『투자협정·WTO 반대 국민행동』, 2000년 2월 8일.

【칼럼】「신자유주의를 반대하는 전략과 총선의 문제」, 『사회진보연대』 창간호, 2000년 3월호, 4~8.

2001년

【논문】「국민형성의 관점에서 본 5·18」, 광주광역시 5·18자료편찬위원회, 『5·18민중항쟁사』, 2001, 21~51.

【공편 및 서문】『서울대학교 교수 민주화운동 50년사 자료집』, 서울대학교 교수민주화운동 50년사 자료집 편찬위원회, 2001.

【공편 및 서문】「연대해서 살아가기 위하여-그 진보적 의미를 살펴본다」, 『노동자문에 삶글』, 2001년 겨울호, 14~22.

【신문】「교수노조 탄압을 거두라」, 『한겨레』, 2001년 12월 21일.

【기조연설】「자본과 근대국가에 내재한 폭력을 넘어 정의를 추구하기 위하여—相資以生을 검토함」, 충북대 50주년 기념 국제학술대회, 『사랑, 평화, 정의 그리고 인류의 미래』, 2001년 10월 29일.

【기조강연】「공공성 딜레마」, 민주대학컨소시엄 2주년 및 부설 민주사회정책연구원 1주년 기념 심포지엄, 2001년 11월 9일.

【신문】「미국심장테러, 보복심, 현자의 지혜」, 『내일신문』 창간 1주년특별기고, 2001년 10월 10일.

【축사】「청년진보당의 새로운 발족에」, 『청년좌파』 43호(정당대회 특별호), 2001, 16(청년진보당이 8월 26일 '사회당'으로 바뀜).

【시평】「부르조아민주주의와 정치적 혐오」, 『사회진보연대』, 2001년 7/8월호, 8~10.

【주장】「'정보통신 검열반대 공동행동'에서 알립니다. 함께 정보를 공유하고 함께 표현의 자유를 위한 행동에 나섭시다」, 『사이트파업』, 2001년 6월 29일.

【논문】「자본과 근대국가에 내재한 폭력을 인식하기 위하여」, 『경제와사회』 제50호, 2001년 여름호.

【산문】「나와 함께 하는 감동의 시」, 계간 『노나메기』 제4호, 2001년 봄호.

【신문】「새천년을 위하여」, 『교수신문』 172호, 2000년 1월 10일, 6.

【회보】「노동자로서의 교수」, 『민교협 회보』 43~44합본호, 2001년 1월, 4~5.

2002년

【기조강연】「분단 반세기와 민주화운동」, 2002년 민주화운동기념사업회 연구소 주최 국제학술심포지엄, 『한국 민주화운동의 전개와 국제적 위상—독재와 항쟁, 그리고 민주발전의 동학』 3~15, 한국언론재단 20층 국제회의장, 2002년 10월 17일.

【기념사】「작은 주체들의 존재 알림과 노동운동의 지형문제」, 영남노동운동연구소, 『연대와실천』, 2002년 10월호(제100호 기념), 2002년 10월 15일, 10~15.

【토론】「서울대 민교협—서울대의 정체성 묻는다」, 2002년 10월 9일.

【축사】「노동해방 대선실천단 발족에 영광을!」, 노동해방실천단 기관지, 『민중의 해방은 민중의 힘으로』, 2002년 10월 6일.

【발제】「민중운동과 시민운동」, 제4회 비판사회학대회 종합토론, 2002년 9월 25일.

【산문】「기록자료가 중요하다는 것은」, 『김종배 추모집』, 2002년 8월 21일.

【산문】「'붉은 악마'의 축구」, 월간 『현장에서 미래를』 2002년 7월호, 4~9.

【발제】「미·일 패권주의와 아시아의 평화」, 6월항쟁계승 반전평화대회위원회·일본 6·22 반전평화 세계동시행동의날 실행위원회 공동주최 한·일 공동포럼, 『미·일 패권전략과 아시아의 평화』 자료집 3~10(영문·일본문 동시게재, 공저자 김승국), 2002년 6월 21일.

【신문】「월드컵과 발전파업, 그리고 민주노총」, 『노동과 세계』 3, 2002년 5월 27일.

【축사】「문화적 다양성에 대한 새로운 기구 형성을 위한 모임에 드리는 축사의 말씀」, 문화적 다양성 기구 발족, 2002년 5월.

【신문】「발전노조 다시 일어나기」, 『공공연맹 별호』, 2002년 4월 17일.

【칼럼】「핸드폰과 복제사이트」, 진보네트워크센타, 『네트워커』, 2002년 3월 8일.

【발제】「학문 사상의 자유와 진보적 학문공동체의 사명」, 산업사회학회 토론회 '학문의 자유와 진보
　　　적 학문공동체', 2002년 2월 16일.

【좌담】「2002년 전망과 노동자의 도전」(권영길 민주노동당 대표, 김진균 사회진보연대 대표, 허영구
　　　민주노총 위원장 직무대행), 『노동과 세계』 3, 2002년 1월 14일.

【신문】「민주노동당: 그 진취적 기상을 위하여」, 『민주노동당기관지』, 2002년 1년 8일.

2003년

【저서】『21세기 진보운동의 기획』, 문화과학사, 2003.

【저서】『진보에서 희망을 꿈꾼다』, 박종철출판사, 2003.

【편저】『저항, 연대, 기억의 정치 1 : 한국 사회 운동의 흐름과 지형』, 문화과학사, 2003.

【편저】『저항, 연대, 기억의 정치 2 : 한국 사회 운동의 흐름과 지형』, 문화과학사, 2003.

2005년

【저서】『불나비처럼』, 문화과학사, 2005.

4. 기념논총, 추모논집

한국산업사회학회 편, 김진균 교수 정년기념논총 1, 『사회이론과 사회변혁』, 한울, 2003.

한국산업사회학회 편, 김진균 교수 정년기념논총 2, 『노동과 발전의 사회학』, 한울, 2003.

김진균기념사업회, 『벗으로 스승으로』, 문화과학사, 2005.

김진균기념사업회, 홍성태, 『김진균 평전』, 진인진, 2014.

연표

일자	내용
1937년 11월 20일	경상남도 진주시 봉래동 출생
1944년 3월	진주사범 부속 국민학교 입학
1945년 8월 15일	해방
1950년 2월	진주사범 부속 국민학교 졸업
4월	진주사범 부속 중학교 입학
6월 25일	6·25 한국전쟁
1953년 2월	진주사범 부속 중학교 졸업
3월	진주고등학교 입학
1956년 2월	진주고등학교 졸업
1957년 3월	서울대학교 문리대학 사회학과 입학
1960년 4월 19일	4·19 혁명
5월	서울대 문리대 학생회 국민계몽대 활동
1961년 2월	서울대학교 문리대학 사회학과 졸업
4월	서울대 문리대 사회학과 대학원 석사과정 입학
여름	'지리산 지구 사회조사' 참여
5월 16일	5·16 군사반란
1962년 8월	『사회학보5집』, 「입과 손발 간의 경쟁-인구, 노동과 연령구조」 발표
8월 1일~9월 30일	강원도 삼청 장성 탄광 노동실태조사 참여
12월 15일	'한국 사회학 연구회' 창립
1963년 7월	'지리산 지역 개발 조사연구위원회' 조사-집필 참여
12월 28일	『지리산 개발지역에 대한 조사 연구보고서』 발표
1964년 2월	석사학위논문, 「한국의 인구와 노동력에 관한 인구학적 접근」, 제출
	서울대학교 문리대학 사회학과 대학원 석사과정 졸업
3월	서울대학교 문리대학 사회학과 대학원 박사과정 입학
	덕성여자대학 시간강사 (사회학 개론)

일자	내용
5월	『사회학논총』 창간호에 석사학위 논문게재
5월 13일	정혜영과 결혼
12월 8일	서울대 사회학과 인구연구소 조교
1965년 4월 14일	장남 태진 출생
1966년 3월	서울대학교 문리대학 사회학과 대학원 박사과정 수료
	동생 세균, 서울대학교 정치학과 입학
8월	『청맥』20호에 「소아마비 못 면한 사회학」 발표
11월 21일	차남 영진 출생
1967년 7월 8일	'동베를린 간첩단 사건'
11일	'민족주의비교연구회 사건'
1968년 1월 1일	서울대학교 상과대학 전임강사 부임 (산업사회학 전공)
6월	『사상계』 1968년6월호에 「민주군대의 이상과 현실」 발표
1970년 3월 11일	딸 지인 출생
1971년 8월 21일	「상과대학 교수들의 대학자치에 관한 결의문」 발표 참여
1972년 6월	『경제논집』 11권2호에 「카리스마, 엘리트와 근대화」 발표 / 삭제당함
9월 1일	서울대학교 상과대학 조교수 승진
10월 17일	'유신' 선포
1973년 6월 27일	부친 김문희 선생 별세
1974년 1월 15일	독산동으로 이사
1975년 3월	서울대학교 관악캠퍼스 이전
	서울대학교 사회과학대학 사회학과 조교수 부임
10월	'다산연구회' 구성
1976년~1979년	흥사단아카데미 지도교수
1977년 10월 7일	'서울대 사회학과 심포지엄 사건'
10월 하순	계룡산 학생 특별 지도 여행
12월	『진단학보』54호에 「연암 박지원의 사회학적 안목에 대하여」 발표
1978년 4월	사회학과 졸업여행 지도교수로 참여 (74~75학번 졸업생)
6월 27일	전남대 교수 11명, 「우리의 교육지표」 발표
9월	『현상과 인식』2권/3호에 논문 「테크놀로지적 사회구조론」 발표
1979년 3월 9일	크리스찬 아카데미 사건 발생
10월 26일	박정희 사망

일자	내용
12월 12일	12 · 12 군사반란
1980년 4월 24일	「최근의 학원사태에 관한 성명」 발표
5월 15일	「지식인 134인 시국선언」 발표
5월 17일	비상계엄령 확대
5월 18일	광주 항쟁
7월 16~22일	합동수사본부 연행 · 구금
7월 31일	해직
1981년	『사회과학과 정책연구』 III-2에 논문 「산업민주주의 : 그 배경과 몇 가지 명제에 대하여」 발표
1982년	『역사와 인간』에 논문 「사회과학에 있어서 이데올로기와 사실판단 문제」 발표
1983년	미발표 논문 「조선왕조 후기 농민생활 구조-정약용의 『목민심서』를 중심으로」 작성
	『한국 사회의 전통과 문화』에 논문 「한국사회의 구조적 역동성의 분석을 위한 몇 가지 개념에 관하여」 발표
3월	『비판과 변동의 사회학』 (한울) 출판
5월	북한산에서 해직교수협의회 구상 협의
8월	상도연구실 개소
8월 16일	'해직교수 간담회' 정례화 협의
11월	책임 편집서 『역사와 사회 1 -제3세계와 사회이론』 출판
11월	『역사와 사회 1 -제3세계와 사회이론』에 '제3세계 이론의 전개와 그 평가' 발표
12월 20일	'해직교수협의회' 결성
12월 22일	해직교수협의회 임원회 '우리의 견해' 성명서 발표
1984년	『산업사회연구 1』에 '한국 사회과학의 현재적 과제' 발표
	『한국사회변동연구 1』에 '한국사회의 계급구조' 발표
	같은 책에 '한국의 교육문화에 대한 사회학적 접근' 발표
6월 14일	해직교수 원적대학 복직 조치 발표
7월 20일	산업사회연구회 결성
8월 31일	서울대학교 사회학과 복직
1985년~98년	서울대학교 총학생회 기관지〈관악〉 교지편집위원회 지도교수
5월 23일	미 문화원 점거 사건
8월 16일	'학원안정법 반대성명' 발표

일자	내용
1986년 4월 28일	서울대 전방입소 반대투쟁/김세진·이재호 분신사건
5월 10일	'교육민주화 선언'
1987년	『한국사회연구 5』에 '80년대 한국사회과학의 과제' 발표
1월 14일	박종철 고문치사사건
	서울대 〈대학신문〉 '박종철 군의 죽음' 기고/삭제 필화
4월 13일	전두환 정권 '호헌조치' 발표
4월~5월	대학별 연속 교수 시국선언
6월 10~29일	6월 항쟁
6월	이한열 열사 경찰 치사 사건
6월 26일	'민주화를 위한 전국교수협의회' 창립
7월~9월	87노동자 대투쟁
9월 27일	'전국교사협의회' 결성
10월 31일	'대통령 후보 문제에 대한 우리의 입장' 성명서 발표
11월 23일	'군정종식–단일화쟁취 국민협의회' 공동대표
1988년	산업사회연구회, 『경제와 사회』 창간
2월	저서 『사회과학과 민족현실』 (한길사) 출판
4월	'사월혁명연구소' 설립
6월 3일~4일	제1회 학술단체 연합 심포지엄에서 '민족적·민중적 학문을 제창한다' 기조 발제
7월	민교협 공동의장 취임
7월	민청련 부설 '청년학교' 교장
11월 5일	'학술단체협의회' 설립
11월 13일	제1회 전국 노동자 대회
1989년 1월 14일	'민주열사 박종철 2주기추모 및 노태우정권 퇴진결의대회' 추모의 말
5월	단재상 수상
5월 28일	'전국교직원노동조합' 창립
6월 17일	'전교조 공대위' 결성
7월	전교조 대학위원회 결성
9월 22일	'참교육을 위한 전국학부모회' 결성
11월 12일	제2회 전국 노동자대회
	'전노협건설 지원 특별위원회' 결성, 김진균 특위 위원장

일자	내용
1990년 1월 16일	전노협 지원 공동대책위원회 발족, 김진균 공동위원장
1월 18일	민교협 "전노협결성의 당위성 평가" 심포지엄 개최
	'사회운동 및 이데올로기 개방과 전노협' 기조 발제
1월 22일	전국노동조합협의회(전노협) 결성
	'전노협 지원 공동대책위원회의 연대사' 발언
2월 20일	소련 여행
3월 17일	상도연구실, 서울사회과학연구소(서사연)로 재편
4월	『한국사회변혁운동과 4월 혁명』 출판
4월 21일	'국민연합' 결성대회, 김진균 공동의장.
4월 26일	강경대 경찰 치사 사건
5월 1일	『사회과학과 민족현실 2』 (한길사) 출판
	전노협 총파업
6월 27일	'서사연 사건' 발생
9월 5일	'전노협 후원회'결성
10월 4일	윤석양 이병 보안사 민간인 사찰 폭로 사건
1993년~97년	서울대 노래 동아리 '메아리' 지도교수
3월	『경제와 사회』 93년 봄호에 논문 '경향적 추세와 인식의 전환 문제' 발표
8월 22일	장남 태진, 이정현과 결혼
1994년~2002년	사회대 연극반 지도교수
2월 중순	태백산 산행
4월~1995년 4월	서울대 민교협 2대 회장 활동
4월 2일~2001년	참교육 시민모임 공동 대표
5월 27일	첫째 손자 순구 출생
8월	'『한국사회의 이해』 사건'
8월 9일	'학문 사상 표현의 자유 수호를 위한 공동대책위원회' 결성
9월	김현숙과 함께 사회학과 영상사회학 강의 개설
10월 15일	산사연 창립 10주년 심포지엄
10월 15일	논문 '사회과학 인식의 전환문제' 발표
10월 21일	'민주와 진보를 위한 지식인 연대'(준) 대표
12월	과천으로 이사

일자	내용
1995년 2월	미국 군수산업 연구 현지 조사
11월 11일	'전국민주노동조합총연맹' (민주노총) 창립
12월	『산업노동연구』 제1권2호에 논문 '1987년 이후 민주노조운동의 구조와 특징' 발표
12월 3일	전노협 해산
1996년 3월	『군신과 현대사회』 (문화과학) 출판
10월 18일	차남 영진, 안선주와 결혼
12월 26일	노동관계법/안기부법 개악 처리
12월 26일~1997년 1월	민주노총 총파업 투쟁
1997년	『근대 주체와 식민지 규율권력』 (문화과학, 정근식 공편) 출판
2월 28일~7월 15일	『전노협』 백서 발간
6월 10일	박종철 기념비 제막식
6월 26일	민교협 창립 10주년
6월 30일	손녀 영지 출생
11월 10일~13일	'제1회 서울 국제 노동미디어대회' 개최. 공동대표/집행위원장, 개막사 '노동운동의 국제적 네트워크를 위하여' 발표
11월 26일	'민주와 진보를 위한 국민승리21' 공동대표
11월 20일	회갑 축하연 『한국의 사회현실과 학문의 과제』 (문화과학사) 출판
1998년 4월	『열사회보』 제18호에 '다시 출발을 하자' 발표
4월 13일	평화주의자 김낙중 석방대책위 공동대표
6월	『박종철 평전』 에 '의롭게 싸우다 간 그 젊은이의 흔적' 발표
9월 18일	제1회 비판사회학 대회, 기조 강연 '객관적 모순을 인식하는 비판적 안목의 문제'
11월 14일~2002년 2월 21일	진보네트워크 대표
12월 4일~2002년	사회진보연대 대표
1999년 1월	『문화과학』 1999년 겨울호에 논문 '자유를 위한 기획을 꿈꾸며' 발표 『1980년대:혁명의시대』 에 권두논문 '1980년대 : 위대한 각성과 새로운 주체 형성의 시대' 발표
8월 29일	민주노동당 창당준비위 발기인 대회
9월 26일	손녀 순정 출생
11월 23일	민주노총 합법화

일자	내용
2000년 4월 22일	손자 순명 출생
4월 29일	대장암 수술
2001년 5월	『저항, 연대, 기억의 정치 1』에 논문 '5.18 민중항쟁과 국민국가–정체성과 일체성 차원에서' 발표
여름	『경제와 사회』에 논문 '자본과 근대국가에 내재한 폭력을 인식하기 위하여' 발표
8월 24일	강정구 교수 사건
8월 27일	강정구 교수 석방 대책위원회 공동대표
11월 10일	교수노조 창립대회
2002년 1월	민주화운동기념사업회 연구소 국제 학술심포지엄에서 논문 '분단 반세기와 민주화운동' 발표
9월 27일~9월 28일	제5회 비판사회학 대회
12월 19일	마지막 강의
2003년 1월 10일	정년퇴임식
1월 22일	정년퇴임 기념 논총 출판기념회
2월	저서 『진보에서 희망을 꿈꾼다』(박종철출판사), 『21세기 진보운동의 기획』(문화과학사) 출판 편저 『저항, 연대, 기억의 정치 1』, 『저항, 연대, 기억의 정치 2』(문화과학사) 출판 기념논총 『사회이론과 사회변혁』, 『노동과 발전의 사회학』(한울) 출판
2월 28일	정년퇴임 민주노동당 창당3주년 기념식 및 대의원 대회 공로상 1호 수상
3월 3일	개인 연구실 청정서실 개소식
3월 14일	서울대학교 명예교수
6월 5일	6월항쟁기념토론회에서 논문 '사회운동의 새로운 과제' 발표
7월 15일	장임원 교수 자택 민교협 모임
2004년 2월 14일	자택에서 별세
2월 14일~17일	'민중의 스승' 장 엄수
2월 17일	마석 모란공원 민주화 묘역에 안장
2월 25일	『끝나지 않은 강의』(서울대출판부)에 '살아 숨쉬는 학문을 일구기 위해' 게재
2005년 2월 14일	'김진균 기념사업회 발족' 『벗으로 스승으로』(문화과학사), 『불나비처럼』(문화과학사) 출판
2007년 9월 2일	딸 지인, 김민근과 결혼
2014년 2월 14일	10주기 『김진균 선생 평전』(진인진) 출판

●

색인

주경복 160

주민등록증제 50

지구화 90, 223, 283, 286, 292, 294, 316, 337

지리산 17, 34, 36, 68, 69, 100, 112, 113, 134,
209, 210, 219, 323, 325, 334

지리산 개발지역에 관한 조사 연구보고서
36

지식인연대 253, 285, 286, 287, 288

진단학보 79

진보네트워크센터(진보넷) 135, 233, 253,
284, 285, 318, 321

진보평론 301, 322

진중권 115, 197

ㅊ

참교육을 위한 전국학부모회 160, 161

참세상 21, 171, 179, 191, 332

채희완 137

청년학교 153, 154, 162

청맥 46

체르노빌 핵발전소 185

최문환 31, 34, 42, 44

최미아 179

최송화 96

최순영 83, 85

최장집 126, 127, 128, 161, 203, 281

ㅋ

크리스찬 아카데미 15, 16, 47, 60, 70, 83,
84, 86, 87, 89, 170, 221, 307, 334

ㅌ

토착사회학 49, 64

ㅍ

페레스트로이카 164, 184, 186, 222, 243

포스트 212, 217

풀빛출판사 141

ㅎ

하이데 50

하일민 152

학술단체협의회(학단협) 127, 144, 147,
171, 307

학원안정법 129, 132, 133, 205

학현연구실 107, 108

한국공업노동의 사회학적 고찰 35

한국기독교교회협의회(KNCC) 112, 194

한국민중사 188

한국사회론 45, 46, 64

한국사회의 이해 221

한국사회학연구회 35, 38, 47

한국사회학회 35, 45, 46, 48, 118

한국산업사회연구회(산사연) 121, 122,
125, 128, 145, 147, 151, 162, 212,
225, 226, 227, 229, 239

한국통신계약직노조 300, 301

한국통신노조 300, 301

한길사 32, 109, 122, 123, 124, 128, 137, 144,
145, 146, 148, 149, 161, 163, 178,
187, 199, 222, 243

한명숙 83, 84, 85, 86

한완상 29, 62, 63, 97, 155

한일회담 반대운동 47